世界の外国人学校

福田誠治・末藤美津子【編】

東信堂

まえがき

　日本では、外国人学校や国際学校は学校教育法の第1条で定める学校(1条校)ではなく、予備校や自動車学校などと共に各種学校としての法的地位にある。そのため、こうした学校並びにそこに通う生徒たちはさまざまな不利益を被ってきた。例えば、外国人学校や国際学校に通う生徒たちは、これまで通学定期の割引率に差をつけられたり、スポーツの全国大会への参加を認められなかったりした。また、外国人学校や国際学校は、国や地方自治体から、1条校の私立学校にくらべて極めて僅かな公的援助しか受けられないでいる。加えて、修了資格が正規の資格として認定されてこなかったことは、外国人学校や国際学校の卒業生の高等教育を受ける機会を制限することともなり、多くの論議を呼んできた。

　この外国人学校や国際学校の修了資格の認定を見直す動きが、近年、慌しい。2003年9月、文部科学省は、国際バカロレア協会(International Baccalaureate Organization：IBO)のような英米の学校評価機関から認定を受けている外国人学校や国際学校、及び本国から正規の学校と認定されている外国人学校の修了資格のみを正規のものと認め、それ以外の外国人学校の修了資格に関しては各大学の判断に委ねることとした。その結果、多くの欧米系の外国人学校や国際学校並びに中華学校、韓国学校、インドネシア人学校、ブラジル人学校の卒業生は大学の受験資格を認められたが、朝鮮学校のみがその対象からはずされた。だが、実際には2004年に行われた大学入試において、多くの国立大学は自らの判断で朝鮮学校の卒業生にも受験資格を認めている。このように、朝鮮学校の処遇を棚

上げにして、日本の大学の門戸は外国人学校や国際学校の卒業生に対して一応、開かれたのである。これは、まさに国際化やグローバル化の流れに沿った、外国人学校や国際学校に対する文部科学省の政策の大きな転換と言えるが、その背景には以下のようなさまざまな事情が控えている。

　まず、本来、認められていないにもかかわらず、「就学免除」の形で少なからぬ数の日本人の子どもが通っている、欧米系の外国人学校や国際学校をめぐる問題がある。これまでも、親に伴われて海外で生活し現地の学校に通い、日本語と現地の言語のバイリンガルに育った帰国生の中には、海外で身につけた第二言語の能力を維持しさらに伸ばしていこうと、日本の学校ではなく欧米系の外国人学校や国際学校に通う者がいた。あるいは、日本の学校にうまく適応できなかったり、いじめにあったりして、欧米系の外国人学校や国際学校を選択した者もいる。

　ところが、こうした欧米系の外国人学校や国際学校で取得できる国際バカロレア(International Baccalaureate：IB)の修了資格に関しては、外国人の場合にはどこで取得したものであっても正規のものとみなされたが、日本人の場合には海外で取得したIBの資格は正規のものとみなされる一方で、国内で取得したIBの資格は正規のものとみなされてこなかった。このように、IBの資格認定をめぐって内外格差のあることは、かねてより国際学校の関係者たちから指摘され、その是正措置が求められてきた。

　また、近年、欧米系の外国人学校や国際学校には、国際社会で通用する英語の能力を身につけたいと入学を希望する日本人の子どもも増えている。年間150～200万円ほどと言われる授業料を負担してまでも子どもをこうした学校に通わせることができるのは、限られた階層の家庭である。国際化の流れのなかで、就学義務や教育の機会均等の概念も揺らいでいる。

　次に、今日の日本社会に暮らす外国人の中で、韓国・朝鮮人そして中国人に次いで数が多い、ブラジル人の子どもを対象とするブラジル人学

校の問題がある。1995年に愛知県に最初のブラジル人学校が設立された後、静岡県、群馬県、栃木県などブラジル人の集住地域では相次いでブラジル人学校が作られた。その数は、ブラジル本国から正規の学校と認められているものが31校、それ以外のものも含めると60校あまりとも言われており、日本における外国人学校としては朝鮮学校に次ぐものとなっている。

ブラジル人学校では、ポルトガル語を使って本国のカリキュラムに則った教育を実施していることから、子どもたちはいつブラジルに戻ることになっても困らないが、その一方で、日本の大学への進学を希望する者は多くの困難に直面していた。日系ブラジル人の日本社会への定住化が進むにつれ、彼らに対する教育や医療や福祉のあり方もさまざまな視点から検討されるなかで、ブラジル人学校の卒業生の高等教育への進路保障の問題も議論されてきた。

ただし、こうしたブラジル人学校に通っているのは、およそ17,000人の義務教育段階にあるブラジル人の子どものうち、僅か2,500人ほどであることにも留意しなければならない。残りのブラジル人の子どもに関しては、およそ7,500人が日本の公立学校に通っているが、7,000人は未就学あるいは不就学の状態にある。つまり、年間60万円ほどのブラジル人学校の授業料を負担できるのは、極めて限られた階層のブラジル人のみで、多くのブラジル人の子どもは日本の学校に通ったり、あるいはブラジル人学校にも日本の学校にも通わなかったりしている。このように、外国人学校と日本の学校のはざまにあって、どちらからも教育を受ける機会が保障されずにいる子どもたちの存在は、両者の連携のあり方を問うてもいる。

さて、日本における外国人学校問題は、歴史的な経緯からもまた学校数や生徒数からいっても、朝鮮学校の存在を抜きには語れない。従来、国立大学は、朝鮮学校が1条校ではないことから受験資格を認めてこなかったが、公立や私立の大学に限ると、現在ではおよそ半数の大学が学

校教育法施行規則を柔軟に解釈し、朝鮮学校の卒業生にも受験資格を認めている。そこで、国立大学への進学を希望する朝鮮学校の生徒は、大学入学資格検定(大検)を受験しそれに合格することによって、大学受験資格を取得してきた。しかも、かつてはこの大検を受験するにも日本の高校に在籍していることが条件とされていたため、朝鮮学校に在籍しながら日本の定時制高校や通信制高校にも在籍するという、いわばダブルスクールの形をとっていた生徒も少なくない。学制も日本の学校と同じ6・3・3・4制をとり、教育内容も民族教育に関する科目以外は日本の学校とほぼ同じであるにもかかわらず、いくつもの障害を乗り越えていかなければならない子どもたちのために、朝鮮学校の関係者たちは大学受験資格の緩和を求めてきた。

ところで、1994年に日本で批准された「子どもの権利条約」は、能力に応じてすべての者に高等教育の機会を保障すべきことを説いている。国際社会の多くの国々が採択しているこのような国際条約の趣旨に照らしてみると、日本の大学受験の門戸が外国人学校や国際学校の卒業生に対して完全に開かれることが求められていると言えよう。

以上で述べてきたように、日本における外国人学校や国際学校をめぐる状況は今日、大きな転機を迎えつつある。今後の外国人学校政策をめぐっては、さまざま視点から検討が深められていくべきであろうが、その際に諸外国との比較研究は一つの有効な手がかりを与えてくれると思われる。本書は、こうした問題関心から、日本を含む10の国と地域における外国人学校や国際学校の現状を明らかにすると共に、そうした現状をより深く理解するために、いくつかの国における外国人学校や国際学校の歴史を探っていくものである。

それぞれの国や地域において、外国人学校や国際学校の法的地位は異なっている。日本のように公教育制度から排除している国がある一方で、正規の私立学校として公教育制度の中に組み入れている国もある。また、

外国人学校や国際学校に通っている生徒を見てみると、移民や外国人や国内少数民族の子どもたちなど実に多様な子どもたちがいて、すでにその国の国籍を取得している者もいる。しかも、移民や外国人や国内少数民族の子どもたちの中には、その国の公教育を受けている者も少なからずいることから、今日、このようなマイノリティの子どもたちの存在は、外国人学校や国際学校のありようと共に公教育の質をも変えつつある。それゆえ、外国人学校や国際学校に目を向けることによって、各国における公教育制度の揺らぎも見えてくるであろう。こうした意味でも、本書が貢献できれば幸いである。

2005年1月

編　者

世界の外国人学校／目　次

まえがき ……………………………………………編　者… i

序章　外国人学校研究の課題 ……………末藤　美津子… 3

　　はじめに ………………………………………………… 3
　　第1節　日本における外国人学校 ……………………11
　　第2節　外国人学校の類型化 …………………………16
　　第3節　外国人学校の現状とゆくえ …………………33
　　おわりに …………………………………………………40
　　［注］(42)

第1部　外国人学校の現状 ……………………………49

［1］公教育制度への組み入れが可能なケース ………51

第1章　アメリカの外国人学校と国際学校 ……末藤　美津子…51
　　　　　——正規学校という法的地位をめぐって——

　　はじめに …………………………………………………51
　　第1節　アメリカにおける私立学校 …………………53
　　第2節　私立学校の法的地位——州との関係から—— …………54
　　第3節　私立学校の法的地位 …………………………59
　　　　　——学校評価機関との関係から——
　　第4節　外国人学校と国際学校の実態 ………………64
　　おわりに …………………………………………………71
　　［注］(73)

第2章　カナダの外国人学校と国際学校 …………児玉　奈々…77
　　　　　——オンタリオ州を中心に——

　　はじめに …………………………………………………77
　　第1節　オンタリオ州における学校制度 ……………78

第2節　移民の流入と私立学校の拡大 …………………………84
　　第3節　オンタリオ州の外国人学校と国際学校 ………………86
　　おわりに …………………………………………………………95
　　［注］(96)

第3章　イギリスの外国人学校と国際学校 ………佐藤　千津…101
　　　　──イスラム系公営学校の設立をめぐって──
　　はじめに …………………………………………………………101
　　第1節　短期滞在の外国人の子どもたちの教育 ………………102
　　第2節　移民の子どもたちの教育 ………………………………108
　　第3節　移民の学校の設立 ………………………………………110
　　第4節　移民の学校から公営学校へ ……………………………112
　　　　──「移民」が「イギリス市民」になるまで──
　　おわりに …………………………………………………………118
　　［注］(119)

第4章　香港の外国人学校と国際学校 ……………大和　洋子…125
　　　　──中国返還後の新たな動きに注目して──
　　はじめに …………………………………………………………125
　　第1節　香港の社会と香港人 ……………………………………126
　　第2節　国際学校の法的地位 ……………………………………127
　　第3節　市場原理下にある国際学校 ……………………………136
　　第4節　イギリス系国際学校への公費援助問題 ………………140
　　第5節　国際学校への期待 ………………………………………141
　　おわりに …………………………………………………………144
　　［注］(146)

〔2〕公教育制度から排除されているケース …………………149

第5章　中国の外国人学校と国際学校 ……………汪　　輝…149
　　　　──教育主権の維持と国際化──

はじめに …………………………………………………………149
第1節　外国人学校の種類 ………………………………………150
第2節　外国人学校をめぐる政策 ………………………………152
第3節　小・中学校における外国人生徒の受け入れ …………156
第4節　新しいタイプの国際学校 ………………………………160
第5節　WTO加盟と外国人学校 …………………………………164
おわりに …………………………………………………………167
［注］(168)

第6章　台湾の外国人学校と国際学校 …………山﨑　直也…171
　　　――グローバル化・多元化の中の新たな動き――

はじめに …………………………………………………………171
第1節　外国人学校の法的地位 …………………………………172
第2節　外国人学校の設立の経緯 ………………………………176
第3節　二重国籍の生徒と外国人学校 …………………………179
第4節　外国人学校の修了資格 …………………………………182
第5節　新しいタイプの国際学校 ………………………………184
おわりに …………………………………………………………187
［注］(188)

第7章　韓国の外国人学校と国際学校 ……シーナ・チョイ…193
　　　　　　　　　　　　　　　　　　　　　（訳：末藤美津子）
　　　――国際学校の門戸開放をめぐって――

はじめに …………………………………………………………193
第1節　外国人学校と国際学校の法的地位 ……………………194
第2節　外国人学校と国際学校の対比 …………………………195
第3節　国際学校の門戸開放をめぐる議論 ……………………197
おわりに …………………………………………………………202
［注］(204)

第8章　日本における外国の大学 …………………鳥井　康照…207
　　　　──アメリカ大学日本校に注目して──
　　はじめに ……………………………………………………207
　　第1節　アメリカ大学日本校の展開………………………208
　　第2節　アメリカ大学日本校の問題点……………………214
　　第3節　テンプル大学ジャパンの場合……………………217
　　おわりに ……………………………………………………224
　　［注］(225)

〔3〕組み入れと排除が併存しているケース ………………227

第9章　ドイツの外国人学校と国際学校 ………中山　あおい…227
　　　　──国際的な学校の多様性に注目して──
　　はじめに ……………………………………………………227
　　第1節　ドイツの私立学校…………………………………229
　　第2節　外国人学校の法的地位……………………………230
　　第3節　外国人学校・国際学校と大学入学資格 …………236
　　第4節　公立のバイリンガル学校…………………………237
　　第5節　公立のヨーロッパ学校……………………………240
　　おわりに ……………………………………………………244
　　［注］(248)

第10章　フランスの外国人学校と国際学校 ……中村　則子…251
　　　　──共和国の理念と国際化──
　　はじめに ……………………………………………………251
　　第1節　外国人の子どもが通う教育機関 …………………253
　　第2節　国公立の国際学校と国際学級……………………255
　　第3節　私立の国際学校……………………………………260
　　第4節　無認可の外国人学校と国際学校 …………………263
　　第5節　大学入学資格をめぐる問題………………………267

おわりに ……………………………………………………271
　　［注］(273)

第2部　外国人学校の歴史 …………………………………277

第11章　フランス植民地支配とフランス語教育　古沢　常雄…279
　　　　　── ヴェトナムに焦点を当てて ──
　　はじめに ……………………………………………………279
　　第1節　フランス領インドシナの成立………………………280
　　第2節　植民地支配以前のヴェトナム語と教育 ……………282
　　第3節　科挙制度の重さ ……………………………………284
　　第4節　植民地支配下のヴェトナム語教育と
　　　　　　フランス語教育 ……………………………………286
　　おわりに ……………………………………………………296
　　［注］(296)

第12章　アメリカにおける日系移民の学校 …田中　圭治郎…301
　　はじめに ……………………………………………………301
　　第1節　戦前における日本語学校──黎明期── …………302
　　第2節　戦前における日本語学校──確立期── …………308
　　第3節　戦前における日本語学校──全盛期── …………313
　　第4節　戦後の日本語学校 …………………………………317
　　　　　──アメリカ本土における日本語学校──
　　第5節　戦後の日本語学校──ハワイ教育会の成立過程── …321
　　おわりに ……………………………………………………324
　　　　　──日系移民の学校としての日本語学校の将来的展望──
　　［注］(327)

第13章　日本の近代教育制度の形成と
　　　　　　外国人学校……………………………北村　三子…329

はじめに ………………………………………………………329
　　第1節　草創期における外国人教師による教育 …………332
　　第2節　外国人学校としての札幌農学校 …………………335
　　第3節　近代教育制度の成立と異質性の排除 ……………340
　　第4節　国体観念とキリスト教………………………………346
　　おわりに ………………………………………………………351
　　[注]（353）

| 終章　戦後日本における外国人の子どもの教育と
　　　外国人学校問題 ……………………………福田　誠治…357 |

　　はじめに ………………………………………………………357
　　第1節　戦後日本における韓国・朝鮮人学校の困難性 ……358
　　第2節　日本の学校における外国人教育の進展 …………365
　　第3節　外国人学校の推移と変化……………………………372
　　第4節　外国人の教育は内政問題なのか人権問題なのか …375
　　第5節　外国人学校問題の本質………………………………377
　　第6節　外国人の子どもの教育をめぐる国際的な圧力 ……382
　　第7節　外国人の子どもの教育に対する『子どもの
　　　　　　権利条約』批准の意味………………………………385
　　おわりに ………………………………………………………391
　　　──マイノリティの教育をめぐる国際的な動きとのかかわりから──
　　[注]（395）

あとがき …………………………………………末藤　美津子…401
索　　引 ……………………………………………………………403

欧字略語表一覧

AICE	Advanced International Certificate of Education	上級国際教育資格
AP	Advanced Placement	アドバンスト・プレイスメント
ECIS	European Council of International Schools	ヨーロッパ国際学校協会
ESL	English as a Second Language	
EU	European Union	ヨーロッパ連合
GCE	General Certificate of Education	大学入学資格
GCSE	General Certificate of Secondary Education	中等教育修了一般資格
IB	International Baccalaureate	国際バカロレア
IBO	International Baccalaureate Organization	国際バカロレア協会
IGCSE	International General Certificate of Secondary Education	国際中等教育修了資格
ISC	Independent Schools Council	独立学校評議会
MYP	Middle Years Programme	国際バカロレアの中等教育プログラム
NAIS	National Association of Independent Schools	全米私立学校協会
NYSAIS	New York State Association of Independent Schools	ニューヨーク州私立学校協会
OIB	Option Internationale du Baccalauréat	バカロレア国際コース
OSSD	Ontario Secondary School Diploma	オンタリオ州中等学校修了資格
PYP	Primary Years Programme	国際バカロレアの初等教育プログラム
SAT	Scholastic Aptitude Test	進学適性試験
TOFEL	Test of English as a Foreign Language	
TUJ	Temple University Japan	テンプル大学ジャパン
UNIS	United Nations International School	国連国際学校
UWC	United World College	ユナイテッド・ワールド・カレッジ
WTO	World Trade Organization	世界貿易機関

世界の外国人学校

序章　外国人学校研究の課題

　　　　　　　　　　　　　　　　　　　末藤　美津子

はじめに

(1) 外国人学校研究の難しさ

　外国人学校研究は多くの難しさを抱えている。というのも、そもそも、どのような学校のことを外国人学校(foreign school)と呼ぶのかという問いに答えるのも、容易ではないからである。ちなみに、日本で刊行されたいくつかの教育学事典の中で、外国人学校がどのように定義されているのかを見てみよう。

- 『教育学大事典』(編集代表：細谷俊夫、奥田真丈、河野重男)第一法規、1978年。
　「外国人学校という制度は、学校教育法では規定されていないが、一般にもっぱら外国人(日本の国籍を有しない者)の子弟を対象として教育を行う学校を、外国人学校と称している。」(関口義)
- 『世界教育事典』(監修：平塚益徳、編集：新井郁男、川野辺敏、手塚武彦、森隆夫)ぎょうせい、1980年。
　「世界各国には、その国に居住する外国人の子女の教育を主な目的とする学校があり、これを一般に外国人学校といっている。このような外国人学校には、①外国の政府または大使館が設置するもの、②外国の団体または個人が設置するもの、③国際的な機関や団体が

設置するもの、など種々の類型がみられる。」(永井滋郎)
・『現代教育学事典』(編集：青木一、大槻健、小川利夫、柿沼肇、斎藤浩志、鈴木秀一、山住正己)労働旬報社、1988年。

　「日本国内に居住している外国人(日本国籍を有しない者)の子弟を対象として教育活動を行う学校のこと。」(柿沼肇)
・『新教育学大事典』(編集代表：細谷俊夫、奥田真丈、河野重男、今野喜清)第一法規、1990年。

　「外国人学校は、歴史的には、①外国人の経営または主宰する学校、②もっぱら外国人を教育するための学校、の二つに分けて捉える必要がある。」(西村俊一)
・『教育小事典』(編集代表：平原春好、寺崎昌男)学陽書房、2002年。

　「わが国に在住する外国人(日本国籍を有しない者)の子どもを対象として、系統的・組織的に教育を行っている学校をいう。」(浪本勝年)
・『学校教育辞典』(編集：今野喜清、新井郁男、児島邦宏)教育出版、2003年。

　「一般には、在日外国人の子どもを対象に教育活動を行っている機関を総称している。」(嶺井明子)

　こうしたいくつかの定義のうち、日本における外国人学校のみを対象としている関口、柿沼、浪本、嶺井らは、外国人学校とはもっぱら外国人子弟を教育するための学校のことをさすと定義している。これは、周知のように、現行の教育制度の下では、日本人子弟を教育するための学校は学校教育法の第1条に定めるいわゆる1条校(正規学校)であるのに対し、もっぱら外国人子弟を教育するための学校の多くは学校教育法の第83条に定める各種学校に位置づけられているという、日本での外国人学校の法的地位を踏まえているからである。一方、日本以外の国における外国人学校も視野に入れている永井や西村は、学校の設置主体にも目を

向けている。もっとも永井の場合は、外国人学校とは外国人子弟を教育するための学校であるとした上で、そうした学校の多くは外国人、外国の政府や団体、国際機関などによって設置されたものであると説明するに留まっているが、西村は、欧米の宗教団体が植民地政策ともからんで中国に作った学校の例をひき、外国人が現地人子弟を対象に設立した学校も外国人学校の範疇に含めるべきことを指摘している。

　しかしながら、現代社会における外国人学校は、上記のような定義をはるかに超えた複雑な様相を呈している。というのも、そもそも外国人学校という概念を構成している外国人という概念そのものが、極めてあいまいなものとなってきているからである。それは、裏を返せば、国民という概念が揺らいでいることでもある。例えば、日本における最大のエスニック集団である在日韓国・朝鮮人に注目してみると、年間約1万人が日本国籍を取得しており、婚姻においても約9割が日本人との結婚であるという。その結果、在日社会は「日本籍コリアン」あるいは「韓国・朝鮮系日本国民」とでも呼ぶべき多くの人々によって構成されてきている。しかも、在日韓国・朝鮮人の子どもたちの約9割が日本の学校に通っている。

　このようなエスニシティとナショナリティのねじれた現象は今日、世界のいたるところで見受けられる。多くのイスラム系移民を抱えるヨーロッパの国々のうち、次世代移民に国籍取得を容易に認めている国では、彼らはもはや外国人ではなく国民となる。だが、イスラム系学校の設立をめぐっては、いずれの国でも教育と宗教にからむ深刻な議論を呼び起こしている。その一方で、居住国の国籍を取得しても、民族の出自にまつわる言語、文化、宗教の教育を求める動きは着実に広まってきている。こうした流れのなか、日本でも諸外国でも、公教育において少なからぬ数の外国人の子どもを受け入れていることから、外国人の教育は公教育の質を変えつつある。その意味で、外国人学校の問題は公教育制度とのかかわり抜きに語ることはできないであろう。

ここで、「公教育」という言葉について簡単に整理しておきたい。例えば『現代学校教育大事典』(ぎょうせい、2003年)は、「公教育」を次のように定義している。

　「公共的な性格をもつ教育であって、今日では法律上、国または地方公共団体などによって管理される教育を言う。公教育の性格や範囲は、『公』の意味のとらえ方、教育を管理する主体やその形態、管理の対象となる教育の領域などによって異なる。」(真野宮雄)

　さらに続けて、日本においては「公教育」という言葉が、第一に、国立及び公立の学校における教育をさすものとして、第二に、そこに私立学校での教育を加えたものとして、第三に、さらに範囲を拡大して各種学校や専門学校の教育あるいは社会教育などのように多様な形態で公的に営まれるものまでを含んで、時と場合に応じて3通りに解釈され使われていると説明されている。
　一方、堀尾輝久は『新教育学大事典』(第一法規、1990年)の中の「公教育」の項で、次のように記している。

　「家庭教育を原型とする私教育と並んで、公費によってまかなわれ公的関与のもとにおかれた教育を公教育 public education とよぶのが一般的用法として定着している。その場合、私立学校をどちらに分類するかは公費助成のあり方とも相関しており、見解も分かれている。」

　堀尾は、日本と欧米を比較し、「わが国では、国公立学校はもちろん私立学校法に基づいて設置されている私立学校もまた、『公の性質』をもつ公教育」であるのに対して、「欧米では、これ(私立学校)を私教育に入れる場合が多い」とも指摘している。加えて、「公の性質」や国や地方公共団体の教育への関与のあり方やその範囲について多様な解釈があることから、

「一義的に定義づけることは困難である」とも述べている。

たしかに、公費援助のあり方も含め私立学校の教育への公的関与のあり方は、日本と欧米では大きく異なる。日本では、私立学校といえども建物から教科書や教員に至るまで公的な強い規制を受けており、学校に対しては学習指導要領に準拠した教育が求められ、教員に対しても教員免許が必要とされる代わりに、公費援助も行われている。

一方、アメリカ合衆国(以下、アメリカと記す)では、私立学校に対しても公立学校に準ずる教育が求められるなかで、宗教系私立学校への公費援助問題が政教分離の原則に照らして議論されているが、こうした学校への公費援助も実質的には認められてきている。カナダでは、私立学校への公費援助が行われている州と行われていない州があるが、いずれの場合も州政府が資格を統制している。フランスやドイツでは、国や州との関係に応じて私立学校がいくつかの種類に分類されており、公立学校に準ずる教育を実施している私立学校には公費援助が行われている。なお、イギリスには、公費援助も受けずナショナル・カリキュラムにもしばられない独立学校があるが、こうした学校でも設置認可の際やその後も定期的に中央政府によって教育の質が審査され、イギリスの中等教育修了資格の取得をめざした教育が行われている。

このように、公費援助の有無も含め、私立学校がどれほどの自由や独立性を保持しているかはさまざまであるが、教育の質がなんらかの形で公的に規制されている私立学校を「公教育」に含めて考えることは可能であろう。しかも、こうした「公教育」の定義は外国人学校の法的地位にも深くかかわってくるので、本書では「公教育」制度という言葉を広くとらえ、国公立学校はもとより私立学校も含めて、「中央政府が修了資格を統制し、制度的に接続している学校体系」をさすものとして使用することとする。ただし、連邦制をとる国では、州政府がこれに代わる場合もある。

ところで、外国人学校とは別に国際学校(international school)と呼ばれる

学校もあるが、この二つの学校の違いはあいまいである。もともとは、海外に暮らす自国民子弟に本国と同様な教育を提供することを目的に作られた学校を外国人学校と呼び、多国籍の生徒を受け入れて特定の国のカリキュラムに偏らないいわゆる国際的なカリキュラムを採用している学校を国際学校と呼んでいる。だが、例えば、アメリカが海外に暮らすアメリカ人子弟にアメリカ型の教育を提供するために世界中に展開している海外アメリカ人学校の多くは、多国籍の生徒を受け入れていることから、国際学校と呼ばれているものが多い。こうした例からもわかるように、外国人学校と国際学校の境界が明確ではないことから、本書においては「外国人学校」の中に「国際学校」を含めて論じる場合もあることをお断りしておきたい。

(2) 先行研究の検討

ここで、外国人学校を対象とする先行研究にはどのようなものがあるのかを簡単に整理しておこう。

第一に、日本と諸外国における外国人学校と国際学校の歴史を叙述している、西村俊一「日本と世界の国際学校」（石附実・鈴木正幸編『現代日本の教育と国際化』福村出版、1988年）が挙げられる。日本と中国におけるミッション・スクールの果たした役割の違いを指摘したり、アメリカの世界政策の展開とからめて国際学校の教育を論じたりしており、示唆に富む。

第二に、中西晃編『国際理解教育における国際学校の教育（国際理解教育と教育実践11）』（エムティ出版、1994年）は、編者のはしがきによると、1987年に臨時教育審議会から出されたいわゆる「新国際学校」についての議論を深めるため、またわが子を国内外の国際学校に通わせたいと願う親の便宜を図るために作られた本であるという。

第三に、外国人学校研究会（代表：加藤幸次）による『諸外国における外国人学校の位置づけに関する研究』（1996年3月）と『諸外国における外国人学校についての重点的研究』（1997年3月）は、広範囲にわたるアンケー

ト調査や訪問調査を実施して各国の外国人学校の現状を紹介している。

第四に、日本における国際学校に関するものとしては、文部科学省「外国人教育に関する調査研究」委託調査報告書として『わが国におけるインターナショナルスクール等に関する実態調査』(2002年12月)もある。

第五に、国際カリキュラム研究会(代表：佐々木毅)の『諸外国における外国人学校の位置付け等に関する調査研究』(2004年3月)は、調査対象と調査項目を絞って実地調査を行い、外国人学校の法的地位や当該国からの財政援助の有無などの具体的な情報を提供している。これは、日本における外国人学校政策の進展に資するため、外国人学校研究会から国際カリキュラム研究会へと継続的に実施されてきた各国の外国人学校の位置づけに関する研究の一つの到達点を示している。

第六に、西村俊一・岡田昭人編著『諸外国の外国人学校政策』(東京学芸大学国際教育センター、2004年3月)は、本書の執筆者たちの多くが本書に先駆けて発表した論考を中心とするもので、主に諸外国における外国人学校の法的位置づけを論じている。

一方、国際学校のカリキュラムである国際バカロレア(International Baccalaureate: IB)に注目した研究もいくつかある。西村俊一編著『国際的学力の探求——国際バカロレアの理念と課題——』(創友社、1989年)、高野文彦・浅沼茂編『国際バカロレアの研究』(東京学芸大学海外子女教育センター、1998年)は、国際バカロレア事務局(International Baccalaureate Office)より発行された資料の分析や日本における国際バカロレア実施校における教育実践の検討を行っている。また、国際カリキュラム研究会(代表：相良憲昭)による『諸外国における国際バカロレア機構及び国際バカロレア・プログラム(カリキュラム)の位置付けに関する調査研究』(2000年3月)と『国際バカロレア・プログラム(大学入学資格プログラム、中等課程プログラム、初等課程プログラム)における評価、研修システム及び国際教育の位置付けに関する調査研究』(2001年3月)は、日本国内と諸外国における実地調査を通じて国際バカロレアの実施状況を紹介している。

こうした先行研究をながめてみると、各国の外国人学校の法的地位やそこで実施されているカリキュラムなど、各学校ごとの具体的な情報はそれなりに蓄積されてきている一方で、それぞれの国において外国人学校がどのような役割を果たしているのかについては、十分に語られてこなかったように思われる。加えて、外国人学校研究の課題や方法論もほとんど論じられてこなかった。ともあれ、先行研究は外国人学校研究の難しさを改めて浮き彫りにしているとも言えよう。

(3) 本書のねらいと構成

　本書は、多くの先行研究にならい、外国人学校をめぐる教育政策(法的地位)やそこで提供される教育内容(カリキュラム)に着目することによって、外国人学校とはどのような学校なのかを明らかにすることをめざしているが、従来の先行研究とは異なるいくつかの新しい視点から外国人学校研究へのアプローチを試みている。

　まず、日本を含むいくつかの国々において、外国人学校の現状を公教育制度との関係を通して見ていくことによって、それぞれの国で外国人学校がどのような役割を果たしているのかを明らかにする。今日の国際社会における外国人学校のあり方はおおむね、公教育制度への組み入れが可能なケース、公教育制度から排除されているケース、さらに組み入れと排除が併存しているケースという三つの種類に分類できよう。しかも、こうした三つのケースでは、外国人学校の果たす役割はもとより、行政当局の対応や一般の人々が抱く関心のありよう、さらには外国人学校問題として問われていることがらの内実までもが大きく異なっている。

　そこで本書の第1部では、外国人学校を公教育制度に組み入れている例としてアメリカ、カナダ、イギリス、香港を、外国人学校を公教育制度から排除している例として中国、台湾、韓国、日本を、そして組み入れと排除を併存させている例としてドイツ、フランスを取り上げる。もちろん、このような分類は必ずしも厳密なものではないが、各国のおおまか

な傾向をとらえ比較検討を進める上ではそれなりの役に立つと思われる。

　次に、今日の外国人学校を取り巻くさまざまな状況の背景を理解するために、外国人学校の歴史を振り返る。そこで本書の第2部では、まず、帝国主義政策をとるフランスがインドシナに作った学校に注目し、植民地支配の下での学校教育の実態を紹介する。次に、明治期にハワイやカリフォルニアに渡った日系移民が作った学校を取り上げ、第2次世界大戦をはさんでこうした学校がどのような変遷をたどっていったかを見ていく。さらに、日本における外国人学校の歴史を近代教育制度の形成と重ね合わせて考察し、外国人教師や外国人学校が日本の教育に何をもたらしたのかを明らかにする。そして終章では、戦後の日本における外国人学校をめぐる状況を概観した上で、マイノリティの子どもたちの教育を保障しようとする近年の国際的な動向を視野に入れて、今後の日本の外国人学校のあり方を検討する。

　以上のように、本書は外国人学校の歴史と現状そしてそのゆくえを描くことをめざしているので、この序章では外国人学校研究の課題を予め整理しておきたい。まず第1節では、どのような学校が外国人学校と呼ばれているのかを知るために、明治期から今日に至る日本の外国人学校の歴史をたどっていく。続いて第2節では、第1節で取り上げた外国人学校の類型化を試み、それぞれの類型を詳しく見ていく。そして第3節では、本書の第1部で紹介される日本及び諸外国における外国人学校の現状とゆくえを比較検討する。こうした作業を通して、序章では外国人学校研究の枠組みを提示したいと考えている。

第1節　日本における外国人学校

　現在、日本国内に存在する外国人学校、並びにかつて存在したにもかかわらず歴史の流れのなかで消えていった外国人学校にも目を向けなが

ら、日本では具体的にどのような学校が外国人学校と呼ばれているのかを簡単に紹介したい。

(1) 外国人学校

日本における外国人学校や国際学校の歴史は古く、近代日本のあゆみと深くかかわってきた。外国人学校に関しては、1897(明治30)年に横浜の華僑によって作られた大同学校を起こりとする横浜中華学院[1]、1904(明治37)年に横浜と1909(明治42)年に神戸に設立されたドイツ人学校[2]などがよく知られている。

第2次世界大戦後には、戦前の日本の植民地政策により日本に暮らすことを余儀なくされた在日朝鮮人が、子どもたちに民族の言語である朝鮮語を教えたいとの思いから、日本各地に国語講習所を作った。この国語講習所がしだいに整備され朝鮮学校へと発展していくこととなり、1948(昭和23年)年にはすでに小学校と中学校をあわせて462校もの朝鮮学校が設立され、そこに51,346人ほどの子どもたちが在籍していた[3]。だが、近年は学校数が減少傾向にあり、2003年度の時点では小学校、中学校、高校、大学をあわせて121校に、約12,000人(幼稚園も含む)ほどが在籍している[4]。

一方、韓国学校は四つの学校法人によって11校が運営されており、そのうち大阪にある白頭学院建国学校と金剛学園の小学校・中学校・高校、京都にある京都国際学園の中学校、高校は1条校の認可を得ている。東京韓国学校のみは1条校ではないが、この学校は現在、在日の子どもたちの学校というよりは、むしろ日本に一時的に滞在する韓国の外交官や駐在員の子どもたちの学校となっている[5]。

さらに、戦後の日本においては、日本を含む極東アジアの安全保障の問題ともかかわって、国内のいくつかの地域に米軍基地が作られた。この米軍基地内にも軍人・軍属子弟のためのアメリカ人学校が設置されており、これらの学校はアメリカ国防省の付属学校で、いわばアメリカの

国立学校のような性格をもっている。日本国内の米軍基地のおよそ75%が集中する沖縄では、1946(昭和21)年にアメリカン・スクール大学(1952(昭和27)年に閉校)が開校されたのが最初で、1947(昭和22年)年にアワセ小学校(1952年に閉校)、1952年に久場崎高校、1953(昭和28)年にスクラン陸軍小学校(1972(昭和47)年にズケラン小学校と名称変更)と、相次いで基地内に学校が設置された[6]。2004年現在、沖縄の米軍基地内には12校、日本のその他の地域にある米軍基地内には20校のアメリカ人学校が運営されている[7]。

　その他にも、日本にはフランス人学校[8]、イギリス人学校[9]、ノルウェー人学校[10]、インドネシア人学校[11]などがあり、近年の新しい動きとしては、1990年の「出入国管理及び難民認定法」の改正に伴い急増した日系ブラジル人のためのブラジル人学校が増加している。このブラジル人学校の数は、ブラジル本国から正規の認定を受けているものだけでも31校、それ以外のものも含めると60校あまりにものぼる[12]。さらに1998年には、正式な滞在許可をもたずに日本で働くフィリピン人の子どもたちを対象とするフィリピン人学校[13]も名古屋に開校された。また、昨今、IT(情報技術)産業の技術者として日本で働くインド人が急増したことから、2004年8月には東京都江東区に「インディア・インターナショナル・スクール」というインド人学校も創設された。

(2) 国際学校

　一方、日本における国際学校の起こりは、キリスト教の修道会によって運営されるミッション・スクールにさかのぼることができる。

　1872(明治5)年に横浜にカトリック女子修道会「サン・モール修道会(1991年以降は幼きイエス会(ニコラ・バレ)と名称変更[14])」の手により設立されたサン・モール・インターナショナル・スクール[15]が最も古く、次いで、1901(明治34)年には同じく横浜にカトリック男子修道会「マリア会」によってセント・ジョセフ・インターナショナル・カレッジ[16]が、

また、1908(明治41)年には東京にカトリック女子修道会「聖心会」によって聖心インターナショナル・スクール[17]が創設された。
　なお、セント・ジョセフ・インターナショナル・カレッジは財政難から2000年に閉校に追い込まれている。北海道のトラピスト修道院本館や横浜のカトリック山手教会を設計したヤン・ヨセフ・スワガー(Jan Josef Svagr)によって1934(昭和9)年に建てられた4階建ての体育館兼講堂は惜しまれながらも解体され、寄宿舎として使われていたベーリック・ホールのみが横浜市から歴史的建造物に認定され保存されている。このような学校の閉校をめぐるいきさつからは、当時のミッション・スクールがキリスト教の教えばかりでなくキリスト教と深く結びついた西欧の人々の生活様式をも日本にもたらしたことが浮かび上がってくる。
　こうしたミッション・スクールとは別に、いわゆる世俗的な教育を掲げた国際学校も明治後半から大正にかけて次々と作られていった。
　1902(明治35)年には、東京在住の外交官や商社員や宣教師などのさまざまな職業の外国人が集まり、自分たちの子どものために神田のYMCAの一角を借りて、「外国人のための東京スクール(Tokyo School for Foreign Children)」を設立した[18]。当初、アメリカ人、イギリス人、カナダ人、その他のヨーロッパ人の子どもたちなど50人ほどでスタートしたこの東京スクールは、宣教師の団体からの資金援助により校舎を間借りし、あちこち転々としながら授業を続けていった。1913(大正2)年に校長がアイルランド人からアメリカ人に代わり、生徒もアメリカ人が増加したことに加え、アメリカ本国から財政援助を受けられるようになったことから、学校の性格は急速にアメリカ的なものとなっていく。これが、「東京で最も古くかつ最も大きなインターナショナル・スクール」[19]と言われるアメリカン・スクール・イン・ジャパンである。
　だが、創立25周年に当たる1927(昭和2)年に目黒に初めてもった自前の校舎と土地は、第2次世界大戦中は日本政府により軍事教練所として使用され、生徒の大半が帰国した校舎は1人の日本人教師の献身的な努力

によって管理されていたという。戦後も1952(昭和27)年までは占領軍の管理下にあったが、その後は生徒数も急増したことから、校舎も調布に移転した。今日、アメリカン・スクール・イン・ジャパンは、40カ国以上の国から生徒を受け入れ、彼らにアメリカのカリキュラムに則った教育を実施している。なお、学校案内の中で自分たちの学校のことを「インターナショナル・スクール」と紹介していることから、ここでは国際学校として扱った。

　また、1924(大正13)年に横浜に開設された横浜インターナショナル・スクールは、その学校沿革によると、学校名に「インターナショナル」という言葉を用いている学校としては世界で二番目に古いという[20]。ちなみに、世界で最初のインターナショナル・スクールは、横浜インターナショナル・スクールよりわずか数日前に設立されたジュネーブ・インターナショナル・スクール(Geneva International School)[21]である。このジュネーブ・インターナショナル・スクールは、第1次世界大戦後の国際社会における団結や協調を求めて相次いで設立された国際連盟(League of Nations)と国際労働機関(International Labour Organization：ILO)がジュネーブに本部を置いたことから、この二つの国際機関で働くために多くの国々から集まってきた職員の子弟の教育を目的として設立された。世界恐慌や第2次世界大戦が引き起こされるまで、つかの間の平和が保たれていた1920年代における国際協調を求める機運のなかで、横浜インターナショナル・スクールも生まれた。

　第2次世界大戦後も、国内では数多くのキリスト教系の学校やさまざまな非宗教系の学校が設立された。キリスト教系のものとしては、1946(昭和21)年に英国聖公会によって神戸に開校された聖ミカエル国際学校[22]や、1950(昭和25)年にキリスト教のさまざまな宗派に属する宣教師の子どもたちのために東京の東久留米に創設されたクリスチャン・アカデミー・イン・ジャパン[23]などが挙げられる。一方、非宗教系の国際学校としては、1949(昭和24)年に設立された西町インターナショナル・ス

クール(24)がよく知られている。これは、松方種子が姉のハル・ライシャワーと共に、戦後の日本の復興と国際社会への貢献を担えるような日本人を育成しようと、日本人の子どもと外国人の子どもの両方を受け入れて始めた学校である。従来の日本の公教育制度には見られなかった、国際的な教育の実践をめざした学校でもあった。

　これまで見てきたように、日本に存在する外国人学校や国際学校は実に多彩である。そこには、欧米の宗教団体が日本に暮らす欧米人子弟のために創設した学校、日本に暮らす移民や外国人が自分たちの子どもの教育を目的に自発的に作った学校、あるいは諸外国が日本に暮らす自国民子弟のために設立した学校などが含まれる。一方、日本の国内から国外に目を転ずると、かつて日本が大東亜共栄圏の名の下にアジアの国々に設置した日本人学校や、戦前、ハワイやアメリカ西海岸に渡った日系移民が厳しい生活環境のなかで築き上げた日本人学校、あるいは国際化の流れのなか、海外で働く日本の企業の駐在員や外交官らの子弟の教育に対応するために作られた日本人学校などの存在も浮かび上がってくる。もちろん、こうした海外日本人学校は受け入れ国では外国人学校とみなされている。

第2節　外国人学校の類型化

　次に、外国人学校と呼ばれる学校について、誰(設置主体)が誰(教育対象)のために作った学校かに着目し、学校の果たす役割という視点からいくつかのグループに分類してみたい。

(1) 学校の役割から見た分類

　日本を含む諸外国の外国人学校の多くはおおむね以下の六つの類型に分類できると思われる。

①　宗主国が作った学校
②　宗教団体が作った学校
③　移民が作った学校
④　各国が海外に作った学校
⑤　国際機関が作った学校
⑥　各国が自国内に作った学校

　第一は、欧米列強諸国や日本が宗主国としてアジアやアフリカの植民地に創設した学校である。植民地経営に当たる国々はしばしば、自国民の子弟のための学校、現地における指導者層の子弟のための学校、現地の民衆子弟のための学校という階層化された3種類の学校を設立した。しかも、現地人子弟のために設置された二つの異なる学校を巣立っていった人々が、独立運動をめぐって相対立する立場をとったこともよく知られている。

　第二は、宗教団体が布教活動の一環として設置した学校である。キリスト教の伝道を目的に日本や中国に渡ってきた宣教師たちは、宣教師の子弟のための学校、居留地に住む外国人子弟のための学校、現地人子弟のための学校という異なる三つのタイプの学校を設置した。いわゆるミッション・スクールをめぐっては、日本では明治政府による宗教と教育の分離政策の下で宗教教育の実施はもっぱら外国人子弟を対象とする学校に限られていくこととなるが、中国では欧米列強諸国の不平等条約の下で作られたもっぱら中国人子弟を対象とするあまたの学校が中国の教育主権を侵害していくこととなった。

　第三は、移民が自らの子弟に民族教育を施すために設立した学校である。世界各地に作られた移民の学校は、移民の出身国と現地国との関係に翻弄されてきた。例えば、アメリカにおいてドイツ系移民の作った学校では、19世紀から20世紀の初頭まで母語教育や母語と英語のバイリンガル教育が実施され、ドイツ語やドイツ系の人々はアメリカ社会で寛容な扱いを受けてきた。だが、第1次世界大戦が始まるとそうした寛容さ

は失われ、民族学校において敵国語であるドイツ語の教育を続けることはできなくなった。なお、第2次世界大戦中に、日系移民の作った学校が同様の仕打ちを受けたことは周知の通りである。

　第四は、各国が海外に暮らす自国民子弟のために運営している学校である。ところで、外国人学校という呼び方は学校の受け入れ国からみた言い方であり、設置国からみるとこうした学校は通常、海外学校(overseas school)と呼ばれている。もともと居留地に暮らす人々が子どもたちに母国の言語を用いて読み書きを教えるために自発的に作った学校が、しだいに整備されていき、母国の政府から援助を受けるようになったケースが多い。また、こうした海外学校には第2次世界大戦後、アメリカやイギリスが世界各地に配置した軍事基地内に設けた学校も含まれる。

　第五は、国際社会が新たな枠組みを形成する際に作った学校である。第1次世界大戦後に国際連盟が創設された際や、第2次世界大戦後に国際連合(United Nations)が設立された際には、そこに働く多国籍の職員の子弟を受け入れるための学校が作られた。また、第2次世界大戦後のヨーロッパにおいても、エネルギー問題などを共同で検討するための組織が作られたことから、加盟国から派遣された職員の子弟の教育を担う学校が誕生した。これらの組織は今日、ヨーロッパ連合(European Union：EU)の下に統合され、EU職員の子弟のための学校が12校ほど設立されている。

　第六は、主に国や地方自治体が自国民子弟と外国人子弟が共に学ぶことを目的に自国内に設立した学校である。これは、もっぱら外国人子弟を対象とする外国人学校とは異なるタイプの学校で、例えばドイツやフランスでは、第2次世界大戦後の間もない時期から設立されてきた。両国では近年、国際化やグローバル化への対応として、こうしたタイプの学校の数が増えている。一方、中国、台湾、韓国、日本のように外国人学校を公教育制度から排除してきた国や地域でも、同様の学校が最近、新たに作られている。このような学校については、各国の外国人学校の現状とゆくえを論ずる第3節の(3)で別途、取り上げたい。

以下、それぞれのタイプに属する学校の例を見ていくこととする。

(2) 宗主国が作った学校

19世紀末から20世紀初頭にかけて、帝国主義政策をとる欧米列強諸国はアジアやアフリカの地に進出し、それらの地域を競って植民地化していった。第１次世界大戦後には、先進資本主義国のみならず後進資本主義国も植民地経営における現地人教育の問題に大きな関心をはらうようになったことから、ベッケル(Herbert Theodor Becker)は『列国の植民地教育政策』において、列強諸国が植民地において展開した教育政策を詳細に比較検討した[25]。この本は、1939年に、ヒットラー政権下のドイツにおけるハンザ大学植民地教育研究所から出版されたものである。

本書では、こうした欧米諸国による植民地教育の例として、第４章でイギリスが香港に作った学校を、第11章でフランスがヴェトナムに作った学校を紹介している。そこで、ここでは、20世紀の前半を通じて欧米の先進資本主義国にならい帝国主義政策を推進した日本が、植民地である朝鮮にどのような学校を作ったのかを見ていく。

すでに日清戦争の前より朝鮮への進出の機会をうかがっていた日本は、1904(明治37)年の第１次日韓協定、翌1905(明治38)年の第２次日韓協定を経て、1910(明治43)年には韓国を併合し、寺内正毅を中心とする朝鮮総督府を設置した。各地で頻発していた独立運動を抑えるため、朝鮮総督府は武断統治や土地調査事業を通して植民地経営を軌道にのせようとする一方で植民地教育にも着手した。

1911(明治44)年に総督府から出された朝鮮教育令は、朝鮮人の教育に関して、「教育ニ関スル勅語ノ旨趣ニ基キ忠良ナル国民ヲ育成スルコトヲ本義トス」と定めていた[26]。つまり、内地と同様に、教育勅語を遵守すべきことを教育の中心に据えていたのである。また、朝鮮人の教育はその目的に応じて、普通教育、実業教育、専門教育の三つに区分され、初等教育機関である普通学校の修業年限は４年間とされていたばかりでな

く「土地ノ状況ニヨリ」1年間短縮することも可能とされていた[27]。ちなみに、1907(明治40)年の小学校令の改正で、内地の尋常小学校の修業年限は6年間に延長されていた。しかも、「小学校」という名称には中学校や大学といった上の教育機関への接続が一応予想されていたのに対して、「普通学校」という名称には上級の教育機関への接続が全く予想されていなかったことも指摘されている[28]。このような普通学校は、宗主国である日本が従属国の朝鮮人子弟のために設置した外国人学校と考えられる。

　朝鮮における植民地教育のあり方をめぐっては、さらにいくつかのことを付け加えておきたい。そもそも朝鮮では、李氏の統治下にあった1877(明治10)年に最初の海外日本人学校である「釜山共立学校」[29]が開校され、その後、日本人移住者のための学校がいくつも作られた。こうした移住者の子弟や新たに植民地経営に当たるため朝鮮に渡ってきた日本人の子弟に関しては、内地の小学校令、中学校令、高等女学校令が適用され、それぞれ小学校、中学校、高等女学校が設置された。つまり、朝鮮人と日本人とでは、全く別系統の教育機関が準備されていたのである。

　第二に、植民地政策の一環として疲弊した朝鮮の農村を再建するため、実業教育のなかでも農業教育が重視され、実業学校における技術者養成と並んで普通学校においても農業初歩などの科目が重んじられた。こうした状況は、1911年から1921(大正10)年まで朝鮮総督府学務課長を務めた弓削幸太郎の「全朝鮮の普通公立学校は恰も農学校であるかの如く農業実習を盛んに行ったのである」[30]という言葉からもうかがえる。

　第三に、学校教育のすみずみにわたって「国語」が徹底された。朝鮮教育令の第5条に「普通教育ハ普通ノ知識技能ヲ授ケ特ニ国民タルノ性格ヲ涵養シ国語ヲ普及スルコトヲ目的トス」とあり[31]、また、この朝鮮教育令と同時に出された普通学校規則の第7条の3に「国語ハ国民精神ノ宿ル所ニシテ且知識技能ヲ得シムルニ欠クヘカラサルモノナレハ何レノ教科目ニ付テモ国語ノ使用ヲ正確ニシ其ノ応用ヲ自在ナラシメムコトヲ期スヘシ」ともあるように[32]、日本国民の精神が宿るとされる「国語」を

学ぶことが何にもまして重要なこととされた。それゆえ、普通学校において朝鮮語の使用と教育が禁止されたことは言うまでもない。

　だが、実際には朝鮮教育令はさほどの実績をあげることができなかったとも言われている。というのも、1918(大正7)年からその翌年の1919(大正8)年にかけて、484校ある普通学校には84,306人の朝鮮人子弟が通っていたのに対して、民衆子弟に母語である朝鮮語の読み書きを教える「書堂」と呼ばれる寺子屋式の民間の教育機関は24,294校あり、そこには260,947人もの朝鮮人の子どもたちが通っていたからである。また、欧米の宗教団体によって設立されたいわゆるミッション・スクールも少なからぬ数存在し、20万人以上の朝鮮人の子どもたちが在籍していたことも知られている[33]。多くの朝鮮人子弟を普通学校に取り込もうと改定された朝鮮教育令は、「内鮮一体」「内鮮共学」のスローガンを掲げることとなるが、民族の独立を求める朝鮮人たちの根強い抵抗はやむことがなかった。

(3) 宗教団体が作った学校

　宗教団体が作った学校の例として、日本で最も古い国際学校であるサン・モール・インターナショナル・スクールに着目し、近代日本におけるカトリック修道会の活動のなかで外国人学校がどのように誕生したのかを見ていきたい。

　幕末から1873(明治6)年にキリシタン禁制が解かれるまでの日本においては、宣教師たちが外国人居留地に教会を建て外国人に対して布教活動を行うことは認められていたが、日本人に対して布教活動を行うことは厳しく禁じられていた。例えば1865(元治2)年3月7日、大浦天主堂でパリ外国宣教会(Société des Missions-Etrangères de Paris)から派遣されたベルナール・タデ・プティジャン(Bernard Thadée Petitjean)司教がサンタ・マリア像を拝もうと集まった人々の中に隠れキリシタンを発見したという出来事は、宣教師たちに希望を与えたと同時にキリシタン迫害を一層強め

ることともなった[34]。

　こうした状況のなか、キリシタン禁制が解かれる日が近いことを感じたプティジャン司教は、孤児の救済や女子教育に当たることができる修道女の派遣をパリのサン・モール修道会に依頼した。これに応えて、極東の小さな島国での宣教を志す黒衣の修道服をまとったメール・マティルド(Mère Mathilde)と4人の修道女が1872(明治5)年、横浜に上陸した。マティルドにとっては、ペナンでの2年間、さらにはシンガポールでの20年にわたる宣教活動を経た後に初めて訪れた日本である。

　そもそもサン・モール修道会は1678年にニコラ・バレ(Nicolas Barré)神父によって設立された女子修道会で、女教師を養成し、貧しい子どもたちのために無料の学校を開設することをめざしていた。黒いヴェール、黒い服、黒い靴を身にまとったサン・モール会の修道女たちは「黒衣婦人(Les Dames Noirs)」とも呼ばれ[35]、やがて宣教活動の場をフランス国内から国外へと広げていくこととなる。彼女たちの宣教地での主な活動は、孤児院、病院、学校を設立することであった。

　日本に到着後、直ちにマティルドたちは横浜天主堂(現在の横浜山手教会)の近くに居を構え、孤児を収容し養育すると共に、居留地に住む外国人子弟の教育にも当たった。前者の孤児院は、仁慈堂(1880(明治13)年には和仏学校、1902(明治35)年には菫女学校と改称)と名づけられた日本で初の孤児院である。そして、後者の教育施設こそが、ダーム・ド・サン・モール学校と呼ばれた日本で最初の外国人学校である。これは、日本語では童貞学校と訳されており、童貞つまり一生独身の修道女が教える学校という意味である。こうして1872(明治5)年、今日のサン・モール・インターナショナル・スクールへと発展していくこととなる外国人学校が誕生した。現在の学校案内によると、学校設立時には15カ国以上の国の子弟を受け入れていたことから、この学校は発足当時より国際的な学校であったと紹介されている[36]。

　キリシタン禁制が解け宣教師たちに布教の自由が認められるようにな

ると、ミッション・スクールがしだいに増加したことから、キリスト教の教えが広まることを恐れた明治政府は1899(明治32)年8月3日、文部省訓令第12号と私立学校令という二つの法令を定めた。前者の文部省訓令第12号は、「一般ノ教育ヲシテ宗教ノ外ニ特立セシムルハ学政上最必要トス依テ官立公立学校及学科課程ニ関シ法令ノ規定アル学校ニ於テハ課程外タリトモ宗教上ノ教育ヲ施シ又ハ宗教上ノ儀式ヲ行フコトヲ許ササルヘシ」と述べている[37]。これは、専門学校と各種学校をのぞくすべての学校における宗教教育を禁止し、当時普及し始めていたミッション・スクールに対して、宗教教育を断念するかあるいは各種学校への改編を迫るものであった。また、後者の私立学校令は、私立学校への監督強化を狙ったもので、設置認可にかかわる規定や問題を起こした学校の閉鎖に関する規定などを含んでいる[38]。

　ところで、メール・マティルドにとって、日本人の女子にカトリック教育を施すことは日本に来た時からの悲願であった。彼女の思いは横浜紅蘭女学校の創設により実現されることとなるが、この日本初のカトリック女学校は文部省訓令第12号と私立学校令が制定された2カ月後の1899(明治32)年10月に、いっさいの宗教教育を行わないことを条件にようやく学校開設の許可を得ることができた[39]。マティルドによって創設された横浜紅蘭女学校は1951(昭和26)年、横浜雙葉学園と改称される。

　一方、サン・モール修道会は東京築地の外国人居留地にも進出し、横浜紅蘭女学校が開設されたのと同じ1899(明治32)年10月に私立女子語学校の開設も許可された。高等普通教育として女子に外国語を教えることを目的とするこの学校では、キリスト教関係の休日ではなく太政官布告に定められた祝祭日を休日として定め学則に記載していたが、実際には宗教上の休日が設けられ、ひそやかに宗教教育が行われていたことも指摘されている[40]。私立女子語学校はその後、1907(明治40)年には新栄女子学院へ、また1909(明治42)年には雙葉高等女学校へと名称を変える。

　雙葉高等女学校の設立に際し、サン・モール修道会は文部省に対して、

「開校後宗教上ノ儀式ヲ挙行シ若クハ教授時間ノ内外ニ拘ラズ其ノ生徒ニ対シテ宗教上ノ講話ヲ為スガ如キコト無之様」という念書を提出し[41]、やっとのことで学校の設置認可を得た。このように宗教と教育の分離が徹底された近代日本において、ミッション・スクールはその後ますます困難な状況に追い込まれていくこととなる。

　以上のような経緯をたどって、サン・モール修道会は居留地に住む外国人子弟を対象に外国人学校としてサン・モール・インターナショナル・スクールを設立すると共に、日本人子弟を対象とする学校として雙葉学園を創設した。このように一つの修道会が外国人子弟のための学校と日本人子弟のための学校を作った例としては、マリア会によるセント・ジョセフ・インターナショナル・カレッジと暁星学園、聖心会による聖心インターナショナル・スクールと聖心女子学院などが挙げられる。なお、このあたりの事情については本書の第13章でも詳しく論じている。

(4) 移民が作った学校

　移民が作った学校の例として、日本の華僑が設立した最初の中華学校である横浜中華学院に注目し、華僑社会と日本社会という二つの社会とのかかわりのなかで発展を遂げてきた学校の姿を紹介したい。

　在日華僑の歴史は古く、唐船の渡来が目立ってくるのは17世紀からと言われている。日本では徳川家康から吉宗の頃であり、中国では明末から清の康熙帝が統治していた時期である。1641(寛永18)年には鎖国の制度が完成され海禁令も敷かれていたが、中国からは生糸、絹、木綿、砂糖などが日本にもち込まれる一方で、日本からは金、銀、銅などが中国に運ばれた。1688(元禄元)年には、193隻の唐船が長崎に入港し、のべ9,128人の唐人が長崎に渡来した[42]。翌1689(元禄2)年には、唐人屋敷が設置され、日常生活の場が屋敷内に制限されると共に、同郷人ごとに禅宗系の寺の信徒に組み込まれ、「会館」や「公所」という一種の自治組織も作られた。日本と清との間には正式の国交が結ばれていなかったが、唐船は

オランダ船と同様に通事が「風説書」を提出し、いわば幕府公認の貿易を担っていた。こうした通事の職は世襲され、日本人との結婚により彼らは日本社会に深く根を下ろしていくこととなる。

1854(安政元)年に日米、日英、日露の和親条約、また1858(安政5)年にはアメリカ、オランダ、ロシア、イギリス、フランスとの間に修交通商条約が締結されると、横浜、長崎、神戸などのいわゆる条約港が相次いで開港された。だが、日本が清と修交条約を結んだのは1871(明治4)年で、欧米諸国との条約締結にくらべるとかなり時期が遅かったことから、開港後の華僑の活動は他国の商人たちより大きく出遅れた。1859(安政6)年に横浜港が開港されると、まず、生糸を求めてイギリスやフランスの商人が広東や上海から訪れてきたため、やがて彼らとゆかりのある広東人が買弁として集まってきたという[43]。彼らはこうした外国商人の買弁ばかりでなく、みずから砂糖、綿花、陶器などの貿易も手がけた。

開港後の横浜に華僑が集まってくるにつれ、華僑の子どもたちの学校もいくつか作られるようになった。その中の一つである大同学校は1897(明治30)年、孫文の提唱により設立された学校で[44]、孫文の説く三民主義思想はこの大同学校の系譜を引く横浜中華学院において今日もなお引き継がれている。学校は1923(大正12)年の関東大地震と1945年の横浜大空襲の折に二度にわたって校舎が全壊されるという不運に遭遇したが、いずれの時も在日華僑から手厚い援助を受け、校舎を再建し、困難な状況を乗り越えていった。その後、いくつかの華僑の学校を統合したり中等部と高等部を創設したりして、1955(昭和30)年からは現在の名称である横浜中華学院を名のっている。

なお、1949(昭和24)年に中華人民共和国が成立し、蔣介石が台湾に移ったことにより、日本の華僑社会も大陸系の人々と台湾系の人々に分断された。その結果、台湾系の人々がこの横浜中華学院に残り、大陸系の人々は袂を分かち、1957(昭和32)年に横浜山手中華学校を作った。

横浜中華学院は台湾の僑務委員会及び教育部の認定校で、今日、3,000

校あまり存在する海外華僑学校と強い絆で結ばれている⁽⁴⁵⁾。また、台湾からさまざまな援助も受けており、とりわけ中国語と中国文化に関する教材は豊富に提供されている。こうした台湾との結びつきは、生徒に中国人としてのアイデンティティを育む上で役立っているが、一方、横浜中華学院では日本の高校や大学への進学を視野に入れた指導も行っている。幼稚園から初等部、中等部、高等部を通じて中国語、日本語、英語の3カ国語の教育を実施していることも大きな特徴である。このような国際的な教育内容は生徒募集時に国籍を問わないこととともあいまって、さまざま国籍の子どもたちをこの学校に惹きつけている。

2003年現在の在校生の内訳は、おおむね台湾籍が45％、中国籍が15％、日本籍が40％（日本籍を取得した華僑を含む）となっており、両親が共に日本人であるという純粋な日本人生徒も全体の15％ほどいる。2003年度における高等部の卒業生の進路は、卒業生14名のうち進学した者が13名、就職した者が1名で、進学先は慶應義塾大学、明治大学、日本大学、和光大学、神奈川大学、横浜商科大学、恵泉女子学園大学、聖セシリア短期大学、米コロンビア大学などである⁽⁴⁶⁾。

ところで、近年、日本の中華学校には、日本語を全く知らない中国人生徒が急増している。これは、中国で改革開放政策が進められてきたこの四半世紀の間に新たに日本に来た、いわゆる「新華僑」と呼ばれる人々の子どもたちである。「新華僑」はすでに35万人に達するとも言われており⁽⁴⁷⁾、日本の華僑社会も新たな時代を迎えている。そもそも華僑の子どもたちに母語である中国語を教えることと日本社会で求められる日本語の能力を高めることを目的に始められた中華学校の教育は、今日、中国語しか知らない新しいタイプの中国人生徒を受け入れることとなり、カリキュラムの見直しなども求められている⁽⁴⁸⁾。

本書では、第3章で今日のイギリスにおいてイスラム系移民が作った学校を、第12章で戦前にハワイやアメリカ西海岸に渡った日系移民が作った学校を取り上げている。

(5) 各国が海外に作った学校

　今日の国際社会においては、海外で暮らす自国民子弟のための教育を保障するため、海外学校の制度を整備している国が多い。こうした海外学校のネットワークとしては、アメリカが世界中に展開している海外アメリカ人学校の制度がよく知られている。アメリカの場合、外交官や企業の勤務者などのいわゆる民間人の子弟のための学校と世界各地に点在する米軍基地に勤務する軍人・軍属の子弟のための学校という2系列の海外学校制度をもっている。前者の民間人の子弟を対象とする学校は国務省の管轄であるのに対して、後者の軍人・軍属の子弟のための学校は国防省の管轄となっている。

　海外に暮らすアメリカ人が、自分たちの居留地に子どもたちのための学校を最初に作ったのは、1888年、メキシコ・シティーにおいてである[49]。コミュニティー・スクールと呼ばれるこうした学校は、子どもたちに本国にいるのと同様の教育を受ける権利を保障しようと願う親たちの手で作られた。当初は、子どもたちに宗教教育を施すことを目的とするものや宣教師の子どもたちのための学校が多かった。1964年に国務省に「海外学校局(the Office of Overseas Schools)」が設けられたことにより海外アメリカ人学校の組織は整備され、以下のような条件を満たしている学校には資金援助が行われるようになった[50]。

　①アメリカ人によって設立されかつ維持されている初等・中等学校
　②非宗教的、非営利的な学校
　③アメリカ人子弟、現地人子弟、第三国人子弟を受け入れている学校
　④アメリカのカリキュラムあるいはアメリカと現地国の両国のカリキュラムに従う学校
　⑤アメリカ人のあるいはアメリカで教育を受けた教員や校長によって運営されている学校

　別の見方をするならば、こうした条件を満たしている学校が海外アメ

リカ人学校である。2002-03年度において、国務省系列の学校は132カ国に185校あり、総額4億5千万ドルの援助を受けている[51]。日本では福岡インターナショナル・スクール、広島インターナショナル・スクール、名古屋インターナショナル・スクール、カナディアン・アカデミー、北海道インターナショナル・スクール、アメリカン・スクール・イン・ジャパン、西町インターナショナル・スクールの7校が海外学校局から援助を受けている海外アメリカ人学校である[52]。そもそもこの市民のための海外アメリカ人学校は、海外においてアメリカの教育方法を実践しその教育理念を実現することによって、アメリカ人と他国の人々との相互理解を深めることを目的としていた。だが、1960年代には中南米やアフリカの地域に、アメリカの開発援助政策と深く結びついた学校も数多く作られた[53]。

　一方、第2次世界大戦後、アメリカがヨーロッパや太平洋地域に配備した米軍基地内には、軍に勤務する者の子どもたちのための学校が作られた。1994年には、海外の米軍基地における学校を対象とする組織とアメリカ国内の基地における学校を対象とする組織とが一元化され、「国防省教育事業(the Department of Defense Education Activity：DoDEA)」と呼ばれる組織になった。この国防省系列の学校は2002-03年度において、アメリカ国内の七つの州、グァム、プエルトリコと世界13カ国にあわせて222校存在する[54]。基地内の学校はアメリカの国立学校のような性格をもっていて、軍人・軍属の子どもたちに無料でアメリカ国内と同様の教育を施している。また、言うまでもなく、こうした学校は世俗的な教育を提供していることから、基地の周辺には宗教教育を望む親たちの要望に応えるため、ミッション・スクールが作られていることが多い。例えば、沖縄では1957年に沖縄クリスチャン・スクール・インターナショナルが設立された。

　この沖縄クリスチャン・スクール・インターナショナルに在籍する生徒の多くはアメラジアン(Amerasian)と呼ばれるアメリカ人の父と日本人

の母をもつ国際児である⁽⁵⁵⁾。アメラジアンとはアメリカ人とアジア人の間に生まれた子どものことで、米軍基地がある韓国にも同様の子どもたちがいる。また、1998年には、二つの母語と母文化をもつアメラジアンの子どもたちの教育を受ける権利を保障するため、アメラジアンの親たちが自分たちの手でアメラジアン・スクール・イン・オキナワを開校した。この学校には、日本国籍をもつ子どもや日本とアメリカの二重国籍をもつ子どもが通っている⁽⁵⁶⁾。

　以上、アメリカの海外学校を紹介したが、他にもこうした海外学校のネットワークを整備している国がいくつもある。例えば、フランスやドイツはかつての移民や植民の歴史ともからんで多くの海外学校を運営している。フランスは1999年現在、「海外フランス人学校局(Agence pour l'Enseignement Français à l'Etranger：aefe)」の下にある海外フランス人学校を127カ国で410校展開しており、そこには235,000人の生徒が在籍し、うち78,000人がフランス人である⁽⁵⁷⁾。ドイツは、海外に暮らすドイツ人子弟のための学校や南米におけるドイツ系移民の子弟のための学校の他に、ドイツ人子弟と現地人子弟を受け入れて両国の言語とカリキュラムに沿った授業を行い両国の大学入学資格を与えることができる「交流学校(Begebnungsschule)」と呼ばれる学校も運営している⁽⁵⁸⁾。本書で取り上げるヨーロッパ学校(European School)やリセ・フランコ・アルマン(Le lycée franco-allemand)もこの「交流学校」と考えられる。

　一方、イギリスの場合、国内の寄宿学校に子どもを残して親だけが海外に赴任することも多いが、海外に派遣されたイギリスの軍に勤務する者の子どもたちのために1996年に「軍人子弟教育(Service Children's Education)」という組織が作られ、キプロス、フォークランド諸島、ジブラルタルなどの英軍基地内に初等学校や中等学校を運営している⁽⁵⁹⁾。

　こうした海外学校としては、「海水の至るところ華僑あり」と言われるほどに世界中で活躍している華僑の子弟のための学校にも触れておかなければならない。台湾の僑務委員会によると、その傘下にある中華学校

は2003年末現在、アジアに2,014校、アメリカに834校、ヨーロッパに193校、オセアニアに87校、その他に15校で計3,143校となっている[60]。こうした学校の多くは僑務委員会の指導・監督を受けているなかで、1990年から李登輝政権がとった東南アジアへの積極的な投資奨励政策ともからんで、ベトナム、タイ、マレーシア、インドネシアの東南アジア4カ国にある6校は、僑務委員会ではなく教育部の管轄下に置かれ「台北学校」と呼ばれている。なお、日本は、文部科学省の認定する在外教育施設として2004年4月現在、海外日本人学校を49カ国・地域に82校、海外補習授業校を56カ国に186校、私立在外教育施設を13校、展開している[61]。このような海外学校のありようからは、その背後に控える設置国の政治的、経済的、軍事的思惑が垣間見える。

(6) 国際機関が作った学校

　20世紀における二つの大きな戦争が終結した際、いずれの時期にも戦後の国際社会の新たな枠組みを形成しようとする動きが生まれ、それに応じて国際学校も誕生した。

　第1次世界大戦後、アメリカのウィルソン大統領の提唱で、国際紛争の平和的解決、軍縮、安全保障、国際協力活動の推進などをめざして1920年に国際連盟が設立される。また、これに先立つ1919年のパリ講和会議においては、世界の労働者に労働条件や生活環境の改善をもたらすことを目的に国際労働機関が創設される。この二つの国際機関の本部が共にスイスのジュネーブに置かれ、そこにさまざまな国から職員が集まってきたことから、多様な言語と文化をもつ子どもたちの教育問題が浮上した。当時、ジュネーブのルソー研究所には新教育運動の理論家としても実践家としてもよく知られるアドルフ・フェリエール (Adolphe Ferrière) とエリザベス・ロッテン (Elisabeth Rotten) が在籍していたことから、二つの国際機関はこの2人の協力を得て1924年、世界で最初の国際学校であるジュネーブ・インターナショナル・スクールを設立した[62]。

「国際連盟学校(the League's school)」とも呼ばれるこの学校は創設以来、「国際教育における世界的指導者」であることを自認し、「より良い世界の構築に向けて子どもたちにそれぞれの多様性を尊重すべきことを教える」ことを学校の使命としている(63)。2003-04年度において、この学校には100以上の国籍をもつ3,600人の生徒が在籍しており、世界最大規模の国際学校の一つともなっている(64)。

第2次世界大戦直後の1945年10月には、国際社会の平和と安定をめざしてニューヨークに国際連合が設立された。ここで働く国連職員の子どもたちのために1947年に作られたのが国連国際学校(United Nations International School：UNIS)である。この学校は、その後、国際バカロレアの開発にもかかわり、戦後の国際学校の象徴的な存在ともなっている。この国連国際学校については本書の第1章で詳しく紹介している。

また、第2次世界大戦後におけるヨーロッパ統合の流れのなかでも国際学校が生まれた。それは、ヨーロッパ石炭鉄鋼共同体(European Coal and Steel Community)に加盟するフランス、西ドイツ、オランダ、ベルギー、ルクセンブルグ、イタリアの6カ国がそこで働く職員の子どもたちのために、1953年、ルクセンブルグに設立したヨーロッパ学校である。異なる言語と国籍をもつ子どもたちの教育を担うヨーロッパ学校においては、1957年に加盟国の間でヨーロッパ学校規定(Statute of the European School)が結ばれ、1959年に中等教育の最後の2年間で履修するヨーロッパ・バカロレア(European Baccalaureate)が導入された(65)。この修了試験に合格することによって取得できるヨーロッパ・バカロレア資格は、加盟国すべての大学入学資格として通用する。最初のヨーロッパ学校であるルクセンブルグ校の実践がそれなりの成果をあげたことから、ヨーロッパ経済共同体(European Economic Community)やヨーロッパ原子力共同体(European Atomic Energy Community)も相次いでヨーロッパ学校を設立していくこととなった。

1967年、ヨーロッパ石炭鉄鋼共同体、ヨーロッパ経済共同体、ヨー

ロッパ原子力共同体の三つの組織は合併し、ヨーロッパ共同体(European Community：EC)が誕生する。国民国家の枠組みを越え「ひとつのヨーロッパ」を創設しようとする試みはさらに加速されていき、1993年におけるマーストリヒト条約の発効によりヨーロッパ連合の成立に至る。2004年現在、ヨーロッパ学校は**表序-1**で示すように7カ国に12校存在し、EU職員の子弟を中心に16,000人以上の子どもたちを受け入れている[66]。2004年5月1日、EUはその加盟国を25カ国にまで拡大し、同年6月18日にはヨーロッパ憲法の草案を採択している。拡大し深化していくヨーロッパ統合のなかで、ヨーロッパ学校への期待や要望はますます高まっていくものと思われる。なお、ヨーロッパ学校については本書の第9章でも触れている。

一方、1952年にはフランスにおいて、北大西洋条約機構(North Atlantic Treaty Organization：NATO)職員の子弟のための学校として、リセ・アンテルナショナル・ドゥ・サンジェルマン・アン・レイ(Lycée international de Saint-Germain- en-Laye)が創設された。現在、フランスの国立学校となっているこの国際学校に関しては、本書の第10章で詳細に取り上げている。

表序-1　ヨーロッパ学校の学校名・設置国・設置年

学校名	設置国	設置年
ルクセンブルグ校	ルクセンブルグ	1953年
ブリュッセル校(1)	ベルギー	1958年
モル/ギール校	ベルギー	1960年
バレス校	イタリア	1960年
カールスルーエ校	ドイツ	1962年
ベルゲン校	オランダ	1963年
ブリュッセル校(2)	ベルギー	1974年
ミュンヘン校	ドイツ	1977年
カールハム校	イギリス	1978年
ブリュッセル校(3)	ベルギー	2000年
フランクフルト校	ドイツ	2002年
アリカンテ校	スペイン	2002年

出典)ヨーロッパ学校のウェブサイト *The European Schools* (http://www.esculham.fsnet.co.uk/school/introduction.htm, 6 November 2004)に基づき筆者作成。

第3節　外国人学校の現状とゆくえ

　序章の最後に、本書の第1部に収録された諸論文を手がかりに、日本及び諸外国における外国人学校の現状を整理し、そのゆくえを展望すると共に、外国人学校研究の新たな課題を提起したい。その際、各国の外国人学校と公教育制度との関係を、組み入れと排除という視点から見ていくこととする。

(1) 外国人学校を公教育制度に組み入れることが可能なケース

　まず、一定の手続きを踏んだ外国人学校や国際学校に正規の私立学校（独立学校）としての法的地位を与え、そうした学校への入学を国籍にかかわらずすべての者に認めているアメリカ、カナダ、イギリスの状況を見ていこう。

　アメリカでは、外国人学校や国際学校が正規の私立学校として公教育制度の中に組み込まれることが可能であるが、その際には、学校が提供する教育内容や学校が課している卒業要件に関して一定の条件がつけられる。つまり、授業日数や時間数、教授言語、カリキュラム要件や卒業要件などに関して遵守すべき規定が設けられており、公立学校に準ずる教育の質を維持することが求められている。加えて、アメリカ市民を育成するという公教育の理念に抵触しないことが、外国人学校を正規の学校と認定する際の前提とされている。具体的には、公的機関あるいは私的な学校評価機関からアクレディテーション（accreditation）を受けた外国人学校や国際学校が正規の学校として認知され、公教育制度の一端を担っていくこととなる。IBの取得や質の高いバイリンガル・バイカルチュラル教育を売り物にする国際学校も少なからず存在し、そうした学校は現地人生徒の獲得にも力を入れている。

　アメリカと同様に古くから多数の移民を受け入れてきたカナダにも、

多くの外国人学校や国際学校が存在する。そうしたなか、オンタリオ州のフランス人学校について、児玉は興味深い事実を紹介している。オンタリオ州にある3校のフランス人学校の一つであるトロント・フランス人学校は、オンタリオ州の正規の私立学校でもある。そこでは、カナダとフランスの両国の中等教育修了資格が取得できるばかりでなくIBの取得も可能であることから、全校生徒の中にカナダ人生徒の占める割合が極めて高いという。そもそもこの学校はフランス系カナダ人のために作られた学校であったが、後にフランス政府から海外フランス人学校として認められたという経緯をもつ。そして現在では、英語とフランス語という2言語を公用語とするカナダにおいて、フランス系カナダ人ばかりでなくイギリス系カナダ人あるいは英語やフランス語以外の言語を母語とするカナダ人の子どもたちが、トロント・フランス人学校で実施されているバイリンガル教育に惹かれて入学してくる。

　イギリスでは、外国人学校や国際学校は独立学校としての法的地位にあり、政府から財政援助を受けず、ナショナル・カリキュラムに従う義務もなく、極めて高い独立性が保障されている。希望すればイギリス人の子どもがこうした外国人学校に通うこともできるが、特色のある学校が少なくないなかで、外国人学校を選択する者はさほど多くはない。

　ところで佐藤は、イギリスにおけるイスラム系の子どもたちの学校に注目している。1980年代からイスラム系移民は、放課後や土・日に開かれる補習校やイスラム女子学校を作って民族教育を実施する一方で、こうした学校に対する公費援助を求める運動も展開してきた。その願いは久しく実現されなかったが、1998年には、労働党政権がロンドンとバーミンガムにある二つのイスラム系学校への公費援助を決め、翌1999年には、この二つの学校は有志団体立補助学校というカテゴリーに分類される公営学校となった。実際に、こうした学校に在籍する生徒の多くは移民の二世や三世で、すでにイギリス国籍をもっているが、移民の子どもたちに自らの言語、文化、宗教を教えるための学校がイギリスの公営学

校という法的地位を獲得したのである。これは、イギリス国民の教育水準の引き上げを狙う労働党政権の政策に後押しされたものでもあり、その背景には外国人学校を公教育制度に取り込むことによってさらなる規制をかけていこうとする政府の目論見も垣間見える。

　東アジアの少なからぬ国々が外国人学校や国際学校を公教育制度の枠外に置くなかで、香港は独自の対応をとっている。大和が紹介するように、もともと海外への移住や留学をめざして現地の学校ではなく国際学校を選択する香港人子弟も多いという土地柄に加え、香港政府も外国企業を呼び込むためや海外からUターンしてきた香港人のニーズに応えるために、政策として国際学校への援助を続けてきた。外国人にも香港人にも門戸が開かれている国際学校は、初等・中等教育段階を通じて学校数から見れば全体の5％にも満たないが、このように現地学校と国際学校が競合している状況は香港の大きな特徴ともなっている。

　それゆえ、香港の国際学校は香港政府から修了資格の統制こそ受けてはいないが、すべての者に門戸を開放し、公的援助を受けて公的関与の下に置かれていることから、公教育制度の中に組み込まれていると考えられる。また、1997年におよそ150年間にわたるイギリス統治が終わり、中国に返還された香港では、社会のあらゆる分野でイギリス色から中国色への移行が徐々に進行している。公立学校において、英語を教授言語とする学校を減らし広東語を教授言語とする学校を増やす母語教育政策が推進される一方で、かつての宗主国であるイギリスの流れを汲む国際学校に対する手厚い公費援助への見直しも、取りざたされている。だが、香港人の英語を学ぶことへの要望は根強く、政府の母語教育政策はその目論見に反して国際学校への人気を煽ることともなっている。香港の国際学校のゆくえは、イギリス色から中国色へという香港の独自性の模索とも密接にからんでいる。

(2) 外国人学校を公教育制度から排除しているケース

中国、台湾、韓国といったアジアの国々は、原則的には外国人学校や国際学校を自国の公教育制度の枠外に位置づけている。中国の「外籍人員子女学校」、台湾の「外僑学校」、韓国の外国人学校や国際学校はそれぞれの国に居住する短期滞在の外国人子弟のみに門戸が開かれている極めて特殊な学校で、もちろん現地人子弟の入学は禁じられている。汪は、かつて中国で欧米の外国人学校が教育主権を侵害した歴史に触れ、当局が外国人学校の存在そのものに極めて慎重であることを紹介している。

　だが、例えば台湾では、二重国籍をもつ帰国華僑の子弟や一部の富裕層の子弟が外国人学校に通うことは黙認されてきた。山崎によると、これは華僑に対する帰国奨励政策であると共に、台湾の政財界に大きな影響力をもつ一握りの特権階層の教育要求に応えるものでもあるという。また、台湾では2003年に外国人学校の卒業生に大学受験の門戸が開放され、外国人学校から公教育制度への乗り入れが可能となった。外国人学校と公教育制度との連携を図ろうとする新たな動きととらえることができよう。

　韓国でも、時代のニーズに対応した教育内容に惹かれ、少なからぬ数の韓国人子弟が法の網の目をくぐって国際学校に通っていることを、チョイが報告している。原則として現地人子弟が外国人学校や国際学校に通うことを禁止している国々では、このような矛盾を同様に抱えている。

　ところで、言うまでもなく、日本も外国人学校を公教育制度から排除している国である。鳥井は、高等教育段階における外国人学校とも言える外国大学日本校に着目し、1980年代後半に大挙して日本に進出してきた外国大学の多くが極めて短期間のうちに閉校に追いやられていった状況を紹介している。外国大学が日本から撤退せざるを得なかった直接の理由はさまざまであるが、その背景にはこれらの大学が文部省から設置認可を得られなかったことがからんでいる。一方、日本における外国大学の数少ない成功例であるテンプル大学ジャパン (Temple University Japan:

TUJ)は、正規の大学ではないことに由来するさまざまな不利益を解消するため、法的地位の改善を求める運動を続けている。

　外国大学の問題が議論されるようになったのは比較的近年のことであるのに対して、初等・中等教育段階における外国人学校の問題は、戦後の日本が抱え続けてきた難問である。定住外国人の子どもたちが通う外国人学校の中でも、とりわけ朝鮮学校をめぐっては、日本の教育行政は徹底した排除の姿勢を貫いてきた。その背景には、近代日本の為政者たちが欧米に向けた視線とは異なる視線をアジアに向けてきたことや、北朝鮮(朝鮮民主主義人民共和国)の政治体制の問題もからんでいる。これまで朝鮮学校をはじめとする外国人学校に通う生徒やその卒業生に関して、教育を受ける権利やさらには基本的人権が保障されているかどうかが問われてきたように、日本における外国人学校問題はすぐれて人権にかかわる問題なのである。詳しくは、終章に譲りたい。

　一方、本来、日本人の子どもが外国人学校や国際学校に通うことは認められていないにもかかわらず、実際には、海外で習得した第二言語を保持したいと望む帰国生や国際社会で通用する英語の能力を身につけたいと願う日本人の子どもが、外国人学校や国際学校に少なからず通っている。このような日本人の子どもが取得した外国人学校や国際学校の修了資格は当然、1条校の資格と同等には処遇されてこなかった。IBの修了資格に関しても、日本の国際学校に通う日本人の子どもと外国人の子どもの間に、また日本人の子どもでも国内の国際学校に通う者と海外の国際学校に通う者との間に差がつけられ、いずれも後者が取得したIBは正式な資格とみなされるにもかかわらず、前者が取得したIBは正式な資格とはみなされてこなかった。こうした修了資格をめぐる内外格差の是正を求める声も、かねてより国際学校の関係者からは出されていたが、久しく放置されてきた。

(3) 組み入れと排除を併存させているケース

ドイツとフランスの両国は、以上のような二つの分類のどちらにも属さず、しいて言えば、両方の特質を兼ね備えている。両国は、もっぱら外国人子弟を対象とする各国の海外学校を公教育制度から排除している一方で、国や地方自治体の政策として、公教育制度の中に外国人子弟と自国民子弟が共に学ぶ国際学校を組み入れているからである。それゆえ、ここでは、二つのタイプの外国人学校や国際学校を併存させているケースと位置づけたい。

まず、両国におけるもっぱら外国人子弟を対象とする外国人学校について見ていこう。連邦制をとるドイツでは、州ごとに教育制度が異なり、外国人学校の法的地位も州により若干の相違が見られる。また、外国人学校は私立学校として位置づけられているが、この私立学校が公立学校に準ずる代替学校とそうではない補完学校という二つの種類に分けられている。中山によると、ドイツ国内に住む少数民族であるデンマーク人を対象とするデンマーク人学校などは前者の代替学校であるが、それ以外の短期滞在の外国人子弟が通う学校はおおむね後者の補完学校に分類され、どちらの学校にも一般のドイツ人子弟は原則として通うことができない。しかも、補完学校ではドイツの中等教育修了資格であるアビトゥーア(Abitur)を取得できないことなどを鑑みると、ドイツは外国人学校を公教育制度の枠外に置いているととらえることができる。

フランスにおいては、多くの外国人学校や国際学校は、1901年に制定されたアソシアシオン法(Loi relative au contrat d'association)に基づく非営利団体という法的地位にある。いわば無認可学校として位置づけられているこれらの学校では、フランスの中等教育修了資格であるバカロレア(Baccalaureate)の取得も難しいため、フランス人子弟はほとんど通っていない。中村は、こうした外国人学校の例として日本のアルザス成城学園を取り上げ、その閉鎖的な学校空間で展開される日本のナショナルな教育のありように、一般のフランス人から好奇のまなざしが向けられていることを伝えている。

次に、両国における外国人子弟と自国民子弟が共に学ぶ国際学校に目を向けたい。ドイツやフランスでは、第２次世界大戦後、２国間の新たな友好関係の構築をめざして、こうしたタイプの学校がいくつか作られてきた。例えばドイツのベルリンには、1953年に公立のフランス・ギムナジウム(Französisches Gymnasium)や、1960年に公立のジョン・F・ケネディ学校(John-F.-Kennedy-Schule)が開校された。また、1963年に結ばれたドイツとフランスの関係強化を目的とするエリゼ条約(Traité de l"Elysée)に基づいて、フランスでは公立のリセ・フランコ・アルマンが１校、ドイツでは公立のドイツ・フランス・ギムナジウム(Deutsch-Französisches Gymnasium)が２校、設立されている。こうした国際学校では、バイリンガル・バイカルチュラル教育が実施され、どちらの国からも正規に認定された中等教育修了資格が取得できる。

外国人子弟のみならず自国民子弟の教育を視野に入れたこのような国際学校は、「ひとつのヨーロッパ」の実現をめざして大きく歩みだした近年のドイツやフランスにおいて、その数を増している。例えば、ベルリンには州立のヨーロッパ学校や国際学校などが設立されたり、フランスにおいては公立学校に国際学級が併設されたりしている。IBの修了資格の認知に関しても、ドイツとフランスの両国は従来、自国民と外国人との間に明確な差をつけて対応してきたが、国際化やグローバル化の流れのなか、こうした内外格差も解消される方向にあることを中山や中村は指摘している。

ところで、外国人子弟と自国民子弟が共に学ぶことを目的とする国際学校は、従来、外国人学校を公教育制度から排除してきた中国、台湾、韓国そして日本でも相次いで設立されている。中国や台湾では、自国民子弟が外国人学校や国際学校に通うことは原則として認められてこなかったが、近年、いわゆる経済特区において例外的に自国民子弟も通える国際学校が設けられている。どちらの場合も、主に海外からの帰国留学生の子弟の受け入れを目的とし、留学を終えた優秀な人材を本国に呼び戻す

ことによって、国際競争力の強化をめざしている。また、韓国においても、国際社会における韓国の地位の向上を目的に教育の国際化が推進されるなか、外国人と韓国人の子どもが共に学ぶことができる初めての国際学校が2000年に開校された。だが、グローバル化や市場原理の導入を急ぐ人々に後押しされて開校されたこの「韓国国際学校(Korea International School: KIS)」を、チョイは批判的にとらえ、外国人学校や国際学校を韓国の公教育制度の中に取り込むべきことを提言している。

日本においても、日本人生徒と外国人生徒が共に学ぶことを目的とした新しいタイプの国際学校がすでに作られている。これは、1987年に出された臨時教育審議会の第3次答申において、日本の教育の国際化への対応の一つとして、帰国生、外国人生徒、一般生という三つのタイプの生徒を受け入れ、国際社会で活躍できる人材の育成をめざす新しいタイプの国際学校の創設が提言されたことによる[67]。

例えば1989年には都立国際高校が設立されたのをはじめ、1991年には学校法人千里国際学園によって一つのキャンパスに二つの学校が併存する形で、主として帰国生を対象とする大阪国際文化中学校・高等学校(1999年4月に千里国際学園中等部・高等部と校名変更)と主に外国人生徒を対象とする大阪インターナショナル・スクールが開校された。いずれも、特色のある外国語教育や国際理解教育の実践が高い人気を呼んでいる。従来、公教育制度の外に置かれていた国際学校を公教育制度の内に取り込むことによって、日本の教育の国際化を推進しようとするものであり、国際学校と公教育制度の連携の試みととらえることができよう。

一方、外国大学日本校と日本の大学との連携を模索する動きも出てきている。2004年3月には、文部科学省の有識者会議が一定の条件付きで外国大学日本校と国内の正規の大学との単位交換を認めるよう提言をまとめた[68]。現在は、海外の大学に留学して取得した単位は国内の大学との単位交換が認められていることから、この提言が実現すれば、外国大学日本校で取得した単位も卒業単位として認められ、日本校に通っても

本校に留学しても同等に扱われることとなる。このような単位互換を通して外国大学と日本の大学の連携を図る試みは、国際的な基準に照らして日本の大学の質を問い直す動きともなっている。

おわりに

最後に、日本における外国人学校の修了資格の見直しをめぐる昨今の文部科学省の見解と国立大学の入試の実態を整理し、そこから浮かび上がってくる外国人学校研究の課題をいくつか指摘しておきたい。

2003年9月、文部科学省は英米の学校評価機関から認定を受けている外国人学校や国際学校、及び本国から正規の学校と認定されている外国人学校の修了資格のみを正規のものと認め、それ以外の外国人学校の修了資格に関しては各大学の判断に委ねることとした[69]。その結果、多くの欧米系の外国人学校や国際学校並びに中華学校、韓国学校、インドネシア人学校、ブラジル人学校の卒業生は大学の受験資格を認められたが、朝鮮学校のみがその対象からはずされた。実際に2004年に行われた大学入試においては、多くの国立大学で朝鮮学校の卒業生にも受験資格が認められたが、朝鮮学校の卒業生のみに志望動機をまとめた書類の提出を課した大学もあった[70]。このように、日本の大学の門戸開放は、朝鮮学校の卒業生に対する差別的な処遇を残したまま、それ以外の外国人学校の卒業生に対してのみ認められるという、なんとも中途半端な決着をみている。

もちろん、こうした動きは、戦後の日本の教育行政が朝鮮学校に対してとってきた一連の差別的な対応の延長線上にあるばかりでなく、昨今の日本と北朝鮮とのぎくしゃくとした関係を反映しているものでもあろう。だが、このような日本の教育行政のあり方は、国際社会からも是正を求められている。例えば2004年1月には、日本での「子どもの権利条

約」の実施状況をめぐって、国連の「子どもの権利委員会」から、「日本にある外国人学校を卒業して大学進学を希望する者の資格基準が拡大されたとはいえ、依然として高等教育へのアクセスを否定されている者が存在する」との懸念が表明されている[71]。多くの国々で、外国人学校と公教育制度との連携が徐々に深められてきている現状に照らしてみても、日本において、外国人学校卒業生が公教育制度に乗り入れる機会が完全な形で保障されることが望まれる。

　一方、日本の大学が不十分ながらも外国人学校卒業生に門戸を開放した背景には、慢性的な18歳人口の減少や国立大学の独立行政法人化の問題ともからんで、私立大学のみならず国立大学までもが受験生の確保にしのぎを削らざるを得なくなったという切実な事情が控えている。また、日本の大学が日本の高校の卒業生と英米の学校評価機関から認定された外国人学校の卒業生の両者を受け入れることは、高校段階の教育の質が国際的な基準で吟味されることでもある。加えて、外国人学校の卒業生に門戸を開いた日本の大学が、果たして彼らの目に魅力のある進学先として映っているのかという問題もある。外国大学日本校の例もあるように、アメリカやカナダやオーストラリアなどの大学は国際的な規模で学生の獲得を競い合い、市場原理の波は否応なしに日本の大学に対して教育の質の向上を求めている。いずれにしてもこの問題は、外国人学校の卒業生の進路保障という視点からだけではなく、日本における初等・中等教育段階から高等教育段階に至るまでの教育の質の保障という視点からも論議されるべきであろう。

　国際化やグローバル化の進展につれ、諸外国においても外国人学校と公教育制度との連携は深まりつつあり、しかも、そうした動きには一国の教育制度を再構築していく可能性すら秘められている。本書に収録された諸論文を手がかりに、外国人学校や外国人の教育を含めて公教育制度の再構築をめぐる議論が深まることを願っている。

[注]

(1) 横浜中華学院『横浜中華学院』、2004年1月14日、http://www1.biz.biglobe.ne.jp/~yocs/index_b.html、2004年4月7日。

(2) Deutsche Schule Tokyo Yokohama, *Deutsche Schule Tokyo Yokohama*, http://www.dsty.ac.jp/default.htm, 6 November 2004. 並びに *Deutsche Schule Kobe, Deutsche Schule Kobe-European School*, 8 February 2004, http://www.dskobe.org/, 6 November 2004.

(3) 朴三石『日本のなかの朝鮮学校―21世紀にはばたく―』朝鮮青年社、1997年、157頁。

(4) 金徳龍「在日朝鮮学校のあゆみと未来への提案(上)」『世界』岩波書店、2004年3月号、248-260頁。

(5) 在日韓国教育院「在日韓国学校」『Korea Education Institute In Japan』、http://www.kankoku.gr.jp/index/site4_jp.htm、2004年11月6日。

(6) 末吉節子『アメリカンスクール』同時代社、1993年、56-57頁。

(7) Department of Defense Dependents Schools Pacific, *Pacific Area District & School Web Sites*, 6 July 2004, http://www.pac.odedodea.edu/aboutus/contacts/School_Websites.htm, 6 November 2004.

(8) Lycée Franco-Japonais de Tokyo, *Lycée Franco-Japonais de Tokyo*, http://www.lfjt.or.jp/htm/menu.htm, 6 November 2004.

(9) British School in Tokyo, *British School in Tokyo*, http://www.bst.ac.jp/, 6 November 2004.

(10) ルーテル国際学園・ノルウェー学校の概要は以下のウェブサイトに詳しい。神戸市国際課『神戸の外国人学校』、http://www.heri.or.jp/hyokei/hyokei73/73gako.htm, 2004年11月6日。あるいはMac Fukuda「ルーテル国際学園・ノルウェー学校」『ほんもののKOBEMAP』、2003年8月28日、http://www.kobemap.com/hon/hon_Foreignschool/Lutheran.html, 2004年11月6日。

(11) 東京インドネシア学校の概要は、杉本均「イスラーム教徒における社会文化空間と教育問題」宮島喬・加納弘勝編『変容する日本社会と文化』東京大学出版会、2002年、145-167頁、に詳しい。

(12) Embaixada do Brasil em Tóquio, 'Escolas Brasileiras Homologadas No Japão', *Embaixada do Brasil em Tóquio*, http://www.brasemb.or.jp/portugatu/info/escolas.html, 6 November 2004.

(13) 名古屋学生青年センター『国際子ども学校(Ecumenical Learning Center for

⑬ Children)』、http://www.nskk.org/chubu/nyc/elcc/elcc.html、2004年11月6日。
⑭ 小河織衣『女子教育事始』丸善、1995年、47頁。
⑮ Saint Maur International School, *Saint Maur International School*, http://www.stmaur.ac.jp/index.html, 6 November 2004.
⑯ マリア会の修道士たちの宣教活動については以下のウェブサイトに詳しい。暁星小学校「暁星学園の沿革」『暁星小学校』、2004年2月19日、http://gyosei-e.ed.jp/introduce/history/introduce_history.htm、2004年11月6日。
⑰ International School of the Sacred Heart, *International School of the Sacred Heart*, http://www.issh.ac.jp/, 6 November 2004.
⑱ ドナルド・バーガー、リチャード・ギャラガー『アメリカン スクール イン ジャパン』文化出版局、1983年。
⑲ The American School in Japan, *The American School in Japan*, http://www.asij.ac.jp/, 6 November 2004.
⑳ Yokohama International School, *Yokohama International School*, http://www.yis.ac.jp/index.html, 6 November 2004.
㉑ International School of Geneva, 'History', *International School of Geneva*, http://www.ecolint.ch/webpage.asp?c=8&1=en&catid=20, 6 November 2004.
㉒ St. Michael's International School, *St. Michael's International School*, http://www.smis.org/index.html, 6 November 2004.
㉓ Christian Academy in Japan, *Christian Academy in Japan*, http://caj.or.jp/, 6 November 2004.
㉔ Nishimachi International School『Nishimachi International School』、http://www.nishimachi.ac.jp/index_j.html、2004年11月6日。
㉕ ベッケル(鈴木福一・西原茂正訳)『列国の植民地教育政策』第一出版協会、1943年。
㉖ 朝鮮教育令は、教育史編纂会『明治以降教育制度発達史』第10巻、教育資料調査会、1964年(重版)、60-63頁、に収録されている。
㉗ 同上書。
㉘ 佐野通夫「植民地朝鮮における教育の支配とその抵抗」渡部宗助・竹中憲一編『教育における民族的相克―日本植民地教育史論Ⅰ』東方書店、2000年、37-61頁。
㉙ 釜山共立学校に関しては、小島勝『日本人学校の研究―異文化間教育史的考察―』玉川大学出版部、1999年、25-26頁、に詳しい。

㉚　井上薫「日帝下朝鮮における実業教育政策― 1920年代の実科教育、補習教育の成立過程―」渡部宗助・竹中憲一編『教育における民族的相克―日本植民地教育史論Ⅰ』東方書店、2000年、63-91頁。
㉛　教育史編纂会、前掲書。
㉜　普通学校規則は、教育史編纂会『明治以降教育制度発達史』第10巻、教育資料調査会、1964年（重版）、73-84頁、に収録されている。
㉝　海後勝男・廣岡亮蔵編『近代教育史Ⅲ―市民社会の危機と教育―』誠文堂新光社、1979年（再版第1刷）、308-309頁。
㉞　小河織衣『メール・マティルド―日本宣教とその生涯―』有隣新書、1990年。
㉟　前田長太『黒衣婦人 Les Dames Noires』文海堂、1897年。
㊱　Saint Maur International School, 前掲のウェブサイト。
㊲　文部省訓令第12号は、文部省『学制80年史』大蔵省印刷局、1954年、931頁、に収録されている。
㊳　私立学校令は、文部省『学制80年史』大蔵省印刷局、1954年、917-919頁、に収録されている。
㊴　小河織衣、1990年、前掲書、101頁。
㊵　渋川久子・島田恒子『信仰と教育と―サン・モール修道会　東京百年の歩み―』評論社、1981年、207-224頁。
㊶　小河織衣、1990年、前掲書、141頁。
㊷　斯波義信『華僑』岩波書店、1995年、113頁。
㊸　同上書、191頁。
㊹　拓殖大学華僑ネットワークセンター（蔡驎）「横浜中華学院」『日本にある中華学校』、http://www.cnc.takushoku-u.ac.jp/~kakyonet/public_old_html/japanese/school/、2004年11月6日。
㊺　横浜中華学院、前掲のウェブサイト。
㊻　同上のウェブサイト。
㊼　李恩民「「新華僑華人」の両極化」『朝日新聞』、2003年10月27日。
㊽　東京中華学校の松本隆徳先生へのインタビューより、2004年4月15日。
㊾　Luebke, T. Paul (1976, Second Edition) *American Elementary & Secondary Community Schools Abroad,* Va: American Association of School Administrators, p.13.
㊿　*Ibid.*, pp.40-41.
51　U.S. Department of State, 'Overseas Schools Advisory Council; *Office of*

Overseas Schools, http://www.state.gov/m/a/os/c6971.htm, 6 November 2004.

(52) U.S. Department of State, 'Schools by Regions', *Office of Overseas Schools,* http://www.state.gov/m/a/os/c1684.htm, 6 November 2004.

(53) 中南米のアメリカ人学校に関しては、江原裕美「中南米の海外アメリカ人学校(ASOS)―国際関係の中の役割と機能―」『比較教育学』第14号、1988年、88-98頁、に詳しい。アフリカのアメリカ人学校に関しては、柿沼秀雄「アフリカ地域の外国人学校」『国際教育研究』第6号、1986年、1-14頁、に詳しい。

(54) Department of Defense Education Activity, 'DoDEA Facts 2003', *Department of Defense Education Activity,* 5 February 2004, http://www.odedodea.edu/commumications/dodeafacts.htm, 6 November 2004.

(55) Okinawa Christian School International, *Okinawa Christian School International,* http://www.ocsi.org/main_menu.htm, 6 November 2004.

(56) 照本祥敬編、セイヤーミドリ・与那嶺政江・野入直美著『アメラジアンスクール―共生の地平を沖縄から―』ふきのとう書房、2001年、並びに、野入直美代表「沖縄におけるアメラジアンの生活権・教育権保障」科研報告書、1993年。

(57) Agence pour l'Enseignement Français à l'Etranger, 'L'enseingnement français à l'etranger', Agence pour l'Enseignement Français à l'Etranger, http://www.aefe.diplomatie.fr/aefe/Texte.nsf/Pages+HTML/L'enseingnement+francais+a+l'etranger?OpenDocument, 6 November 2004.

(58) 木戸裕「先進国における海外学校の研究―ドイツ」外国人学校研究会『諸外国における外国人学校の位置づけに関する研究』1996年、345-374頁。

(59) Royal Air Force, 'Service Children's Education', *Learning Forces,* 11 March 2002, http://www.learning-forces.org.uk/21-30/sce.htm, 6 November 2004.

(60) 中華民国僑務委員会「華僑教育與文化」『僑務統計』、http://163.29.16.16/public/public.asp?selno=984&no=984&level=B、2004年11月6日。

(61) 文部科学省「在外教育施設の概要」『CLARINETへようこそ』、http://www.mext.go.jp/a_menu/shotou/clarinet/sijo22.html、2004年11月6日。

(62) International School of Geneva, 'History', *International School of Geneva,* http://www.ecolint.ch/webpage.asp?c=8&1=en&catid=20, 6 November 2004.

(63) International School of Geneva, 'Strategic Plan—May 2004', *International School of Geneva,* http://www.ecolint.ch/webpage.asp?c=8&1=en&catid=157, 6 November 2004.

(64) International School of Geneva, 'Welcome to our Site', *International School of Geneva*, http://www.ecolint.ch/home.asp?l=en&c=8&catid=0, 6 November 2004.

(65) The European Schools, 'An Introduction', *The European Schools*, 31 October 2002, http://www.esculham.fsnet.co.uk/school/introduction.htm, 6 November 2004. なお、ヨーロッパ学校の歴史的経緯や概要に関しては、西村俊一「ECのヨーロッパ学校とヨーロッパ・バカロレア」西村俊一編著『国際的学力の探求―国際バカロレアの理念と課題―』創友社、1989年、12-32頁、並びに、木戸裕「EUのヨーロッパ学校」外国人学校研究会『諸外国における外国人学校についての重点的研究』1997年、231-243頁、に詳しい。

(66) The European Schools, 'Welcome to the website of the Schola Europaea', *Schola Europaea*, http://www.eursc.org/SE/htmlEn/MainEn_home.html, 6 November 2004.

(67) 臨時教育審議会『教育改革に関する第3次答申』文部省、1987年。

(68) 「外国大学の日本校　単位、日本の大学と交換OK」『朝日新聞』、2004年3月5日。

(69) 「大学入学　外国人学校にも資格」『朝日新聞』、2003年9月19日。

(70) 東京工業大学では、朝鮮学校卒業生に対して志望動機をまとめた書類の提出を求めたが、その受験生が拒否したことから受験が認められなかった。結局、その受験生は大検合格の資格で受験し、合格したという。(「国立大82校で受験資格」『朝日新聞』、2004年4月4日)

(71) 2004年1月30日に国連の「子どもの権利委員会」の第946回会合で採択された「総括所見」は、「資料　国連・子どもの権利委員会の総括所見：日本(第2回)」国民文化総合研究所編『教育と文化』第35号、アドバンテージサーバー、2004年5月、96-105頁、に収録されている。

第1部　外国人学校の現状

〔1〕公教育制度への組み入れが可能なケース
〔2〕公教育制度から排除されているケース
〔3〕組み入れと排除が併存しているケース

(1) 公教育制度への組み入れが可能なケース

第1章　アメリカの外国人学校と国際学校
―― 正規学校という法的地位をめぐって ――

末藤　美津子

はじめに

　日本における外国人学校や国際学校の法的地位をめぐっては、これらの学校が学校教育法の第1条で定められた学校ではないことから、さまざまな問題が指摘されてきた。例えば、この正規学校とは認められていない外国人学校や国際学校の卒業生は、大学進学に際して受験の機会を与えられないなどの不平等な扱いを受けてきた。また昨今、大学入試制度の見直しともからんで、欧米の学校評価機関の基準認定を導入したことから、外国人学校や国際学校をめぐる問題はさらなる議論を呼んでいる。では、アメリカ合衆国(以下、アメリカと記す)においては、こうした外国人学校や国際学校の法的地位はどのようになっているのだろうか。あるいは、日本で問題とされている正規学校という考え方は、どのように解釈されるのだろうか。本章はこうした課題の検討をめざしている。

　ところで、アメリカでは外国人学校や国際学校は、一般に私立学校に分類される[1]。したがって、外国人学校や国際学校にかかわる問題を考えていくには、まず、アメリカにおいて私立学校がどのように位置づけられているのか、あるいは私立学校がどのようにして正規の学校として認定されるのかというところから論じていくことが必要であろう。このような問題にかかわる先行研究を簡単に整理しておきたい。

　アメリカの私立学校の概要は、金子忠史『変革期のアメリカ教育――

学校編——』(東信堂、1985年)の第10章「私立学校教育」や、本図愛実「公教育制度における私立学校の位置づけ」(現代アメリカ教育研究会編『学習者のニーズに対応するアメリカの挑戦』教育開発研究所、2000年)などに詳しい。また、いわゆるアクレディテーション(accreditation)と呼ばれるアメリカにおける学校の評価や認定の制度に関しては、新堀通也「アクレディテーションとアメリカの高等教育」(天城勲・慶伊富長編『大学設置基準の研究』東京大学出版会、1977年)、金子忠史『変革期のアメリカ教育——大学編——』(東信堂、1984年)の第4章「教育の向上——資格認定制度——」、中留武昭『アメリカの学校評価に関する理論的・実証的研究』(第一法規、1994年)、前田早苗『アメリカの大学基準成立史研究——「アクレディテーション」の原点と展開——』(東信堂、2003年)などの先行研究がある。

　こうした先行研究を踏まえると、アメリカの初等・中等教育段階における私立学校の法的地位を検討するには、州との関係並びに学校評価機関との関係に目を向けなければならないことがわかる。

　州との関係は、公教育の管理・運営が州の権限の下にあるアメリカの教育行政の伝統を反映したもので、各州は法律や規則によって私立学校の設置認可の基準や設置認可後の私立学校のあり方を規定している。この規定を私立学校が遵守しているかどうか、州は5〜10年ごとに定期的に学校を審査する。これがいわゆるアクレディテーションと呼ばれる学校評価で、ここから任意団体の学校評価機関との関係も生じてくる。この学校評価機関としては、全米を六つの地域に分けて公立と私立の中等教育機関と高等教育機関を審査し認定する地域認定協会がよく知られているが、主に学校の種類別に組織されている私立学校協会が私立学校を評価し認定することもある。こうした学校評価は、州の主導によって行われるものや州と地域認定協会との連携によって行われるものもあり、私立学校をめぐって州と学校評価機関とのかかわり方も重層的である。

　そこで本章は、アメリカにおける外国人学校や国際学校の法的地位を明らかにするために、まず、アメリカの私立学校の法的地位を概観する。

次に、こうしたアメリカの私立学校の法的地位にかかわる問題を、全米でカリフォルニア州に次いで私立学校が多いニューヨーク州に注目し、州及び学校評価機関との関係を通して検討する。そして最後に、ニューヨーク州におけるいくつかの外国人学校と国際学校に目を向け、そうした学校がどのように位置づけられ、またどのような役割を果たしているのかを見ていくこととする。

第1節　アメリカにおける私立学校

アメリカにおいて私立学校とはどのような学校で、どれほどの数や種類があるのだろうか。また今日、どのような問題に直面しているのだろうか。

連邦教育省が1989-90年度から隔年で実施している私立学校調査(Private School Universe Survey)には、全米教育統計センター(National Center for Education Statistics)による私立学校の定義が載せられている[2]。それによると、「私立学校とは主として公的資金によって運営されているものではなく、1人以上のキンダーから12年生までの生徒あるいは無学年制の生徒に対して、1人以上の教師によって教育を提供する組織である。ただし、生徒に教室での授業を提供しないようなホーム・スクールは含まない。」とある。つまり、連邦や州や地方からの公費援助を受けず、個人や団体によって管理・運営されている初等・中等学校のことをさすと考えられる。

では、こうした私立学校はアメリカにどれほど存在するのであろうか。1999-2000年度に実施された連邦教育省の調査によると[3]、全米の初等・中等学校のうち、公立学校は92,012校、私立学校は27,223校で、公立対私立の比率はおよそ8割(77.2%)対2割(22.8%)である。また、公立学校と私立学校の分布状況を州別に見てみると、公立学校が多いのは、カリフォルニア州の8,578校(全体の9.3%)、テキサス州の7,395校(8.0%)、イ

リノイ州の4,332校(4.7%)、ニューヨーク州の4,286校(4.7%)となっているのに対して、私立学校が多いのは、カリフォルニア州の3,318校(全体の12.2%)、ニューヨーク州の1,981校(7.3%)、ペンシルベニア州の1,964校(7.2%)である。

　また、連邦教育省は私立学校の種類を宗教系と非宗教系に大別し、さらに宗教系私立学校をカトリック系と非カトリック系に分類している。1999-2000年度には、カトリック系の私立学校が8,102校(全体の29.8%)、非カトリック系の私立学校が13,232校(48.6%)、非宗教系の私立学校が5,889校(21.6%)となっている。なお、非カトリック系の中には、保守的な福音派からリベラルなプロテスタント主流派までのキリスト教のみならず、ユダヤ教に信仰の基盤を置く私立学校なども含まれている。

　ところで、この福音派の人々は自分たちの保守的な価値観を政治に反映させるための運動を展開し、「政治化した福音派」[4]いわゆるファンダメンタリストとして、アメリカにおける宗教と教育あるいは宗教と政治をめぐるいくつもの論争や訴訟事件を引き起こしてきた。彼らは宗教教育が排除された公立学校への不満や批判から、ホーム・スクールの運動にも積極的にかかわっている[5]。一方、教育における政教分離の原則は宗教系私立学校に対する公費援助の是非をめぐっても問われている[6]。こうした状況を踏まえると、今日のアメリカの私立学校においては、教育における宗教性と世俗性をめぐる問題や学校選択の問題などを含んで、いわば教育における"公"と"私"のあり方がさまざまな視点から問い直されていると言えよう。そこで、このような私立学校の"公"と"私"にまつわる問題が私立学校の法的地位とどのようにかかわっているのかを、ニューヨーク州を事例として検討していきたい。

第2節　私立学校の法的地位——州との関係から——

(1) ニューヨーク州における私立学校

1897年以来、ニューヨーク州の義務教育法は、6歳から16歳のすべての子どもたちが公立あるいは私立の学校で教育を受けるべきことを定めている[7]。この義務教育法は子どもたちの教育を受ける権利を保障すると共に、親が公立学校以外の学校を選択する権利も認めてきた。また、この義務教育法はすべての子どもたちに将来の社会参加に向けた準備教育を保障しようとするものであり、私立学校に在籍している子どもや家庭で教育を受けている子どもにも、彼らの居住する学区の公立学校で実施されている教育とおおむね同じ教育を保障すべきことを学区に課している。しかしながら、これは学区が子どもたちに対して負う義務であり、学区が私立学校に対して直接的な監督権をもつものではないとも考えられてきた。

では、ニューヨーク州は私立学校にどのようなことを求めているのだろうか。先の義務教育法において、州は私立学校に対して何よりも公立学校とおおむね同じ教育を実施すべきことを要求しているが、他方で、公立学校とは異なる教育機関としての私立学校に一定の配慮もはらっている。そこで、州が私立学校の"公"的側面と"私"的側面についてそれぞれどのように規定しているのかを、ニューヨーク州教育局から出されている「私立学校に関する州規則(State Regulation of Private Schools)」[8]、「公立学校と同等な教育の実現に向けた私立学校指針(Guidelines for Determining Equivalency of Instruction in Nonpublic Schools)」[9]、「新しい私立学校の管理者のための手引(Manual for New Administrators of Nonpublic Schools)」[10]といった文書を手がかりに探っていくこととする。

(2) 私立学校における"公"的側面

ニューヨーク州の私立学校には公立学校に準ずる教育の実施が求められていることから、公立学校と共通する規定がいくつか設けられている。つまり、以下のような条件を満たすことによって、私立学校はいわば公

共的な性格をもつのである。

　第一に、公立学校の校長と同様に私立学校の校長にも記録や報告書の管理や提出が義務づけられている。それは、例えば生徒の出席簿であったり、また州教育局が毎年、実施している教育データ・システム基本調査の報告書(Basic Educational Data System Report：BEDS)などである。なお、こうした記録や報告書を作成するためにかかった実費は公費で援助される。

　第二に、公立学校に準じて年間の授業日数や授業時間数が決められている。それによると、授業日数は180日以上、1日の授業時間数は1年生から6年生は5時間、9年生から12年生は5.5時間が望ましいとされている。

　第三に、公立学校と同様に教授言語は英語と定められている。ただし、英語の能力が十分でない生徒には3～6年間の猶予が与えられている[11]。

　第四に、公立学校に準ずるカリキュラムが課されている。まず、初等学校から中等学校までのすべての学校に対して、一般教育として、愛国心と市民性、アメリカ史とニューヨーク史、アルコール・ドラッグ・タバコに関する健康教育、交通安全、避難訓練の5項目が義務づけられている。学年ごとのカリキュラム要件と卒業要件も厳密に規定され、卒業要件は、英語(4単位)、社会科(アメリカ史を含む)(4単位)、数学(2単位)、自然科学(2単位)、保健(0.5単位)、芸術・音楽(1単位)、体育(2単位)、選択科目(第二言語、職業・技術教育、芸術など)(5単位)の合計20.5単位である。

　第五に、公立学校と同様に在籍するすべての生徒に州の標準テストの実施が課されている。生徒評価プログラム・テスト(Pupil Evaluation Program Test：PEP)、能力テストの予備試験(Preliminary Competency Test：PCT)、プログラム評価テスト(Program Evaluation Test：PET)などは特定の学年を限定して行われるのに対して、州能力テスト(Regents Competency Test：RCT)や州標準試験(Regents Examination：RE)は卒業時にすべての生徒に課され、一定の水準に達していないと卒業が認められない。なお、こうした州標準テストの代わりに大学入試委員会の進学適性試験(College Board's Scholastic

Aptitude Test：SAT)やアメリカ大学入試プログラム(American College Testing Program：ACT)などを実施しても構わないとされている。

　こうした一連の規定からは、授業日数や授業時間数、英語による授業、カリキュラム要件や卒業要件、州の標準テストなどに関して、私立学校にも公立学校とほぼ同じ基準を要求していることがうかがえる。ここからは、私立学校といえども地域の公立学校が維持している教育水準を下回ることがないようにと、最低限守るべき基準を提示し、私立学校の教育の質を保障しようと努めている州の姿が浮かび上がってくる。なお、英語による授業並びにカリキュラム要件や卒業要件は外国人学校と国際学校の教育内容に密接にからむ問題であるため、後でいくつかの学校に即して取り上げたい。

(3) 私立学校における"私"的側面

　一方、私立学校は公立学校とも共通する"公"的な側面と共に、私立学校に固有の"私"的な側面ももっている。この公立学校とは異なる私立学校の独自性にかかわる問題は、以下のように考えられている。

　まず、私立学校の法的地位にからんで、正規の学校であることがどのように認められるのかという問題がある。これは、"私"的な存在としての学校が"公"的な承認を得るための過程でもある。ニューヨーク州は、非宗教系の私立学校を設立する際にはまず法人組織を作ることを推奨し、その法人組織に対してチャーター(charter)と呼ばれる許可を与えることにしている。これがいわゆる設置認可に当たる。こうした設置認可を受けた私立学校に対して、ニューヨーク州は州への登録(registration)を法的に義務づけてはいないが、保育園、幼稚園と中等学校に対しては任意に登録するよう求めている。登録された中等学校のみが州の標準テストに参加することができ、卒業証書を出すことができる。こうした中等学校の登録の可否は、自己評価と州の教育局学校登録課(Department's Bureau of School Registration)による外部評価によって判断される。その際、12年生の

85％が卒業要件を満たしていることや生徒の在籍率が90％以上であることと並んで、州の法律や規則を遵守しているかどうかも審査される。なお、こうした登録の審査は10年ごとに受けなければならない。一方、初等学校に対しては登録という制度をとっていない。

　第二に、公立学校との違いとして教師の資格の問題がある。実際には、ニューヨーク州の私立学校の多くは州の教員免許状をもつ者のみを雇用しているが、制度の上では、州は私立学校の教師に州の教員免許状の取得を求めてはいない。それぞれの学校は教育方針を踏まえて、独自の判断で教師を採用することができる。

　第三に、私立学校の中には特定の宗教を信じる生徒のみを入学させる学校や男女の別学を理念とする学校もあることから、連邦や州の憲法や法律で規定されている「差別の禁止」条項をどう解釈するのかという問題が起こってくる。こうした学校は、人種、皮膚の色、性、宗教、出自などに基づくあらゆる差別を禁じている合衆国憲法修正第14条の平等保護条項並びに公民権法や教育機会均等法などの免除規定に当たる。そこで、ニューヨーク州の私立学校は、人種的差別を行わないという学校の方針を、生徒の募集要項や新聞広告などによって広く人々に知らせるよう義務づけられている。

　第四に、私立学校への公費援助をめぐる問題がある。ニューヨーク州では、身体検査などの健康に関するサービス、教科書・コンピューターソフト・学校図書の無償貸与、一定の範囲内での無償のバス通学、不動産税や不動産の売却税の免除を規定している。なお、宗教系私立学校に通う生徒に教科書を無償で貸与することをめぐっては、ニューヨーク州においても1968年に教育委員会対アレン (Board of Education of Central School District No.1 v. Allen) の訴訟事件が起きている[12]。こうした公費援助の是非をめぐっては、それが宗教系私立学校そのものを対象とするのか、あるいはその宗教系私立学校に通う生徒を対象とするのかが全米各地で争われてきたという経緯もある。近年の司法判断は、宗教系私立学校に通う

生徒個人に対する公費援助は合憲とする傾向にある[13]。

　今日のアメリカの私立学校をめぐっては、宗教系私立学校にも公費援助が認められたり、いわゆるチャーター・スクールと呼ばれる公設民営型の新しい学校が作られたりと、"公"と"私"のはざまは揺れ動いている。別の見方をすると、私立学校の"私"的な部分が開かれた公共性をもつものとなってきているとも言えよう。例えば、設置認可や登録という手続きを経て初めて正規の学校と認知された私立学校は、正規学校であり続けるためには、その後も定期的に"公"的な審査を受けなければならない。こうした審査を実施していくのが、いわゆる民間の学校評価機関である。私立学校が正規の学校であるかどうかを認定する学校評価機関について、以下の節で見ていきたい。

第3節　私立学校の法的地位——学校評価機関との関係から——

　先に紹介したように、ニューヨーク州は全米で二番目に私立学校が多い州で、1999-2000年度には4,286校の公立学校と1,981校の私立学校を抱えている。あわせて6,267校の学校の中での公立対私立の割合はおよそ7割(68.4%)対3割(31.6%)で、全米レベルでのそれがおよそ8割対2割であるのとくらべると、たしかに私立学校の占める割合が高い。こうしたニューヨーク州の私立学校の多くは、正規学校としての承認を複数の学校評価機関から得ている。なかでも、地域認定協会の一つである中部諸州地域認定協会(Middle States Association of Colleges and Schools：MSA)と、私立学校協会の一つであるニューヨーク州私立学校協会(New York State Association of Independent Schools：NYSAIS)は、ニューヨーク州公認のアクレディテーションを与える機関となっている。そこで、このニューヨーク州の二つの学校評価機関に注目し、これらの機関がどのように私立学校の法的地位を保障していくのかを明らかにしていくこととする。

(1) 中部諸州地域認定協会

　アメリカの学校評価の歴史は、19世紀後半に大学が一定の基準を満たしている中等学校を認定し、その学校の卒業生に限って入学試験を行わずに入学を認めたことにさかのぼる。これがいわゆるアクレディテーションの始まりである。一方、州によるアクレディテーションもほぼ同時期から行われていたことから、両者の対立を解消するために、19世紀末から20世紀初頭にかけて任意団体としての地域認定協会が全米を六つの地域に分けて作られた。1933年にはこの六つの地域認定協会が全米レベルでの中等学校の評価基準を開発するための共同研究を始め、おおむね1960年代末までには当該校による自己評価と専門家による外部評価によって総合的に学校を評価するというアクレディテーションの方法論が確立された。

　では、こうしたアクレディテーションの成立と展開に深くかかわってきた地域認定協会とはどのようなものなのだろうか。以下で簡単に整理してみよう[14]。

　全米を六つの地域に分け、地域内の高等教育機関と中等教育機関さらには国外のアメリカ人学校をも管轄する地域認定協会は、次のような六つの団体から構成されている。

　　ニューイングランド地域認定協会(New England Association of Schools and Colleges)
　　中部諸州地域認定協会(Middle States Association of Colleges and Schools)
　　北中部地域認定協会(North Central Association of Colleges and Schools)
　　南部地域認定協会(Southern Association of Colleges and Schools)
　　北西部地域認定協会(Northwest Association of Schools and Colleges)
　　西部地域認定協会(Western Association of Schools and Colleges)

　1885年に創設されたニューイングランド地域認定協会が最も歴史が古く、西部地域認定協会が1924年と創設が最も新しい。しかし、これらの

団体が実際にアクレディテーションを開始したのは、いずれも20世紀に入ってからである。こうした地域認定協会は、そもそも中等学校と大学との接続関係を円滑にすることを目的としていたため、設立当初より4年制の大学と中等学校を主要な構成メンバーとしていたが、しだいに2年制のコミュニティ・カレッジやジュニア・カレッジあるいは大学院や職業教育機関なども加えるようになり、近年は多くの団体が初等教育機関もメンバーに含めている。また、諸外国に存在するアメリカ人学校や国際学校の管轄も中部諸州地域認定協会、南部地域認定協会、西部地域認定協会の3団体が分担し、日本にあるアメリカ人学校や国際学校は西部地域認定協会の管轄下にある。

　こうした地域認定協会が行うアクレディテーションの具体的な手続きは、基準の認定、当該校による自己評価、専門家の訪問を伴う外部評価、結果の公表という4段階を踏まえたもので、しかもそのプロセスが5〜10年ごとに繰り返されることが共通している。なお、1980年代以降、州と地域認定協会とが連携してアクレディテーションを行うという新しい学校評価の方式も生まれてきており、アクレディテーションの合理化や改善も試みられている[15]。

　さて、中部諸州地域認定協会は、他の五つの地域認定協会と同様に評価とアクレディテーションによって学校教育の質の向上を図るために、1887年に設立された非営利団体である[16]。これは、デラウェア、メリーランド、ニュージャージー、ニューヨーク、ペンシルベニアというアメリカの中部大西洋地域に位置する5州とコロンビア特別区の他にアメリカ自治領のプエルトリコとバージン諸島における公立及び私立学校を対象とするばかりでなく、中東、アフリカ、ヨーロッパの地域における海外アメリカ人学校や国際学校も対象としている。その組織は教育段階に応じて、以下の三つの委員会から構成されている。

　高等教育委員会(Commission on Higher Education：CHE/MSA)
　中等学校委員会(Commission on Secondary Schools：CSS/MSA)

初等学校委員会(Commission on Elementary Schools：CES/MSA)

　ニューヨーク州の公立及び私立学校に関しては、2004年現在、223校の中等学校と556校の初等学校がそれぞれCSS/MSAとCES/MSAによって基準を満たしている学校であると認められ、いわゆるアクレディテーションを得ている。つまり、こうした学校は、中部諸州地域認定協会から正規の学校として承認されているのである。また、私立学校がしばしば複数の私立学校協会に所属していることから、CSS/MSAは他の学校評価機関と連携してアクレディテーションを行うこともある。例えば、アメリカ・モンテッソーリ協会(American Montessori Society)、ヨーロッパ国際学校協会(European Council of International Schools：ECIS)、ニューヨーク州私立学校協会、国際キリスト教系学校協会(Association of Christian Schools International：ACSI)といった機関とアクレディテーションの提携を結んでいる。

(2) ニューヨーク州私立学校協会

　ところで、地域認定協会のアクレディテーションが公立と私立の学校を対象としつつも主として公立学校の評価を目的に開発されたものであることから、多くの私立学校協会はその構成メンバーである私立学校に対して独自のアクレディテーションを開発し実施してきた。全米レベルにおけるこうした私立学校協会としては、例えばキリスト教系の私立学校が加盟しているACSIや、非宗教系の私立学校が加盟している全米私立学校協会(National Association of Independent Schools：NAIS)、アメリカ・モンテッソーリ協会、あるいはヨーロッパに本部をおくECISや国際バカロレア協会(International Baccalaureate Organization：IBO)などがある。通常、私立学校はいくつもの私立学校協会に所属し、複数のアクレディテーションを得ている。私立学校にとって、さまざまな組織や団体から正規学校と認められることは多くのメリットをもたらすと考えられている。

　全米私立学校協会には2004年現在、およそ1,200校の非宗教系私立学校が加盟しており、そのメンバーになるには、六つの地域認定協会のい

ずれかからあるいはNAISが指定している16の私立学校協会のいずれかから正式に認定されていなければならない[17]。それゆえ、NAISは私立学校協会の学校評価を監督する立場にあるとも考えられている。

一方、1965年にイギリスで創設されたECISには2004年現在、世界各地の436校の国際学校が加盟しており、アメリカ国内における加盟校は31校である[18]。また、1968年にスイスのジュネーブで創設されたIBOには2004年現在、117カ国の1,433校の国際学校が加盟している。IBOは、中等教育の最後の2年間に対応するディプロマ・プログラム(Diploma Programme)、11歳から16歳までの生徒のための中等教育プログラム(Middle Years Programme：MYP)、3歳から12歳までの生徒のための初等教育プログラム(Primary Years Programme：PYP)という3種類のプログラムをもっており、アメリカ国内では526校の学校がこのいずれかのプログラムを採用している[19]。こうしたヨーロッパから起こった学校評価機関も、アメリカに深く根を下ろしている。

さて、中部諸州地域認定協会と並んでニューヨーク州から公認されているNYSAISは、全米規模の私立学校協会の一つであるNAISの下部組織で、ニューヨーク州の私立学校のみを対象とする学校評価機関である[20]。そもそもインディペンデント・スクールとは、税金や教会の資金によらず月謝や寄付金や基金によって運営される私立学校のことである。NYSAISは、民主主義社会の維持や発展にとっては、こうしたインディペンデント・スクールの教育の質の向上と学校の自律性の保障が不可欠であるとの考えから設立された。したがって、NYSAISのメンバーに選ばれるのは、理事会によって学校が自律的に運営され、しかもあらゆる差別の禁止を誓った学校のみである。2004年現在は、ニューヨーク州から設置認可を受けた160校ほどの私立学校が加盟し、NYSAISあるいは中部諸州地域認定協会から定期的に基準認定を受けている。NYSAISのアクレディテーションの過程は、3～6カ月かけて行う学校の自己評価と、委員会のメンバーが数日間学校を訪問して行う外部評価を経た後に、委員会

によって作成された報告書に基づいて審査が進められる。生徒の成績はSATなどの標準テストの結果や中等学校や大学への進学状況によって判断される。

このように、ニューヨーク州の私立学校の法的地位は、州による設置認可とその後の定期的なアクレディテーション、州公認の中部諸州地域認定協会やNYSAISによるアクレディテーション、さらにはそれ以外の私立学校協会の実施する独自のアクレディテーションなどを通して複合的かつ重層的に承認されていく。つまり、州と民間の学校評価機関とが連携して、私立学校の法的地位を幾重にも保障していくのである。

こうしたニューヨーク州の私立学校をめぐるさまざまな状況を踏まえて、最後に、国際学校の例として国連国際学校(United Nations International School: UNIS)を、外国人学校の例として慶應義塾ニューヨーク学院(Keio Academy of New York)とニュー・ヨーク日本人学校(The Japanese School of New York)を取り上げたい。

第4節　外国人学校と国際学校の実態

(1) 国連国際学校

今日、いわゆる国際学校と呼ばれる学校は世界中に数多く存在しその設立理念やカリキュラムは多彩であるが、協調や連帯をめざした第2次世界大戦後の国際社会における国際学校を象徴するものとして、国連国際学校を挙げることができよう。戦後の国際学校の草分けともいえるこの国連国際学校の詳細な沿革は、草創期に職員として学校運営に加わっていたハリナ・マリノフスキー(Halina W. Malinowski)とベラ・ゾーン(Vera Zorn)の手になる著書を通してうかがい知ることができる[21]。この著書の扉には、1962年から71年まで国際連合(United Nations)の事務総長を務めたウ・タント(U Thant)が、国連と共に困難な道のりを歩んできたUNISの

国連国際学校　　（Year Book 1992　竹越健一郎氏提供）

存在が多くの人に知られることを願って巻頭言を寄せている。

　この著書によると、国連国際学校の設立は国連の発足と共に準備が始められ、1947年に国連職員の子どもたちのための学校として開校された。学校の設立は、国連の精神の下で国際的な教育の実験的な試みを始めるという理念的な目的と共に、さまざまな国から集まってきた国連職員の子どもたちの教育要求に応え、彼らが母国に帰ったりあるいは他国に移動したりするのを容易にするという現実的な目的によっても支えられていた[22]。

　こうした二つの目的を掲げる UNIS は、国際学校に共通のカリキュラムや修了資格を導入することをめざした国際バカロレア (International Baccalaureate : IB)の試みとも歩調を合わせることとなる。1963年にスイスのジュネーブに国際学校試験評議会(International Schools Examination Syndicate:

ISES)が設立され、国際学校の修了資格認定試験の実施に向けたプロジェクトが動き出すと、UNISはイギリスのユナイテッド・ワールド・カレッジ・アトランティック校(United World College of the Atlantic)と共にその最初の実験校となった[23]。また、1968年の国際バカロレア協会の設立には世界中から11校の国際学校が参加したが[24]、UNISもユナイテッド・ワールド・カレッジ・アトランティック校と共にそこに加わった。

　このような経緯を踏まえると、国連国際学校は当初より、国籍、民族、宗教、信条の異なる子どもたちに差別や偏見のない意識や態度を育てるというインターナショナルな教育と、子どもたちが母国に戻った時に困らないようにするというナショナルな教育との折り合いをどのようにつけるべきか模索していたと言えよう。これは、今なお、世界中の国際学校が抱える永遠のジレンマでもある。

　ところで、UNISの運営資金は当初、国連加盟国からの財政援助で賄われていた。しかし近年は、より安定した学校経営をめざしてその門戸をニューヨーク市民に開放し、国際学校としての特色を武器に生徒獲得にも積極的である。1991年〜93年までの2年間、文部省と横浜市から日本語教師としてこの学校に派遣されていた竹腰健一郎は、そうしたUNISの健闘ぶりを、「摩天楼にそそり立つビルのように名門私立学校の多いニューヨークで、後発にもかかわらずそろそろ上位を狙う好位置にはつけているのではないか」とも述べている[25]。他の多くの私立学校と同様に、国連国際学校にも市場原理の波が押し寄せてきている。

　UNISの最大の特色は、その国際性である。2004-05年度の学校案内によると[26]、キンダーから12年生までの1,450名の生徒は115カ国から、教職員は70カ国から集まってきている。教授言語は英語だが、キンダーからすべての生徒にフランス語かスペイン語が第二言語あるいは母語として教えられる。また、7年生からはアラビア語、中国語、フランス語、ドイツ語、イタリア語、日本語、ロシア語、スペイン語という八つの言語の中からいずれか一つを選び、第三言語として学ぶ。こうした8言語に関

しては、母語クラスも設けられている。ところで、竹腰がもともと日本の中学校の英語教師であったように、それぞれの言語はその言語を母語としかつ母国において教師であった者によって教えられる。それゆえ、言語の種類の豊富さと教師の質の高さがあいまって、他の学校の追随を許さないほどの高いレベルの言語教育が提供されている。なお、英語の能力が十分でない生徒のためにはESL (English as a Second Language)のクラスも準備されている。

UNISはニューヨーク州から設置認可を受け、正式に登録された学校であると共に、NYSAIS、ECIS、IBOなどの私立学校協会のアクレディテーションも受けている。したがって、中等教育段階のカリキュラムはニューヨーク州の基準を満たすと同時に、11年生と12年生のカリキュラムは国際バカロレアも採用している。シラバスを見てみると、英語(4単位)、第二言語(4単位)、社会科学・人文科学(4単位)、数学(4単位)、自然科学(4単位)、体育(2単位)、健康(0.5単位)、芸術(0.5単位)、音楽(0.5単位)、特別活動(1単位)、卒業研究(0.5単位)、国連学習(1単位)という合計26単位にのぼる教科が準備されている。先に紹介したニューヨーク州の卒業要件とくらべてみても、科目の種類も単位数も共にその基準を十分に満たしている。試験もニューヨーク州の標準テストやSAT、IBなどを実施し、卒業生はアメリカ国内のみならず、世界中の大学に進学している。

なお、ニューヨーク州が私立学校に課しているカリキュラム要件の中には、愛国心と市民性の育成並びにアメリカ史とニューヨーク史が挙げられているが、国連国際学校の中等教育段階では社会科学・人文科学の科目が、初等教育段階では社会科がそうした要求に応えている。ただし、多様な国籍をもつ生徒たちは、アメリカへの愛国心やアメリカ市民としての規範を学ぶと共に、国連憲章や世界人権宣言などを通して国際社会において自らの果たすべき役割についても学んでいく。

(2) 慶應義塾ニューヨーク学院

慶應義塾ニューヨーク学院は、1990年に海外で暮らす日本人の要請に応えるために慶応義塾によって設立された4年制の中等学校で、10年生〜12年生は各学年120名で4クラス編成、9年生は60名で2クラス編成となっている。2004年現在の生徒数は約420名、教職員数は約85名である。また、学年暦は現地の学校に合わせて2期制を採用し、9月開始、翌年6月終了としている[27]。

学校案内によると[28]、この学校の設立までの経緯は以下のようである。1988年に教育法人「慶應アカデミー(Keio Academy)」に対してニューヨーク州教育局から仮の設置認可(provisional charter)が与えられたため、1990年に第1期生となる120名の10年生を迎えて開校した。翌1991年には教育法人としての仮の設置認可が更新されると共に、日本の文部省から「高等学校の課程に相当する課程を有する在外教育施設」として指定されることとなる。そして、その翌年の1992年に、ニューヨーク州教育局に中等学校としての登録(certificate of registration)が認められると同時に、教育法人としての正式な設置認可(absolute charter)も与えられた。

ニューヨーク州の中等教育修了資格を授与するためには、9年生〜12年生までの4年制の教育課程を備えた中等学校でなければならないことから、1993年には第9学年を増設し、第1期生として62名の9年生を受け入れた。こうして慶應義塾ニューヨーク学院は、日本の文部省からもニューヨーク州からも正規の学校として認められたため、卒業生は日本あるいはアメリカのいずれの大学へも進学することが可能である。

だが、実際の卒業生の進学先を見てみると[29]、2001年度には卒業生93名のうち、学院長の推薦で慶應義塾大学に進学した者が91名、推薦を辞退してアメリカの大学に進学した者が2名となっており、圧倒的に多数の者が日本のそれも慶應義塾大学に進んでいることがわかる。2000年度は114名中4名のみが、1999年度は112名中1名のみがアメリカの大学に進学していることからも、この学校の性格が明らかである。なお、生徒の約9割が寮生活を送っているという。

ただし、慶應義塾ニューヨーク学院はニューヨーク州から設置認可及び登録を認められた学校であり、しかもニューヨーク州の私立学校協会であるNYSAISにも加盟している。では、公立学校に準じた教育内容をどのように提供しているのだろうか。生徒募集要項を手がかりに探っていこう[30]。

　カリキュラム要件や卒業要件に関しては、12年生では文系志望者と理系志望者とで若干の違いがあるが、おおむね英語(5単位)、社会科(アメリカ史を含む)(5単位)、数学(4単位)、自然科学(5単位)、保健(0.5単位)、芸術・音楽(1.5単位)、体育(3単位)、日本語(5単位)、異文化理解・コンピューター(1単位)で合計30単位となっており、科目の種類も単位数も共に州の基準を超えている。また、教授言語に関しては、すべての授業のうちおよそ7割が英語で、残りの3割が日本語で行われている。こうしたバイリンガル・バイカルチュラルなカリキュラムはこの学校の特質ともなっており、英語の能力が十分でない者のためにはESLが、日本語の能力が十分でない者のためにはNihongoの授業も設けられている。一方、SATの結果に関しては、州の最低基準は満たしているものの、全米規模のレベルからすると必ずしも高得点を挙げているとは言えない。

　ところで、ニューヨーク州は私立学校に対して、人種的差別を行わないという学校の立場を生徒の募集要項や新聞広告などによって広く人々に知らせることを課しているので、慶應義塾ニューヨーク学院の学校案内にも差別禁止の誓いが掲載されている。また、あらゆる国籍の生徒に学校の門戸を開いていることともからんで、入試ではアメリカの非営利の教育団体である教育記録事務局(Educational Records Bureau：ERB)が実施する私立学校入学試験(Independent School Entrance Examination：ISEE)の筆記試験及び英語と日本語による面接を課している。

(3) ニュー・ヨーク日本人学校

　ニュー・ヨーク日本人学校は、ニューヨーク周辺に居住するいわゆる

海外子女と呼ばれる子どもたちのために1975年に作られた学校である。現在は、初等部の1学年から6学年、中等部の7学年から9学年、それに特殊学級を備えている。この学校の沿革をたどりながら[31]、その法的地位を確認したい。

　1970年代に入り、ニューヨーク在住の日本人の間で全日制日本人学校の開設を求める声がしだいに高まり、1974年に教育法人「ニューヨーク日本人教育審議会」の設置認可をニューヨーク州に申請したところ、翌1975年に仮の設置認可(provisional charter)が与えられた。そこで同年中に、教育法人「ニューヨーク日本人教育審議会」が発足し、初等部の3年生から6年生までの児童152名から成るニューヨーク日本人学校がクィーンズのジャマイカに開校した。翌年の1976年には中等部の7学年と8学年を増設し、1978年、日本の文部省より「中学校の課程に相当する課程を有する在外教育施設」として認定されると共に、ニューヨーク州より教育法人としての正式な設置認可(absolute charter)も与えられることとなる。

　その後、校舎はクィーンズのフラッシング、ウエストチェスターのヨンカースへと移転したが、1992年にはコネチカット州のグリニッチに落ち着き、ニュージャージーに分校も開校された。1994年、呼称をニュー・ヨーク日本人学校と改め、1995年、コネチカット州からも私立学校としての認可を得ている。

　つまり、ニュー・ヨーク日本人学校はニューヨーク州の設置認可を受けて設立され、現在はコネチカット州からも認可を受けている一方で、日本の文部省からも在外教育施設として認可されている。したがって、日本とアメリカのいずれの学校にも編入学することができ、またいずれの上級学校に進学することも可能である。こうした問題の実情を知るためにニュー・ヨーク日本人学校に質問調査を行ったところ[32]、日本人学校から現地の小学校、中学校、高校への編入並びに現地校から日本人学校への編入は随時行っていること、及び、卒業生(9年生)の大半は日本の高校に進学し、例年2〜3名の卒業生がアメリカの高校に進むだけであ

るとの回答を得た。

　そもそもニュー・ヨーク日本人学校は、日本の中学校卒業に当たる9学年までの学校であることから、州の卒業要件の問題はからんでこない。しかし、ニューヨーク州より私立学校としての設置認可を得ているからには、州の規則を遵守しなければならない。では、そのためにこの学校はどのような取り組みをしているのだろうか。質問調査に対する回答と学校案内を手がかりに見ていこう。

　まず、英語による授業が課せられていることから、ここでは、アメリカ人教師も採用し、English（米国社会）とArtの授業を英語で行っている。しかも、English（米国社会）では、アメリカ社会を理解しアメリカ人と積極的に交流することをめざして、アメリカの歴史や文化の多様性のみならずアメリカ人のライフスタイルなども教え、愛国心や市民性の育成という課題に応えようとしている。

　次に、差別の禁止に対しては、人種、宗教、出自による差別をせず、この学校の教育方針、教育内容、教育課程を理解する者であれば誰でも入学できるとしている。ただし、日本語による授業についていけるだけの日本語能力を有していることが入学の条件となっている。募集要項にも「児童・生徒は、自分一人の力で授業が受けられること」あるいは「児童・生徒にとって本校が望ましい学習環境であること」といった入学条件が示されており、国籍は問わないものの日本語の能力が十分であることが求められている。

　こうした取り組みからは、限られた条件の下でニューヨーク州の規則を遵守しようと努めているニュー・ヨーク日本人学校の姿が垣間見える。

おわりに

　日本における外国人学校や国際学校が、文部科学省から正規学校とは

認められていないのとは異なり、アメリカにおける外国人学校や国際学校の多くは、州や民間の学校評価機関から認定された正規の私立学校である。本章で取り上げた慶應義塾ニューヨーク学院やニュー・ヨーク日本人学校も、ニューヨーク州から正規の学校と承認されていることから、州の基準を満たすべく、教授言語やカリキュラムあるいは「差別の禁止」条項をめぐってさまざまな工夫をこらしている。

在米コリアンたちも民族教育の維持を目的に、アメリカ国内に2校の全日制の韓国人学校並びに土曜日や日曜日に開かれる補習校を809校ほど展開している[33]。外国人学校の設立や運営が、本国を離れて暮らす在外居住者の子弟にナショナルな教育を保障する、かけがえのない手立てとなっていることは、否定できない。

一方、今日のアメリカにおける外国人学校や国際学校の実態をあまねく具現しているのは、国連国際学校であろう。この学校は、もちろん、ニューヨーク州から正規の私立学校としての認定を受けている。しかも、在籍する生徒や教職員の国籍や母語が多様であることから、国際性豊かな教育や優れた外国語教育を看板に掲げ、外国人生徒ばかりでなく一般のアメリカ人生徒をも惹きつけようと、積極的な学校経営を展開している。こうした傾向は、アメリカの外国人学校や国際学校の置かれた状況を如実に反映しているように思われる。

以上のように見てくると、日本とアメリカの違いがいくつか浮かび上がってくる。すなわち、両国では外国人学校や国際学校の法的地位そのものが異なるばかりでなく、社会の中で外国人学校や国際学校がどのような役割を果たしているのかも大きく異なっている。というのも、アメリカにおける外国人学校や国際学校は、教育権や人権の侵害という視点から議論される対象ではなく、生徒と親にとっては数ある学校選択肢の一つに位置づけられ、学校の経営者にとっては有効な経営戦略の一つともみなされているからである。

[注]
⑴　公立学校の中でも例えばマグネット・スクールと呼ばれるような通学区にかかわらず生徒を集めることができる特色をもった学校には国際学校も含まれているが、本章では私立学校のみを検討の対象とした。
⑵　National Center for Education Statistics, *Private School Universe Survey*, http://nces.ed.gov/surveys/pss/, 6 November 2004.
⑶　National Center for Education Statistics, 'Chapter 2. Elementary and Secondary Education', *Digest of Education Statistics, 2001*, http://naes.ed.gov/programs/digest/d01/, 6 November 2004.
⑷　森孝一「統計から見るアメリカ宗教の現状と特質」森孝一編『アメリカと宗教』日本国際問題研究所、1997年、21頁。
⑸　本図愛実「ホームスクールによる学校教育への問題提起」現代アメリカ教育研究会編『学校と社会との連携を求めるアメリカの挑戦』教育開発研究所、1995年、133-158頁、及び、長嶺宏作「アメリカにおけるホームスクール運動の成長と変容―ホームスクール支援団体の理念と活動分析を中心として―」『比較教育学研究』第29号、2003年、114-132頁。
⑹　末藤美津子「アメリカにおける宗教系私立学校への公的援助をめぐる問題―ゼルマン対シモンズ―ハリス訴訟事件を中心に―」『国際教育研究』第23号、2003年、1-11頁。
⑺　New York State Education Law §3201,3204,3205,3210.
⑻　US Department of Education, Office of Non-Public Education, 'New York', *State Regulation of Private Schools*, June 2000, http://www.ed.gov/pubs/RegPrivSchl/newyork.html, 6 November 2004.
⑼　New York State Education Department, *Guidelines for Determining Equivalency of Instruction in Nonpublic Schools*, 23 January 2003, http://www.emsc.nysed.gov/nonpub/guidelinesEquivofInstruction.htm, 6 November 2004.
⑽　New York State Education Department, *Manual for New Administrators of Nonpublic Schools*, http://www.emsc.nysed.gov/nonpub/manualfornewadministratorsof%20nps.htm, 6 November 2004.
⑾　ニューヨーク州の公立学校において教授言語は英語と定められているが、英語能力が十分でない生徒には3～6年間の猶予期間が認められている。州は、英語能力が十分でない生徒にバイリンガル教育やESLを実施し、彼らの英語能力を向上させようと努めている。だが、カリフォルニア州では1998年

の住民投票の結果、公立学校におけるバイリンガル教育が廃止され、英語を使って英語を教えることが決められた。こうした英語のみの教育を強制しようとする試みは既にいくつかの州にも及んでいる。詳しくは、末藤美津子『アメリカのバイリンガル教育―新しい社会の構築をめざして―』東信堂、2002年。

(12) Board of Education of Central School District No.1 v. Allen, 392U.S.236 (1968).

(13) 末藤美津子、前掲論文、2003年。

(14) 金子忠史『変革期のアメリカ教育―大学編―』東信堂、1984年、78-101頁。

(15) 中留武昭『アメリカの学校評価に関する理論的・実証的研究』第一法規、1994年、214-282頁。

(16) Commission on Secondary Schools, Middle States Association of Colleges and Schools, *CSS/MSA*, http://www.css-msa.org/, 6 November 2004. 並びに、Commission on Elementary Schools, Middle States Association of Colleges and Schools, *CES/MSA*, http://www.ces-msa.org/, 6 November 2004.

(17) National Association of Independent Schools, *NAIS*, http://www.nais.org/, 6 November 2004.

(18) European Council of International Schools, *ECIS*, http://www.ecis.org/, 6 November 2004. また、ECISの加盟校については、ECIS (2001) *The International Schools Directory 2001-2002 Edition,* Great Glemham, UK：John Catt Educational Ltd, が詳しい。

(19) International Baccalaureate Organization, *IBO,* http://www.ibo.org/ibo/index.cfm, 6 November 2004. また、IBOの制度やカリキュラムについては、西村俊一編著『国際的学力の探求―国際バカロレアの理念と課題―』創友社、1989年、並びに、高野文彦・浅沼茂編『国際バカロレアの研究』東京学芸大学海外子女教育センター、1998年、が詳しい。

(20) New York State Association of Independent Schools, *NYSAIS,* http://www.nysais.org/, 6 November 2004.

(21) Malinowski, W. Halina & Zorn, Vera (1973) *The United Nations International School ― Its History and Development,* New York: United Nations International School.

(22) *Ibid.,* p.4.

(23) International Baccalaureate Office (1985) (5th Edition) 'Brief History of the

第1章　アメリカの外国人学校と国際学校　75

International Baccalaureate Office', in *General Guide,* Geneva: International Baccalaureate Office.
⑭　国連国際学校、ユナイテッド・ワールド・カレッジ・アトランティック校の他には、ベルギー、ブルガリア、カメルーン、フランス、西ドイツ、インド、ポーランド、スエーデン、スイスの国際学校が参加していた。詳しくは、㉓、及び、町田繰子『国境のない教育―国連国際学校―』泰流社、1978年、を参照のこと。
㉕　竹腰健一郎『海の向こうのはるかな教育―ニューヨークの国際学校―』教育出版、1997年、2頁。
㉖　United Nations International School, *UNIS,* http://www.unis.org/, 6 November 2004.
㉗　慶應義塾ニューヨーク学院『慶應義塾ニューヨーク学院』、http://www.keio.edu/、2004年11月6日。
㉘　慶應義塾ニューヨーク学院〈高等部〉『ご案内』2002年、4-5頁。
㉙　慶應義塾ニューヨーク学院(高等部)『慶應義塾ニューヨーク学院(高等部)に関するQ&A』2002年、資料4。
㉚　同上書、資料1。
㉛　ニュー・ヨーク日本人学校『ニュー・ヨーク日本人学校』、http://www.gwjs.org/、2004年11月6日、及び、『ニュー・ヨーク日本人学校グリニッチ校2000要覧』2000年。
㉜　ニュー・ヨーク日本人学校の吉田耕治校長へのインタビュー、2003年3月。
㉝　朴三石『海外コリアン―パワーの源泉に迫る―』中公新書、2002年、76頁。

〔1〕公教育制度への組み入れが可能なケース

第2章　カナダの外国人学校と国際学校
―― オンタリオ州を中心に ――

児玉　奈々

はじめに

　北米大陸の北部に位置し、ロシア連邦に次ぐ世界で第2位の国土面積と肥沃な土壌や豊富な天然資源を誇るカナダは、17世紀からフランスやイギリスの植民地として発展を遂げ、これまで多くの移民や外国人を受け入れてきた。第2次世界大戦後、世界中のさまざまな地域からの移住者が増加し、それによる国内の人口構成の変化を受け、カナダ連邦政府は1960年代から出入国や国籍にかかわる各法制度の改革に取り組んできた。さらに、カナダ連邦政府は、英語とフランス語の両言語を公用語とする法律を制定した上で、1971年に、カナダに居住するあらゆる民族の多様な文化の尊重を約束する多文化主義政策を導入し、多様性の国として特徴ある風土を作り上げてきた。

　このように、イギリス系、フランス系、先住民、そしてその他の国や地域を出身とする人々が共生する多民族の国カナダでは、住民それぞれに母語、第二言語が異なるため、学校教育現場でもさまざまな対応がとられてきた。例えば、移民のための公用語教育、英語話者のためのフランス語教育、あるいは、移民の子どものための母語教育など、言語の種類ばかりでなく教育の目的や対象も異なる多種多様な言語教育が、連邦、州、地域のレベルにおいて推進されてきた。

　10州と3準州から構成される連邦国家カナダにおいて、首都オタワや

カナダ最大の都市トロントを抱えるオンタリオ州は、厳しい自然環境にさらされることが比較的少なかったためか、セントローレンス川流域を中心に古くから交易や産業の中枢として発展し、多くの移住者を惹きつけてきた。今日においても、オンタリオ州は移民や外国人の受け入れがカナダで最も多く、オンタリオ州内の学校には多様な言語や文化的背景をもつ子どもたちが数多く在籍する。

ところで、連邦制をとるカナダでは、憲法の規定上、教育に関する権限は各州にあり、州ごとに教育のシステムや教育行政のあり方が異なっている[1]。オンタリオ州では、州内に移住してくる人々や外国人の子どもたちを受け入れる外国人学校や国際学校の多くは、私立学校としての法的地位にある。しかし、オンタリオ州では教育行政当局の私立学校そのものに対する関心が低く、一般の人々の注目度も低い。そのためか、私立学校における外国人の教育にかかわる問題は、研究テーマとしてほとんど取り上げられてこなかった。

本章では、これまで多くの移民や難民を受け入れてきたオンタリオ州において、私立学校としての法的地位にある外国人学校や国際学校の実態、並びにそこにおける課題について考察したい。

第1節　オンタリオ州における学校制度

(1) 公教育制度の概要

最初に、オンタリオ州の公教育制度を概観しておきたい。

オンタリオ州では、州教育法(Education Act)によって、6歳から16歳までのカナダ永住権をもつ子どもの教育は義務とされている。この義務は学校に在籍する形での教育を前提としているが、人口過疎地域など近隣に学校がない場所に住む子どもや病気などで通学できない子どもについては、この義務が免除されている。また、家庭などで十分な指導を受けら

れる子どもたちにも、希望すれば学校に在籍するという形の就学は免除され、法制上ホーム・スクーリングが認められている。

オンタリオ州の公教育制度を担っているのは、州の管理下にある州立学校(provincial school)、州からの公費援助を受け、州内各地域の教育委員会が管理する公費学校、そして、公費援助を受けていない私立学校(private school)の三つの種類の学校である。現在、州内に10校あまり設置されている州立学校は州に直接管理されており、その多くが、聾学校もしくは盲学校である。公費学校には2種類あり、公立学校(public school)と並んで、分離学校(separate school)がある。分離学校はカトリック教義に基づく教育を行うが、公費援助を受けるため「公立」的な性格をもつ。したがって、本章では公立学校と分離学校の総称として「公費学校」を用いる。

公費学校の教育理念、カリキュラム、システムに満足しない保護者は、私立学校に子どもを通わせることができる。オンタリオ州の教育法によると、私立学校とは「初等・中等学校の教育課程において、義務教育年齢あるいはそれ以上の年齢にある生徒5名以上のため、授業日に9時から4時の間のいずれかの時間帯に授業が行われている」教育機関であり、公費学校並びに州立学校以外の学校とされている。オンタリオ州では、他の多くの州の場合と異なり、私立学校には公的な財政支援が行われていない[2]。オンタリオ州内の私立学校の数は、現在、700校以上あるとされ、州内の初等・中等教育レベルの教育機関(オンタリオ州では、初等教育は1年生から8年生まで、中等教育は9年生から12年生までをさす)の約10％を占めている[3]。表2-1は、オンタリオ州の初等学校と中等学校における学校種別の在籍生徒数をまとめたものだが、州立学校生徒数は、例えば2000-2001年度において6,989人と少ないため、この表には含めていない。近年、初等・中等教育レベルにおいて私立学校への入学者の割合が増加傾向にあることが見て取れる。

移民受け入れに積極的なカナダにおいても、オンタリオ州はとりわけ多くの新規移住者を受け入れてきた。永住権をもたない者、すなわち、

表2-1 オンタリオ州の初等・中等学校における学校種別生徒数とその比率

(単位:人)

年　度	公費学校				私立学校		合　計
	公立学校		分離学校				
1995-1996	1,477,683	67.3%	639,088	29.1%	80,340	3.6%	2,197,111
1996-1997	1,427,191	66.1%	645,099	29.9%	86,755	4.0%	2,159,045
1997-1998	1,439,321	65.8%	656,309	30.0%	92,070	4.2%	2,187,700
1998-1999	1,449,202	65.8%	662,420	30.1%	90,600	4.1%	2,202,222
1999-2000	1,461,289	65.4%	670,377	30.0%	102,970	4.6%	2,234,636
2000-2001	1,466,530	65.1%	677,069	30.0%	109,904	4.9%	2,253,503

出典)オンタリオ州教育省ウェブサイト(http://www.edu.gov.on.ca/general/elemsec/quickfacts/)に基づき筆者作成。

　観光、留学、一時的労働[4]といった訪問者(visitors)の区分でカナダに入国した者の子どもの教育については、義務とされていないが、希望すれば公立か私立かを問わずオンタリオ州内の教育機関で教育を受けることができる。ただし、移民難民保護法(Immigration and Refugee Protection Act)とのかかわりで、訪問者の子どもがカナダ国内の教育機関で学ぶためには、入国前に就学許可証(study permit)の交付を受けておく必要がある(渡航前に、カナダの学校の入学許可証の写しなどの申請書類をカナダ大使館に提出し、審査を受ける)。この就学許可証は、子どもが単独でカナダ国内の教育機関で学ぶ際にも必要とされる。多くの場合、申請者が未成年のため、就学許可証申請時には、保護者の同意書とカナダ側の後見人(19歳以上のカナダ在住のカナダ市民権又は永住権をもつ人)の受諾書が必要となる。

(2) 公費学校の概要

　オンタリオ州には公費学校にかかわる教育行政機関として、宗教と言語の観点から、英語系公立教育委員会、フランス語系公立教育委員会、英語系カトリック教育委員会、フランス語系カトリック教育委員会の4種類の教育委員会が存在する。公立教育委員会は公立学校の、そして、カトリック教育委員会は分離学校の管理・運営に当たる。オンタリオ州には現在72の教育委員会があるが、その内訳は、英語系公立教育委員会

が31、フランス語系公立教育委員会が4、英語系カトリック教育委員会が29、フランス語系カトリック教育委員会が8である。教育委員会の数と対応して学校数についてもフランス語系は英語系より少ないが、オンタリオ州では公費学校でもフランス語で教育を受けられる。

　ところで、オンタリオ州における、高等教育機関への進学の条件は、進学希望者が中等教育段階で取得した単位の数と種類による。公費学校に在籍する者がオンタリオ州中等学校修了資格(Ontario Secondary School Diploma：OSSD)を得るには、英語、カナダ史、第二言語、情報・ビジネスなどの必修科目を18単位とその他の選択科目を合わせて30単位を履修すること、40時間のコミュニティ活動に参加すること、さらには10年生で実施される読み書きテスト(Literacy Test)に合格することが求められている。なお、年間110時間の授業が1単位として換算される。このOSSDを取得した者が、カナダ国内の大学やカレッジ(日本の短期大学に相当)あるいはアメリカの大学への入学の申請ができる。

　また、州内の多くの公費学校には、移住者の子どもたちのために、新入生や転入生向けのウェルカム・クラスや第二言語としての公用語クラスが設置されている。公用語の教育のための制度以外にも、1970年代からの多文化主義政策の進展により、公用語以外の言語を学ぶ国際言語プログラム(かつては遺産言語プログラムと呼ばれていた)が整備され、初等教育段階では原則として通常の授業時間外に週2時間半が国際言語の指導に当てられている。

　公費学校の授業料は、カナダ市民権[5]や永住権をもつ子どもについては無償となる。一方、永住権をもたない子どもについては、授業料を徴収するかどうか、あるいは徴収する際の金額などは、公費学校を管理している教育委員会ごとに異なる。トロントなど都市部の教育委員会にはレセプション・センターが設置されており、公費学校への転入学を希望するすべての子どもの保護者は、レセプション・センターで手続きを行い、それぞれに課される授業料を支払うこととなる[6]。

(3) 私立学校の概要

　私立学校を運営する者は、年に一度、州教育省に、「私立学校運営の意思通知(Notice of Intention to Operate a Private School)」を提出することが、州教育法で義務づけられており、この「意思通知」の提出を怠った私立学校には罰則が課される。州への報告項目は、在籍生徒数、教職員、設置課程などである。だが、私立学校は州政府が決めたカリキュラムに従う必要はなく、中等学校の修了資格をめぐってのみ、以下のような、州との関係が生じてくる。

　中等教育段階の私立学校に在籍する者もOSSDを取得できるようにと、州教育省は私立学校の求めに応じて、私立学校で提供されている科目をオンタリオ州のOSSD用の単位として認定するための査察(inspection)を行っている。公費学校と同様、1単位として認められる1科目の年間履修時間は110時間であり、査察によって認定された単位を30単位以上取得し、コミュニティ活動を行い、読み書きテストに合格した私立学校の卒業生には、OSSDが与えられる。州教育省は、中等教育段階の私立学校で与えられる単位に関する査察を通して、教育内容の水準を保とうとしているのである。ただし、この査察では、校内施設や安全設備、さらには教職員にかかわる事項については問われない[7]。

　このように、オンタリオ州では、高等教育機関への進学に必要とされるOSSDをめぐる問題をのぞけば、教育内容や教員資格などに関して私立学校に対する規則や規制は基本的には設けられていない。また、オンタリオ州には、宗教教義に基づく学校や特色ある教育プログラムを提供する学校など私立学校の特徴ごとの区分による統計もないため、どの程度、外国人学校あるいは国際学校が設置されているかを量的に把握することは難しい。このような状況の背景には、教育行政当局の私立学校に対する関心がもともと低いことがある。

　例えば、1985年に、当時の州首相ウィリアム・デービス(William Davies)

によって設置された「私立学校に関する諮問委員会(The Commission on Private Schools in Ontario)」の審議からは、こうした私立学校をめぐる状況を読み取ることができる。委員長に指名されたベルナルド・シャピロ(Bernard J. Shapiro)は、6回にわたる公式の審議会、私立学校への聞き取り調査、州民からの意見聴取、関係各団体との非公式協議などを経て、1985年10月に『オンタリオ州における私立学校に関する諮問委員会報告書(*The Report of the Commission on Private Schools in Ontario*)』(いわゆるシャピロ報告書)を教育大臣に提出した。シャピロ報告書は、オンタリオ州の教育における私立学校の役割と意義は十分に認めつつも、公立学校と分離学校のみを対象とする公費援助を私立学校にも認めるわけにはいかないとの結論を出した。その一方で、教育委員会との合議の下、一定の条件を満たした私立学校を公費学校に組み込み、連合学校(associated school)というカテゴリーを新たに設けることも提案された。

また、このシャピロ報告書では、法規上、「私立学校(private school)」を「独立学校(independent school)」に変更することも提案された。それは、「このような学校の多くは現実的に公的な目標を達成するために貢献しているので、"私的な"という名称がむしろ誤解を招きやすい」[8]と考えられたからであった。諮問委員会を設置した州首相デービス自身も、州内の教育機関として私立学校の果たす役割は十分に認めた上で、次のように述べている[9]。「我々の社会の多様性やその高い水準は、これらの学校(筆者註：私立学校)に支えられ、影響も受けている。我々の子どもたちを教育するこれらの学校の役割を再検討することが、今こそ求められていると、オンタリオ州政府は信じている。」

このように述べながらも、結局、シャピロ報告書は、私立学校とはどのような性格をもつ学校なのか、あるいは私立学校に何を期待するのか、そして時代や社会の状況にあわせて私立学校がどのような役割を担っていくのかという、オンタリオ州における私立学校の位置づけにかかわる問題については何ら言及しなかった。

ところで、オンタリオ州内あるいはカナダ全土にわたって、私立学校を対象とした私立学校連盟や私立学校協会とも呼べるような民間の団体がいくつか存在し、それらの団体は、加盟校となった私立学校に対して独自のアクレディテーション(accreditation)を実施している。全国レベルにおけるこうした団体としては、カナダ独立学校協会(Canadian Association of Independent Schools：CAIS)、カナダ教育基準協会(Canadian Educational Standards Institute：CESI)がある。例えば、CAISの加盟校になるには、高等教育機関への進学を前提としたカリキュラムや5年間の安定した健全な学校経営の実績などが求められ、現在、オンタリオ州では33校(全国で72校)が加盟している[10]。

こうした団体に加盟し、アクレディテーションを得ることは、私立学校の評価と信頼を高め経営の安定にもつながるため、団体の加盟校であることを学校案内などに積極的にアピールする私立学校も多い。オンタリオ州内における団体としては、オンタリオ独立学校連盟(Ontario Federation of Independent Schools)やオンタリオ独立学校協議会(Conference of Independent Schools of Ontario)などがある。これらの団体は、私立学校の存在やその教育理念を広く一般の人々に知らせたり、加盟校間の情報交換の仲介をしたり、あるいは州政府との交渉の調整を行ったりしている。

第2節　移民の流入と私立学校の拡大

シャピロが委員長を務めた「私立学校に関する諮問委員会」は、オンタリオ州の私立学校への社会的認知を深めることにさほど貢献しえなかったと言える。しかし、実際には、移民や外国人の子どもたちの受け入れ先として、私立学校は大きな役割を果たしてきた。この諮問委員会が複数の研究者に委託した私立学校に関する調査の一つ、「オンタリオにおける私立学校の歴史(A History of Private Schools in Ontario)」では、ロバート・

スタンプ(Robert Stamp)が、オンタリオ州における私立学校が移民や外国人の子どもたちの受け入れ先として発展してきた様子を記している。スタンプは、1780-1850年を「必要とされた学校(Schools of Necessity)」、1850-1900年を「特権的な学校(Schools of Privilege)」、1900-1960年を「改革の学校(Schools of Innovation)」、1960-1980年を「抵抗の学校(Schools of Protest)」と名づけ、私立学校の特徴や役割に基づいた時代区分を試みた。

彼によれば、「必要とされた学校」とは、オンタリオの公教育制度が整わない時代において子どもの将来を案じた人々が私塾のような形で設置した学校をさし、「特権的な学校」とは、公教育制度の整備が進むにつれその教育内容に飽き足らない人々がエリート養成の全寮制教育機関として作った私立学校であった。また、「改革の学校」の時期には、都市に住み、商業や工業に従事する家庭のニーズに合わせて、実業重視の教育や職業準備教育を行う私立学校が設置された。そして、1960-1980年の「抵抗の学校」の時期には、オンタリオ州の教育史上かつてないほど私立学校の数が増加した。それは、第2次世界大戦後にカナダに入国した移民たちが教育への強い熱意をもち、その熱意が自分たちの手による学校づくりへつながっていったからだと言われている。

こうした移民たちのさまざまな期待に応える形で設立された私立学校を、スタンプは以下のような三つの種類に区分した[11]。
　①イギリス、香港、西インド諸島出身者が公費学校に代わるものとして設立したエリート型の私立学校。
　②改革派のキリスト教徒やユダヤ教徒が独自の宗教や文化的価値を維持するために設立した私立学校。
　③英語を母語としない香港や台湾からの移民がカナダの中等教育の修了資格の取得や大学入学への準備のために設立した私立学校。

そこで、次節では、この分類を参考にしながら、オンタリオ州における外国人学校や国際学校の実態を見ていきたい。なお、スタンプが第一に挙げているエリート型の私立学校とは、英語圏からの移民によって設

置された学校で、特定の宗教や民族文化の維持には重きを置かず、むしろ大学やカレッジへの進学指導に力を入れている。また、海外からの留学生や一時滞在の外国人の子どもを積極的に受け入れているわけでもないので、こうした学校は外国人学校や国際学校の範疇には含めないこととする。

第3節　オンタリオ州の外国人学校と国際学校

(1) 少数民族学校

　スタンプの研究の中で二番目に分類されている独自の宗教や文化的価値を維持することに重きを置く私立学校としては、ユダヤ系の子どものための学校やアルメニア系の子どものための学校がある。こうした学校は、基本的に州のカリキュラムに準じた教育を行いつつも、民族の言語や文化を継承するためのプログラムを充実させている点が、公費学校と異なっている。

　例えば、アルメニア人学校(Armenian Relief Society's Armenian Private School)は、アルメニア系住民により1979年に設置された学校で、すべての生徒が高い教育水準に到達すること、優れた人格を形成すること、英語とアルメニア語の二つの言語を習得すること、多文化社会における責任ある構成員となることを目標としている[12]。この学校はアルメニア本国からの子どもを受け入れているのではなく、OSSD取得に向けた科目が提供されていることからも明らかなように、アルメニア系カナダ人の子どもにカナダ市民としての教育を施すことを前提としている[13]。加えて、アルメニアの言語と文化の維持もめざしていることから、オンタリオ州における少数民族のための学校と位置づけられる。

(2) ビザ学校

第2章　カナダの外国人学校と国際学校　87

　スタンプの分類による三番目の私立学校は、彼の注目した当時は移民の子どもたちを受け入れる学校で、就学許可証、つまり学生ビザをもつ者を受け入れる学校ということで、「ビザ学校(visa school)」と呼ばれていた。こうしたビザ学校の多くは1970年代後半から設置されてきたが、現在は、海外とりわけアジア諸地域から多くの生徒を受け入れ、カナダ国内の大学への入学準備を行う全寮制学校となっている。
　1990年代後半にカナダ連邦政府が海外からの学生を積極的に受け入れようとする方針を示したことにより、こうしたビザ学校はますます増加した。連邦政府のこの方針は、連邦・外務国際貿易省(Department of Foreign Affairs and International Trade)、国際協力業務を請け負うカナダ国際開発庁(Canadian International Development Agency)、移民受け入れ業務を行うシティズンシップ・移民省(Citizenship and Immigration Canada)、そして、カナダ・アジア太平洋基金(Asia Pacific Foundation of Canada)などによる国際的な教育の市場への進出をめざす活動であり、1995年に設置されたカナダ教育センター協会(Canadian Education Centres Network：CECN)がその中心的な役割を担っている。CECNが2000年度までの5カ年計画を立案し、それを実施したことにより、カナダ全土で留学生の受け入れ数が大幅に増大した[14]。
　CECNの活動は、大学、カレッジ、初等・中等学校、語学学校などを含むカナダ国内の教育機関からの登録を受けつけ、開発途上国を中心とする世界各地に教育センターを設置して、カナダの教育機関に関する情報を提供したり留学希望者の相談に応えたりすることである。現在は、アジア、中南米を中心に海外に17のセンターが設置され、CECNに登録しているカナダの登録教育機関は300を超えている[15]。その多くは大学であるが、オンタリオ州ではビザ学校を中心にいくつかの初等・中等教育機関も登録しており、留学生をターゲットにした国際市場への積極的参入の姿勢が顕著になっている。以下、ビザ学校の現状をいくつかの学校を通して紹介しよう。

ボンド・インターナショナル・カレッジ(Bond International College)は、7年生から12年生という中等教育段階の生徒を対象に、高等教育機関への進学準備をするための学校である[16]。ロンドン・インターナショナル・アカデミー(London International Academy)も、カナダ国内やアメリカの大学進学をめざす学生を海外から受け入れ、ESL(English as a Second Language)やTOEFL(Test of English as a Foreign Language)などの語学教育と中等教育修了資格取得のためのOSSD課程を提供している。就学許可証の申請の手続きを取り次いだり、また、中国に海外事務所を設けたりもしている[17]。さらに、世界48カ国から1,500人の生徒を受け入れているコロンビア・インターナショナル・カレッジ(Columbia International College of Canada)、あるいは、シンガポール、香港、台湾などのアジア諸国、中東諸国、ヨーロッパ、そして、カナダ国内からも多くの生徒を受け入れているケンブリッジ・インターナショナル・カレッジ(Cambridge International College of Canada)[18]などの学校が、トロント都市圏を中心に設立されている。

写真は、1993年にローマ・カトリック教会によって開校されたアカデミー・セント・セシル・インターナショナル・スクール(Académie Ste. Cécile International School)で、国際バカロレア(International Baccalaureate：IB)

アカデミー・セント・セシル・インターナショナル・スクール

のディプロマ・プログラム(Diploma Programme)とOSSD課程の両方を提供している。オンタリオ州では、法制度上、どのような学校を国際学校と呼ぶのかという国際学校に関する定義はないが、ここで紹介したビザ学校は、校名に"インターナショナル(international)"という語を入れたり、あるいは学校紹介において自ら"国際学校(international school)"と名乗ったりしている。現在、州内にはおよそ20校のビザ学校がある。

　このようなビザ学校の授業料は、学校によって設定方法が異なっている。例えば、海外から就学許可証をもって入学してくる留学生と、カナダ市民権や永住権をもちカナダ国内に居住する生徒がそれぞれ納める授業料の額が異なり、留学生用の金額が高めに設定されているケースがある一方で、生徒の在留資格に関係なくすべての生徒に一律に金額が設定されているケースもある。なお、CESIやCAISなどのアクレディテーションを実施する団体の加盟校となっているビザ学校は僅かであり、ビザ学校同士の連盟などは存在しない。

　現在、アジアや中南米では、わが子の将来にとって、自国の大学よりも北米の大学に留学して、質の高い教育プログラムを受け、いまや国際語となった英語や国際的に通用する実践的な知識・技術を身につけることが有利と考える親が少なからずいる。ビザ学校はここに目をつけ、アジアや中南米地域からの多数の進学希望者を見込んだ勧誘活動に力を注いでいる。実際、韓国、台湾、中国、マレーシアなどから多くの留学生を獲得している学校が作成している学校紹介のパンフレットやウェブサイトでは、彼らのビザ学校での学習ぶりや北米の高等教育機関への進学実績などが紹介されている。このように、カナダやアメリカの大学への進学を希望する学生を海外から積極的に受け入れたいとする国の政策は、ビザ学校の発展に寄与しているといえる。強力な市場原理の下で成長を遂げた学校ととらえることができよう。

　ところで、近年、オンタリオ州の私立学校の中には、ビザ学校とは異なるタイプの国際学校も登場してきた。それは、IBの課程を提供する学

校である。オンタリオ州内には、地域のニーズに応えてIB課程をもつ公費学校も設置されているが[19]、それらの多くは大学入学資格を取得するためのディプロマ・プログラムのみを備えている。他方、私立学校では、初等・中等教育段階のIBプログラムの設置にも力を注いでいる。1952年に創立された私立の初等学校であるサニーブルック・スクール(Sunnybrook School)は、1999年より国際バカロレアの初等教育プログラム(Primary Years Programme：PYP)を設置したため、オンタリオ州で最初にPYPを導入した学校となっている[20]。また、1999年に開校したアカデミー・ドゥ・ラ・カピタル(Académie de la Capitale)のように、IBのPYPと中等教育プログラム(Middle Years Programme：MYP)の課程と、OSSD取得をめざす課程とを共に設置している学校もあり、入学希望者も増加傾向にある[21]。オンタリオの公教育制度の中でも、国際社会で通用するカリキュラムへの要望が高まってきているものと思われる。

(3) 外国人学校

先に紹介したスタンプの私立学校の分類は、カナダに渡ってきた移民たちが、自分たちの子どもたちのために作った学校を対象としていた。だが、オンタリオ州内には、こうした移民の子どもたちばかりでなく、一時的に滞在する外国人の子どもたちも数多くいる。そこで、今度は、主にこうした一時滞在の外国人の子どもを対象とする外国人学校を取り上げたい。なお、これから紹介する3種類の外国人学校はオンタリオ州政府が作成する私立学校データベースに登録されている学校のうち、本国のカリキュラムに準じた教育を行っている学校と筆者が判断した私立学校である。

1) トロント補習授業校(日本人学校)

今日、アメリカやヨーロッパ諸国、東南アジア、中東諸国など多くの国や地域に全日制日本人学校が設置されているが、カナダには、トロント、バンクーバー、モントリオールなど都市部に補習授業校が設置され

ている。家族の赴任などでオンタリオ州に一時滞在する日本の子どもの多くは、現地校に在籍しながら土曜日のみ補習校であるトロント補習授業校(Japanese School of Toronto Shokokai Inc.)に通学している。

　同校は、日本に帰国した後に子どもが円滑な学校生活が送れるよう、カナダ滞在中に日本の教育内容を学ぶという目的から1974年に開校された[22]。現在は、文部科学省から教員の派遣を受けており、2004年度には、幼稚部・小学部・中学部・高等部を合わせて24学級に441名の児童生徒が在籍している。このトロント補習授業校は、その法的地位を「法令に基づかない学校、オンタリオ州から認可を受けた団体」[23]であると説明しているが、オンタリオ州政府は同校を州内の私立学校のデータベースに登録しており、私立学校と位置づけている。なお、高等部ではOSSD取得のための科目が若干、設置されているが、それだけではOSSD取得の条件である30単位すべてを履修できないため、生徒は現地校で多くの科目を履修している。

2）トロント・ドイツ人学校

　1999年に設立されたトロント・ドイツ人学校(Deutsche Schule Toronto)は、2000年9月から、リセ・フランセ・ドゥ・トロント(Lycée Français de Toronto)の校舎を間借りする形で、幼稚園と小学校1年生のクラスを開講した。入学者の出身地は、ドイツ、オーストリアなどのドイツ語圏、ブラジル、コロンビア、イラン、スペインなどの非ドイツ語圏、そしてカナダ国内からと多様である[24]。

　同校はドイツのバーデン・ヴュルテンベルク州のカリキュラムに沿って、ドイツで教員資格を得たドイツ人教師がドイツ本国の教科書を用いて授業を進めている。ここでは、ドイツに帰国する子どもたちがドイツの学校システムに円滑に移行できることが主眼とされている[25]。また、同校は、将来、ドイツの大学入学資格であるアビトゥーア(Abitur)取得を可能とする学年まで、段階的に学年を発展させていくことを計画している。初等教育段階からドイツ語、英語、さらにはフランス語の教育も実

施し、カナダの学校システムへの転入学やカナダの大学への進学も視野に入れている。

(4) フランス人学校

カナダに一時的に滞在している外国人の子どもたちを対象とする外国人学校のうち、日本人学校とドイツ人学校を見てきたが、次に、フランス人学校を取り上げて、カナダにおける外国人学校の役割や課題を考えていきたい。

フランス政府の外務省と海外協力省によって管轄される海外フランス人学校局(l'Agence pour l'Enseignement français à l'Etranger)によると、2004年現在、世界中で410校の海外フランス人学校が設置されている。海外フランス人学校には、大きく分けると三つのタイプがある。海外フランス人学校局が直接管理する直営フランス人学校、海外フランス人学校局と協定を結んでいる協定フランス人学校、そして管理も受けず協定も結んでいない協定外フランス人学校の三つである。協定校と協定外校は、学校が設置されている国において私立学校として認められている場合が多い。また、直営校と協定校はフランス政府から学校維持や設備投資などへの補助金、有資格教員の派遣、生徒への奨学金などを受けることができるが、一方、協定外校は直営校や協定校にくらべて海外フランス人学校局から受けられる補助の範囲が限られる。設置数の内訳は、直営校65校、協定校204校、協定外校141校となっている[26]。

カナダには、海外フランス人学校局の傘下にあるフランス人学校が、現在、9校設置されている(ケベック州4校、アルバータ州1校、ブリティッシュ・コロンビア州1校、オンタリオ州3校)。オンタリオ州に設置されている三つのフランス人学校については、リセ・フランセ・ドゥ・トロントとリセ・クローデル(Lycée Claudel)の2校が協定校、トロント・フランス人学校(Toronto French School)が協定外校となっている。3校とも、幼稚園から初等・中等教育段階のすべてを通して、フランスの学年制を採用し

ている。

　協定校であるリセ・クローデルとリセ・フランセ・ドゥ・トロントは、それぞれ1962年と1995年に開校された学校で、2003年度は前者では全校生徒860人中フランス国籍生徒180人、後者では全校生徒215人中フランス国籍生徒102人となっている。後で紹介する協定外校のトロント・フランス人学校とくらべると、全校生徒に占めるフランス国籍生徒の割合が高い。将来、生徒がフランスに帰国することを考慮に入れたカリキュラムが組まれ、教授言語はフランス語である。中等教育課程では、フランスの大学入学資格の取得に向けたコースも設置されている。リセ・フランセ・ドゥ・トロントの学校案内には、カナダ市民権並びに永住権をもたない子どもは、就学許可証が必要とされることが明記されている[27]。

　協定外校であるトロント・フランス人学校は、1962年にフランス系カナダ人の夫妻によって、もともとフランス系カナダ人を対象にフランス語と英語のバイリンガル教育を行うことを目的として設立された学校である。開校以来、フランス語と英語のバイリンガル教育を実施し、フランスの前期中等教育修了資格(Brevet des Collèges)とIBディプロマ取得を目標に掲げ、中等教育の最後の2年間ではIBディプロマ・プログラムが必修とされている。また、同校では、こうしたプログラムの他に、OSSD取得に向けたコースも設置されており、CAIS、CESIの両団体からアクレディテーションも得ている[28]。

　生徒総数に占めるカナダ人生徒の割合が高く、2003年度は、全校生徒総数1,250人中フランス国籍生徒は47人のみである。同校在校生のうちフランス語を母語とする生徒は約1割で、その他多くの生徒は入学時に初めてフランス語に触れる。このような生徒を対象とするフランス語導入プログラムが低学年段階から提供されるので、フランス語を母語としない生徒は、学校生活や授業に必要なフランス語をこの準備プログラムで学習した上で、正規の課程に参加することができる。このような教育環境でカナダの二つの公用語である英語とフランス語を習得できるとい

うメリットから、子どもの入学を希望する保護者も少なくない。フランス系カナダ人だけでなく、イギリス系カナダ人やそれ以外の英語を母語とするカナダ人、さらには英語やフランス語以外の言語を母語とするカナダ人たちも、この学校の英語とフランス語のバイリンガル教育に大きな関心を寄せている。

つまり、このトロント・フランス人学校は、フランス人の子どもたちの言語や文化を維持するための学校というよりは、むしろ、さまざまな言語を母語とするカナダ人の子どもたちに質の高いバイリンガル教育を提供する学校としての役割を果たしている。その背景には、カナダ固有の言語事情が控えていると思われる。

カナダでは1969年に連邦政府によって公用語法が制定され、英語とフランス語の二つが国の公用語とされた。その後、この1969年公用語法が1988年に改正され、英語とフランス語の両言語による行政サービスの充実をめざす体制作りが連邦政府主導の下、本格化した。このような流れのなか、人々の言語に対する意識も変化してきた。現実的な問題として、公用語である英語とフランス語のバイリンガルであることが、カナダ連邦政府の職員採用の際の望ましい条件とされていることなどからも明らかなように、英語とフランス語を使いこなせることは、子どもにとって将来の職業選択の幅を広げることになる。したがって、マジョリティである英語を母語とするイギリス系カナダ人たちにも、もう一つの公用語であるフランス語を付加価値として学ぼうとする傾向が広まってきている。

ところで、オンタリオ州では、公費学校においてもフランス語による教育が提供されている。それにもかかわらず、学費などの経済的な負担がかかる私立学校であるトロント・フランス人学校に、子どもを入学させたいと希望するカナダ人もそれなりに増えてきている。これは、親たちが公費学校にはない魅力をトロント・フランス人学校に感じているからであろう。質の高いバイリンガル・プログラムやOSSDだけでなく、

フランスの前期中等教育修了資格やIBディプロマといったカナダ国外の高等教育機関への進学が可能となる国際的な資格を取得できることが、その魅力の実体と思われる。

　フランス語で教育し、フランスの学年制を採用するトロント・フランス人学校は、フランス出身の子どもたちが本国に戻った時に円滑に学校生活に移行できることを使命とする一方で、現代のカナダ社会からのニーズにも応える形で、学校の規模や教育内容を拡充させてきた。つまり、このトロント・フランス人学校は、オンタリオ州において、外国人の子どものための学校という役割のみならず、国際社会に通用するカナダ人の子どもを育成するという役割をも担っている。このような公教育制度の一端を担う外国人学校のありようは、国際化時代における新たな外国人学校像を提示している。

おわりに

　本章では、その多くが私立学校として位置づけられているオンタリオ州の外国人学校や国際学校を取り巻く最近の状況を見てきた。
　これまで、オンタリオ州では、外国人学校や国際学校を含めて私立学校そのものに対する一般の人々や行政からの関心が低かった。しかし、近年、オンタリオ州では、私立学校に対する注目がさまざまな意味で高まりつつある。例えば、カナダやアメリカの大学への入学希望者をさまざまな国々から広く受け入れているビザ学校が、カナダの教育分野における国際市場への参入の象徴ともなっている。また、トロント・フランス人学校は、バイリンガル教育プログラムの充実、カナダとフランス両国の中等教育修了資格の取得に向けた教育課程の整備、さらにはIBディプロマ・プログラムの必修化などに取り組み、一時滞在のフランス人生徒ばかりでなく、英語とフランス語の両公用語を身につけたいと願うカ

ナダ人生徒をも惹きつけることに成功し、オンタリオ州における公教育制度の一翼を担う学校となっている。一方、オンタリオ州では最近、私立学校に対する公費援助の要望や、それに関連して私立学校に子どもを通わせる家庭を対象に税額控除を求める議論[29]も起こってきており、私立学校の役割を再検討しようとする動きも出てきている。こうした私立学校の位置づけに関する議論は、いずれ外国人学校や国際学校にもかかわりがでてくるであろう。

現在、カナダの外国人学校や国際学校の多くは、一時的にカナダに滞在する外国人の子どもたちの教育を担うばかりでなく、多様な生徒を数多く受け入れようとさまざまな工夫をこらしている。なかでも、国際社会に通用する人材の育成を目的としたプログラムの整備や留学生の受け入れなどの"国際化戦略"により、外国人学校や国際学校は、多くの外国人生徒のみならずカナダ人生徒を獲得することにも成功している。このような事実は、カナダの教育全体の国際化への気運を如実に表わすものとしてとらえることができるであろう。その意味でも、カナダの外国人学校や国際学校が今後、どのような"国際化戦略"を進めていくかに目を向けることは、カナダの教育のゆくえを予測する上でも重要なことと思われる。

[注]

(1) 小林順子・関口礼子・浪田克之介・小川洋・溝上智恵子編著『カナダの教育2：21世紀にはばたくカナダの教育』東信堂、2003年。

(2) ブリティッシュ・コロンビア、アルバータ、サスカチュワン、マニトバ、ケベックの5州と、北西準州が私立学校への財政援助を行っている。

(3) オンタリオ州教育省の統計によると、州内の初等・中等教育レベルの私立学校数は、1995年から2000年までの各年の10月末日の時点で、560、592、618、705、722、743となっている。ただし、1999年と2000年の統計には、先住民学校と海外に設置されている私立学校も含まれている。

(4) カナダの法制上、一時的にカナダで就労することができる就労許可証

(work permit)をもつ外国人労働者(foreign workers)と永住権をもつ労働移民とは区別される。

(5) カナダ市民権の取得には、2通りの方法がある。それは、カナダ国内で生まれた者に付与される生地主義に則った方法と帰化申請である。帰化によってカナダ市民権を取得するための条件は、18歳以上の成人の場合、カナダ永住権所持者であること、申請前の4年間で最低3年間のカナダ居住歴、英語もしくはフランス語で意思疎通が可能なこと、カナダの社会・地理・歴史などの一般常識や市民としての権利と責任についての知識を問う市民権テスト(citizenship test)に合格すること(18～59歳まで)となっている。市民権取得者のうち14歳以上の者にはカナダ市民の誓い(The Oath of Citizenship)を宣誓することが求められる。これらの条件・資格は、市民権法で規定されている。

(6) York Region District School Board, 'International Programs ― International Visa Students', *York Region Learning Connections,* http://www.yrlc.on.ca/ip_visa_ students.htm, 7 November 2004.

(7) Ontario Ministry of Education, 'Private Schools', *Private Elementary and Secondary Schools,* http://www.edu.gov.on.ca/eng/general/elemsec/privsch/index.html, 7 November 2004.

(8) Bernard J. Shapiro (1985) *The Report of the Commission on Private Schools in Ontario,* Toronto. Ontario Ministry of Education, p.43.

(9) *Ibid.*, p.76.

(10) Canadian Association of Independent Schools, *Welcome!,* http://www.cais.ca/, 7 November 2004.

(11) Shapiro, *op. cit.*, p.204.

(12) Armenian Relief Society's Day School, 'Our Goal', *About Us,* http://www.arsdayschool.com/arsds/content/ourgoal.htm, 30 October 2003.

(13) Armenian Relief Society's Day School 校長 Mr. Raffi Doudaklian からのＥメールによる回答、2003年11月5日。

(14) Department of Foreign Affairs and International Trade, *Evaluation of the Canadian Education Centres Network (December 1999),* 31 March 2003, http://dfait-maeci.gc.ca/department/auditreports/evaluation/evalCECN99-en.asp, 7 November 2004.

(15) Canadian Education Centre Network, 'About the Network', *CEC Network,*

http://www.cecnetwork.ca/, 7 November 2004.
⑯　Bond International College, 'History and Philosophy', *History*, http://www.bondcollege.com/about/hist.htm, 2 November 2003.
⑰　London International Academy, *Welcome to London International Academy*, http://www.lia-edu.ca/welcome.htm, 7 November 2004.
⑱　Cambridge International College of Canada, *Home*, http://www.cambridgeinternational.com/home.htm, 7 November 2004.
⑲　York Region District School Board, 'York Region District School Board Approved for Prestigious International Academic Program', *News*, 9 July 2003, http://www.yrdsb.edu.on.ca/page.cfm?id=NW0307092, 17 November 2003.
⑳　Sunnybrook School, 'International Baccalaureate Primary Years Programme at Sunnybrook School', *About Our School*, http://www.sunnybrookschool.com/about/ib/ib.html, 17 November 2003.
㉑　Académie de la Capitale, *Welcome*, http://www.acadecap.org/english/index.htm, 7 November 2004.
㉒　Toronto Japanese Association of Commerce & Industry, *Toronto Japanese Association of Commerce & Industry (Shokokai)*, http://www.torontoshokokai.org/en.htm, 7 November 2004.
㉓　トロント補習授業校「学校の概要」『トロント補習授業校』、http://home.echo-on.net/~toroho/、2004年7月22日。
㉔　Deutsche Schule Toronto, 'Elementary School', *Deutsche Schule Toronto ― A Truly International Learning Experience*, http://www.deutscheschule.on.ca, 7 November 2004.
㉕　German Embassy Ottawa, 'Toronto School Up and Running', *Embassy Newspaper Online*, October 2000, http://www.germanembassyottawa.org/news/Perspectives/fall2000/school.html, 9 November 2003.
㉖　l'Agence pour l'Enseignement français à l'Etranger, *Types d'établissement*, http://www.aefe.diplomatie.fr/aefe/Texte.nsf/Pages+HTML/Types+d'etablissement?OpenDocument, 7 November 2004.
㉗　Lycée Français de Toronto, 'The School Programs', *General Information*, http://www.lft.ca/ge_school_programs.html, 7 November 2004.
㉘　Toronto French School, *Home*, http://www.tfs.on.ca/, 7 November 2004.
㉙　この制度は「教育税額控除による公正 (The Equity in Education Tax

Credit)」制度と呼ばれ、導入をめぐる議論の詳細については、以下の文献を参照されたい。河野弥生「カナダ多文化主義と宗教学校への公的資金援助問題―オンタリオ州における論争を事例に―」『カナダ研究年報』第21号、2001年、96-100頁。

(1) 公教育制度への組み入れが可能なケース

第3章　イギリスの外国人学校と国際学校
――イスラム系公営学校の設立をめぐって――

　　　　　　　　　　　　　　　　　　　　佐藤　千津

はじめに

　今日のヨーロッパは、ヨーロッパ連合(European Union：EU)の拡大・深化に伴い、人の移動が一層促進されて、未曾有の多文化社会の到来を経験している。とりわけイギリス[1]は、ヨーロッパ統合の進展によりポスト・ナショナル化傾向が一段と強まるなか、膨大な数の定住外国人も抱え、異文化共存と地域ナショナリズムの再燃が大きな社会問題となっている。多文化・多元化状況の広まりにより、文化的背景や価値観を異にする人々から成る新たな社会モデルが模索されているのである[2]。

　2001年4月に行われた国勢調査の結果を見ると、イギリスの総人口58,789,194人に占めるマイノリティつまり非白人住民の割合は7.9%(4,635,296人)である[3]。現在、マイノリティの大半はイギリス生まれで、法律上はイギリス国籍を有するイギリス人である。マイノリティの親の中には、イギリスの伝統的な公営学校に子どもを通わせるより、自分たちの信仰に基づいた学校を設置して、そこで子どもを学ばせたいと願う親もいる。こうした子どもたちはすでにイギリス人であることから、本章で紹介するイスラム系学校もいわゆる外国人のための学校ではない。このような学校の多くは、第2次世界大戦後にイギリスに渡って来た移民が作った学校である。自分たちの言語・文化・宗教を伝え残していくための教育を子どもたちに受けさせたいとする要求から始められた、

ホーム・スクーリングや補習校(supplementary school)を出発点とするものが多い[4]。

　だが、永住を決めた移民の次世代が成長し、イギリス市民として教育を受ける権利を主張するようになると、彼らの出自にかかわる文化的アイデンティティとイギリスの伝統的な制度や価値体系とを、どのように調整していったらよいのかという問題が生じてくる。それはまた、歴史に由来する宗教と教育の特殊イギリス的な結びつきともあいまって、移民の学校の存在を一層複雑な文脈の中に置くこととなる。

　ところで、イギリス社会における学校の法的地位は、その学校に通う子どもたちのイギリス社会における法的地位を反映するものでもあるため、イギリスの外国人学校の問題を検討するには、移民と一時的な滞在者とを分けて論じる必要がある。そこで本章では、イギリスの外国人学校として、イギリスに一時的に滞在する外国人の子どもたちの学校と移民の子どもたちの学校という二つの種類の学校について見ていくこととする。

　前者の短期滞在する外国人の子どもたちの通う学校はいわゆる外国人学校であり、イギリスの場合、独立学校(independent school)の法的地位にあるので、この独立学校の概要を紹介する。また、後者の移民の子どもたちの学校としては、イギリスで最初のイスラム系公営学校となったイスラミア初等学校(Islamia Primary School)を取り上げる。イスラミア初等学校が公営学校として認知されたことは、移民がイギリス市民として社会的に認知されたことでもある。イスラム系移民の人々が設立した学校がイギリスの公教育制度の中に取り込まれていく過程に注目し、現代社会における新たな外国人学校をめぐる問題を考察したい。

第1節　短期滞在の外国人の子どもたちの教育

(1) 外国人の子どもたちの通う学校

　イギリスでは、1944年教育法(Education Act 1944)により、親が学齢期の子どもを学校に通わせずに家庭で教育することが許されている[5]。家庭での教育を選択する場合、そのことを地方教育当局(Local Education Authority)に通知する必要がないため、正確な統計は得られていないが、学齢期の子どもの1％程度が家庭で教育されていると推計され、1970年代以降、増加傾向にある[6]。他のヨーロッパ諸国の多くがこのようなホーム・スクーリングに対して厳しい姿勢を示しているのとは対照的で、むしろアメリカやカナダの政策に似ている。したがって、イギリスにおいて「義務」とされるのは「学校」ではなく「教育」であることから、制度化されないさまざまな形態の教育が可能となり、公的な調査や統計に現われてこない教育形態が多数存在することを確認しておきたい。

　ところで、外国人が子どもを学校に通わせる場合には、どのような選択肢があるのだろうか。「学校入学許可実施準則(Schools Admissions Code of Practice)」によれば、在留外国人の学齢期の子どもがイギリスで教育を受けるには二つの選択肢がある[7]。一つは、公営学校への入学であり、一定期間以上の在留であれば、入学許可を与える者(学校理事会や地方教育当局)の裁量で入学が許可される。しかし、外国人の学齢期の子どもが1人で入国する場合、公営学校への入学は許可されない。もう一つは、独立学校への入学であり、学校の入学許可証があれば外国人の学齢期の子どもでも1人で入国し、イギリスに居住できる。こうした子どもたちの多くは寮設備のある独立学校に入学する。

　もちろん、イギリス市民(いわゆるイギリス市民権〔British Citizenship〕をもつ者)[8]の子どもであれば、公営学校・独立学校の別を問わず、入学に際して前述したような制約は全く受けない。また、欧州経済地域(European Economic Area)から就労などの経済活動の目的でイギリスに入国する者の子どもも、イギリス市民の子どもと同等の扱いを受けることが保障されている。

親と共に一定期間イギリスに居住している日本人の子どもたちは、イギリスの公営学校に通う者がいる一方で、イギリスの独立学校、外国人学校としての日本人学校、あるいは国際学校に通う者もいる。

(2) 外国人学校と国際学校の法的地位

イギリスにおいては、一定の基準を満たし「学校」と認められた教育施設は、それがイギリス市民を対象とするものであっても、また外国人を対象とするものであっても、法的あるいは制度的には一律に「独立学校」として分類される。したがって、まずイギリスにおける独立学校の概況を整理しておきたい。

イギリスの独立学校は行政当局から財政などの面で独立(independent)した学校であることから[9]、伝統的に行政当局による管理・統制は非常に緩く、さほど高い関心もはらわれてこなかった。しかし、労働党政権による近年の中等教育制度改革などを見ると、「公」と「私」の「パートナーシップ」というレトリックの下、独立学校に対する管理が厳密なものとされる傾向にある。

2003年の教育技能省(Department for Education and Skills)の統計を見ると、イギリスにおいて独立学校は2,160校で、義務教育諸学校総数である24,995校の約8％を占めるにとどまる[10]。そして、独立学校の半数以上が、独立学校評議会(Independent Schools Council：ISC)に属し、そこから認定を受けている。

1944年教育法は、5人以上の学齢期の子どもに全日制の教育を提供するすべての独立学校に対して、教育省(Ministry of Education)(当時)に登録することを義務づけ、未登録のまま独立学校を経営することを違法とみなした。また、2002年教育法(Education Act 2002)はこうした規制をさらに強め、登録後も、その学校が一定の教育水準を満たしているかどうかを審査するシステムを厳格なものとしている。水準を満たしていないと判断した場合には、その学校の登録を抹消し、学校を閉鎖してしまう。

では、登録のための手続きと基準はどのように規定されているのだろうか。登録が必要な独立学校は、「5人以上の学齢期の子どもに対して全日制の教育を提供し、地方教育当局によって維持されていない学校」[11]であり、こうした教育施設を設置する際には事前に教育技能省に登録を申請しなければならない。日本人学校などはこれに該当するが、補習授業校などは全日制ではないため、登録の義務はない。

　まず申請手続きであるが、申請時には、学校施設・設備の概要やカリキュラムの詳細の他、いじめ、健康・福祉、学校外活動、校規などに関する当該校の方針、火災予防規則に基づくリスク評価、学校に対する苦情処理手続き法、学校経営者の前科調書などを提出する。教育技能省によって受理された書類は教育水準局(Office for Standards in Education)と消防当局に送られて審査されるが、審査の過程では教育水準局や消防当局の査察を受ける。約3カ月後、審査結果が教育技能省に報告され、最終的な判断が当該校に通知されるが、この正式通知以前に生徒の入学は認められない。また、学校が開設された3カ月後に生徒数、教職員数、授業料の詳細を明記した書類を提出し、その後、再び教育水準局による査察を受けることになる[12]。これは、実際の学校運営において登録時の水準が維持されているかどうかを見極める意味をもつ。

　登録認可の基準は「2003年教育（独立学校基準）規則 (The Education [Independent School Standards] Regulations 2003)」に明記されているが、教育内容に関してはかなり自由であり、「基準」も目標の概要を示すにとどまっている。例えば、公営学校の場合には義務化されているナショナル・カリキュラム(National Curriculum)の実施も、各学校の選択に任されている。したがって、近年、時代のニーズに合わせて必修科目としてナショナル・カリキュラムに加えられた「情報・通信技術(Information and Communication Technology)」への対応も、それぞれの学校により異なっている。その一方で、言語に関しては規定が設けられており、当該校の教授言語が英語以外の言語である場合、英語(書く技能と話す技能)の授業を行うことが義務づけ

られている。ただし、イギリスに一時的に滞在する子どものための学校は、この規定を免除されるため、日本人学校を含む多くの外国人学校や国際学校は、言語教育に関して何の制約も受けていない。

さらに、この「2003年教育(独立学校基準)規則」では、ナショナル・カリキュラムの「人格、社会性、健康の教育(Personal, Social and Health Education)」や宗教教育に当たるような教育活動を行い、子どもたちの「精神的、道徳的、社会的、文化的成長」を促すことを各学校に求めている[13]。つまり、学校には、子どもたちの発達に応じて、自分たちの文化を自覚させると共に、地域社会に貢献したり、より広い社会においても民族的・文化的多様性を尊重したりすることを教え、民族的差別をなくすための教育を実施することが期待されている。

独立学校の場合、教員の免許の有無も問われない。つまり、公営学校では義務化されている有資格教員の雇用についても学校の裁量に任されている。

また、多くの独立学校は、教育技能省の認可と共に、「ISC加盟校(ISC school)」としてISCからアクレディテーション(accreditation)を受けている。アクレディテーションとは、任意の専門機関が学校の教育環境や教育水準が一定のレベルに達しているかどうかを公的に認定する過程のことである[14]。現在、加盟校は全独立学校の半数以上である1,275校に及び、独立学校在籍生徒の約80％がISC加盟校に在籍している[15]。これまでISCは独自に加盟校の査察を行ってきたが、1999年にはISCや校長会議(Headmasters' & Headmistresses' Conference)が行う査察制度が教育技能省によって認定を受け、2000年にはこれらが一本化されて独立学校査察団(Independent Schools Inspectorate)となった。現在は、2002年教育法により、すべての独立学校が独立学校査察団か教育水準局の査察を受けている。

(3) 外国人学校と国際学校の実態

ここで、イギリスで外国人が最も多く居住するロンドンにおける外国

人学校と国際学校に注目したい。

　ロンドンに住む外国人の中で最大のグループはアメリカ人であり、およそ55,000人のアメリカ人が居住している。彼らの教育要求に応えるため、アメリカ人学校が6校と国防省付属学校(Department of Defense school)が3校設置されている。加えて、フランス、ドイツ、日本、スペイン、ノルウェー、スウェーデン、ギリシャ、オランダといった国の外国人学校も設置されている。これらの学校では本国の教育制度に基づいた教育を提供しており、カリキュラムも本国のそれに準じた編成になっている。このような学校に通う者の多くは、数年間の滞在の後に帰国して本国の学校に編入学することを前提としており、イギリスの学校に編入学する者の数は少ない。

　ただし、フランス人学校やギリシャ人学校のように中等教育修了一般資格(General Certificate of Secondary Education : GCSE)や大学入学資格(General Certificate of Education : GCE)のA(Advanced)レベルの準備クラスを設け、イギリスの大学への進学を希望する者に配慮している学校もある。また、アメリカ人学校のハイ・スクールで採用されているアドバンスト・プレイスメント(Advanced Placement: AP)はイギリスのGCEのAレベルと同等と認定されており、イギリスの大学に進学するのに支障がない。このような外国人学校では、英語やイギリスの社会、歴史、文化に関する学習、地元の学校や地域社会との交流、フィールド・トリップなどを取り入れる一方で、自国の言語や文化の学習にも力を入れている。

　国際学校では、いくつかのカリキュラムを組み合わせて採用している学校が多い。イギリスやアメリカのカリキュラムを実施している学校が多いが、国際的なカリキュラムである16〜18歳レベルの国際バカロレア(International Baccalaureate : IB)、14〜16歳レベルの国際中等教育修了資格(International General Certificate of Secondary Education : IGCSE)、16〜18歳レベルの上級国際教育資格(Advanced International Certificate of Education : AICE)のプログラムを採用したり、その試験を行ったりする学校もある。

IGCSE はケンブリッジ大学地方試験シンジケート (University of Cambridge Local Examinations Syndicate) によって1988年に開発された国際的なプログラムである。現在、100カ国以上、約500校で採用されているIGCSEは、イギリスのGCSEに相当するが、学校の地域性や生徒の国籍・能力などに幅広く対応できる内容になっている。カリキュラムを現地事情に適した内容にすることはもちろん、生徒の母語が英語以外の言語である場合にも対応できる。IGCSEを入学資格として認めている大学もあるようだが、多くの場合、GCEのAレベルやAS (Advanced Subsidiary) レベル、IBなどの前段階プログラムとして用いられている[16]。

　その他、近年は11～16歳レベルの国際バカロレアの中等教育プログラム (Middle Years Programme) や初等教育レベルの国際学校カリキュラム・プロジェクト (International Schools Curriculum Project) なども人気がある。

　こうした外国人学校や国際学校はイギリス人の子どもたちにも門戸を開いているが、彼らには多様な学校の選択肢が準備されていることから、実際に外国人学校や国際学校に在籍している子どもの数は極めて少ないと考えられる。

第2節　移民の子どもたちの教育

　次に、新たな社会再編をめざしている労働党政権が、移民の子どもたちの教育にどのように向き合っているのかを紹介したい。

　今日の労働党政権は、地域レベルで市民参加による行政改革を推進し、保守党時代に崩壊したコミュニティを再構築することをめざしている。マイノリティを含むすべての市民の社会参加が政策として強調されているのも一つの特徴である。また、保守党政権は多文化教育や反人種差別教育をもっぱらマイノリティに対する教育とみなし周縁化してきたが、労働党政権の教育政策は明らかにそれとは異なる方向に進んでいる。

さらに、近年の労働党政権は、宗教的少数者の教育に対しても柔軟な姿勢を示している。周知のように、イギリスには多くの宗教系学校(faith school)があるが、その大多数はキリスト教系(アングリカンまたはローマ・カトリック)である。また、公営学校である有志団体立補助学校(voluntary aided school)[17]の多くもキリスト教系である。実際、イギリス社会にはキリスト教以外の宗教の信者も多いが(イスラム教徒150万、ヒンドゥー教徒55万、シク教徒33万、ユダヤ教徒26万[18])、こうした宗教の中では、これまでユダヤ教の有志団体立補助学校のみが設置されてきた[19]。

 もともとイギリスでは1870年に公的な学校教育制度が定められるまでは、すべての学校は私的な学校でそのほとんどが宗教的性格をもっていた。こうした学校を公営部門に取り込みながら公教育制度を整備するという折衷的方策が、1870年の初等教育整備のときも、また1944年の中等教育整備のときにもとられた結果、今日でも約20％の子どもが宗教的基盤をもつ公営学校に通学している[20]。また、1944年教育法以降、公営学校では宗教教育が必修となっている[21]。

 1980年代には、イスラム系独立学校も作られ始めたが、"Islamophobia"という言葉に象徴されるような、イギリス社会におけるイスラム系住民に対する根強い差別感情ともからんで、こうした学校が公費援助を受けるには至らなかった。ところが、1985年に公刊されたいわゆる「スワン報告書(Swann Report)」が宗教的な多様性や他宗教への寛容性を強調したため、イスラム系独立学校の数も次第に増加した。このような背景を踏まえ、1993年教育法(Education Act 1993)は宗教系独立学校が公営学校になることを法制度上は可能にしたが、実際にイスラム系独立学校が公費援助を受けることができたのは1998年だった。

 この年、労働党政権が、ロンドンにあるイスラミア初等学校とバーミンガムにあるアル・ファーカン初等学校(Al-Furqan Primary School)の2校のイスラム系独立学校に補助金を交付することを決めたことから、最初のイスラム系公営学校が誕生した。こうした学校は2001年には4校(上の2

校の他に、フィーヴァーシャム・カレッジ［Feversham College］及びアル・ハイジャ中等学校［Al-Hijrah Secondary School］）になり、その数は今後、まだ増えることも予想されている。だが、公営学校になることはすなわち教育内容・方法の自由や学校運営にかかわる大きな裁量を失うことでもあるため、必ずしも多くの独立学校が希望しているわけではない[22]。一方、政府は、シク教やギリシャ正教の有志団体立補助学校も認め、公教育制度を多様化するため、今後も宗教系独立学校への公費援助を行っていく方針である。

第3節　移民の学校の設立

　イギリスで移民の子どもたちの教育が社会問題として取り上げられるようになったのは、第2次世界大戦後のことである。1950年代から60年代、好景気に沸くイギリスの産業界は、労働力不足を補うために、英連邦諸国(旧植民地)で積極的にリクルート活動を行った。例えばロンドンの鉄道やバス会社は、低賃金で働く職員としてカリブ諸国からの移民を雇い始めた。その後、インドやパキスタンからの移民も大勢押し寄せるようになり、極めて短期間のうちに、イギリスには異なる文化的背景をもつ者が数多く暮らすようになった。当初、多くの移民は出稼ぎとして単身でイギリスに来て、それなりの蓄えができると母国に帰っていった。しかし、なかにはイギリスに残って家族を呼び寄せ、永住しようとする者も出てきた。1960年代に入ると、このような移民の子どもたちもしだいに増え、イギリスの学校にも少なからぬ影響が現われてくることとなる。
　1971年に移民法が改正され、イギリスへの新たな移住が制限されるようになったため、現在、マイノリティの大半はイギリス生まれで、法律上はイギリス国籍を有するイギリス人となっている。しかし、イギリス

では、可視的な外見的差異から生じる差別が問題となることに留意する必要がある[23]。つまり、「マイノリティ」という言葉が意味する内容は、「少数者」であるということにとどまらない。それに内包されるメッセージは、国籍上はイギリス人でありながらもイギリス人としてふさわしい社会的地位を獲得できず、支配的主体としての「マジョリティ」に対峙させられ、周縁化された従属的位置に置かれ続けるということである。

　ここで、マイノリティの教育要求をめぐる動きとして、ムスリムの親たちによるイスラム系学校設立の過程に注目したい。一口にムスリムと言っても、南アジア系や中近東系など、その民族的背景と出身地はさまざまであるし、近年はエスニック・グループ間の対立も激しくなってきている[24]。しかし、子どもたちの教育要求をめぐっては、宗教的共通性が基盤となることから、マイノリティが集住する特定の地域においては、放課後などを利用した定時制の補習校などもできてきた。アジア系のムスリム住民が補習校を求める理由としては、自分たちの言語、文化、宗教の習得と保持並びに自分たちの言語による教育を期待する反面、キリスト教に基づく教育への反発もあるという[25]。

　このような補習校の中から、独立学校に発展するものもでてきた。現在、イギリスには、約50校以上のイスラム系独立学校が設置されており、イギリス全体におけるムスリムの子どもの約2％に当たる7,000人が通学していると見られている。学校の規模や質は多様で、数人の子どもを家庭的な環境の中で教える小規模なものから、生徒数が約2,000人という大規模な学校まである[26]。

　親が子どもをイスラム系学校に通わせる理由としては、一般的な公営学校に対する不満が挙げられ、ここにも宗教的要因が介在している。まず、教育内容の面で問題になるのは、宗教教育と性教育である。1970年代から80年代にかけて、イギリスの宗教教育では、さまざまな宗教を幅広く取り上げる「多信仰(multi-faith)アプローチ」が主流であった。いくつもの宗教について学び、その上で、自らの信仰を選び取っていくという

方法である。ムスリムだけでなくその他の宗教の信者も、このアプローチは「多文化的寄せ集め(multi-cultural mish-mash)」に過ぎず、あらゆる宗教の妥当性を否定するものだと見ていたが[27]、信仰における個人の自由、つまり「西欧型個人主義」がイスラムの教えと相容れなかったことも事実である[28]。性教育においても、性に関する学習が適切ではないと考えられた。加えて、イスラムの教えでは、思春期以降の男女別学や、食事、服装、祈りにかかわる細かな規律を定めている。こうした背景から、ムスリムの親たちは自分の子どもをイスラム系学校に通わせているのである。

　このようなイスラム系独立学校の中から、遂に公営学校が誕生することとなる。イギリスの主要な宗教の中でイスラムは、その宗派の学校への公費援助が拒否され続けてきた最後の宗教であった。その意味でも、これはまさに画期的なことである。1998年に、国庫補助学校(grant-maintained school)としての法的地位を得て、その後、有志団体立補助学校となった、イギリスで最初のイスラム系公営学校であるイスラミア初等学校をめぐる動きを見ていきたい。

第4節　移民の学校から公営学校へ
——「移民」が「イギリス市民」になるまで——

(1) イスラミア初等学校の設立

　イスラミア初等学校は、1982年に設立された「イスラミア・スクール・トラスト(Islamia Schools' Trust)」により、翌83年10月にロンドン北西部のブレントに開校された。イスラミア・スクール・トラストとは、1960年代から70年代にかけて「キャット・スティーヴンス(Cat Stevens)」の名で歌手として活躍したユーサフ・イスラーム(Yusuf Islam)を中心に、1982年2月に設立された財団法人で、ムスリムの子どもたちにイスラム的理念に基づく教育を提供することを目的としていた。同トラストによって、

イスラミア初等学校 （2004年9月　筆者撮影）

1989年にはイスラミア女子中等学校(Islamia Girls' Secondary)（11〜16歳）が、1997年にはイスラミア第六学年級(Islamia 6th Form)（16〜18歳）が設置されている。また、ユーサフ・イスラームが1992年に設立したもう一つの「ワクフ・アル・ビル・教育トラスト(Waqf Al Birr Educational Trust)」は、ブロンズベリー男子カレッジ(Brondesbury College for Boys)（11〜16歳）を運営しており、言うまでもなくこちらも、イスラム的理念に基づいた教育を行っている。イスラミア女子中等学校とブロンズベリー男子カレッジは、ブレント地区におけるGCSEのリーグ・テーブル(学校別成績順位表)で、首位を争うほどの成績を修めていることから、保護者にも人気が高い。

　3歳と4歳のわずか13人の子どもを受け入れて、保育学校(nursery school)としてスタートしたイスラミア初等学校は、ロンドンで最初のイスラム系学校であった。やがて同校は、受け入れる生徒の数を増やすと共に、対象とする生徒の年齢枠も広げていった。

その後、同校は、公費援助を受けるための申請を何度も行っていくが、その願いはなかなか実現されなかった。1983年に、イスラム系学校協会(Association of Muslim Schools)の担当者が、教育大臣に問い合わせの手紙を初めて書いた日から、実際に公費援助が得られるまでに、実に15年の歳月を費やしている。それは、ムスリムにとって、まさに「平等」を勝ち取る闘いであり、彼らが真にイギリス市民としての権利を手に入れるための長い道程でもあった。

(2) 公費援助の獲得に向けた闘い

1983年12月、イスラミア初等学校の関係者から寄せられた公費援助についての問い合わせに対して、当時の教育科学省(現・教育技能省)は、公費援助の可否を審査するための基準を提示した。それを受け、イスラミア初等学校は、有志団体立補助学校としての法的地位を獲得するための申請を、1986年4月に提出した。この時は、地方教育当局には受理されたものの、学校規模が小さ過ぎるという理由で教育大臣によって拒否された。そこで、同校は、増築や近隣施設の購入によって学校の規模を拡大しようと試みたが、この学校の存在を肯定的にとらえていないブレント都市計画小委員会(Brent Planning Subcommittee)によって、その努力は阻まれた[29]。同校は、この件をめぐって、1988年には教育科学省に再申請をしたが、1990年に教育大臣によって正式に拒否されている。理由は、同地区の近隣校において生徒の定員枠に余剰があり、公費で新たに学校を設置するのは妥当ではないというものだった。

ここには、ブレント地方議会における政治的な思惑がからんでいる。それというのも、1980年代を通じて、ブレント地方議会では労働党によって多文化教育の実践が進められていたため、分離的な宗教系学校の設置には消極的だったのである[30]。

これを受けて、同校が法的手段に訴えたところ、1992年に高等法院から、この教育大臣の決定には「明らかな不公平(manifest unfairness)」がある

第3章　イギリスの外国人学校と国際学校　115

との裁定を勝ち取り、申請は教育大臣に差し戻された。だが、この公費援助の申請は、同じ理由で、1993年8月に教育大臣から再び拒否されている。

　この決定に先立ち、1993年7月には、「選択と多様性(choice and diversity)」を奨励する1993年教育法が制定された。そこでは、国庫補助学校の設置においては、宗派的ニーズを考慮すべきことが求められている。国庫補助学校とは、そもそも地方教育当局の管轄下にあったが、その管轄を離れて中央政府の直接管轄下に置かれることを選択した学校のことである。

　こうした流れのなかで、イスラミア初等学校への公費援助の申請が再度拒否されたことは、むしろ意外なこととして受け止められた[31]。それは、当時の地方教育当局においては、本来、イスラミア初等学校を支持していたはずの保守党が実権を握っていたにもかかわらず、申請を拒否したからである[32]。また、政府が、地区内の学校の定員枠が余っていることを申請拒否の理由としたことも、人々を驚かせた。こうした政府の対応には、いくつもの矛盾が含まれていたからである。それというのも、政府は、同じ地区で、生徒が募集定員を大幅に下回り、多額の公費援助を必要とする別の初等学校を、閉鎖せずにいた。しかも、この定員枠の問題は、他の有志団体立補助学校の申請においては考慮されなかったし、何よりも、実際、イスラミア初等学校には募集定員以上の申し込みがあり、多数の待機児童を抱えていた[33]。このような経緯で、イスラミア初等学校の公費援助の申請は拒否されたのである。

　イスラミア初等学校と並んで、公費援助の認可が有力視されていたもう一つのイスラム系学校であるフィーヴァーシャム・カレッジが、ほぼ同じ時期の1995年に同じく申請を拒否されたこともまた、ムスリムたちを失望させた。施設の老朽化が進み、改築に巨額の公費を必要とすることや、学校の運営体制にからんだ問題などが申請拒否の理由だった[34]。フィーヴァーシャム・カレッジのようにイギリスのイスラム系学校の多くが女子校であるが、こうした女子校に対しては、女性に対する差別や

偏見を助長するのではないかと懸念する声もあった。その声に対して、公営学校となりナショナル・カリキュラムに従うことになるのであれば、その懸念は無用となると擁護する者もいたが[35]、いずれにしても議論が分かれるところであったため、このことが保守党政権を及び腰にしていたとも考えられる。

　次にイスラミア初等学校がとった手段は、国庫補助学校への申請をするために、学校財政担当機関(Funding Agency for Schools)の支持をとりつけることだった。1995年に学校財政担当機関との協議を始めたところ、翌年には同機関が、イスラミア初等学校に対して国庫補助学校としての法的地位を認めるよう、政府に助言するに至った。新たな展開に期待を込めて1997年1月、イスラミア初等学校は、バーミンガムにあるアル・ファーカン初等学校と共に、国庫補助学校への申請を行った。ところが、当時の保守党政権は、この申請の可否の決定を5月1日の総選挙まで保留としたので、関係者の一層の不信を買うことになった。それというのも、二つのユダヤ教系学校が、それぞれ国庫補助学校と有志団体立補助学校に申請を行っていたが、こちらはいずれも選挙前に迅速に処理され、認められたからである。このため、保守党政権はこの難しい問題を先送りにし、次の選挙で勝利する見込みの労働党に決定を委ねるつもりなのか、といった批判も出された[36]。

　1997年の総選挙で、保守党は下馬評通りに敗北を喫し、労働党が18年ぶりに政権を奪還した。しかし、労働党政権は、国庫補助学校のあり方について廃止も含めた検討をしていた。このため、イスラム系学校協会は危機感を募らせ、もし「ニュー・レイバー(New Labour)」(労働党)が申請を拒否すれば、それは「オールド・トーリー(Old Tory)」(保守党)と何ら変わるものではなく、教育においてムスリムを「第2級市民(second-class citizens)」として扱うものであるから、ムスリムがこれまでのように労働党を支持することはなくなるだろうと、公言して憚らなかった[37]。

(3) イスラム系公営学校の誕生

　以上のような長年にわたる努力が報われたのが、1998年のことである。イスラミア初等学校とアル・ファーカン初等学校の公費援助への申請は、いずれも当時のディビッド・ブランケット(David Blunkett)教育大臣によって承認された[38]。イスラミア初等学校は、まず1998年1月に国庫補助学校としての法的地位を得、翌1999年9月に有志団体立補助学校になった。ここにイギリスで最初のイスラム系公営学校が誕生した。

　他の宗教系学校が易々と公費援助を獲得していくなかで、幾度も申請を拒否され、歯噛みしながらもムスリムの関係者が諦めなかったのは、公費援助を得ることにより、ムスリムのイギリスにおける社会的地位の向上を示すことができると考えていたからである。フィーヴァーシャム・カレッジの申請が拒否された時に、ユーサフは、「政府はイギリスの200万のムスリムを対等な市民として認める機会をまた一つふいにした」[39]とコメントしているが、このような思いを抱いていたムスリムは少なくない。イギリス社会の中でその存在を否定されていることによって、ムスリムが感じているフラストレーションが、この教育の問題に端的に現われていたと見る者もいる[40]。つまり、イスラム系学校の公営化問題には、自分たちの存在を政治的・社会的にアピールし、対等な市民として認めさせたいというムスリムの積年の思いが込められていたのであり、まさに「市民権」をかけた運動であったと言えよう。

　さまざまな政治的思惑や宗教的・民族的差別や偏見と闘いながら、公営学校としての法的地位を獲得しようと奮闘してきたイスラミア初等学校が、2000年5月にチャールズ皇太子の訪問を受けたことは、同校にとってもまたイギリス中のムスリムにとっても、画期的な出来事であった。このとき皇太子は、子どもたちに向かって、「あなたたちの宗教は、これまでイギリスでときには非常に誤解されてきたが、これからはあなたたち一人ひとりがイスラム教の『大使』となって誤解を解き、新しい社会を築いていくのですよ」と語りかけている。また、その日、同校で皇太

子を迎えたユーサフは、「皇太子の訪問は、ムスリムがこの国に受け入れられたことを示しており、重要な意味をもっている」と語り、喜びを素直に表わしている[41]。

現在のイスラミア初等学校は男女共学で、生徒や教職員の構成も多民族・多言語的なものとなっている。公営学校となり授業料が無償となったことで、保護者の間では一段と人気が高まり、1学年30人という定員枠に対し、空きを待つ者が2001年には約2,500人にも達した[42]。もちろん、学校は、かつてのように申し込み順に生徒を受け入れるのではなく、選抜試験を実施している。入学を許可された子どもたちは、そのまま上級学年に進むことができる。2003年には、3歳から11歳までの210名の子どもがこのイスラミア初等学校に在籍している[43]。

おわりに

1980年代のイギリスは、マーガレット・サッチャー率いる保守党が政権に就いていた時代で、市場主義に基づく政策原理がとられ、地方自治体の権限や財源が縮減されていった。保守党政権は民間活力の導入に積極的で、従来、地方自治体が担っていた役割の一部を、公的機関と民間セクターとのパートナーシップの形成によって肩代わりさせようとした。

一方、1997年に誕生した労働党政権は、コミュニティの価値と機能並びにそこでの教育力を回復することによって、イギリス社会の再編をめざしている。それは、コミュニティに生活する多様な人々すべての社会参加を前提としており、新たなパートナーシップの形成を進めるものでもある。だが、こうした動きは、保守党政権の時代に切り捨てられてきた弱者を再び管理下に置くこととともなり、彼らの教育水準の底上げを図ろうとする政策もとられている。

現在の労働党政権においても、保守党時代の新自由主義的要素が継承

されてはいるが、中央政府と地方自治体の関係は改善されつつある。それは例えば、イギリスを形成する一部としての「地域」の活性化が図られていることである。また、「公」と「私」をつなぐ「パートナーシップ」構想[44]も拡大され、多元化するイギリス社会が抱える困難な諸問題への対応が検討されてきている。

　こうした流れのなかで、公教育制度がめざしている公共性と、外国人学校や国際学校あるいは宗教系学校がめざしている多様性とが、どのような折り合いをつけていくのかという問題も論議されている。しかも、この公共性と多様性の関係は、往々にして対立や葛藤をはらんでいる。例えば、筆者は、2004年9月にイスラミア初等学校を訪問したが、何よりもその学校のたたずまいに驚かされた。イギリスの学校はどこも多かれ少なかれ、安全上の理由から周囲を網や柵で囲っているが、この学校の回りを取り囲んでいる塀は異様に高く、外からは中の建物が見えないほどであった。これほどまでに厳重な塀で外界から遮断されている学校のありようは、この学校のイギリス社会における位置づけを象徴しているようにも感じられた。

　また、2001年9月に起こったアメリカでの同時多発テロを境に、イスラム系学校は厳しい現実に直面している。事件発生直後、イスラミア初等学校でも子どもたちへの嫌がらせを警戒し、数日間、学校を休校にせざるを得なかったし、それ以後も不当な差別が続き、摩擦が生じている。しかも、このような分離的な宗教系学校の公営化への反対意見も依然として根強い。このような一連の動きには、日本における朝鮮学校をめぐる状況を重ね合わせて見ることもできよう。

[注]
(1)　本章では主にイングランドを対象とする。
(2)　イギリスの教育改革は次の文献参照。大田直子「イギリスの教育改革―『福祉国家』から『品質保証国家』へ」『現代思想』4月号、2002年、220-232頁。

(3) Office for National Statistics, *Census 2001: Population Size*, http://www.statistics.gov.uk/census2001/default.asp, 10 November 2004.

(4) 1980年代における補習校(supplementary school)の量的拡大の背景とその実態は次の文献に詳しい。McLean, Martin (1985) 'Private Supplementary Schools and the Ethnic Challenge to State Education in Britain', in Collin Brock & Witold Tulasiewicz (eds.) *Cultural Identity & Educational Policy*, London: Croom Helm, pp.326-345.

(5) 1944年教育法第36条では、学齢期の子どもをもつ親は、その子どもの年齢、能力、適性に合った教育を、学校への通学あるいはそれ以外の方法によって子どもに受けさせる義務があるとされている。

(6) Hastings, Steven (2003) 'Home schooling', *Times Educational Supplement*, 12 September.

(7) Department for Education and Skills (DfES) (2003) *School Admissions Code of Practice*, London: DfES.

(8) 「イギリス市民」の法的定義は次のサイトに詳しい。Home Office (Immigration and Nationality Directorate), *Applying for British Nationality*, http://www.ind.homeoffice.gov.uk, 10 November 2004.

(9) 独立学校(independent school)は実際にはその「公益団体としての地位(charitable status)」によって各種税金の免除などさまざまな財政的恩恵を受けている。詳しくは次の文献参照。Palfreyman, David (2003) 'Independent Schools and Charitable Status: Legal Meaning, Taxation Advantages, and Potential Removal', in Geoffrey Walford (ed.), *British Private Schools? Research on Policy and Practice*, London: Woburn Press, pp.144-157.

(10) Department for Education and Skills (DfES) (2003) *Statistics of Education Schools in England 2003 Edition*.

(11) Department for Education and Skills (DfES) (2003) *Registration of Independent Schools (Information Pack)*, London: DfES, p.4.

(12) *Ibid.*, pp.4-20.

(13) *Ibid.*, p.12. 及び Department for Education and Skills (DfES) (2003) *The Education (Independent School Standards) (England) Regulations 2003*, London: DfES, p.5.

(14) Gordon, Peter & Lawton, Denis (2003) *Dictionary of British Education*, London: Woburn Press, p.11.

⒂　Independent Schools Council (2003) *What is ISC?*, London: Independent Schools Council.
⒃　Cambridge International Examinations (CIE), Department of the University of Cambridge Local Examinations Syndicate, *Qualifications and Awards*, http://www.cie.org.uk/, 10 November 2004.
⒄　公営学校の行政上の区分は、1998年の学校教育の水準と枠組みに関する法律により再分類され、「地域(community)」、「地方補助(foundation)」、「有志団体立管理(voluntary controlled)」、「有志団体立補助(voluntary aided)」の4区分となっている。有志団体立補助学校の多くは宗教系であり、学校の土地と建物は宗教団体などの公益財団(charitable foundation)が所有し、学校理事会(governing body)が教職員の雇用や児童・生徒の入学許可に関する責任をもつ。他に、中央政府から直接補助金を受ける直接補助学校(direct grant school)があるが、1980年以降、そのほとんどが独立学校に再分類された。
⒅　Office for National Statistics, *Census 2001*.
⒆　Skinner, George (2002) 'Religious Pluralism and School Provision in Britain', *Intercultural Education*, Vol.13, No.2, pp.171-181.
⒇　Walford, Geoffrey (2003) 'Muslim Schools in Britain', in Geoffrey Walford (ed.) *British Private Schools — Research on Policy and Practice*, London: Woburn Press, pp.158-174.
㉑　イギリスにおける教育と宗教の関係については、次の文献に詳しい。鈴木俊之「イギリスにおける宗教教育の展開と現状」江原武一編著『世界の公教育と宗教』東信堂、2003年、93-117頁。
㉒　Walford, Geoffrey (2003) 'Muslim Schools in Britain', in Geoffrey Walford (ed.), *op. cit*, pp.158-174.
㉓　佐藤実芳・小口功「イギリス―多文化教育の理念と政策の変遷」江原武一編著『多文化教育の理念と政策の変遷』玉川大学出版部、2000年、95-121頁。
㉔　詳しくは次の文献参照。佐久間孝正『変貌する多民族国家イギリス―「多文化」と「多分化」にゆれる教育』明石書店、2003年。
㉕　詳しくは次の文献参照。佐久間孝正『イギリスの多文化・多民族教育―アジア系外国人労働者の生活・文化・宗教』国土社、1994年。
㉖　Walford, Geoffrey (2003) 'Muslim Schools in Britain', in Geoffrey Walford (ed.), *op. cit.*, pp.158-174.
㉗　Walford, Geoffrey (2003) 'Muslim Schools in Britain', in Geoffrey Walford

(ed.), *op. cit.*, pp.158-174.

(28) 佐久間孝正『イギリスの多文化・多民族教育―アジア系外国人労働者の生活・文化・宗教』国土社、1994年。

(29) Dwyer, Claire & Meyer, Astrid (1996) 'The Establishment of Islamic Schools in Three European Countries', in W.A.R. Shadid & P.S. van Koningsveld (eds.) *Muslims in the Margin? political responses to the presence of Islam in Western Europe*, Kok Pharos: Kampen, the Netherlands, pp.218-242.

(30) *Ibid.*

(31) Walford, Geoffrey (2003) 'Muslim Schools in Britain', in Geoffrey Walford (ed.), *op. cit.*, pp.158-174.

(32) Dwyer, Claire & Meyer, Astrid, *op. cit.*

(33) *Ibid.* 及び Sarwar, Ghulam (1994) *British Muslims and Schools*, London: The Muslim Educational Trust, revised edition.

(34) 'Muslims vow to try again', *Times Educational Supplement*, 24 February 1995. 及び 'New focus for Islamic grievance', Times Educational Supplement, 16 February 1996.

(35) 'Muslims vow to try again', *Times Educational Supplement*, 24 February 1995.

(36) 'The hypocrisy over Muslim funding', *Times Educational Supplement*, 2 May 1997.

(37) 'Muslims threatens to desert Labour', *Times Educational Supplement*, 4 July 1997.

(38) 'Muslims gain equality of funding', *Times Educational Supplement*, 16 January 1998.

(39) 'Muslims vow to try again', *Times Educational Supplement*, 24 February 1995.

(40) 'New focus for Islamic grievance', *Times Educational Supplement*, 16 February 1996.

(41) 'Prince goes pop to praise school', *BBC News*, 10 May 2000, http://news.bbc.co.uk, 29 July 2004.

(42) Islamia Primary School, *Admissions*, http://www.islamia-pri.brent.sch.uk/admissions.html, 28 July 2004.

(43) Brent Council, *Islamia Primary School*, http://www.brent.gov.uk/educ.nsf, 29

July 2004.
(44) 労働党政権のパートナーシップ構想については次の文献に詳しい。宮腰英一「イギリス：公立(営)学校改革の新動向―レトリックとしてのパートナーシップ」『比較教育学研究』第28号、2002年、28-40頁。

(1) 公教育制度への組み入れが可能なケース

第4章　香港の外国人学校と国際学校
―― 中国返還後の新たな動きに注目して ――

大和　洋子

はじめに

　香港は、東京都の約半分に当たる1,100平方キロメートルの土地に約680万人が生活する中華人民共和国特別行政区の一つである。これほど狭い地域に、国際学校に分類される学校がなんと70校ほどもある。この中には、アメリカの教育制度とカリキュラムを採用している学校、教育制度はアメリカでも独自のカリキュラムを採用している学校、イギリス、カナダ、オーストラリア、ドイツ、フランス、日本、韓国などの教育制度とカリキュラムを取り入れている学校、あるいは国際バカロレア (International Baccalaureate : IB) に則ったカリキュラムを採用している学校など、まさに多種多様な外国人学校や国際学校が含まれている。

　だが、香港の外国人学校や国際学校をめぐる問題を論じる際には、そもそも香港では香港人と外国人の線引きをするのが極めて難しいことにも留意しなければならない。香港人のステータスをもつ外国人がいる一方で、香港人でありながら外国籍ももつことから外国人と呼べる人も少なくない。したがって、香港の学校が多様化していることともあいまって、香港の国際学校、外国人学校そして現地学校とを明確に分類することは困難を極める。上記の70校ほどという数字は、さまざまな矛盾や曖昧さを内包することを承知の上で、香港政府[1]の分類を基に筆者が割り出したものである。

東アジアの多くの国々が外国人学校や国際学校を公教育制度から排除しているなかで、香港は外国人学校や国際学校を公教育制度の中に組み入れている地域と考えることができる。それは、第一に、香港政府が国際学校にも香港人子弟の入学を認めているばかりでなく、土地の優遇貸与や財政援助などによって国際学校の建設を後押しし、現地学校と並ぶ教育機関として位置づけていること、第二に、かつての宗主国であるイギリスによって作られた英国人学校(Kowloon British School)に起源をもつイギリス系の国際学校が手厚い公費援助を受けていること、そして第三に、香港の高等教育機関の門戸が国際学校卒業生にも開かれていること、などによる。

　また、外国人学校や国際学校の盛況ぶりには、1997年7月1日に、150年間にわたるイギリスの植民地統治が終了し中国に返還されたという香港の独自の事情もからんでいる。そこで、本章では、中国返還が決まった1980年代から現在に至るまでの香港社会における人々の期待や不安を背景に、香港政府が外国人学校や国際学校を含む教育制度の再構築をどのように進めてきたのかを明らかにする。

第1節　香港の社会と香港人

　2000年の人口調査によると[2]、総人口の約95％が中華系であるが、長いこと公用語は英語のみであり、英語と中国語の2言語になったのは1974年、そして公文書が英語と中国語の2言語表記となったのは二言語条例が布かれた1989年のことである。ただし、多くの一般市民にとっては広東語が生活言語であり、公用語の中国語も実は広東語を意味しており、文書類も大陸とは異なる繁字体が用いられている。返還を機に大陸の共通語である「普通話」（標準中国語）への比重も増してきているが、多くの香港人にとって「普通話」は学習を通して身につける言語である。

香港はもともと中国本土からの移民が多く住む地域であり、また海外に移住することが盛んな地域でもある。1984年に中英協定が締結され、イギリスが香港を中国に1997年に返還することを約束すると、多くの香港人は返還後の香港に不安を抱き始めた。さらに、1989年に北京で起こった天安門事件は、香港人の海外移住への思いを煽った。海外への移民は1992年の66,200人がピークで[3]、その後は、外国のパスポートや永住権を取得した香港人が、香港に職を求めて戻ってくるケースが徐々に増えている。

このことともからんで、先にも述べたように香港では香港人と外国人の定義が非常にあいまいであることを指摘しておきたい。行政上、香港人とは香港永住居民権の所有者のことである。一方、外国パスポートをもつ者が7年以上続けて香港に滞在すると、香港永住居民資格の申請をすることができる。この資格を得ると、香港永住居民IDカードの提示をするだけで、何度でも香港に自由に出入国ができるようになる。つまり、外国パスポートを所有したまま、香港人としての権利も享受できるのである。逆に、海外移住を果たした香港永住居民は、香港人としての権利を保持したまま外国パスポートや外国の永住権をもつこともできる。つまり、外国人と香港人とは明確に二分できる概念ではなく、外国人でもありかつ香港人でもあるという人が香港には少なからず存在する。そして、彼らは、時と場合に応じて外国人か香港人かを本人に有利なように使い分けている。

第2節　国際学校の法的地位

(1) 国際学校の定義

香港の教育署(Education Department)は従来、学校統計において、香港の学校を公立学校(government school)、政府補助学校(aided school)、私立学校

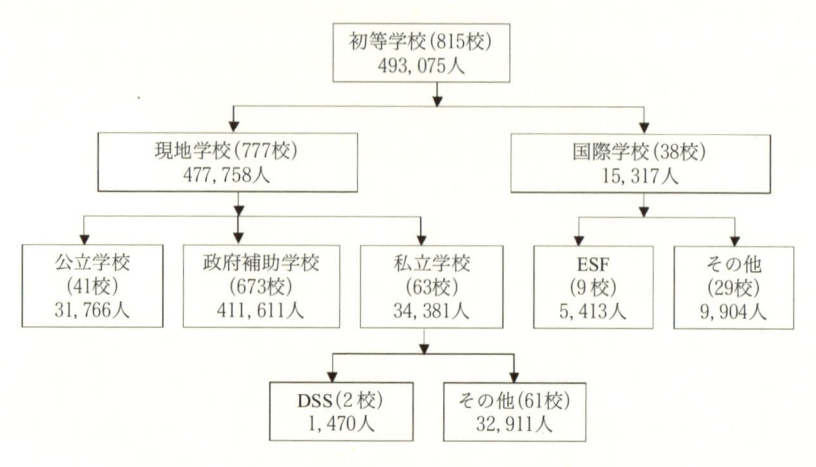

```
                    初等学校(815校)
                      493,075人
                    ┌─────┴─────┐
          現地学校(777校)      国際学校(38校)
            477,758人           15,317人
    ┌─────────┼─────────┐    ┌────┴────┐
  公立学校   政府補助学校   私立学校    ESF      その他
  (41校)    (673校)     (63校)    (9校)     (29校)
  31,766人  411,611人   34,381人  5,413人   9,904人
                      ┌────┴────┐
                    DSS(2校)  その他(61校)
                    1,470人   32,911人
```

図4-1 香港の初等学校数と在籍生徒数(2001-02年度)

出典) Enrolment Statistics 2001 (Education Department Statistics Section, 2002)
( )内の数字は学校数、下の数字は在籍生徒数
ESF (English Schools Foundation):イギリス系の学校を統括運営する非営利団体。2001-02年度の年度途中に新たに初等学校1校が開校したため、合計10校となった。ただし、ESF運営の中重度障害児のための小・中・高一貫校はこの学校統計には含まれていない。
DSS (Direct Subsidy Scheme):教育課程の自主編成を認められた私立学校ではあるが、政府からの資金援助も受けられる。これまでは中等学校のみであったが、2001-02年度から初等学校にも導入された。

(private school)という三つのタイプに分類してきたが、2001-02年度からはまず現地学校(local school)と国際学校(international school)という二つのタイプの学校に分類している[4]。つまり、香港の教育制度として、現地学校と国際学校の2系列の学校体系を構想しているのである。こうした香港の学校制度を紹介したのが、**図4-1**と**図4-2**である。なお、政府補助学校とはそもそも民間によって設立された学校であるが、9年間の義務教育期間は公費援助を受けるため授業料が無償となることから、公立学校に準ずる学校である。公立学校及びそれに準ずる学校への入学には、香港永住居民権をもっていることと広東語の運用能力が求められる。したがって、香港の永住居民権をもつ外国人の子どもや海外からのUターン移民の子どもは、こうした学校で教育を受ける資格をもっていても、実際の転入学は難しい。

第4章　香港の外国人学校と国際学校　129

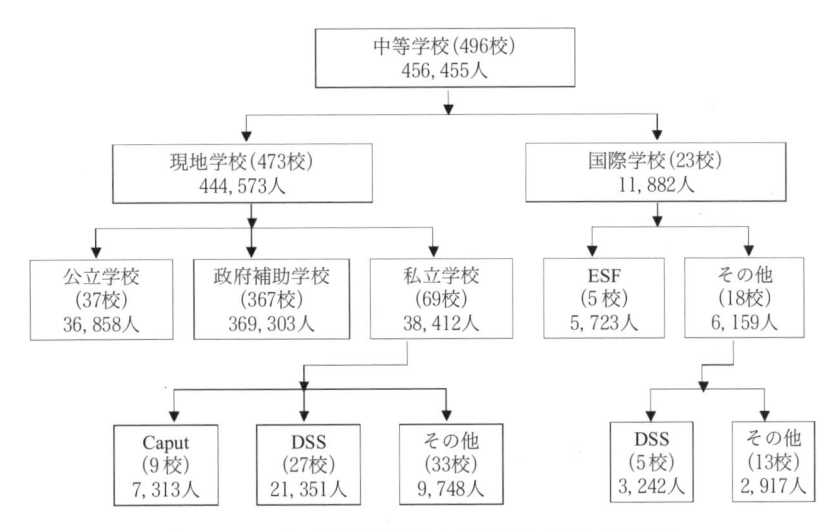

```
                    中等学校(496校)
                    456,455人
         ┌──────────────┴──────────────┐
    現地学校(473校)              国際学校(23校)
    444,573人                   11,882人
  ┌──────┼──────┐            ┌──────┴──────┐
公立学校  政府補助学校  私立学校      ESF         その他
(37校)   (367校)    (69校)    (5校)        (18校)
36,858人 369,303人  38,412人  5,723人      6,159人
                ┌──────┼──────┐       ┌──────┴──────┐
              Caput   DSS   その他    DSS          その他
              (9校)  (27校)  (33校)   (5校)         (13校)
              7,313人 21,351人 9,748人 3,242人       2,917人
```

図4-2　香港の中等学校数と在籍生徒数(2001-02年度)

出典）Enrolment Statistics 2001 (Education Department Statistics Section, 2002)
　　　（　）内の数字は学校数、下の数字は在籍生徒数
　　　Caput：1978年に政府が9年間の義務教育制度を導入した際、公立の中等学校の定員数が十分ではなかったので、私立学校の枠を公費で買い上げて資金援助をした学校。
　　　DSS (Direct Subsidy Scheme)：政府が1991年に導入した制度で、当初は私立の現地学校のみを対象としていたが、後に国際学校にも枠が拡大された。だが、再び規定が見直され国際学校は対象外とされたので、今後、国際学校はDSSとしての公的援助を受けられなくなる。

　香港の国際学校の法的地位とその役割を考えていくために、まず香港政府が国際学校をどのように定義しているかを紹介したい。香港の国際学校の現状を分析しそのゆくえを予測した「国際学校入学者枠予備調査委員会報告書(Report of the Working Group on the Provision of International School Places)」の中で、教育署は国際学校を次のように定義している[5]。

①香港のカリキュラムに従わず、生徒が香港中等教育修了試験(Hong Kong Certificate of Education Examination : HKCEE)[6]などの香港の統一試験を受験しない学校。

②特定の民族的出自、文化、言語を共有する生徒が外国において自分たちの必要に見合った教育を受けられるよう設置され運営されている学校。

香港インターナショナル・スクール

　この定義の①で、教育署は香港のカリキュラムを実施している学校を現地学校とし、そうではない学校を国際学校と呼んでいるが、そこにはいくつかの矛盾が含まれている。例えば、国際学校に分類されている学校の中には、香港のカリキュラムを実施し現地学校として機能しているものもある一方で、香港のカリキュラムを実施している現地学校の中には、国際色が豊かで国際学校と呼ぶのがふさわしいものもあるからである。そこで、筆者は、教育署の定義する国際学校以外にも国際学校と呼ぶのがふさわしいと思われるいくつかの学校を追加して、**表4-1**(132、

133頁)に香港の国際学校の一覧表をまとめた。

一方、この定義の②は、日本人学校、韓国人学校、フランス人学校、ドイツ・スイス人学校などの外国人学校を念頭においていることから、香港にある外国人学校は国際学校に分類される。実際、教育署は香港にある外国人学校のうち最大規模を誇る香港日本人学校に対しても、その入学資格から「日本国籍を有する者」という項目をはずすよう要請したため、この学校には香港人も在籍している。また、香港日本人学校の生徒数の増加に伴い、1997年に新界地区に開校された日本人学校タイポ校には、4月に新学年が始まり日本のカリキュラムに準拠した日本人クラスと、9月から新学年が始まり英語を教授言語とする国際クラスとが併設されており、同じ建物の中に異なるタイプの二つの学校が併存している。この日本人学校タイポ校の英語名はJapanese International Schoolである。

同様に、フランス人学校(French International School)、ドイツ・スイス人学校(German-Swiss International School)、韓国人学校(Korean International School)の3校も、それぞれの国のカリキュラムを採用するクラスと、英語を教授言語とし英語が母語の教員によって英語圏のカリキュラムに沿った授業が行われる国際クラスとを併設しており、国際クラスには少なからぬ数の香港人子弟が在籍している。

(2) 国際学校の発展

続いて、香港の国際学校の歴史的発展を見ていきたい。

香港の国際学校として現存する最も歴史が古い学校は、1890年代にインド・パキスタン系のカドーリ卿によって設立されたエリス・カドーリ卿学校(Sir Ellis Kadoorie School)である[7]。この学校は1916年に香港政府が買い上げ公立学校となったが、伝統的に中国以外のアジアの国を出自とする香港人を英語で教育する学校となっている。この学校では香港のカリキュラムに則り、香港の統一試験である香港中等教育修了試験の受験をめざした教育をしていることから、香港政府の扱いは現地学校である

表4-1 香港の国際学校(2001-02年度)

	学校名	カリキュラム	レベル	教授言語	第二言語選択/必修
イギリス系学校財団の学校	Glenealy	イギリス	初等	英語	標準中国語、フランス語
	Bradbury	イギリス	初等		
	Quarry Bay	イギリス	初等		
	Kennedy	イギリス	初等		
	Peak	イギリス	初等		
	Clearwater Bay	イギリス	初等		
	Kowloon Junior	イギリス	初等		
	Beacon Hill	イギリス	初等		
	Shatin Junior	イギリス	初等		
	Bauhinia	イギリス	初等		
	King George V	イギリス	中等		
	Island	イギリス	中等		
	Shatin College	イギリス、IB	中等		
	South Island	イギリス	中等		
	West Island	イギリス	中等		
	Jockey Club Sarah Roe	イギリス	初等、中等		
香港のカリキュラムを実施している学校(教育署は現地学校に分類)	Sir Ellis Kadoorie Primary	香港	初等	英語	中国語
	Sir Ellis Kadoorie Secondary	香港	中等	英語	基礎中国語、ヒンディー語、ウルドゥー語
	HKMA David Li Kwok Po	香港、IB	中等	英語＋中国語	中国語、フランス語
	Hong Kong Poinsettia	香港	初等	英語	広東語、ネパール語
香港のカリキュラムを実施している学校(教育署は国際学校に分類)	Umah International	香港	初等	英語	広東語、アラビア語、ウルドゥー語
	South Bend International	香港	中期中等のみ	英語	広東語
国際バカロレア協会直属学校	Li Po Chun United World College	IB	後期中等	英語	標準中国語、広東語、フランス語、スペイン語
	Hong Kong Japanese School	日本	初等、前期中等	日本語	英語、標準中国語
	Singapore International	シンガポール	初等	英語＋標準中国語	バイリンガル教育のため第三言語なし

第4章　香港の外国人学校と国際学校　133

	学校名	国・カリキュラム	段階	教授言語	第二・第三言語
外国のカリキュラムや国際バカロレアを実施している学校	Australian International	オーストラリア	初等、中等	英語	標準中国語
	Canadian International	カナダ	初等、中等	英語	標準中国語、フランス語
	Hong Kong International	アメリカ	初等、前期中等	英語	標準中国語、フランス語、スペイン語
	Norwegian International	アメリカ	初等、前期中等	英語	標準中国語、ノルウェー語
	Carmel	アメリカ	初等、中等	英語	標準中国語、フランス語、ヘブライ語
	American International	アメリカ	初等、中等	英語	標準中国語、フランス語
	International Christian	アメリカ	初等、中等	英語	標準中国語
	Delia School of Canada	カナダ	初等、中等	英語	標準中国語、日本語、韓国語
	Phoenix International	カナダ	初等、中等	英語	標準中国語、フランス語
	Christian Alliance CP Lau Memorial	イギリス	初等、中等	英語	標準中国語、フランス語
	Discovery Bay International	イギリス	初等	英語	標準中国語
	Hong Lok Yuen International	英語圏ミックス	初等	英語	標準中国語/広東語
	Kellet	イギリス	初等	英語	標準中国語、フランス語
	Lantau International	イギリス	初等	英語	標準中国語
	Kiangsu & Chekiang International	IBPYP	初等	英語＋標準中国語	バイリンガル教育のため第三言語なし
	Kingston International	IGCSE, IBMYP, IB	初等、中等	英語＋標準中国語	バイリンガル教育のため第三言語なし
	Chinese International	アメリカ、カナダ	初等、中等	英語＋標準中国語	フランス語、標準中国語
	Concordia International		中等	英語	標準中国語
	Yew Chung International	IBPYP	初等、中等	英語＋中国語/広東語	フランス語、標準中国語
	Hong Kong Academy	IGCSE, イギリス	初等、中等	英語	未調査（回答なし）
	Sear Rogers International		初等、中等	英語	標準中国語
外国人クラスと国際クラスを併設している学校	German-Swiss International	ドイツ、イギリス	初等、中等	ドイツ語＋英語	ドイツ語、標準中国語
	Japanese International	日本	初等、中等	日本語	日本語、標準中国語
	French International	カナダ、イギリス／フランス／IGCSE, IB	初等、中等	英語／フランス語	英語、標準中国語、ラテン語／フランス語、標準中国語
	Korean International	韓国	初等、前期中等	韓国語／英語	韓国語、標準中国語／英語、標準中国語

出典：Bray & Yamato (2003), 'Comparative Education in a Microcosm: Methodological Insights from the International Schools Sector in Hong Kong', *International Review of Education*, Vol.49, No.1-2, pp.58-59, に基づき筆者作成。

IGCSE: International General Certificate of Secondary Education
IB: International Baccalaureate
IBPYP: International Baccalaureate Primary Years Programme
IBMYP: International Baccalaureate Middle Year Programme

なお、表4-1では初等学校が40校、中等学校が28校挙げられているが、表4-1では国際学校に加えている学校が初等学校、中等学校でそれぞれ2校ずつである。①教育署は現地学校として計上しているが、表4-1に加えてあるESF学校群のBauhinia Schoolは年度途中の02年1月開校であるため、図4-1の統計（毎年度9月1日時点での統計）には含まれない。②表4-1に加えてあるESF学校群のBauhinia Schoolは年度途中の02年1月開校であるため、図4-1の統計（毎年度9月1日時点での統計）には含まれない。③South Bend Internationalは教育署の認可を受けているにもかかわらず、教育署の内部統計資料には掲載されておらず、図4-1、4-2の統計には含まれない恐れがある（中期中等教育のみを設置している学校と思われる）。④障害児学校は香港の教育制度上、学校数から除外されるので、表4-1にあるJockey Club Sarah Roe School (ESF) は図4-1、4-2の統計には含まれない。

が、エリス・カドーリ卿学校は極めて国際的な学校である。それは、この学校に通学する生徒が香港全土から集まるインド、パキスタン、ネパール、フィリピンなど南アジア出身の香港人子弟だからである。初等学校から英語が教授言語であったり、中等学校の第二言語選択肢にヒンディー語があったりする反面、上級レベルの中国語が設置されていないことからも明らかなように、このエリス・カドーリ卿学校は中華系の香港人子弟のための教育機関ではない。学校案内書[8]には生徒のパスポートによる国籍がグラフになって提示されるほど、国際色豊かな学校である。それゆえ、筆者はエリス・カドーリ卿学校も国際学校に準ずる学校として、香港の国際学校をまとめた表4-1のリストに加えている。

1902年には、イギリス人子弟のための英国人学校が設立された。教育史家のアンソニー・スイーティング(Anthony Sweeting)によると[9]、設立当初の英国人学校は、香港に滞在するイギリス人子弟のみを受け入れる学校であったが、設立から20年ほどたった1923年からは、イギリス人以外のヨーロッパ人子弟にも門戸を広げた。だが、この学校がヨーロッパ人以外の子弟にも入学を許可するようになるのは、戦後の1947年まで待たなければならなかった。英国人学校は当時の香港の統治者であるイギリス人の子弟を教育する学校であったことから、公立学校とされ、授業料も無償だった。

その後、1950年代から60年代にかけて香港の人口が急増し、住宅や病院の建設並びに交通機関の整備などが急務とされたことから、多数の技術者が必要とされ、イギリス本国などから技術者が招聘された。こうした専門職の外国人が増えるにつれ、その子弟が通うイギリス系学校の数も急増した。これらのイギリス系学校は1967年に、イギリス系学校財団(English Schools Foundation : ESF)を形成することとなる。このESF設立の歴史的背景や当時の社会状況については、その設立に関わったジオフェリー・スピーク(Geoffrey Speak)の回想記に詳しい[10]。ESFが設立されると、香港政府はこうした学校に対して政府補助学校と同額の公費援助を行う

ようになった。なお、2001-02年度、ESF傘下には初等学校10校、中等学校5校、障害児学校1校が含まれている。政府補助学校と同等の補助を受けているものの、カリキュラムはイギリスのものを採用しているので、国際学校に分類される。ところで、昨今、このイギリス系国際学校への手厚い公費援助の是非が香港社会では問われている。中国への返還を機にイギリス色の払拭をめざす大きな流れのなか、世論を二分するほどの論議を呼んでいるこの問題に関しては、第4節で詳しく紹介したい。

60年代には、フランス人学校、ドイツ・スイス人学校、日本人学校などのいわゆる外国人学校も相次いで設立されていくこととなり、香港に暮らす外国人は増加の一途をたどった。さらに90年代に入ると、中国本土への投資窓口として、外国企業が香港に競って会社を設立するようになった。クワン(P.C.K. Kwong)が指摘するように[11]、こうした外国企業の中国進出ブームこそが香港の国際化を推進したのであるが、それは香港の教育制度にも大きな影響を与えていく。すなわち、外国企業の駐在員や海外からのUターン移民が家族を伴っていたため、香港政府は外国人や帰国者の子弟の受け入れという新たな教育問題に直面することとなったからである。こうした人々の子弟の受け入れ先として、香港政府は国際学校に大きな期待を寄せた。

そこで、教育署は1994年に国際学校に関する大規模な調査を行い、国際学校の現状とそのゆくえを綿密に分析した。その結果が、1995年7月に発表された「国際学校入学者枠予備調査委員会報告書」[12]である。130ページを越えるこの大部なレポートによると、1994年に24,589人であった国際学校在籍者数は、2000年には32,813人にまで増えると予測されていた。なお、1994年当時、国際学校在籍者の内訳は外国人子弟47％、帰国者子弟26％、地元香港人子弟27％であった。そして、もしこのままのペースで国際学校入学の需要が伸びていけば、2000年までに新たに5校の国際学校が必要になるだろうと、この報告書は提言している。

この勧告に基づいて、香港政府は国際学校の建設を積極的に推進して

いくこととなった。具体的には、90年代後半から既存の国際学校に低額で土地を貸与したり、学校建設資金を低金利あるいは無利子で貸し付けたりしたことから、最新の設備が整った大規模な国際学校がいくつも誕生した。例えば、第二の日本人学校である日本人学校タイポ校、小規模校から大規模校へと生まれ変わったドイツ・スイス人学校、カナディアン・インターナショナル・スクールなどである。写真にある香港インターナショナル・スクールも、学校拡張のため従来の敷地を初等教育専用校舎とし、同じ香港島南部の広い敷地に最新設備の整ったミドル・スクールとハイ・スクールの新校舎を建設したミッション系アメリカン・スクールである。

　以上のことを踏まえると、すでに中国への返還前から国際学校は香港人の教育機関として選択肢の一つになっていたことがうかがえる。それはまた、別の見方をするならば、香港政府が現地学校だけでは担いきれない公教育の一部分を積極的に国際学校に肩代わりさせようとしていたとも言えよう。

第3節　市場原理下にある国際学校

　先に紹介したように、表4-1は、香港政府の定義する国際学校に、筆者が国際学校に準ずると判断した現地学校を加えたものである。初等学校入学への準備学年から中等学校修了までの一貫教育をしているところ、初等部のみのところ、あるいは中等部のみのところなど、それぞれの学校により設置されている学年も大幅に異なる。教育署の統計は香港の教育制度に則っているので、実際の学校数や在籍生徒数とは多少のずれも生じている。また、学校一覧は2000-01年度における調査結果であることから、その後、新たに開校された学校がある一方で、多数の在籍生徒を抱えているにもかかわらず、経営不振から突然、閉校となった学校も含

まれていることを断っておかなければならない。

　香港における国際学校の多くは、外国人子弟、移住先の海外からUターンしてきた香港人子弟、そして海外の大学への進学を希望している香港人子弟を対象としている。香港の国際学校の史的展開に関する研究によると[13]、1990年代前半までの国際学校は、海外移住希望者にとって、子どもを移住先での英語教育に慣らすための一種の「慣らし教育機関」として機能していたという。しかしその後、国際学校は、移住先から引き揚げてきた香港人の子どもたちの受け皿へとその機能を変えていく。さらに90年代後半からは、日本を含む諸外国からきた一時的滞在者の子弟を対象とする教育機関、あるいは自国の教育制度に不満を感じる香港人にとっての代替教育機関としての役割も担っていくこととなる[14]。

　とりわけ近年は、アジア諸国ばかりでなく、英語を母語としないヨーロッパ諸国や中東諸国などからの外国人も少なくないことから、第二言語としての英語プログラムが準備されている国際学校が多い。これらの英語プログラムには、ESL (English as a Second Language) プログラム、EAL (English as an Additional Language) プログラム、ENNL (English as a Non-Native Language) プログラム、IEL (Intensive English Language) コース、ESP (English Support Programme) などと、学校によりさまざまな名称がつけられている。

　カリキュラムに関しては、英語圏のものをそのまま使っている学校がある一方、そうした英語圏のカリキュラムを基にして香港の地域性を加味した独自のカリキュラムを組んでいる学校もある。国際学校の多くは第二言語教育として、香港の生活言語である広東語ではなく中国大陸の共通語である標準中国語を選択肢の一つとして準備している。しかも、標準中国語をネイティブ用の上級クラスまで設置している学校さえある。現地の学校が教授言語を広東語にし、香港色を色濃く出していくなか、国際学校は第二言語の選択肢としてあくまでも大陸の標準中国語を準備しているのである。

　ここで、国際学校卒業生の進路にも注目したい。香港の大学は国際学

校卒業生にも門戸を開いている。ただし、香港人と外国人では入学時の条件が異なる。香港人の場合、現地学校に通っていれば中等教育の修了試験であると共に実質的な大学入学試験でもある「香港高等教育準備試験(Hong Kong Advanced Level Examination：HKALE)」を受験することになるが、通常、国際学校はHKALEのための受験準備は行わない。しかし、国際学校を卒業しても香港人であればHKALEの英語と中国語の2科目受験は必須とされているので、国際学校の卒業生にとって、英語は問題なくても中国語がネックとなることが多いという。だが、そもそも、国際学校に通うような香港人は海外の大学をめざしている者が多く、香港の大学への進学は考慮に入っていないとも言われている。

一方、香港に在住している外国人の場合、それぞれの大学の入学基準を満たしていれば、外国人枠で入学が認められる。筆者が、香港の国際学校から香港の大学に入学した学生に聞き取り調査をしたところ[15]、在籍していた国際学校の成績だけで入学を許可された者もいれば、TOEFL(Test of English as a Foreign Language)やHKALEにおける英語を受験するよう求められた者もあり、統一基準はないようである。

次に、香港において特色あるいくつかの国際学校を見ていきたい。まず、国際バカロレアの理念を掲げて世界各地に点在する、国際バカロレア協会(International Baccalaureate Organization：IBO)直属の学校であるユナイテッド・ワールド・カレッジ(United World College：UWC)が挙げられる。IBコースはもともと中等教育最後の2年間で履修するものであることから、UWCには11年生と12年生の2学年のみが設置されている。2003年現在、世界中にUWCは10校存在するが、香港のリー・ポー・チュン校(Li Po Chun UWC)は全生徒数の40％までを香港人枠として確保している。これは、「経済的理由によらず、世界各国の学生が高等教育への準備期間において共に学び合う機会を提供する」というUWCの理念[16]からすると、例外的措置とも言える。

また、シンガポール・インターナショナル・スクール(Singapore International School)はシンガポールのカリキュラムを採用し、英語と標準中国語のバイリンガル教育を実施している。シンガポールは国際教育到達度評価学会(International Association for the Educational Achievement: IEA)[17]の調査でも常に上位に位置することから、教育熱心な中華系香港人から評価が高く、人気も高い。香港の財界人たちが次世代の人材育成をめざして1983年に設立したチャイニーズ・インターナショナル・スクール(Chinese International School, 中国語名称：漢基国際学校)も、初等学校の課程では英語と中国語(広東語ではなく標準中国語)のバイリンガル教育を行っており、入学試験では英語と中国語の高い能力が問われる。この学校はもともと後期中等教育課程においてIBのディプロマ・プログラム(Diploma Programme)を採択していたが、2002-03年度から前期中等教育課程もIBの中等教育プログラム(Middle Years Programme：MYP)へ移行することを決定し、アメリカ色でもなくイギリス色でもない、香港の地域性を取り入れた独自のカリキュラムを提供している。

　香港人の移住先としてカナダやオーストラリアに人気があるため、この両国からの帰国者も多いことから、カナディアン・インターナショナル・スクール(Canadian International School)とオーストレリアン・インターナショナル・スクール(Australian International School)は、設立数年で最新設備を誇る大規模校に成長している。オーストレリアン・インターナショナル・スクールは母国オーストラリアの学制に従い、新学年は1月開始で香港の他の学校が長期休暇中の8月は学期の真最中となり、オーストラリアと香港を行き来する駐在員の子弟には移動がスムーズになるように配慮されている。アジア圏にある他のオーストレリアン・インターナショナル・スクールは、一般的な国際学校の学制にあわせて8月下旬ないし9月初頭を新学年の開始時期としているところが多いなかで、特筆に値する。

　こうした英語を母語としない生徒のためのプログラムの設置、標準中国語の上級クラスの設置、IBプログラムの導入、英語と標準中国語との

バイリンガル教育の実施、独自の学期制の採択などは、国際学校が市場ニーズに合わせて差別化を図ったものであり、まさに、生き残りをかけた市場原理が働いていると言えよう。

第4節 イギリス系国際学校への公費援助問題

　本章で取り上げた国際学校の多くは私立学校であるが、英国人学校に起源をもつESF学校群は、1967年の設立時から2004年現在に至るまで、現地学校の政府補助学校に支払われる金額と同額の公費援助を香港政府から受けている。しかも、学校運営にかかる費用の不足分は、学費として親から徴収してよいことにもなっている。ESF学校群の授業料は統一されており、公費援助を受けていてもなお、国際学校の中でも低い方ではない。2001-02年度における親の学費負担額は初等学校で年間47,200香港ドル(日本円換算で約76万円)、中等学校は同78,600香港ドル(約126万円)にものぼる。しかもこの額には制服代、スクールバス代は含まれない[18]。
　ところで、香港は、1997年に中国に返還された直後からアジアを襲った金融危機に見舞われ、景気停滞からなかなか抜け出せないでいる。政府は財政難を解消するため、組織の統廃合を図ったり、公務員の給料カットを実施したりしている。そのようななか、外国人が多く在籍するESF学校群への公費援助を打ち切る案が2002年秋に浮上し、その賛否が新聞やメディアを通じて問われている[19]。ESFへの公費援助の打ち切りを主張する人々は、香港人の税金で裕福な外国人子弟の教育費を賄うのは理に反するという直接的な反対論だけでなく、外国人は優先的に入学できるESF学校群に香港人は希望してもなかなか入学できないという入学者選考基準への不満も述べている。他方、ESFへの公費援助の続行を支持する人々は、これまで外国人に魅力的な学校を提供してきたからこそ香港は国際都市として発展できたのであり、しかも、ESFに在籍し

ている生徒の多くは香港永住居民権をもつのに広東語の能力が不十分で現地学校には入学できない者であることから、政府の財政援助は彼らの教育を受ける権利を保障するものだという。

　その後、ESF学校群の経営母体は香港の公務員に倣って教師の給与カットを提案したが、教師陣たちから強硬な反対にあい、教師の課外活動指導のボイコット運動が起こった[20]。折しもESFの最高責任者ポストをめぐっての醜聞も明るみになったことから、それまで一般の香港人の間で高かったESF学校群に対する評価は一転した[21]。ESF学校群の外国人教師の給与体系は特別待遇であり、他のアジア諸国よりも給与面で優遇されている香港の現地学校教師の給与体系と比較しても格段によい待遇である。香港全体が長い不況に苦しんでいる状況下で、一般企業の勤務者や公務員までもが給与カットに甘んじているのに、聖職者である教師たちが生徒を顧みない行動にでたことは、香港人の反感を買った。

　香港全体がイギリス色から中国色に衣替えを図っているなかで、中国返還後も引き続きイギリス色を残す一部の国際学校のみに公費援助を続けることが一般市民から疑問視されたのは、当然の出来事だった。最終的な決着は未だついていないが、これまでの議論の推移を踏まえると、今後ESF学校群への公費援助は打ち切られることが予想される。

　一方、こうしたイギリス系の国際学校への公費援助問題が浮上したのを契機に、国際学校と現地学校の両者を含んで公教育制度への公的資金援助の配分のあり方さらには公費援助のあり方そのものを大局的な観点から見直すべきであると指摘する教育学者もいる[22]。

第5節　国際学校への期待

　香港は、1997年の中国への返還を機に植民地色を一掃して、中国の中の香港人としてのアイデンティティを育むことをめざした教育改革に着

手している。例えば、返還翌年の1998年9月から始められた、公立の中等学校での教授言語を母語(広東語)と定める母語教育政策である。それまでは英語を教授言語とする中等学校が全体の約9割を占め、多くの教科書も英語で書かれたものしか手に入らなかった[23]。この母語教育政策は、教授言語を英語とするEMI(English as a Medium of Instruction)校を学校全体の約4割に制限し、残りの約6割の学校を母語である広東語を教授言語とするCMI(Chinese as a Medium of Instruction)校とした[24]。教育署は中国語(繁字体)の教科書作成などを通して母語教育政策を推進しているが、学校や親たちから全面的に支持されているわけではない。

　それは、香港の大学の教授言語が原則的に英語であることや、優れた英語能力を身につけていると高収入の職に就ける可能性が高くなることから、英語教育がエリートへの道を保障すると強く信じられているからである。これに対し政府の見解は、母語教育推進により、しっかりとした基礎学力を身につけ、読むことと書くことは英語と中国語のバイリンガル、聴くことと話すことは英語、標準中国語、広東語のトリリンガルをめざすとしている。こうした政策の実施により、各教科、とりわけ地理や歴史、科学における生徒の理解度が格段に上昇しているという報告もあり[25]、この政策はおおむね評価されている。

　しかし、教育の専門家の間には、香港の地域言語である広東語を母語と据えた母語教育政策を続ける限り香港の未来に希望はないとの厳しい意見もあり[26]、一般香港人も皆がこの母語教育政策を積極的に支持しているわけではない。こうした立場の人々は、地域言語の広東語ではなく、世界共通語の英語と世界中の華人社会で通用する標準中国語を用いて教育をすべきだと提唱している。ところで、表4-1を見てみると、香港の国際学校の多くではまさに英語を教授言語とし、広東語ではなく標準中国語を第二言語として教えていることが明らかであり、母語教育政策になじまない香港人の希望に応えていることが理解できる。

　さらに、教育改革の一環として、公立初等学校入学時の入学者選別制

度と中等学校入学時にある振り分け制度が見直された結果、中等学校に関して、たとえ学業成績がよくても希望する学校に入れる保障がなくなってしまった。新制度に不安を覚える親や、振り分けの結果に不満を抱く生徒も少なくない。また、教育改革が突出したエリート校をなくす方向に動いていることは、これまでエリート校の名をほしいままにしてきたいくつかの公立学校からは必ずしも歓迎されていない。現地学校には本人の成績以外の理由から必ずしも希望校に入れるとは限らないのに対して、国際学校には本人が努力し経済的な条件が整えば希望校に入学できる道が開かれているということも、香港人が国際学校に流れる大きな要因となっている。

　香港政府は、現地学校がもっと独自性を出し、多様な香港人のニーズに合った魅力的な学校運営が図れるようにと、公立学校から私立学校への鞍替えも積極的に後押ししている。これは、私立学校とはいえ学校設立に必要な土地の低額貸与や校舎建設資金の貸し付けなどの補助が得られるインディペンデント・スクール(Private Independent School：PIS)や、在籍者数に見合った最低限の資金援助を受けられる公費援助計画(Direct Subsidy Scheme：DSS)などの学校のことをさしている。公立学校からDSS校への変更申請は、在籍者全員が香港人である学校に限られるが、香港のカリキュラムの採用や教授言語の母語指定を強制しないため、中には、教授言語を英語としカリキュラムをIBプログラムとする学校もでてきた。そのため、国際学校と現地学校の境界線がますますはっきりしなくなってきている。

　また、DSS校では、入学者選考は教育署からの振り分けではなく、学校の自由裁量に任されるので、公立エリート校が次々とDSS校へと鞍替えをする動きにある。これまでは親の経済状況にかかわらず学業成績が優秀な生徒は公立エリート校への道が開かれていたのに、その道が経済的に裕福な者のみに限られてしまい、教育の機会均等が保障されなくなってしまうのではないかと、懸念する声も上がっている。こうした現状か

らは、香港では一定の階層の人々にとって、公立エリート校、私立学校、国際学校はいずれもその子弟にとって魅力のある学校として目に映っていることがうかがえる。

おわりに

　香港の国際学校は外国人子弟の教育機関としてだけではなく、80年代には香港人子弟の海外移住のための準備機関として、そして90年代前半ころからは海外から帰国した香港人子弟の教育機関として機能してきた。また、90年代後半には香港の現地学校がイギリス色を一掃して香港色を強めたことに対して不満をもつ香港人子弟や、あるいは希望する学校に入学できなかった香港人子弟の代替校として注目を集めることとなった。教授言語が英語であり、第二言語として地域言語の広東語ではなく大陸の共通語である標準中国語を選択することができる国際学校は、地元香港人子弟にとって魅力のある教育を提供してくれる場の一つとして学校選択肢の中に含まれるようになった。
　さらに近年、生活水準の一層の向上や少子化の進展により、決して安くはない授業料であってもそれを払える家庭が増えたことは、子どもの教育のためには出費を惜しまない中国人の伝統的な価値観ともあいまって、香港人子弟が現地学校から国際学校へと流れていく現象を後押ししている。もともと香港では、中等教育の段階からイギリスやオーストラリアなどの英語圏に子どもを留学させることが、さほど特殊なことではなかった。海外に子どもを1人で留学させなくても、海外留学と同等の教育を受けさせることができるということで、国際学校の人気は一段と上昇している。その結果、昨今の国際学校の中には、生徒の過半数が香港人で占められているような学校も少なくない。
　ところで、こうした経済的に比較的裕福な家庭の子どもたちが集まる

国際学校の他に、香港にはもう一つの国際学校が存在することも付け加えておきたい。それは、インド、パキスタン、ネパール、フィリピンなど南アジア出身の香港人子弟のためのウマ・インターナショナル・スクール(Umah International School)、サウス・ベンド・インターナショナル・スクール(South Bend International School)、香港ポインセチア・スクール(Hong Kong Poinsettia School)である。

このような学校に子どもを通わせているのは、英国統治時代に職を求めて香港に移り住んできた人々で、警察官や護衛官として任用された者も多い。彼らの子どもたちの中には、生活言語としての広東語には問題がなくても、学習言語としての広東語を使いこなせないことから、無償の現地学校に入りたくても入れない者や、たとえ入学できても授業についていけない者がいる。上記の学校は、このような子どもたちのために、学費をできる限り抑え英語で授業を行う国際学校である。

これらの国際学校では、教授言語は他の国際学校と同様に英語を用いているが、他の国際学校と異なり、カリキュラムは香港のものを採用しており、中国語も香港の生活言語である広東語を教え、学校卒業後に子どもたちが香港社会で生活していけるようにすることをめざしている。最初の2校は学校の名称に「国際」が冠されていることもあり教育署の扱いは国際学校であるが、その実態は香港人子弟に香港のカリキュラムに則った教育を施す現地学校である。ポインセチア・スクールは教育署の扱いは現地学校に分類される私立学校であるが、2001年現在、生徒は全員ネパール人で、ネパールの言語と文化も教えている。

南アジア出身の香港人子弟のための学校としては第2節で紹介したエリス・カドーリ卿学校(初等、中等学校1校ずつ)があるが、現実には、この学校だけでは収容しきれないほどの子どもたちがいる。エリス・カドーリ卿学校は公立であるため授業料は無償で、しかも香港全土から生徒が集まる伝統あるエリート校である。この学校に入学を希望していたにもかかわらず入学できなかった子どもの中には、上記の3校に通う者も多

い。

　このように南アジア出身の子どもたちの学校をめぐっても、国際学校と現地学校との区別があいまいであることからは、国際学校と現地学校の両者が連携してマイノリティの子どもたちの教育に取り組んでいかざるを得ない香港の公教育制度の現状が垣間見える。

[注]

(1) 本章において「香港政府」というのは、1997年6月31日までは「英国領香港総督府」のことを、同年7月1日からは「中華人民共和国香港特別行政府」のことをさす。

(2) Hong Kong Government (2002) *Hong Kong 2001 Population Census.* 各種人口調査レポートは香港政府人口調査統計局のウェブサイトより入手可能。Census and Statistics Department, *Hong Kong Statistics,* http://www.info.gov.hk/censtatd/eng/news/01c/01c.htm#progress, 4 November 2004.

(3) 筆者は2000年から2002年にかけて、香港政府保安局の内部資料「移民人口概数」の過去20年分を入手した。詳しくは、Yamato, Yoko (2003) *Education in the Market Place: Hong Kong's International Schools and their Mode of Operation,* Hong Kong: Comparative Education Research Centre, the University of Hong Kong, p.7, を参照のこと。

(4) Education Department Statistics Section (2002) *Enrolment Statistics 2001.* 香港教育署(Education Department)は、2003年1月をもって上部組織である教育統籌局(Education and Manpower Bureau)に吸収合併された。本章では、それ以前の資料を用いているので「教育署」とした。公立学校(government school)とは、香港政府立の学校で、日本の国立学校に相当する。政府補助学校(aided school)とは、設立運営は民間団体や宗教組織によるが、政府が学校運営経費を負担している学校で、実質的には公立学校と変わらない。私立学校(private school)とは、設立、運営、運営資金調達のすべてが民間団体などによる学校のこと。現地学校(local school)とは、地元香港人を対象として香港のカリキュラムを実施する学校であるのに対して、国際学校(international school)とは、いわゆる国際学校と外国人学校とを含めた学校の総称。

(5) Education Department (1995) *Report of the Working Group on the Provision of International School Places,* pp.4-5.

(6) 香港ではイギリスの中等教育修了資格（General Certificate of Secondary Education: GCSE）に準拠した香港版GCSEとも言える、香港中等教育修了資格（HKCEE）試験が中等学校第5年時に実施される。通常6～8科目の受験となる。

(7) 教育史家のスイーティングによれば、正確にはこれより先、1855年に開校し、5年間しか存続しなかった国際学校が、香港で一番古い国際学校とされる。Sweeting, Anthony (1990) *Education in Hong Kong pre-1841 to 1941: Fact and Opinion,* Hong Kong: Hong Kong University Press, p.148.

(8) Sir Ellis Kadoorie School, 'About Our Pupils', *SEKPS,* 20 October 2003, http://www.sekps.edu.hk/new/3_pupils/pupils/index.html, 10 July 2004.

(9) Sweeting, Anthony (1993) *A Phoenix Transformed: The Reconstruction of Education in Post-war Hong Kong,* Hong Kong: Oxford University Press.

(10) Speak, Geoffrey (1987) 'Memories of Island School', in Colin Niven & Students and Teachers of Island School (eds.) *Island School ― The First Twenty Years, 1967-1987,* Hong Kong: Island School.

(11) Kwong, P.C.K. (1993) 'Internationalization of Population and Globalization of Families', in P.K.Choi and L.S.Ho (eds.), *The Other Hong Kong Report 1993,* Hong Kong: The Chinese University Press.

(12) Education Department (1995) *op. cit.*

(13) Bray, Mark & Ieong, Pedro (1996) 'Education and Social Change: The Growth and Diversification of the International Schools Sector in Hong Kong', *International Education,* Vol.25, No.2, pp.49-73.

(14) Yamato, Yoko & Bray, Mark (2002) 'Education and Socio-Political Change: The Continued Growth and Evolution of the International Schools Sector in Hong Kong', *Asia Pacific Education Review,* Vol.3, No.1, pp.24-36.

(15) 香港の国際学校から香港大学に進んだ韓国籍の学生へのインタビュー、2003年6月。

(16) United World Colleges, 'About UWC', *United World Colleges,* http://www.uwc.org/about_intro.html, 4 November 2004.

(17) 国際教育到達度評価学会（International Association for the Educational Achievement: IEA）は1960年に創設された国際学術研究団体で、本部はオランダのアムステルダムにある。世界55カ国/地域の教育研究機関が参加し、文化的、社会的、経済的に異なる背景をもつ国々の間で実証的な教育の比較

研究を行っている。

(18) Yamato, Yoko (2003) *op. cit.*, Appendix 2-4. なお、現行の EFS 学校群の学費は、English Schools Foundation, 'Application', *English Schools Foundation*, http://www.esf.edu.hk/application.html, 3 November 2004, に詳しい。

(19) Forestier, Katherine (2002) 'Subsidies for ESF Schools may be scrapped', *South China Morning Post*, 19 December. その後、しばらくの間、大学教授陣や一般市民の投稿を含む紙上論争が盛んに行われた。

(20) Forestier, Katherine (2004) 'ESF to make final offer on pay cuts as boycott begins', *Education Post, South China Morning Post*, 10 January.

(21) Cray, Steve (2003) 'Principal demands $3.2m to go quietly', *South China Morning Post*, 6 December. Forestier, Katherine (2004) 'New blow for ESF chief-to-be', *South China Morning Post*, 8 February. Cray, Steve & Forestier, Katherine (2004) 'Ex-chief calls ESF secretive, autocratic', *South China Morning Post*, 17 February.

(22) Bray, Mark (2003) 'Changing with the Times: The education system has evolved. So should its finances', *South China Morning Post*, 28 January.

(23) この問題を指摘している著書は多数ある。例えば、*Education Commission Report No.1 (1984), No.4 (1990), No.6 (1996)*, Luke Kang Kwong (eds.) (1992) *Into the Twenty First Century: Issues of Language in Education in Hong Kong*, Hong Kong: Linguistic Society of Hong Kong, など。

(24) Education Department (1997) *Medium of Instruction Policy for Secondary Schools.*

(25) Tsui, Amy B.M. (2004) 'Medium of Instruction in Hong Kong: One Country, Two Systems, Whose Language?', in James W. Tollefson and Amy B.M. Tsui (eds.) *Medium of Instruction Policies — Which Agenda? Whose Agenda?*, New Jersey: Lawrence Erlbaum Associates, pp.99-100.

(26) 香港大学教育学院教授であり、Education Commission のメンバーでもある Cheng Kai-Ming(程介明)は、母語教育政策が導入された当初から、「この政策は香港人の国際社会における人材価値を低め、香港の未来から希望を奪う。英語と標準中国語による教育をすべきである。」と訴えている一人である。

〔2〕公教育制度から排除されているケース

第5章　中国の外国人学校と国際学校
―― 教育主権の維持と国際化 ――

汪　輝

はじめに

　中国では、外国人が運営に関与する学校並びに外国人のための学校の設立申請に対する審査が非常に厳しい。なぜならば、かつてミッション・スクールをはじめ外国の教育機関が大挙して中国に進出し、治外法権の下、中国の教育行政機関の管轄を受けずに教育活動を行ったという歴史があるからである[1]。この歴史的教訓への反省から、中華人民共和国成立以降、中国政府は一貫して教育主権の侵害に極めて敏感であり、外国人学校の設立は基本的に認めない方針を取り続けてきた。
　しかし、1980年代以降、改革開放政策の下で経済発展が国策の最優先課題となり、外国資本の誘致は中国の経済を活性化させるための重要な課題とされた。外国人学校の設置はこうした外資誘致の環境整備の一環ととらえられ、その設立はここにきてやっと正式に認められるようになった。また、国際化の進展につれ国際社会で活躍できる人材を数多く育成することも、中国にとって緊急の課題とされた。そのため、1990年代に入ると、中国政府は従来の方針を転換し、外国教育機関の中国進出を認めるようになったのである。したがって、これまでにくらべると外国人学校をめぐる政策はかなり緩和されてきたと言えるが、しかし、それによって、中華人民共和国成立以来、一貫して主張されてきた教育主権の維持という課題がなおざりにされたわけではない。中国政府は新た

な政策や法規を作ることにより外国人学校の設立を大幅に認める一方で、実際には教育主権の強化を図っているのである。

　現代中国では外国人学校の設立はおおむね80年代以降に見られる動きであり、その歴史は短く、外国人学校に関する研究も極めて少ない[2]。そこで、本章では、限られた条件の下で入手しえた資料を用いて、中国の急速な発展と共に急務となった外国人学校の設立と運営に関する政策を検討する。もはや押しとどめることができないグローバル化や経済発展の大きなうねりのなか、中国政府は外国人学校の存在を認めつつ、教育主権の維持と教育の国際化との折り合いをどのようにつけていこうとしているのだろうか、その実態を明らかにしたい。

第1節　外国人学校の種類

　中国で最初に設立を許可された外国人学校は、1968年に開校された北京パキスタン国際学校[3]である。当時、中国に在住する外国人のほとんどは外交官とその家族であり、この学校を設立したのもパキスタン大使館である。生徒は主に外交官の子どもたちであった。

　80年代以降、中国に在住する外国人が急増したのに伴い、外国人学校の数も年々増えていった。こうした外国人学校は、その設立者によりいくつかの種類に分けられる。

　まず、「外交人員子女学校」と呼ばれる学校がある。これは、中国に駐在する外国の外交機関が設立した学校である。学校の設立者が外交機関であるので、国際条約の保護を受けており、中国教育部が定めた法令や基準は適用されない。しかし、その数は極めて僅かであり、現在、北京に4校があるのみである。

　次に、「外籍人員子女学校」と呼ばれる学校がある。この種の学校は「外籍人員子女学校の設立に関する暫定管理規則」[4]（1995年）によると、以下

のように定義される。

「教育部の許可を得て、中国国内で合法的に活動する外国機関、外資系企業、国際組織並びに合法的に居留する外国人が開設した学校である。中等教育段階までの学校教育を行うことができ、生徒は中国国内に合法的に居留する外国人の子女に限定される。」

つまり、「外籍人員子女学校」とは、外国の企業や民間組織が設立した外国人の子どものための学校と考えられる。2003年2月の時点でそれらの学校は全国で52校あるが、そのほとんどは上海(25校)、北京(11校)などの大都市に置かれている[5]。

一方、中国国内には、外国人が中国人と共に中国人の子どものために設立した教育機関もある。「中外合作学校」と呼ばれる学校である。それは、「中華人民共和国中外合作学校条例」[6](2003年)によると、次のように定義されている。

「教育行政機関の審査を経て、外国法人組織、外国人、国際組織と中国国内に法人資格をもつ教育機関や社会組織が共同で、中国国内に設立した中国国民を対象とする教育機関である。」

「中外合作学校」が対象としているのは中国人の生徒であるが、外国人や外国の法人組織が学校の教育や管理に関与しているため、一種の国際学校ともみなされている。この種の学校には、初等・中等教育から高等教育や社会教育に至るまでの幅広い分野での教育活動が認められている。とりわけ、初等・中等教育の段階で双語教育(バイリンガル教育)を実施していることが大きな特徴である。2003年2月の時点で、これらの学校は全国で712校ほどある[7]。

以上で紹介した「外交人員子女学校」、「外籍人員子女学校」、「中外合作

学校」は渉外教育機関と称され、現在は、2003年に新設された教育部渉外監督管理処に管轄されている。そこで、本章においては、この3種類の学校を中国における外国人学校とみなし、それぞれ検討を深めていくこととする。また、中国に在住する外国人子弟には外国人学校の他にも中国の小・中学校に入学するという選択肢もあるので、こうした問題も取り上げる。ところで、現代中国の政治・経済・文化の中心都市である北京や上海においては近年、いわゆる国際学校と呼べるような新しいタイプの学校も作られてきているので、このような学校についてもあわせて紹介し、中国における新たな教育の潮流を浮き彫りにしたい。

第2節　外国人学校をめぐる政策

(1)「外籍人員子女学校」

　1980年代以降、中国で外国人学校が設立された際には、それぞれの学校設立をめぐる審査は個別に行われ、全国レベルの統一的な基準は作られていなかった。外国人学校に触れた最初の法律は、1995年3月28日付で公布された「中華人民共和国教育法」である。同法の附則第83条の中で、「外籍人員子女学校の設立に関する暫定管理規則」の制定は国務院（日本の内閣に相当）に委託された。教育部は、同規則の制定をめぐるいきさつについて、次のように述べている[8]。

　「教育主権を侵害しないことを前提とし、中国に在住する外国人の仕事を順調に進めるための環境づくりの一環として、中等教育以下の外籍人員子女学校の設立を認め、近く教育部は『外籍人員子女学校の設立に関する暫定管理規則』を公布し、実務経験を積んだ後、国務院より正式な行政法規を公布する。」

この文書からは、外国人学校の設立が外資誘致の環境整備の一環として位置づけられていたことがうかがえる。また、上記の「外籍人員子女学校の設立に関する暫定管理規則」は、1995年4月5日に国家教育委員会(現国家教育部)より正式に公布された。同規則は、外国人学校に関する基本的な法規となっている。全20条からなり、外国人学校を設立する際に必要とされる、設置認可のための審査過程、募集対象とする生徒、教員の雇用、資金、カリキュラムなどについて詳しく定めている。その主な内容を要約すると次のようになる。

①学校は、中国国内に在住する外国人の子女を教育することを目的とする。
②学校の設立者は、中国国内で合法的に活動する外国の組織、企業及び外国人に限定される。
③募集の対象となる生徒は、中国国内に在住する外国人に限定され、中国国籍をもつ者の入学は禁止される。
④学校の種別は初等、中等教育に限定され、そのカリキュラム及び教材は学校が独自に決定する。
⑤外国人教師の雇用に際しては、「中華人民共和国出入国管理法」及び「外国人就労規定」に従わなければならない。また、中国人を雇う際には、省レベルの教育行政機関の許可を必要とする。
⑥学校の設立許可は、最終的に中央の教育部が決定し、無断で学校を開設することを禁止する。

以上のことから、「外籍人員子女学校」は中国における公教育制度の枠外に置かれた特殊な学校であり、設立者の資格、学校の種別、生徒募集、教員雇用の全般にわたって厳しく制限されていることが理解できる。また、同規則によると、地方自治体が現地の事情を鑑み、実施細則を制定できるが、図5-1からわかるように、「外籍人員子女学校」の設立許可の最終決定者は中央レベルの国家教育部であることから、外国人学校の設置認可は基本的に国が統轄していると言っても過言ではないだろう。

```
申請の受理
    ↓
省レベルの教育行政機関での審査 ── 不許可→ 書類返却
    ↓ 承認
国家教育部に設立許可を申請 ── 不許可→ 書類返却
    ↓ 承認
省レベルの教育行政機関が設立許可書を発行
    ↓
省レベルの教育行政機関が教員や学生の登録を受理
```

図5-1 「外籍人員子女学校」設立許可の審査過程

出典）上海市教育委員会「外籍人員子女学校設立に関する審査の流れ（開弁外籍人員子女学校的審核流程図）」『上海市浦東開発区生徒募集事務室（浦東新区招生工作弁公室）』http://www.zsb.pudong-edu.sh.cn/CenterWeb/xjgl/Info.asp?id=310、2004年11月2日、に基づき筆者作成。なお、邦訳は、国際カリキュラム研究会『諸外国における外国人学校の位置付け等に関する調査研究』（2004年3月）の31頁に収録されている。

(2)「中外合作学校」

ところで、1990年代以降からは、中国人を対象とする教育の分野においても、外国教育機関の関与が認められるようになった。国家教育委員会(現教育部)は、1993年に発した「海外組織及び個人との合作学校に関する通達」[9]の中で、中国の教育改革には外国の学校の管理運営から教育内容や教育方法に至るまでの詳細な情報、並びに外国の資金が必要であること、それゆえ、外国教育機関の中国進出を条件付きで容認すべきことを、初めて公にした。ただし、外国教育機関が独自に学校を管理運営することは禁止されており、あくまで中国国内の教育機関との合弁であることが原則であった。同通達の中で、合弁は「わが国の主導権を確保しつつ、慎重かつ前向きな姿勢で進められなければならず、管理システムのさらなる強化が必要とされる」と、その制限的な性格が強調された。合弁で作られた学校の正式名称は、「中外合作弁学機構(Chinese-Foreign Cooperation in Running Schools：以下、中外合作学校と略称)」であった。

国家教育委員会は、1995年1月26日に「中外合作学校暫定規定」[10]を公布した。同規定は5章43条からなり、「中外合作学校」の設置、管理、運営について詳しく定めている。その主な内容は次の通りである。

①「中外合作学校」は、中国の対外交流と合作の重要な一環であり、中国の教育事業を補うものである。
②義務教育と特定分野をのぞいたすべての教育段階において、「中外合作学校」の設立を認める。高等教育分野での審査許可権は中央の教育行政機関にあり、その他の分野は省レベルの教育行政機関で審査許可する。
③学校理事会メンバーの半数以上は、中国人でなければならない。また、学校長も中国人が担わなければならない。
④学校の教育は、基本的に中国語で行う。しかし、科目により、外国語の使用も認める。
⑤外国人が単独で、中国国内において、中国人を対象とする学校を設立することを禁ずる。

こうした規定から、「中外合作学校」は、あくまで従来の中国の教育の足りないところを補うものとして、公教育制度の枠外に置かれた特殊な学校であったと考えられる。ただし、その学校の管理や運営には厳しい監視の目が向けられていた。ところで、2003年9月1日には、新しい教育部令「中華人民共和国中外合作学校条例」[11]が公布された。同条例は、前記の暫定規定とくらべ、いくつかの変化が見られる。

まず、新条例では、「中外合作学校」は公益的な事業であり、中国の教育事業の一部を構成するものであると記されている。また、ここでは、「中外合作学校」を私立学校(民弁学校)に相当するものとみなしていることから、それまで公教育制度の枠外に位置づけられていた「中外合作学校」を公教育制度に組み込むという、大きな政策の転換が行われたと考えられる。この点について、2004年7月1日から施行されている教育部令第20号「中華人民共和国中外合作学校条例実施方法」では一層明確になった。同実施方法の第4条は、「『中華人民共和国私立教育促進法実施条例』により、中外合作学校は国が私立学校に与えた援助及び奨励を受けることができる」[12]と明記し、「中外合作学校」は一般の私立学校と同

じ待遇を与えられることとなった。

　だが、学校の管理や運営面での制限は依然として残っており、とりわけ、教育内容については厳しい条件がつけられた。例えば、カリキュラムと教科書を審査機関に報告しなければならないことや、中国政府から出されている指導要領に従って、法律、公民道徳及び国情などの教科目を開設しなければならないことなどである。「中外合作学校」を中国における公教育制度の中に組み込む代わりに、実質的には教育面での管理統制を強化したとも言えよう。

　以上、中国における外国人学校をめぐる法制度の最近の動向について検討してきた。これまで、外国人の子どもの教育は渉外教育として位置づけられ、中国政府により慎重に管理されてきたことがわかる。また、「中外合作学校」も法律上では私立学校に相当するものと認められるようになったが、基本的には渉外教育としての位置づけは変わらず、理事会の構成や校長の資格など管理運営面では、一般の私立学校より厳しく統制されている。こうした傾向からは、中国側の主導権確保の狙いが見て取れる。

第3節　小・中学校における外国人生徒の受け入れ

　中国に在住する外国人の子どもの中にはさまざまな理由から「外籍人員子女学校」ではなく、中国の小・中学校に通う者もいる。その主な理由としては、例えば英語を教授言語とする学校の場合、授業料が年間15,000〜19,000米ドルと高額で、中国の公立の小・中学校の50〜100倍にも相当することが挙げられる。なお、中国では日本と異なり、政府から支給される金額だけでは学校を運営できないことから、公立学校においてもさまざまな名目で生徒から費用を徴収するのが慣例である。また、外国籍の子どもの中には台湾人、香港人、その他北米や日本在住の華僑

の子弟、アメリカのパスポートをもつ帰国留学生子弟など華人が多く、教育内容や教授言語に惹かれてわざわざ現地校を選択する者もいる。

　外国人の子どもが中国の小・中学校に進学することに関する基本的な法令は、1999年7月21日に公布された教育部令「小中学校における外国人生徒の受け入れに関する管理暫定規則」[13]である。同規則は全12条で、その主な内容は以下のようになっている。

　①小・中学校で外国人生徒を受け入れる場合、政府が認定した「外国人生徒受け入れ資格」が必要である。

　②「外国人生徒受け入れ資格」の認定に当たっては、省レベルの教育行政機関と外事、公安機関とが共同で審査し、その後、教育部に報告しなければならない。

　③「外国人生徒受け入れ資格」を申請する学校は、教育水準が高く、設備が整い、管理運営が良好でなくてはならない。

　④「外国人生徒受け入れ資格」をもつ学校は、中国語の補習クラス以外には、原則として外国人のための特別クラスを編成してはならない。

　こうした内容から、中国の小・中学校が外国人生徒を受け入れる際には、政府による資格認定手続きが必要とされ、資格が認定された特別な学校しか外国人生徒を受け入れることができない、という現実が浮かび上がってくる。他方で、こうした外国人の子どもを受け入れるための学校は、総じて設備がよく教育水準も高いなど、むしろ外国人を優遇するための認定制度であるとの見方もある。

　教育部は、1999年8月5日に、各省の教育庁あての「『小中学校における外国人生徒の受け入れに関する管理暫定規則』の執行に関する通達」[14]の中で、外国人生徒の中国の小・中学校への就学は国家の対外交流と経済発展に寄与するものであり、今後とも奨励すべきことを述べている。だが、その一方で、次のような言葉も付け加えられている。

　「小・中学校での外国人生徒の受け入れは渉外活動であり、総じて政

158　第1部　外国人学校の現状

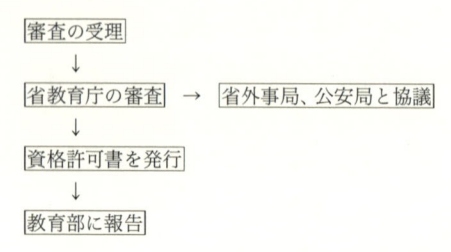

```
審査の受理
    ↓
省教育庁の審査  →  省外事局、公安局と協議
    ↓
資格許可書を発行
    ↓
教育部に報告
```

図5-2　小・中学校における「外国人生徒受け入れ資格」の審査過程

出典）上海市教育委員会「小・中学校における外国人生徒受け入れ資格の審査の流れ（中小学校接受外国学生単位資格的審批流程図）」『上海市浦東開発区生徒募集事務室（浦東新区招生工作弁公室）』http://www.zsb.pudong-edu.sh.cn/CenterWeb/xjgl/Info.asp?id=311、2004年11月2日、に基づき筆者作成。なお、邦訳は、国際カリキュラム研究会『諸外国における外国人学校の位置付け等に関する調査研究』(2004年3月)の32頁に収録されている。

治的な性格が強いものであるため、厳しく管理すべきである。とりわけ、私立学校や中外合作の高等学校の資格申請に対しては、厳格に審査しなければならない。」

このように、外国人生徒の受け入れが渉外活動とみなされ、政府の厳しい管理下に置かれていることは、図5-2で示した、上海市における小・中学校の「外国人生徒受け入れ資格」の審査過程の流れからも確認できる。

この図からわかるように、小・中学校の「外国人生徒受け入れ資格」の審査は「外籍人員子女学校」と異なり、教育部ではなく地方の教育行政機関で行われる。そのため、小・中学校の「外国人生徒受け入れ資格」の基準は、地域によってまちまちである。例えば、日系企業が集中する地方都市の大連市では、質の高い教育を提供できる環境が整えば、公立か私立かを問わずに、「外国人生徒受け入れ資格」を認定する[15]。これに対し、北京、上海など中国の政治経済の中心となっている都市では、その認定基準は厳格で、北京では10年以上、上海では3年以上、学校が開設されていた実績が必要とされる[16]。また、近年、目立つようになった私立学校や「中外合作学校」は資格申請ができない。さらに、北京では、「外国人

生徒受け入れ資格」を申請する学校には、専門の外事担当者が配置されなければならない。こうしたことからも、「外国人生徒受け入れ資格」の認定は、政府の渉外活動の一環として、厳しく統制されていることがうかがわれる。

　一方、受け入れる外国人生徒について、北京、上海などの大都市では特に制限をしていないが、地方都市では、現地に在住していることを小・中学校への入学の絶対条件としている。例えば大連市は、少なくとも両親のどちらか一方が大連市在住であることを、申請の条件としている。南京市では、6カ月以上の長期滞在が求められている[17]。しかし、その代わりに、両市とも現地在住者(納税者)の子弟のための優遇政策をとっており、在住者の子弟には中国国民と同等の待遇を意味する「国民待遇」を与えている。こうした取り組みからは、外国人の子どものための教育政策が中国の経済発展と密接なかかわりをもって論じられていることが垣間見える。

　なお、大都市においても地方都市においても、教育部令に従って、外国人のための特別クラスは編成されず、中国人と外国人とが共学の形で授業が進められている。また、前記の「『小中学校における外国人生徒の受け入れに関する管理暫定規則』の執行に関する通達」では、小・中学校に在籍する外国人生徒を「外国学生」あるいは「外籍学生」と呼び、大学に在籍する「留学生」と区別している。しかも、上海及び大連では、中国の学校を卒業した外国人生徒が中国の大学に進学する際には、中国人生徒とは異なり「留学生待遇」で試験を受けられるという。

　このように、中国の現地の小・中学校は外国人の子どもに門戸を開放しているが、それは中国政府が資格認定した一部の学校に限られている。こうした外国人子弟の中国の小・中学校への就学に関する政策は、中国政府の渉外活動の一環として位置づけられ、外資誘致のための政策とも深いかかわりをもっている。

第4節　新しいタイプの国際学校

これまで、外国人の子どもを対象とする学校、中国人の子どもを対象に外国人と中国人が共に作った学校、さらには外国人の子どもが通う中国の学校について見てきた。そこで次に、中国の新しい国際学校の試みとして、上海の上海中学国際部と北京の中関村国際学校の実態を検討したい。

(1) 上海中学国際部

上海中学[18]は140年の歴史がある市立の名門校で、1993年6月に国際部を設立した。中国人の教育を行う本部と平行して外国人の教育を行う国際部を開設し、「外籍人員子女学校」として登録された。2003年現在、

上海中学国際部　　　　（2004年7月　大和洋子氏撮影）

40カ国以上から来た約900名の外国人生徒が在籍している。

　ところで、「外籍人員子女学校の設立に関する暫定管理規則」によると、外国人生徒を対象とする学校を設立できるのは、中国国内で合法的に活動している外国の組織、企業及び個人に限定されている。だが、公立の上海中学はこのいずれの資格ももたない。その代わりに、上海中学国際部は米中合弁大千美食林会社との共同経営という形で、一応その条件を満たしている。具体的には、大千美食林会社が出資し、上海中学が教員と教室を提供するという役割分担である。だが、実際には、日常の学校の管理運営は上海中学が全面的に担当しているため、公立の「外籍人員子女学校」の性格が強いと言えよう。

　さて、この上海中学国際部のような新しいタイプの国際学校のことを、どのようにとらえることができるだろうか。この学校が設置されたのは1993年で、第2節で紹介した「外籍人員子女学校の設立に関する暫定管理規則」が公布されたのは1995年である。したがって、この上海中学国際部の事例は既成事実が法に先行した一つの例とも受け取れる。流れとしては、外国人子弟の教育に対する強い要望が先にあり、「中外合作学校」を作る代わりに、現地校の中に外国人生徒の受け入れを目的とした国際部を作ったとも理解できる。

　上海中学国際部には現在、初等部、中等部及び高等部の三つの部門があり、小学4年生から高校3年生までの課程を備えている。国際部での教育の特徴は、すべての学年で中国語コースと英語コースを併設していることである。中国語コースは、香港、台湾などの中国語を母語とする生徒あるいは中国語の能力がかなりのレベルにある生徒のために編成されており、中国語を教授言語とし、中国国家教育部と香港特区政府が定めた教科書を用いている。中国語、英語、数学、物理、化学、歴史、地理、パソコン及び体育などの必修科目が設けられている。一方、英語コースは、英語を母語とする生徒あるいは将来、海外に留学する希望のある生徒のために編成されている。英語を教授言語と定め、アメリカと中国の両国

の教科書を併用し、中国語コースと同様に、中国語、英語、数学、物理、化学、歴史、パソコン及び体育などの必修科目が設けられている。

また、どちらのコースでも、生徒の多様な要望に応えるため、必修科目の他に多くの選択科目を備え、国際バカロレア(International Baccalaureate：IB)、中国大学留学生枠入学試験、中国語能力試験(Hanyu Shuiping Kaoshi：HSK)、TOFEL (Test of English as a Foreign Language)などの試験に対応したプログラムももっている。

上海中学国際部の授業料は年間8,000～9,000米ドルである。それは一般の「外籍人員子女学校」の半分くらいであるが、一般の中国の公立学校とくらべると50～60倍の高さである。「外籍人員子女学校の設立に関する暫定管理規則」では「外籍人員子女学校」を非営利団体と規定し、営利を目的とする学校の設立は認めていない。しかし、実際は、こうした金額の授業料から大きな利益が生じる。一方、「外籍人員子女学校」には「国民待遇」が与えられていないので、公立学校とくらべると土地使用や税金にかかるコストが高い[19]。そのため、中国の公立学校の施設や設備を利用して学校を開設すれば、大きなメリットがある。こうした理由から、中国の公立学校は外国人学校や国際学校の設立及び運営に積極的に関与するようになった、と考えられる。

(2) 北京中関村国際学校

北京中関村国際学校[20]は、留学生を斡旋する企業によって、2002年9月に開校されたばかりの学校である。学校がある中関村は中国のシリコンバレーと呼ばれ、域内には多くのハイテク企業や研究所が存在する。この学校の大きな特徴の一つは、外国人の子どもの他に海外留学から戻ってきた中国人の子どもの入学も認めている点である。

「外籍人員子女学校の設立に関する暫定管理規則」によると、外国人学校の生徒は外国籍に限定され、中国人の入学は禁止されている。ところが、北京中関村国際学校は外国人学校と位置づけられているにもかかわ

らず、中国人の帰国留学生子弟の入学も認めている。その背景には、中国政府の海外留学生に対する帰国促進政策がある。

　海外に留学した中国人学生は、2004年までにすでに80万人を超えている。彼らの多くは海外の永住権をもっているが、大半の者は中国国籍ももち続けている。科学技術立国をめざした国策を推進する中国にとって、これらの留学生を本国に呼び戻すことは緊急の課題である。しかし、留学生たちの帰国には大きな壁が立ちふさがっている。それは、子どもたちの教育問題である。長く海外に滞在した子どもたちは、中国の学校教育にはなじまない。多くの留学生たちは、わが子に留学先の国におけるのと同じ内容の教育を受けさせたいと願っている。しかし、「外籍人員子女学校」には国籍制限があり、「中外合作学校」には限定されたカリキュラムしかない。これまで多くの海外留学組の人材が、子弟の教育問題のせいで帰国を断念せざるを得なかった。

　北京中関村国際学校はこうした留学生たちの悩みを解消するため、中国政府から特別に許可され設立された学校であり、いわば、中国で唯一、帰国留学生子弟を受け入れるための国際学校である。この学校の設立と運営は、北京市政府の外資誘致のための「市長プロジェクト」の一つに位置づけられており、副校長の1人も役所からの転職者である。市政府の強力なバックアップが垣間見える[21]。

　この学校は小学校から高等学校までの12学年を開設している。授業はすべて英語で行われ、カリキュラムと教科書はアメリカのものを使用している。小学部、中学部を通して、英語、文学、数学、自然科学(物理、化学、生物)、社会科学(歴史、地理、社会、経済)、中国語、情報技術、体育、芸術(美術、音楽、ダンス)などの教科目が設けられており、アメリカの大学に進学することが目標とされている。

　以上、中国における政府の特別な措置として作られた国際学校の具体例として、上海中学国際部と北京中関村国際学校の実態を見てきた。前者はいわば営利を目的に、後者は海外に暮らす留学生を中国に呼び戻す

ことを目的として設立された学校である。現代中国の経済発展やグローバル化の進展と連動した新たな動きととらえることができ、北京や上海などの国際都市では今後もこのような新しいタイプの学校が増えていくことが予測される。

第5節　WTO加盟と外国人学校

2001年12月、中国は正式に世界貿易機関(World Trade Organization：WTO)に加盟した。このことは、中国における外国人学校や国際学校をめぐる政策に大きな影響を与えた。現段階では、こうした影響の全貌はまだ十分に把握されていないが、なかでも、外国人子弟の中国の小・中学校への就学政策における変化は顕著である。例えば北京市は、2003年度から、外国人の子どもに市内のすべての幼稚園、小・中学校を全面開放すると公表した[22]。これは、従来から続けてきた指定校制度の廃止を意味している。

また、「中外合作学校」をめぐる政策にも大きな変化が見られる。表5-1に示すように、WTOへの加盟により、中国は「中外合作学校」の範囲を拡大し、軍、警察、政治関係などの特定領域以外のすべての教育分野での外国教育機関の進出を認めることになった。

表5-1　WTO加盟により開放された教育分野

教育分野	外国教育機関の進出	国民待遇
特殊教育(軍、警察、政治関係)	禁止	承認せず
初等教育	制限なし	制限なし
中等教育	中外合作を認め外国側に多くの所有権を認める	特例あり
高等教育	学校の教育水準や教員の学歴に制限あり	特例あり
成人教育	学校の教育水準に制限あり	特例あり

出典　国家教育発展研究中心専題組「WTO加盟によるわが国教育への影響とその対策分析(WTO対我国教育的影響与対策分析)」中国国際教育出版社『中国国際教育網』、http://www.chnedu.net/jyzt/wto/a5.htm、2004年11月2日、に基づき筆者作成。なお、「国民待遇」とは中国の学校と同等の待遇を意味する。

要するに、中国人を対象とする教育の場合、外国人あるいは外国教育機関が単独で学校を管理運営することは依然として禁止されているが、「中外合作学校」については、開放される分野が拡大し、持ち株の構成でも外国側の50％以上の保有を認めている。学校設立と管理運営の基準でも一定の緩和が見られる。2003年9月に施行された「中華人民共和国中外合作学校条例」[23]には、中国政府の「中外合作学校」への方針が「拡大開放、促進発展(開放の拡大と発展促進)」と明記されている。国家教育発展研究センターの分析によると[24]、「中外合作学校」に対する政府の姿勢が転換されたのにはいくつかの理由があるという。

まず、WTOに加盟したことを契機に、中国が国際市場での厳しい競争に巻き込まれることが予想されるため、世界に通用する人材を数多く育成することが吃緊の課題となったことが挙げられる。「中外合作学校」という方式を通して、速やかにかつ大量に国際社会で活躍しうる人材の養成を狙っているというのが事実であろう。

第二に、従来、中国政府の教育への投資にはいろいろな制約があり、極めて僅かしか行われてこなかったが、「中外合作学校」という手段で、民間からの資金を吸収し新しい教育資源を開発することにより、国民の教育への要求に応えようとしている。

第三に、「中外合作学校」を通して、外国の先進的な教育方法、教育内容、管理運営の方法などを中国に導入することができる。こうした新しい知識やメカニズムの導入によって、中国の教育に刺激を与え、ひいては教育全体の改革を推し進めることが中国政府のもう一つの狙いである。

最後に、中国政府は、教育の分野において外国と手を結ぶことを、将来へのビジネス・チャンスともとらえている。「中外合作学校」を通して、海外との教育交流を深め、将来、海外の教育市場にも参与したいと考えているのである。

しかしながら、WTOへの加盟と「中外合作学校」の開放と促進は、中国の教育主権の弱体化を招く恐れがあるとも見られている。WTO加盟当時、

教育部部長であった陳至立(現文教担当の国務委員)も、「中外合作学校」が教育主権を維持できるかどうかは、今後の中国の重要な課題の一つでもあると述べている[25]。現在、「中外合作学校」に対して、中国政府は以下のような二つの制限政策を検討している。

まず、中国政府はWTO条約の中で、「中外合作学校」の法的地位について、joint schoolを合弁ではなく合作だと見なしている(中国語では合作は協力提携の意味である)。持ち株の構成により主導権を決める合弁と異なって、合作の場合では持ち株構成と主導権とは直接的な関連性がない。したがって、合作である「中外合作学校」では、中国側の主導権を確保できると踏んでいる。

もう一つは、専門分野の管理システムである。政府は毎年「中外合作学校専門分野指導要領」を公表しており、すべての専門分野を以下の四つに分けている[26]。それは、①極めて必要とされ優遇策がある分野、②奨励も制限もしない一般分野、③制限の緩やかな分野、④高度に制限される分野、の四つである。しかも、それぞれの分野で個別に対応するというシステムをとることにより、外国の力を借りて中国の教育の発展を促進する一方で、そのリスクを最小限に抑えることも図っている。

以上のような制限策は、WTO加盟後の中国における渉外教育の方針を反映していると言えよう。だが、WTOへの加盟により、中国の教育市場の開放や教育の国際化の流れは、もはや後戻りはできない。その象徴的な出来事が、前述した「中華人民共和国中外合作学校条例実施方法」の制定及び公布である。同実施方法は、今までの中国政府の口約束を、法律の形で確定したものと位置づけられる。したがって、従来の渉外教育法規とは異なって、管理や監督の他に、「中外合作学校」における外国側の権利や権益の保護も強調されていることが特徴である[27]。今後、中国政府にとって、主導権を確保した上で、誘導、奨励策に基づき外国の教員、資金並びに先進的な学校の管理や運営の方法を導入して、いかに中国の教育の発展を促進できるかが、外国人学校や国際学校をめぐる政策の課

題になるだろう。

おわりに

　以上のように、本章では、「外籍人員子女学校」や「中外合作学校」に代表されるような中国の外国人学校をめぐる政策について検討した。また、中国の小・中学校における外国人生徒の受け入れ状況や新しいタイプの国際学校の実態についても詳しく紹介した。
　中国の近代教育史において、ミッション・スクールなどの外国人学校の乱立が中国の教育主権を大きく侵害したことは、中国の人々の間に、外国人学校や外国人の中国での教育活動に対する根強い警戒心を生み出すこととなった。中国政府は、外国人学校や外国人が運営に関与する学校をすべて渉外学校とみなし、厳しい制限を加えてきた。こうした経緯を踏まえると、渉外教育において、いかに主導権を確保し教育主権を維持するかということこそが、中国における外国人学校や国際学校をめぐる政策の出発点であったと言えよう。
　ところが、近年、政府は、中国での外国教育機関の活動をある程度、認めざるを得なくなってきた。外国人学校は外資誘致の環境整備の一環とみなされ、経済発展を至上目標とする中国政府にとって必要不可欠なものと考えられるようになったからである。法制度と矛盾しても、国益や経済の発展あるいはビジネス・チャンスの拡大をめざして、政府は特例的な外国人学校の設立を認めるようにもなってきた。こうした動きは、WTOに加盟したことにより、一層加速されてきている。中国の外国人学校や国際学校をめぐる政策は、教育主権の確保と国際化に向けた規制緩和の間で揺れながら、中国の公教育制度の再編を促していくことが予想される。

[注]

(1) ミッション・スクールに関する主要な先行研究としては、以下のようなものがある。国際基督教大学アジア文化研究所編『アジアにおけるキリスト教比較年表』創文社、1983年。平塚益徳『平塚益徳著作集Ⅱ 中国近代教育史』教育開発研究所、1985年。佐藤尚子『米中教育交流史研究序説―中国ミッションスクールの研究―』龍渓書舎、1990年。吉田寅『中国プロテスタント伝道史研究』汲古書院、1997年。

(2) 公表されたものとしては、李梅「上海外籍人員子女学校考察報告」『上海教育科研』第1期(2000年1月)、http://202.121.15.143:82/document/2000/jk000114.htm、2004年11月2日、のみである。

(3) 北京パキスタン国際学校については、「20数カ国の学生が中国障害者芸術団の公演を"応援"(20多個国家的学生将"助陣"中国残疾芸術団公演)」『中国学習網』、http://www.prcedu.com/exam/text/file02/0113010.htm、2004年11月2日、にて参照可能。

(4) 同規則の全文は、教育部渉外監督管理処「外籍人員子女学校の設立に関する暫定管理規則(関与開弁外籍人員子女学校的暫行管理弁法)」『教育渉外監督信息網』、http://www.jsj.edu.cn/zhengce/002.html、2004年11月2日、にて参照可能。なお、英文版も同じウェブサイトのhttp://www.jsj.edu.cn/zhengce/003.html、にて参照可能。また、邦訳は、国際カリキュラム研究会『諸外国における外国人学校の位置付け等に関する調査研究』(2004年3月)の27-28頁に収録されている。

(5) 翟帆、時暁玲「教育部が渉外教育監督機関を新設(教育部増設専門機構加強教育渉外監管)」『神州学人』第524号(2003年2月10日)、http://211.151.90.1/week/524/524_30_8284.asp、2004年11月2日。

(6) 同条例の全文は、教育部渉外監督管理処「中華人民共和国中外合作弁学条例」『教育渉外監督信息網』、http://www.jsj.edu.cn/zhengce/013.html、2004年11月2日、にて参照可能。なお、英文版も同じウェブサイトのhttp://www.jsj.edu.cn/zhengce/016.html、にて参照可能。

(7) その後、372校の「中外合作学校」(中学校2校、高等学校40校、短大82校、大学69校、大学院74校、専門学校105校)は中国の正規の教育制度とみなされるようになった。教育部渉外監督管理処「中外合作学校について(中外合作弁学基本情況)」『教育渉外監督信息網』、http://www.jsj.edu.cn/dongtai/005.html、2004年11月2日。

(8) 国家教育委員会総務庁『「中華人民共和国教育法」宣伝大綱』第13条、1995年3月28日。なお、同通達は、湖南省教育庁「国家教育委員会総務庁『中華人民共和国教育法』宣伝大綱の印刷と発行に関する国家教育委員会総務庁通達（国家教委関与印発『中華人民共和国教育法』宣伝大綱的通知）」『中国職業教育網』、http://www.chinatvet.com/zcfg/0003.htm、2004年11月2日、にて参照可能。

(9) 同通達の全文は、「海外組織及び個人との合作学校に関する通達（関与境外機構和個人来華合作弁学問題的通知）」『中国教育在線』、http://www.cer.net/article/20010101/3053693.shtml、2004年11月2日、にて参照可能。なお、『中国教育在線』は教育部の外郭団体により運営されているウェブサイトである。

(10) 同規定の全文は、教育部渉外監督管理処「中外合作弁学暫行規定」『教育渉外監督信息網』、http://www.jsj.edu.cn/zhengce/008.html、2004年11月2日、にて参照可能。なお、英文版も同じウェブサイトの http://www.jsj.edu.cn/zhengce/009.html、にて参照可能。

(11) 教育部渉外監督管理処「中華人民共和国中外合作弁学条例」、前掲資料。

(12) 同実施方法の全文は、教育部令第20号「中華人民共和国中外合作弁学条例実施方法」教育部渉外監督管理処『教育渉外監督信息網』、http://www.jsj.edu.cn/dongtai/025.html、2004年11月2日、にて参照可能。

(13) 同規則の全文は、珠海市教育局「『小中学校における外国人生徒の受け入れに関する管理暫定規則』の執行に関する通達（『中小学校接受外国学生管理暫行弁法』有関問題的通知）」『珠海市教育信息網』、2003年7月29日、http://www.zhjy.net/jwt/info/doc/2003-07/29/24852/index.htm、2004年11月2日、にて参照可能。なお、邦訳は、国際カリキュラム研究会『諸外国における外国人学校の位置付け等に関する調査研究』(2004年3月)の29-30頁に収録されている。

(14) 同上。

(15) 大連市教育局「小中学校における外国人生徒受け入れに関する暫定規定（中小学校接受外国学生就学的暫行規定）」『大連教育網』、http://www.foredu.com.cn/jiaoyuxingzheng/jhfg/faguizhengce/030604-2.htm、2004年11月2日。

(16) 新浪網「北京市の小中学校における外国人生徒受け入れに関する管理規定（北京市中小学校接受外国学生管理工作的若干規定）」『新浪網』、http://eladies.sina.com.cn/aboard/info/2000-04-06/23598.shtml、2004年11月2日。

(17) 金華日報網絡部「南京の32の小・中学校及び幼稚園に外国人生徒受け入れ資格を認定（南京32所中小学校幼稚園獲準接受"小老外"）」『金華信息網』、

http://www.jhnews.com.cn/gb/content/2002-08/14/content_115718.htm、2004年11月2日。

(18) 上海中学国際部のウェブサイトは、http://www.shsid.org/chinese/index.asp、2004年11月2日、にて参照可能。なお、英文版も同じウェブサイトのhttp://www.shsid.org/english/index.asp、にて参照可能。

(19) 国家教育発展研究中心専題組「WTO加盟によるわが国教育への影響とその対策分析（WTO対我国教育的影響与対策分析）」中国国際教育出版社『中国国際教育網』、http://www.chnedu.net/jyzt/wto/a5.htm、2004年11月2日、によると、現在、外国人学校とくらべて中国の公立学校は30項目以上の優遇措置を受けている。

(20) 中関村国際学校のウェブサイトは、http://www.bzis2002.com/chinese/index_chn.htm、2004年11月2日、にて参照可能。なお、英文版も同じウェブサイトのhttp://www.bzis2002.com/chinese/index_e.htm、にて参照可能。

(21) 蘇杭「中国人のための国際学校をつくる（打造中国人的国際学校）」『経済週刊』2003年9月号、http://www.bzis2002.com/chinese/2/caifang/苏杭：打造中国人的国际学校.htm、2004年11月2日。

(22) 閻建立「北京のすべての小中学校及び幼稚園が常駐の外国人子弟に開放される（北京所有中小学校将対常駐外籍人員子女開放）」『北京青年報』、2003年2月23日、http://www.chinanews.com.cn/n/2003-02-23/26/275341.html、2004年11月2日。

(23) 教育部渉外監督管理処「中華人民共和国中外合作弁学条例」、前掲資料。

(24) 国家教育発展研究中心専題組、前掲資料。

(25) 陳至立「わが国のWTO加盟による教育への影響及び対策研究（我国加入WTO対教育的影響及対策研究）」『中国教育報』、2002年10月9日、http://www.edu.cn/20020109/3016862.shtml、2004年11月2日。

(26) 国家教育発展研究中心専題組、前掲資料。

(27) 教育部渉外監督管理処「開放の拡大、管理の基準化、中外合作学校の積極的推進—『中華人民共和国中外合作学校条例』の実施についての周済教育部長のインタビュー（拡大開放、規範管理、積極推進中外合作弁学—教育部部長周済就貫徹実施『中華人民共和国中外合作弁学条例』答記者問）」『教育渉外監督信息網』、http://www.jsj.edu.cn/dongtai/002.html、2004年11月2日。

(2) 公教育制度から排除されているケース

第6章　台湾の外国人学校と国際学校
――グローバル化・多元化の中の新たな動き――

山﨑　直也

はじめに

　台湾では、外国人学校や国際学校に相当する教育機関は、「外国僑民学校」（以下、外僑学校と記す）と呼ばれているが、一般社会の外僑学校に対する認知度は極めて低い。昨今、日本では、大学入学資格の問題をめぐって外国人学校に対する社会的関心が高まりを見せ、新聞・雑誌などでも盛んに報じられているが、台湾の一般メディアで外僑学校に関する報道がなされることはほとんどない。こうしたなか、詹雅娟による「台湾における外僑学校の神秘のベールをはがす（掲開台湾外僑学校的神秘面紗）」という論説は、外僑学校を論じた数少ないものの一つだが、「神秘のベール」という表現は、いみじくも台湾社会における外僑学校のイメージを浮き彫りにしている[1]。

　また、外僑学校に対する関心は、学術研究においてもさほど高いとは言えない。筆者は、本章の執筆に先立って、台湾教育研究の主要なオンライン・データベースを一通り検索したが、日本のみならず台湾においても、先行研究と呼べるものはほとんど発見することができなかった[2]。

　つまり、台湾では、一般の人々の間であれ、学術研究においてであれ、外僑学校に対する関心は希薄であると言えるが、断片的な情報を拾い集めていくと、近年、台湾の外僑学校にも確実に変化の波が押し寄せていることがうかがえる。例えば、後述の外僑学校卒業生の大学入学資格を

めぐる最近の変化には、昨今の日本の状況に通底する部分がある。
　グローバル化の進展に伴い、諸外国の外国人学校を対象とする研究が、教育学における吃緊の課題になりつつあるが、台湾の外国人学校に関する包括的な研究の深化も切に待たれている。そこで、本章では、外僑学校の歴史と現状並びにその法的地位を紹介すると共に、「新しい国際学校」と呼ぶべき「双語学校(バイリンガル・スクール)」もあわせて取り上げていきたい。

第1節　外国人学校の法的地位

　現在、台湾には、教育当局によって正式に認可された外僑学校が17校ある。本節ではまず、台湾の教育制度における外僑学校の法的地位とその特徴を明らかにしたい。
　図6-1が示すように、台湾では、公教育体系として分岐型の学校制度を採用している。9年制義務教育(初等教育6年、前期中等教育3年)は国民教育と呼ばれるが、**表6-1**に見られる通り、国民教育段階では公立学校が大半を占める。2002年度(台湾の学期は9月始まり)の学校数を見ると、私立学校は国民小学の全体の1.14％に過ぎず、国民中学でも1.68％となっている。生徒数から見ても、国民小学では1.45％、国民中学ではやや比率が高まるが、それでも9.37％となっている。
　台湾の教育制度において外僑学校の設置に関する法的根拠は、1974年に制定された「私立学校法」の第79条の規定に求められる。同条は、「外国人は、その子女の教育のために、台湾(引用者註―法規上の表記は中華民国であるが、以下台湾とする)の国内に自らの学校を設置することができる。ただし、台湾籍の生徒を募集することはできない。このような外国人が設置する学校には、学校の設立、奨励、補助に関する本法の規定が適用されず、その学校の設置規則は教育部が独自に定めるものとする」[3]と

第6章　台湾の外国人学校と国際学校　173

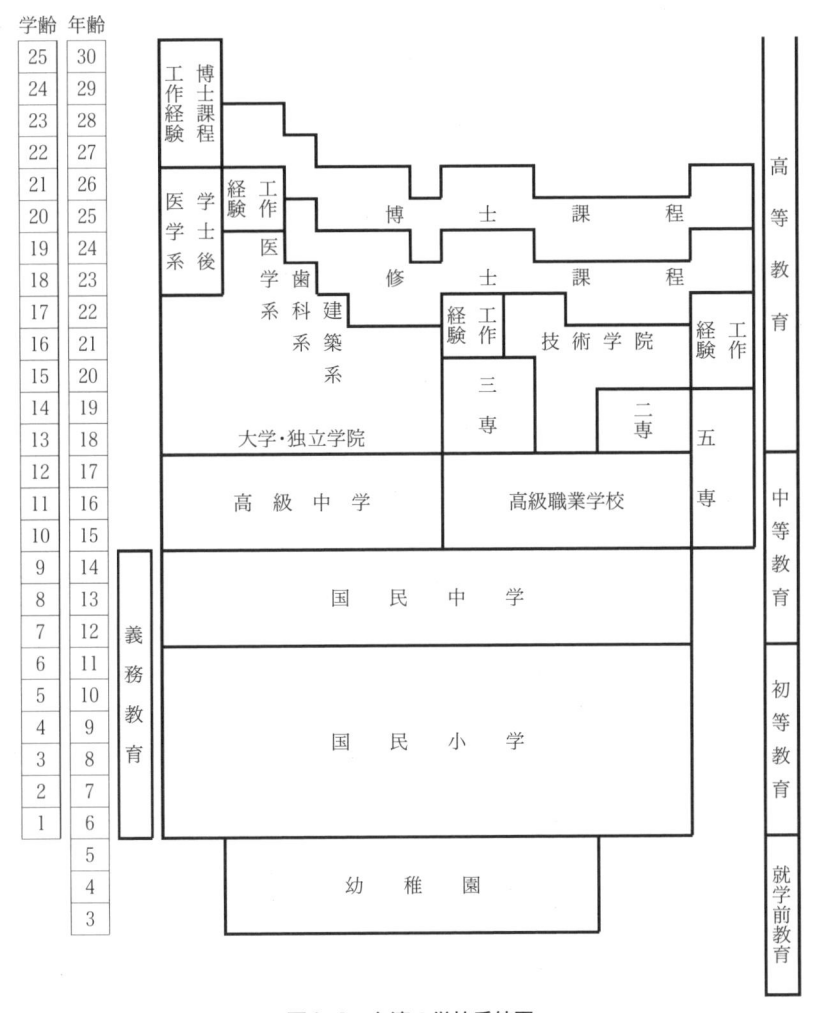

学齢	年齢
25	30
24	29
23	28
22	27
21	26
20	25
19	24
18	23
17	22
16	21
15	20
14	19
13	18
12	17
11	16
10	15
9	14
8	13
7	12
6	11
5	10
4	9
3	8
2	7
1	6
	5
	4
	3

博士課程／工作経験／学士後医学系／経験／工作／医学系／歯科系／建築系／博士課程／修士課程／経験／工作／技術学院／経験／工作／三専／二専／五専／大学・独立学院／高級中学／高級職業学校／国民中学／国民小学／幼稚園／義務教育／高等教育／中等教育／初等教育／就学前教育

図6-1　台湾の学校系統図

出典）財団法人海外職業訓練協会、「台湾―教育事情」『海外職業訓練協会ホームページ』、2003年9月15日、http://www.ovta.or.jp/info/asia/taiwan/pdffiles/04education.pdf、2004年11月7日、に基づき筆者作成。

いうものである。この条文から明らかになるのは、外僑学校は広義においては私立学校の範疇に属するものの、通常の私立学校とは異なり台湾人の子どもの入学が禁止されているということである。

表6-1 義務教育段階(国民教育段階)の学校数及び生徒数(2000〜2002年度)

年度		学校数			児童・生徒数		
		公立	私立	合計	公立	私立	合計
2002	国民小学	2,597(98.86%)	30(1.14%)	2,627	1,894,643(98.78%)	23,391(1.22%)	1,918,034
	国民中学	704(98.32%)	12(1.68%)	716	867,144(90.63%)	89,679(9.37%)	956,823
2001	国民小学	2,586(99.04%)	25(0.96%)	2,611	1,904,147(98.89%)	21,344(1.11%)	1,925,491
	国民中学	701(99.01%)	7(0.99%)	708	852,830(91.14%)	82,908(8.86%)	935,738
2000	国民小学	2,575(99.04%)	25(0.96%)	2,600	1,903,815(98.85%)	22,166(1.15%)	1,925,981
	国民中学	702(99.01%)	7(0.99%)	709	843,425(90.74%)	86,109(9.26%)	929,534

出典)(台湾)教育部「各級学校概況表(87,88,89,90,91,92)」『教育部資訊網』、http://www.edu.tw/EDU_WEB/EDU_MGT/STATISTICS/EDU7220001/user1/b87.xls、2004年11月7日、に基づき筆者作成。

ところで、2003年4月28日に、当時の黄栄村教育部長(教育相)が、立法院教育及び文化委員会で外僑学校の現状を取り上げた報告は、今日の台湾の外国人学校を知る上で極めて貴重な資料である。それは、「教育部と外僑学校の関係(教育部與外僑学校関係)」(以下、「黄栄村報告書」と記す)としてまとめられている。この中で黄栄村は、外僑学校と公教育体系の関係について、次のように説明している[4]。

「これらの学校は外国人子女の教育に奉仕するものであり、よって、その対象は外国人である。このような考えに基づき、教育部は、わが国の学生が正規の教育体制の下で教育を受ける権利を侵害せず、わが国の教育資源に対して影響を及ぼさず、またそれらを排除しない限りにおいて、外国籍の子女が教育を受ける機会を可能な限り擁護するために、(外僑学校を)設立する。」

つまり、外僑学校は台湾における公教育制度の外に存在する教育機関とされており、したがって、その学校数、生徒数なども、表6-1の統計には含まれていない。

さて、上述の「私立学校法」第79条の中で、「(外僑)学校の設置規則は教育部が独自に定める」と規定されているが、1975年に制定された「外僑学

校設置規則(外国僑民学校設置辨法)」がこれに相当する[5]。この「外僑学校設置規則」について「黄栄村報告書」は、「原則的かつ自律的な道徳的規範であり、不正防止や審査監督を目的としたものではない」と説明している。また、このような教育部の立場は、1999年と2000年にこの規則が一部修正された後も基本的に変わることはなく、「各国の教育体制並びに各校のこれまでの自律的な校務運営を尊重するという従来の原則を脱することなく、監督と審査を指導と協力に替えて管理を行っている」と述べられている。つまり、「外僑学校設置規則」は強制力をもつ「法律」ではなく、原則的、自律的、道徳的な「規則」であること、公教育制度の枠外に存在する外僑学校は、教育部の「指導と協力」の対象であって「監督と審査」の対象ではないことが、明らかにされている。以下、「外僑学校設置規則」の内容をさらに詳しく見ていくこととする。

「外僑学校設置規則」で規定されている外僑学校の設置と運営の要件の主なものを、簡単にまとめると次のようになる。

①台湾(引用者註—法規上の表記は中華民国であるが、以下台湾とする)に居留する外国人は、その子女の教育を目的として、中等学校までの教育段階の外僑学校を設置することができる。ただし、それは、台湾の国民がその学校の設置国においても、同じように学校を設置することが法律で認められている場合に限る。また、ここでいう外国人とは、台湾籍をもたず、台湾に合法的に居留する外国籍の者をさす。
(第2条・第3条)

②外僑学校を設置しようとする者は、自国の駐台大使館・領事館または代表機構、外交部経由で、学校設置予定の直轄市、県(市)の教育行政機関に以下の文書を送付して、審査と処理を受けなければならない。
　(1)学校設置申請計画書(設置しようとする学校の種類と名称、学校設置の目的、学校所在地の住所、敷地面積、設置しようとする学年とクラス数、基金の出所、創設者が招聘しようとする理事長の氏名と略歴を含む)

(2)創設者の資格と経歴を証明する文書
　(3)その他、直轄市、県(市)の教育行政機関が規定する資料(第5条)
③外僑学校は、理事会を設けると共に、校長を招聘して校務の管理を行わなければならない。また、外僑学校は財団法人の登記を行うことができ、法律に依拠して、土地税、家屋税及び所得税などの諸税の減免を受けることができる。(第6条)
④外僑学校の課程、教員、設備、生徒募集、授業料徴収などは、自国の規定に依拠して処理するものとする。(第7条)
⑤外僑学校は、学年ごとの教職員と生徒の名簿を教育行政機関に送付して、調査に備えなければならない。(第9条)
⑥外僑学校は、台湾籍の生徒を受け入れることができない。(第10条)
　また、「外僑学校設置規則」とは別に、外僑学校が国外から教員を招聘するに当たってのガイドラインとして、「外僑学校による外国人教師の招聘・雇用に関する許可・管理規則(外国僑民学校聘僱外国教師許可及管理辨法)」[6]が定められていたが(2004年4月7日廃止)、これもまた強制力をもたない、自律のための規則であった。
　以上から、外僑学校は、「私立学校法」によってその存在を保障された一種の私立学校でありながらも、公教育制度からはほぼ完全に切り離された特別な私立学校であることがわかる。次に、こうした外僑学校が設立された時期やその経緯について紹介したい。

第2節　外国人学校の設立の経緯

　冒頭で述べたように、外僑学校を扱った研究は、台湾においても日本においても数少ない。こうしたなか、前述の「黄栄村報告書」は、外僑学校の現状について包括的に理解するための重要な手がかりとなる文書である。以下、同報告書に依拠しながら、台湾の外僑学校の歴史と現状に

ついて見ていく。

　外僑学校とは、アメリカン・スクールや日本人学校などのように、台湾に居住する当該国籍の生徒を主たる受け入れの対象とし、当該国の学制とカリキュラムに則した教育を提供する教育機関である。つまり、日本における外国人学校とほぼ同様の役割を担う教育機関であると言えるが、中央並びに地方の教育当局の認可を受けた外僑学校は、**表6-2**にあるように、現在のところ17校となっている(2003年1月、欧州系3校がヨーロッパ学校に統合したことで、従来の19校から現在の17校となった)。

　こうした外僑学校の設立は、「外僑学校設置規則」の制定を境に二つの時期に分けられる。

　「外僑学校設置規則」制定以前に教育当局からの認可を得ていた学校としては、台北美国学校(1961年)、台北市韓僑学校(1965年)、台北道明外僑学校(1965年)、高雄道明外僑学校(1969年)、台中馬礼遜美国学校(1970年)、台北市伯大尼美僑学校(1971年)、高雄日僑学校(1973年)、台北日僑学校(1973年)がある。ただし、ここに挙げた年号は、これらの学校が教育当局により正式に認可を受けた年を表わすものであり、学校の創立年を示すものではない。例えば、台北日本人学校の起源は、1947年5月に台北市温州街に設立された国立台湾大学附設留台日籍人員子女教育班にまでさかのぼることができる。その後、名称と所在地を変え、1973年1月に台北市政府教育局から、市立台北市日僑学校の名称で認可を受けたのである[7]。また、初期の外僑学校の多くは、台湾に布教に来た宣教師の子女の教育を目的として宗教団体によって設置されたものや、広く台湾に駐在する外国人の子女を教育するために設置されたものであったが、中には本国政府の財政援助を受けて作られたものもあった。

　一方、「外僑学校設置規則」制定後に認可を受けた学校には、台中日僑学校(1977年)、高雄馬礼遜学校(1981年)、新竹荷蘭学校(1989年)、台中林肯美国学校(1990年)、高雄美国学校(1990年)、台北法国学校(1990年)、台北徳国学校(1990年)、台北英国学校(1991年)、台北復臨学校(1991年)、恩慈美国

表6-2　外僑学校一覧表

管轄機関	学校名	学年	学生数	設置許可年
教育部	台北美国学校(Taipei American School)	K-12	2195 小796 中573 高826	1961年
台北市政府	台北市日僑学校(台北日本人学校)	1-9	881	1973年
	台北市私立道明外僑学校 *(Dominican International School)*	K-12	362	1965年
	台北市韓僑小学 (Taipei Korean Primary School)	K-6	43	1965年
	台北市伯大尼美僑学校 *(Taipei Bethany School)*	K-9	225	1971年
	財団法人台北欧州学校 (Taipei European School)	K-9	821	2003年 (註4)
	台北復臨小学 *(Yang Ming Shan Christian School)*	K-8	85	1991年
	恩慈美国学校(Grace Christian Academy)	K-8	150	1998年
新竹市政府	新竹荷蘭学校(Hsin Chu Dutch School)	K-6	150	1989年
台中県政府	台中県日僑学校(台中日本人学校)	1-9	173	1977年
台中市政府	林肯美国学校(Lincoln American School)	K-12	184	1990年
	台中馬礼遜美国学校 *(Morrison Christian Academy)*	K-12	462	1970年
高雄県政府	*高雄馬礼遜美国学校* *(Morrison Academy-Kaohsiung)*	K-9	204	1981年
高雄市政府	高雄美国学校(Kaohsiung American School)	K-6	240	1990年
	高雄日僑学校(高雄日本人学校)	1-9	190	1973年
	高雄韓僑学校(Kaohsiung Korean School)	K-6	28	不明
	高雄道明外僑学校(Dominican School)	K-8	153	1969年

出典：「黄栄村報告書」及び教育部国際文化教育事業処のサイト (http://www.edu.tw/EDU-WEB/Web/Bicer/home.htm)に基づき筆者作成。
註1．学校名欄の英語名称は、教育部国際文教処の英語版ウェブサイトに拠った。(ただし、日本人学校については、当該校の日本語名を記した。)
註2．学校名が斜体字の学校は、設立母体が宗教団体であるもの。
註3．学年欄の"K"は、kindergarten、つまり幼稚園段階を表わす。
註4．財団法人欧州学校は、台北法国学校(Ecole Française de Taipei、1990年設置許可)、台北英国学校(Taipei British School、1991年)、台北徳国学校(Taipei German School、1990年)の3校(いずれも、幼稚園から第9学年まで)が2003年1月に統合したもの。

学校(1998年)がある。こうした学校の設立の経緯はさまざまで、宗教団体によって設立されたものの他、わが子を教会学校に通わせたくないと思う親の要望に沿ったもの、外国企業が投資あるいは工場建設を計画する地区に新たに作られたもの、独自の言語と文化を維持することを目的

としたものなどがある。

　このように、台湾の外僑学校は、戦後間もない時期からさまざまな理由を背景に次々と設立されてきた。だが、そうした歴史的経緯にもかかわらず、外僑学校の社会的認知度は依然として低く、一般の台湾人にとっては「神秘のベール」に包まれた存在となっている。これには学校の規模と法的地位にかかわる二つの要因が考えられよう。

　まず、学校の規模にかかわる問題だが、表6-2によれば、外僑学校の中には台北美国学校のように全校生徒が2,000名を超える大規模なものもあるが、全体とすれば、幼稚園から高等学校の段階までで外僑学校に就学する生徒数は6,546人にすぎない。これは、台湾の幼稚園から高等学校までの教育段階に就学するすべての者の0.2％にも満たない。

　また、学校の法的地位を見た場合、前節で詳述したように、外僑学校は公教育制度からほぼ完全に切り離された教育機関であり、台湾人の子どもは原則として就学することができない。

　ところで、ここで「原則として」という限定をあえて加えたのには理由がある。つまり、台湾人の生徒が外僑学校に就学するというケースが、現実には存在しているからである。次に、この問題について見ていくこととする。

第3節　二重国籍の生徒と外国人学校

　台湾の外僑学校はこれまで台湾にいる学齢期の子どもたちのうち、ごく僅かな者しか受け入れてこなかったが、しかし、そこには台湾の政治・経済にとって大きな意味をもつ子どもたちが含まれていた。いわゆる二重国籍の生徒である。上述した外僑学校に関する諸規定によれば、外国籍と台湾籍を併せもつ二重国籍の子どもは、原則として、外僑学校の受け入れ対象とはならない。「外僑学校設置規則」では、第10条で台湾

籍の生徒を受け入れることができないことを規定しており、「私立学校法」第79条も、外僑学校は「台湾籍の生徒を募集することはできない」としている。

しかし、現実には、台湾の教育行政当局は「僑務」と呼ばれる華僑・華人政策への配慮から、二重国籍を有する帰国華僑・華人の子どもが外僑学校に就学することを、黙認してきたのである。「僑務」は、台湾政府にとって常に重要な政策領域であり、日本の内閣に相当する行政院の下には僑務委員会と称する専門機関も設置されている[8]。台湾政府が僑務を一貫して重視してきたのは、広く世界中に点在する華僑・華人のネットワークが、経済面での国際競争力の獲得並びに国際社会における中国(中華人民共和国)との競い合いにおいて大きな影響を及ぼしうるからである。僑務の内容は多岐に及ぶが、海外の華僑・華人に対する体制イデオロギーの宣伝、中国語・中国文化の教育機会の提供、資本投資の促進と共に政策の重要な一環を為すのが、資本力や専門知識をもつ華僑・華人への帰国奨励である。子どもをもつ華僑・華人が帰国を考える時、その子どもの教育環境が充実しているか否かは、大きな判断基準の一つとなるだろう。それゆえ、台湾の教育行政当局は二重国籍の生徒が外僑学校に就学することを黙認することで、華人・華僑の帰国奨励政策を側面から支援してきたのである。

この点について、「黄栄村報告書」は、次のように説明している。

「二重国籍の者が外僑学校に就学することを認めることが、台湾の教育体制を破壊しうるか否かについて論じるならば、現在のところ、外僑学校(幼稚園から高等学校まで)に就学する生徒は計6,546名であり、同段階における就学生徒数の千分の二を占めるに過ぎず、したがって、わが国の正規の教育体制に及ぼす影響は限られたものであると言えよう。また、国際化の促進、経済や学術の進展という視点から言えば、二重国籍の生徒が外僑学校から排除されるならば、各界の優秀な華人の

人材(ビジネスに従事する華人、専門的領域において豊富な経歴をもつ華人、大学や大学院が招聘する著名な外国籍の中国系教授などを含む)が、台湾に来て仕事をしようと思う気持ちに影響するであろう。そして、そのことが台湾の経済や学術にもたらす衝撃は計り知れない。」

つまり、教育部は、二重国籍の生徒が外僑学校に就学することが公教育制度を脅かさないという判断の下で、政策的配慮から、外僑学校が二重国籍の生徒を受け入れることを例外的に認めてきたのである。

だが、現実はもう少し複雑である。先に引用した詹雅娟の記事「台湾における外僑学校の神秘のベールをはがす(掲開台湾外僑学校的神秘面紗)」には、「外僑学校における台湾人学生(台湾学生在外僑学校)」という副題がつけられているが、この副題は主題と同様に暗示的である。つまり、つめ込み式教育や校内暴力などから公教育制度に不満をもつ一部の富裕層が、何らかの手段を講じて、子どもを外僑学校に就学させているという現実をこの副題は象徴しているからである。詹雅娟は、外僑学校に通う台湾人(あるいは二重国籍)の子どもとその親の声を聞き、こうした事態を招いている原因を台湾人の欧米崇拝のメンタリティと台湾教育の欠陥に求めている。

しかし、このような現実はそれほど深刻な社会的問題とはなりえない。なぜなら、外僑学校(とりわけアメリカン・スクールやヨーロッパ学校)に子どもを通わせることができるのは、年間30～40万台湾ドル(日本円で約108～144万円)と言われる学費に加え、教材費、通学のための交通費、さらには寄付金などを負担しうる一部の富裕層、詹雅娟の表現を借りれば「政財界の名門(政商名流)」に限られるからである[9]。台湾社会は羨望のまなざしで外僑学校を「貴族学校」と呼ぶが、その「貴族学校」は常に「神秘のベール」の内側にしか存在しないと言えよう。

第4節　外国人学校の修了資格

「外僑学校設置規則」に規定されている通り、外僑学校のカリキュラム並びに教材は設置国のものが使用される。それゆえ、外僑学校の教育内容は学校により異なるわけだが、例えば、台北美国学校では、アドバンスト・プレイスメント(Advanced Placement：AP)及び国際バカロレア(International Baccalaureate：IB)の取得を目的としたカリキュラムが組まれている。同校の第9〜12学年の修了要件としては、英語(English)、社会科学(Social Science)、数学(Mathematics)、芸術(Fine Arts)、自然科学(Science)、生活技能(Life Skills)、選択科目(Additional Courses)の各学科から計22単位を取得することが要求されている[10]。22単位の内訳は、英語4単位、社会科学3単位、数学2単位、芸術1単位、自然科学2単位、生活技能2単位、選択科

台北日本人学校　　(2004年7月　筆者撮影)

目8単位となっており、1単位は通年のコースを履修することによって与えられる。選択科目の割合が大きいのは、取得しようとする修了資格(AP／IB)の必要条件に応じた柔軟な科目選択を可能にするためであり、各学科にAP用・IB用のコースがそれぞれ開設されている[11]。

一方、筆者は、2002年2月18日と2004年7月31日に台北日本人学校の訪問調査を行ったが、日本の学校で使用されているのと同じ教科書はもとより、教室や廊下に貼られた掲示物や各教室内の調度品なども含めて、「どこから見ても日本の学校そのものである」という印象を受けた。実際、他国に設置されている日本人学校と同様、台北日本人学校は「日本人の子女に対し日本国憲法、教育基本法、学校教育法の趣旨に則り、かつ文部科学省学習指導要領に従い、心身の発達に応じて、初等及び中等普通教育を施すこと」を目的とし、その教育課程は「文部科学省学習指導要領に準拠して各教科の指導を行い、道徳、特別活動を含めて」編成されている[12]。また、教科書も他国の日本人学校と同様、財団法人海外子女教育振興財団から斡旋されるものを使用している。要するに、台北日本人学校においては、1週間に1時間の中国語の授業と小学5・6年生段階の英語の授業をのぞけば、日本の小・中学校とほぼ同じ教育が施されているのである。

このように台湾の公教育とは著しく異なる教育を受ける外僑学校の卒業生は、従来、台湾の大学に進学することはできなかった。しかし、2003年に入り、外僑学校卒業生の大学入学資格に注目すべき変化が生じた。

「外国人学生の留学に関する規則(外国学生来華留学辦法)」は、その名称の通り、外国籍の学生が台湾の学校に就学するための諸要件を定めた規則だが、2003年2月27日の改定で、次のような規定が追加された(第6条の1)[13]。「外国人学生で台湾国内にある外僑学校あるいは台湾の高級中学附設の双語部(班)(引用者註—バイリンガル・コース(クラス)のこと、次節で紹介する)を卒業した者は、当該校の卒業証書をもって、入学を申請することができる」。つまり、高等教育段階において外僑学校から正規の教

育体系に乗り入れることが可能となったわけである。

このような変化は、今日の台湾における教育改革の基本方針とされる「国際化」や「多元化」の表われと解釈することができ[14]、日本の近年の状況とも似通っている。しかし、日本と事情が異なるのは、このような教育政策の変化が社会的な関心をほとんど集めていないということである。台湾の大学が外国人学校の卒業生に門戸を開放したという重大な出来事は、一般メディアで全く取り上げられなかった。つまり、台湾社会はこのような変化にほとんど関心をはらっていないのである。

第5節　新しいタイプの国際学校

前節で言及した「外国人学生の留学に関する規則」第6条の1には、外僑学校の卒業生と共に、「わが国の高級中学附設の双語部(班)を卒業した者」にも大学入学資格を認めることが規定されている。双語部(班)とは、外国人ばかりでなく台湾籍の生徒の入学も認める新しいタイプの国際学校である。ただし、こうした双語部にはすべての台湾人の子どもが入学できるわけではない。例えば、台湾のシリコンバレーと称されるハイテク産業特区である新竹科学工業園区にある「国立科学園区実験高級中学」と、南部科学工業園区の「台南県立南科国民中学」及び「同国民小学」に設置されている双語部は、いずれも台湾籍の生徒の入学に細かい条件をつけている[15]。

国家発展の原動力と目されているハイテク産業特区の国公立校に設置された双語部は、明確な政策意図に基づくものである。「国立科学園区実験高級中学」は就学前教育から第12学年までの一貫校で、その双語部は1983年の同校の開学にあわせて開設された。全校生徒3,020名のうち380名が双語部に学んでおり、うち274名が米国パスポートの所持者である[16]。教育内容を見ると、台湾人教員が台湾の正規教育で使用されているのと

同じ教科書で教える中国語(Chinese)をのぞいて、英語(English)、数学(Mathematics、第9〜12学年)、自然科学(Science)、社会科学(Social Studies)、選択科目(Electives)の各教科は、基本的に米国で出版された教科書を使用して英語で教授される[17]。これらの教科は、米国の大学に進学することを前提とするものであり、AP取得も可能である。

「国立科学園区実験高級中学」双語部は、国際化時代の到来が叫ばれ始めた1980年代初頭、新竹科学工業園区という特別な場所に、マグネット・スクールという特別な形で設置されたものである。このような国公立校のバイリンガル・コースは、最近になって増加の兆しをみせている。台南県立南科国民小学の双語部は2001年度から、同国民中学も2003年度から双語部の生徒を募集し始めており、報道によれば、この他にも数校の国公立の国民中学・国民小学がバイリンガル教育を実施する双語部の設置を準備している[18]。

21世紀に入り、国公立のバイリンガル・スクールの設置が活発になってきた背景には、前述したような教育の「国際化」や「多元化」の趨勢と共に、グローバルな知識経済化の進展がある。教育社会学者の羊憶蓉が指摘するように、戦後の台湾では教育政策と国家発展を志向する経済政策が強く結びついてきた[19]。バイリンガル教育の導入という近年の政策も、まさに知識経済時代の国家発展戦略の一つと解釈することができる。

2000年11月の「全国知識経済発展会議」及び2001年1月の「全国経済発展会議」がそろって強調したように、バイリンガル教育を準備することは、高度の専門知識や技術を備えた海外の人材を台湾に呼び込む上で必要不可欠な条件と言える[20]。つまり、国公立校におけるバイリンガル教育の導入という動きは、教育政策であると同時に経済政策でもある。このような戦略的意図は、科学工業園区内の双語部の入学規則である「科学工業園区内の高級中等以下の学校に附設される双語部または双語学校の入学に関する規則(科学工業園区高級中等以下学校双語部或双語学校学生入学辦法)」の内容からも見て取れる[21]。

科学工業園区の高級中学以下の双語学校(または双語部)の入学条件を記したこの入学規則は、2003年1月22日に教育部と行政院国家科学委員会により制定された。ここには、双語学校政策の戦略的意図が如実に反映されているので、以下、この入学規則を簡単に紹介したい。科学工業園区の双語学校(双語部)に入学が認められる生徒は、次の四つのカテゴリーに属する者に限られる。(なお、「園区」は、「科学工業園区」の略とする。)

①園区に居住する機関団体の職員の子女で、以下の条件のいずれかを満たす者。
　(1)招聘に応じて帰国した台湾籍者の子女で、親と共に2年以上続けて国外に居住しかつ帰国後1年に満たない者。
　(2)外国籍の職員の子女。
　(3)国外に派遣された台湾籍者の子女で、親と共に2年以上続けて国外に居住しかつ帰国後1年に満たない者。
②「派赴国外工作人員子女返国入学辦法」という、公務で海外に派遣された者の子女が台湾に帰国して学校に入学する際に適用される規則による者。
③園区以外に居住する場合、国内外の博士学位ないしは国内外の修士学位及び5年以上の国外の大学、学術研究機構、またはハイテク事業関連の機関団体での就業経験を有する者の子女で、以下の条件のいずれかに該当する者。
　(1)大学、専科学校、技術学院、学術研究機構、またはハイテク事業関連の機関団体の招聘に応じて帰国した台湾籍者のうち、勤務先あるいは戸籍が園区の県(市)にある者の子女で、親と共に2年以上続けて国外に居住しかつ帰国後1年に満たない者。
　(2)園区のある県(市)の大学、専科学校、技術学院、学術研究機構に勤める外国籍の職員の子女。
④現在、園区内の学校の双語部あるいは双語学校に就学する生徒の弟や妹で、5年以上続けて国内に居住していない者。

こうしたことから浮かび上がってくるのは、知識経済化の時代において、国家の国際競争力を高めうるような高度の専門知識や技術をもった人材の子女を積極的に受け入れるという学校の方針である。そのために、厳しい条件付きながらも、台湾人の子どもの入学も認めているわけだが、グローバル化並びに知識経済化時代の新しい国際学校として位置づけられるこのような国公立のバイリンガル・スクールが今後、どのような進展を遂げていくのか、画期的な試みとして注目していきたい。

おわりに

本章は、これまで台湾と日本のいずれにおいても、あまり人々の関心を集めてこなかった台湾の外国人学校と国際学校の歴史と現状を見てきた。入手しうる資料の制約もあり、その内容は限定的なものにとどまらざるを得なかったが、「神秘のベール」に包まれた外僑学校と新しい国際学校としての双語学校について、いくつかの重要な論点を提示することができたのではないだろうか。

台湾の外僑学校は公教育制度のほぼ完全な枠外に置かれ、その教育制度やカリキュラムは設置国のそれに準拠する。しかし、2003年には教育法規の改定によって、外僑学校の卒業生が台湾の大学に入学することが正式に可能となった。つまり、台湾でも昨今の日本と同様の変化が起こっているわけだが、この変化は日本ほど広範な社会的関心を集めているわけではない。しかし、この変化は、外僑学校と公教育の境界を揺るがし、ひいては公教育という概念の問い直しにも繋がる可能性を胚胎するものである。

一方、グローバル化、知識経済化時代の産物として続々と誕生しつつある双語学校は、新しいタイプの国際学校と呼びうる存在である。現在はまだ揺籃期にあるが、国家の発展戦略に直結する双語学校は、21世紀

における台湾のあり方とも深く結びついてゆくことが予見される。また、このような双語学校の広がりは、外僑学校と公教育の関係のあり方を変える「触媒」になるかもしれない[22]。

「国際化」・「多元化」の教育改革のなか、外国人学校や国際学校をめぐる状況がどのように変化していくのか、その過程を見据えることは、今後の台湾教育研究の重要な課題となっていくであろう。

[注]
(1) 詹雅娟「掲開台湾外僑学校的神秘面紗―台湾学生在外僑学校」文化一週中文報編『深度報導』中国文化大学新聞学系、2001年2月、583-586頁。
(2) 台湾では、ここ数年、学術文献の電子データベース化が急速に進行しており、論文単位で検索可能なオンライン・データベースも充実している。筆者は、本章の執筆に先立ち、「国家図書館館蔵査詢系統」(http://lib.ncl.edu.tw/urica.html)、「国立台湾師範大学図書館 Web PAC」(http://140.122.127.100/screens/opacmenu_chi.html)、「教育論文全文索引資料庫」(http://192.192.169.230/edu_paper/index.htm)、「Educational Document Online」(http://140.122.127.251/edd/edd.htm)、「国家図書館中華民国期刊論文索引影像系統」(http://192.192.58.101/html/frame1.htm) などの主だったデータベースを検索したが、「外僑学校」に関する先行研究は、ほぼ皆無であった。

なお、これらのオンライン・データベースの網羅的なリンク集としては、筆者作成の「台湾教育研究資料検索リンク集」(http://nayamaz.hp.infoseek.co.jp/searchlink.html) を参照されたい。
(3) 私立学校法の全文は、法務部全国法規資料庫工作小組「私立学校法」『全国法規資料庫』、http://law.moj.gov.tw/Scripts/Newsdetail.asp?NO=1H0020001、2004年11月7日。
(4) 教育部「教育部與外僑学校関係」『教育部資訊網』、2003年4月28日、http://www.edu.tw/EDU_WEB/EDU_MGT/E0001/EDUION001/menu01/sub05/01050022a.htm、2004年11月7日。
(5) 法務部全国法規資料庫工作小組「外国僑民学校設置辦法」『全国法規資料庫』、http://law.moj.gov.tw/Scripts/newsdetail.asp?no=1H0060006、2004年11月7日。
(6) 法務部全国法規資料庫工作小組「外国僑民学校聘僱外国教師許可及管理辦

法」『全国法規資料庫』、http://law.moj.gov.tw/Scripts/Newsdetail.asp?NO＝1H0 100005、2004年11月7日。
(7)　台北日本人学校「学校の沿革」、http://www.taipeijs.org/rekisi/subrekisi.htm、2004年11月7日。
(8)　行政院僑務委員会の発足は、現在台湾を統治する中華民国政府が中国大陸にあった1932年にさかのぼる。当時、僑務委員会は、中国国民党中央党部の下に置かれていたが、1931年に制定された「僑務委員会組織法」によって、行政院の下に移管され、政府機関に昇格した。以後、僑務委員会は、行政院直属機関として、海外の華僑・華人に対する諸々の業務を取り扱ってきた。僑務委員会の沿革、業務、組織などについては、同委員会のウェブサイト（http://www.ocac.gov.tw/）に詳しい。
(9)　ここに挙げた事例とは文脈が異なるものの、近年日本人学校も、台湾籍を含む外国籍の子どもを受け入れ始めている。つまり、在日韓国・朝鮮人や在日台湾人の子どもなどで、日本国籍をもたないものの日本語で教育を受けることを希望し、それが妥当とみなされる子どもについては、監督機関である台北市政府教育庁との協議の上で、「特例」として受け入れているとのことである。台北日本人学校に対する聞き取り調査（2004年7月31日実施）。
(10)　台北美国学校のカリキュラムの詳細は、Taipei American School, Academic Programs, http://www.tas.edu.tw/school/academics/, 7 November 2004を参照。
(11)　台北美国学校のAP／IB取得者向けプログラムの詳細は、Taipei American School, *TAS AP/IB Program,* http://210.243.112.240/upper/ib/index.htm, 7 November 2004.
(12)　「台北日本人学校規則」『台北日本人学校 平成16年度 学校要覧』台北日本人学校、2004年、38頁。
(13)　規則の全文は、法務部全国法規資料庫工作小組「外国学生来華留学辦法」『全国法規資料庫』、http://www.moj.gov.tw/Scripts/NewsDetail.asp?no=1H0110001、2004年11月7日を参照されたい。なお、同規則で「外国人学生」は、「華僑学生の身分をもたずかつ台湾籍をもたない者で、本規則に依拠して台湾への留学を申請する外国人の学生をさす。台湾籍と外国国籍の二重国籍を有する者は、内政部が台湾籍の喪失を許可した日から数えて8年以内は、本規則に依拠して高級中学以上の学校に入学を申請することはできない」（第2条）と規定されている。
(14)　戦後の台湾では、長期にわたって「聯合考試」という統一入学試験によって、

大学進学のチャネルが一元化されていたが、教育の「多元化」を指向する改革の潮流のなかで、1990年代半ば以降、大学進学のあり方もまた「多元化」の方向に向かっている。多元的入試制度について詳しくは、「大学入学考試中心」のウェブサイト (http://www.ceec.edu.tw/) を参照されたい。

(15) 国立科学園区実験高級中学、台南県立南科国民中学及び国民小学の双語部は、国立校及び公立校に併設の形で設置されたものだが、これとは別に、例えば、私立康橋双語中小学校 (http://www.cbps.tpc.edu.tw/first_new.asp) など、私立のバイリンガル・スクールも、近年増加の傾向にある。しかし、これら私立のバイリンガル・スクールは、国公立校の双語部のように、入学者を実質的に外国籍の生徒や帰国生徒に限定しているわけではなく、むしろ台湾人の子どもを主な受け入れ対象とするものである。

(16) National Experimental High School Bilingual Department, School Profile, *National Experimental High School Bilingual Department Homepage*, http://bilingual.nehs.hc.edu.tw/Intro/Intro.html, 7 November 2004.

(17) National Experimental High School Bilingual Department, Courses Taught at the Bilingual Department, *National Experimental High School Bilingual Department Homepage*, http://bilingual.nehs.hc.edu.tw/Courses/Courses.html, 7 November 2004.

(18) 「双語学校再快90学年試辦」『中央日報』2001年3月9日付、第14面。

(19) 羊憶蓉『教育與国家発展―台湾経験』、台北市:桂冠、1994年。

(20) これら二つの会議の記録は、行政院新聞局のサイトにアップロードされている。行政院新聞局「全国知識経済発展会議総結報告」『行政院即時新聞』、2000年11月5日、http://publish.gio.gov.tw/newsc/newsc/891105/89110501.html、2004年11月7日、及び、行政院新聞局「全国経済発展会議重要結論」、2001年1月7日、http://publish.gio.gov.tw/newsc/newsc/900107/90010702.html、2004年11月7日。

(21) 法務部全国法規資料庫工作小組「科学工業園区高級中等以下学校双語部或双語学校学生入学辦法」『全国法規資料庫』http://law.moj.gov.tw/Scripts/ Newsdetail.asp?NO=1H0070030、2004年11月7日。

(22) 第4節で述べた「外国学生来華留学辦法」の改定をめぐる動きの他、次の事例も注目に値する。英語教育が重視され、バイリンガル教育が広がりをみせるなか、2003年5月の「就業服務法」第46条の改定によって、外国人教師の就業範囲が国公立の小・中学校にまで拡大された(ただし、通常の国公立及び

私立の小・中学校で、外国人教師が教えられるのは外国語の授業のみ)。それまで小・中学校段階で外国人教師を雇用できたのは、私立の小・中学校(外国語のみ)、外僑学校、実験高級中学(高校)のバイリンガル・コース及びバイリンガル・スクールに限られていた。つまり、外国人教師の就業に関する規制が緩和されたわけだが、その一方で、外僑学校が外国人教師を招聘・雇用する際のガイドラインであった「外僑学校による外国人教師の招聘・雇用に関する許可・管理規則」は、2004年4月7日をもって廃止された。

(2) 公教育制度から排除されているケース

第7章　韓国の外国人学校と国際学校
――国際学校の門戸開放をめぐって――

シーナ・チョイ
訳：末藤　美津子

はじめに

　金泳三政権(1993-1998)は、「韓国が先進国になるためにはグローバル化こそが最適な方法だ」と考え、「もはや選択の問題ではなく必然の問題だ」との立場から、韓国の政策の舵をグローバル化に向かって大きくきった[1]。また、政府は、グローバル化を通して、新しい韓国の国家アイデンティティを示そうと試みた。それは、「韓国の国内での競争から抜け出して、広くアジア太平洋地域のみならず、国際社会において行動すること」をめざすものであった[2]。1995年1月25日、金泳三大統領は次のように述べている[3]。

　「グローバル化が進展しつつある今日においては、世界中の人々がそこを訪れたり、そこに投資したり、あるいはそこに住みたいと願うような、世界の中心に位置する統一国家を建設することが目標である。」

　また、金泳三大統領の後任となった金大中大統領(1998-2002)は、グローバル化においては「無形の知識と情報が経済発展の推進力になるだろう」とも予測した[4]。この2人の大統領の発言は、昨今、韓国の外国人学校や国際学校をめぐって、グローバル化と市場原理という二つの潮流

を生み出したという意味で、極めて重要である。

　本章は、こうしたグローバル化と市場原理の波にさらされている、韓国における外国人学校と国際学校の現状を分析する。従来、日本と同様に、外国人学校と国際学校を正規の学校とはみなさず、公教育制度から排除してきた、韓国における新しい動きを紹介することによって、日本の外国人学校や国際学校のゆくえを展望するための若干の手がかりを提供したい。

第1節　外国人学校と国際学校の法的地位

　韓国においては、従来、外国人に対して外国人登録が課されていた。ところが、1999年2月、金大中政権がその外国人登録を廃止したことから、外国人学校と国際学校をめぐる新たな議論を呼ぶこととなった。政府は、このような外国人登録の廃止が、行政上の障壁をなくすと共に、グローバル化の挑戦にさらされている韓国にメリットをもたらすだろうとも考えていた。

　こうした外国人登録をめぐる手続きの変更は、韓国の外国人学校と国際学校に微妙な変化をもたらした。というのも、外国人学校や国際学校の法的地位が従来の外国人登録法に基礎を置いていたからである。韓国の法律に照らしてみると、これまで外国人学校や国際学校は外国人たちの自発的な組織とみなされ、韓国のメーンストリームの教育システムとは全く別のものとして位置づけられてきた。もちろん、韓国の国民がそうした学校に通うことは原則として禁じられていた。だが、実際には、法の網をくぐって国際学校に在籍する韓国人生徒が少なからずいたことも指摘されている。また、韓国の外国人学校と国際学校が法律上、正規の学校とはみなされていなかったことから、これらの学校の生徒数や教員数のような基本的な情報すらほとんど知られていない。

ところで、外国人登録法が廃止された1999年の時点で、韓国においては外国人学校と国際学校が61校存在し、そのうち、正式な認可を受けたものが3校、認可されていないものが58校あった[5]。前者の正式な認可を受けた学校は、ソウル外国人学校(Seoul Foreign School)、ソウル日本人学校(Seoul Japanese School)、ソウル国際学校(Seoul International School)の3校で、韓国教育省の統計では「各種学校(miscellaneous schools)」に分類されている。他方、後者の無認可の58校は、外国人組織として法務省の管轄下にあった。しかも、「各種学校」に分類された3校の卒業生のうち韓国籍をもつ者には韓国の学校への編入学が保障されたばかりでなく、これらの学校には免税措置なども適用された。こうした卒業生の進路保障や税金面での優遇措置は、もちろん58校の無認可学校には適用されていない。だが、実際には、外国人組織としか認められていない無認可の学校の卒業生であっても、韓国籍であれば、入学を認める大学がいくつもあった。

外国人登録法が実施されていた時には法務省の管轄下に置かれていた多くの外国人学校や国際学校は、外国人登録が廃止されたことにより、今度は新たに教育省の下に置かれることとなった。その際、教育省は外国人学校や国際学校の認可のための条件を、「外国籍の者が合意の下で設立し運営する学校」から「外国籍の者が自分たちの子どもたちの教育を行う学校」に変更した。その結果、2001年5月には、22の外国人学校と国際学校が新たに「各種学校」として認可されたため、その数は25校となった。だが、韓国において、未だに多くの外国人学校や国際学校が無認可のまま存在している状況は変わらない。

第2節　外国人学校と国際学校の対比

表7-1は、2001年5月の時点において「各種学校」としての法的地位にある25校の外国人学校と国際学校の学校数と生徒数を、教授言語別にま

表7-1 「各種学校」に分類される外国人学校と国際学校：教授言語別にみた学校数、生徒数

教授言語	学校数	生徒数
英　　語	14校	3,928人
中国語	8校	1,040人
日本語	1校	400人
フランス語	1校	不明
ドイツ語	1校	120人

出典) Ministry of Education, Korea, May 2001, *1999-2000, Education in Korea.*

とめたものである。

ところで、筆者は本章において、英語を教授言語とし多国籍の生徒を受け入れている学校のことを、国際学校と分類する。一方、英語以外の言語を教授言語としそれぞれの国の海外子女を受け入れている学校のことを、外国人学校と呼ぶ。前者の国際学校の多くは営利を目的とする私立学校で、韓国にある国際的な企業に勤務する者の子弟を受け入れている。それに対して、後者の外国人学校は中国人学校、日本人学校、ドイツ人学校、フランス人学校のように、自国の海外子女を教育するという目的のため、しばしば本国政府から公費援助を受けている。例えば、台湾政府は中国人学校に教科書を送ったり、教員養成を行ったりしている。また、日本政府は日本人学校に教科書と教員を送り、国内におけるのとほぼ同じ教育が実施されるよう援助している。

なお、韓国の米軍基地内には、軍人や軍属の子弟のためにアメリカ国防省の付属学校が存在する。これらの学校は、英語を教授言語とするアメリカ人学校であり、筆者の分類によれば、外国人学校のジャンルに入る。だが、この米軍基地内のアメリカ人学校をめぐる問題は、本章における議論とは直接のかかわりが少ないので、以下、これらの学校をのぞいて議論を進めることとする。したがって、表7-1にも、これらの学校の数字は含まれていない[6]。

通常、英語を教授言語とする国際学校は外国人学校より規模が大きい。また、英語を教授言語とする国際学校の授業料は、年間、100,000,000～200,000,000韓国ウォン（およそ10,000～20,000米ドル）で、その他に入学金、教科書代、スクールバス代、昼食代などもかかり、かなり高額である。それに対して、中国人学校や日本人学校などの外国人学校の授業料は安く、

年間、1,000,000〜2,000,000韓国ウォン（およそ1,000〜2,000米ドル）である[7]。

外国人学校と国際学校では、その運営資金の調達方法も大きく異なる。国際学校の中には授業料収入のみで運営されている学校もあるが、韓国内のあるいは国際的な団体から資金援助を受けている学校も多数ある。そうした資金援助は、外国人を雇用したいと願う韓国企業からのものであったり、あるいは韓国に社員を派遣したいと考えている多国籍企業からのものであったりする。英語系の国際学校の多くは、多額の資金を投入され、極めて良好な経営状態にある。

第3節　国際学校の門戸開放をめぐる議論

(1) 国際学校へのニーズ

総じて、韓国においては、韓国内に居住する外国人の子どもたちに対して、適切な教育の機会が保障されるべきであると考えられてきた。また、外国人のための教育施設を含む快適な生活環境を準備することは、外国資本を韓国に惹きつけるために必要不可欠であるとも理解されてきた。人々のこうした共通認識を背景に、政府は近年、外国人学校や国際学校の設立をめぐる規制を緩和した。つまり、従来は外国人学校や国際学校を設立できるのは外国人のみに限られていたが、韓国の法人組織が外国人学校や国際学校を設立することも認めたのである。

こうした政府の思い切った動きの背景には、海外からUターンしてきた韓国人たちからの国際学校へのニーズが、かつてないほど高まってきたことが挙げられる。というのも、1980年代後半以降、韓国の裕福な階層ではいわゆる海外出産が一種のブームともなり、とりわけ子どもにアメリカの市民権をもたせることを目的に、アメリカで出産する者が急増している。実際、英語系の国際学校に通う生徒のかなりの部分を、アメ

リカ市民権あるいは永住権をもつ韓国人が占めているのが現状である。2003年1月から8月の間だけで、このような海外出産の事例が7,000件も報告されている[8]。

また、グローバル化の進展を背景に、従来の韓国の公教育に満足せず、国際学校が提供する新しい時代の要請に応える教育を望む人々も増えてきている。伝統的な公教育に飽き足らず、新しい教育の可能性を求めて国際学校への入学を希望する生徒が増えているのは、韓国だけではなく、香港でも同様である。だが、香港の場合は、政府が国際学校を積極的に支援し、香港人の子どもにも国際学校への入学を認めている点が韓国とは大きく異なる[9]。こうした香港の事例にも強く影響され、韓国においても新たな国際学校を開設し、韓国人にも入学を認めてほしいとする要望は、政府を大きく動かしていくこととなる。

2000年7月13日に、韓国教育省は国際学校の法的地位をめぐる公聴会をソウルで開催した。こうしたテーマの公聴会が韓国で開かれたのは、初めてのことである。国際学校の門戸開放を支持する人々の主張とそれに反対する人々の主張を順に紹介したい[10]。

(2) 門戸開放を支持する声

韓国の国内からの要求に応じて、国際学校の門戸を開放すべきであると主張するのは、主に新自由主義者たちと上昇志向の強い新中産階級の人々である。

新自由主義者たちは、経済的な余裕がある者に国際学校への入学を認めることこそが、韓国が国際市場で競争するためには必要不可欠であると論ずる。こうした考えを支持する者は、「国際社会は熾烈な経済競争を繰り広げており、未来の労働者である生徒は効率的かつ効果的に、競争に勝つために必要とされる技能や性格を身につけなければならない」と主張する[11]。これは、今日の韓国においては、とりもなおさず、国際学校で英語と国際的な教養を習得することを意味する。ここでは、アメ

カにおける議論と同様に、消費者という概念が重要な鍵を握っている。彼らは、消費者の選択こそが民主主義の本質であると主張し、韓国人の子どもの国際学校への入学を禁止することは、韓国経済の発展に悪影響を与えるばかりでなく、健全な民主主義の発展を阻むことにもなり、いわば時代遅れの考えであるという。

　さらに、このような規制緩和を実施すれば、貴重なドルを節約することにもなると指摘する。なぜならば、韓国人は、英語の教育のために英語を話す国に子どもを留学させることによって、法外な金額を支払っているからである[12]。したがって、国際学校の門戸開放を唱える人々は、韓国人の子どもの国際学校への入学を認めれば、留学費用の節約になるばかりか、幼い子どもたちを外国に留学させることによって家庭内に引き起こされる負担を軽減することにもなるだろうと述べている。

　ところで、この議論には、わが子を国際学校に入学させたいと願う、上昇志向が顕著な新中産階級の親たちも加わっている。彼らは、子どもの教育を大学入学試験への準備としてのみ位置づけがちな昨今の風潮を批判し、こうした教育は子どもたちから国際社会で活躍するために必要不可欠な論理的な思考力や創造力を奪うことにもなる、と主張している。大学入学試験の準備をしている生徒が抱える緊張やストレスは、彼らの心と体の健康に悪影響を与えるとの声もある。韓国の平均的な家庭は、大学入学試験のために塾や家庭教師に多くの費用を費やしているが、その結果は必ずしも保証されていない。

　一方、国際学校の授業料は多くの者には手が届かないほど高額ではあるが、その利益はくらべものにならないほど大きいとも言われている。親たちの目には、国際学校とは英語圏の大学の入学資格を与えてくれることなどから、グローバル化の進展する時代に、子どもたちが国際的な場で活躍するための機会を与えてくれるばかりでなく、将来の職業選択の幅も広げてくれる有利な学校と映っている。

(3) 門戸開放を懸念する声

　一方、国際学校は韓国内の国際的なコミュニティのみに開かれているべきであり、韓国の国民が国際学校で学ぶことは今後も禁止すべきであるとする意見もある。彼らは、韓国が国際的な市場経済に参加することは必要不可欠であると認めつつも、韓国人が国内の国際学校に自由に入学するようになると、従来、国民教育の目標の一つと考えられてきた、韓国文化の創造という課題が達成できなくなることを懸念する。韓国の教員団体(Korean Teachers' Union：KTU)は、当然ながらこちらの声を支持している。また、国際学校への韓国人の入学を容認するならば、西洋文化への隷属や、社会階層に応じて分断された不平等な政策を承認することにもなるだろう、と反対者たちは受け止めている。極端な場合、それは、「韓国のアパルトヘイト」を生み出しかねないとも危惧されている。

　国際学校の門戸開放に反対する人々は、国際社会で英語を用いて会話できることの価値は認めながらも、例えば、公立学校で英語のネイティブ・スピーカーを雇うというような英語学習法もあると提案している。しかも、そうした英語学習法を採用すれば、ほんの僅かな特権階級の者だけでなく、すべての者が恩恵をこうむることができるだろうともいう。また、韓国の英語教師に対して、例えばアメリカのような国で、集中的な英語の訓練を行うことも推奨されている。アメリカ英語に直に触れることによって、コミュニケーション能力を高めることもできるので、それは、英語教師にとって非常に効果的な英語学習法と考えられている。しかも、英語教師が多様で豊かな文化に触れることによって、多くのことを学ぶことができるだろうとも期待されている。

　経済的に余裕がある者だけに開かれた国際学校は、特権階級の教育要求のみに応えるシステムであると、彼らは批判する。むしろ、試験に縛られている今日の韓国の教育システムを全般的に見直すことこそが求められているというのが、国際学校の門戸を開放すべきではないと唱える人々の主要な論点である。

(4) 新たな国際学校の開設

こうした国際学校の門戸開放をめぐる議論を受け、2000年8月21日には、韓国の法人組織によって運営される最初の国際学校である韓国国際学校(Korea International School：KIS)がソウルに開校された[13]。しかも、KISは定員の25％まで韓国人生徒の入学を認めている。当初、キンダーから6年生までの生徒を受け入れてスタートしたKISは、毎年、受け入れる生徒の学年をあげてきており、2005年には12年生までのすべての学年がそろうことになっている。そして、2006年には最初の卒業生を送り出すことをめざしている。

アメリカの西部地域認定協会(Western Association of Schools and Colleges)[14]からアクレディテーション(accreditation)を受けたKISは、英語を教授言語としアメリカのカリキュラムに従っている。入学に際しては外国人生徒に優先権があるが、韓国人生徒もこの学校に入学できる[15]。外国企業で働く外国人の子弟の教育問題を解決することによって、韓国に海外投資を呼び込みたいというのが、この学校開設の第一の目的であった。また、KIS開設の第二の目的は、韓国人子弟の入学も認めることによって、韓国で新しい社会問題ともなっている「子どもの海外留学」をなくすことで

韓国国際学校(KISのウェブサイトより)

あった。こうした事情を踏まえると、今日の韓国の国際学校をめぐる一連の動きは、国家の「指導的な政策理念」[16]でもある新自由主義の市場原理に押し切られたかのようにも思われる。

おわりに

韓国の国際学校の門戸開放をめぐる議論からは、国際化時代における教育政策の難しさが浮かび上がってくる。多くの国々で、教育に市場原理を導入しようとする動きはますます加速されてきているが、それぞれの国においてさまざまな対処のしかたが見受けられる。韓国では、まさに市場、選択、質という新自由主義のレトリックを体現している国際学校の存在は、わが子のために「質の高い」教育を保障したいと願う新興の中産階級の思惑と強く結びついている。

ところで、近年、さまざまな論議を呼んでいるいわゆる新保守主義の潮流に関して、韓国とアメリカでは若干のずれが見られる。つまり、アメリカの新保守主義者たちは、共通教養、高い教育水準、西洋の伝統と愛国心の復活と並んで知識と徳を強調し、新自由主義者たちとは立場を異にした。しかしながら、アメリカにおいて「国際的な移動と交差によってもたらされる文化の混交」[17]は、もはや押しとどめることができず、新保守主義者たちが望んだ「アメリカなるもの」の本質は変容しつつある。こうしたアメリカの現実を目の当たりにして、韓国の新保守主義者たちは、共通の国民文化を維持することの難しさを否応なしに実感するに至った。

今日、多くの国々は、経済の発展と社会の構成員の民主的な統合という、二つの大きな課題のバランスをいかにとるべきかということに頭を悩ませている。だが、昨今の韓国における国際学校をめぐる議論には、こうした重要な社会問題が全く反映されていない。国際学校を、韓国政

府の公費援助を受けることができる公教育制度の中に組み込むために、新しい改革をめざした政策が模索されるべきである。そして、国際学校への入学を希望する韓国の生徒は、彼らの親の社会的、経済的な地位にかかわらず、国際学校への入学を認められるべきである。そうした政策は、韓国と韓国国民に現実的な恩恵をもたらすだろう。

　また、韓国の国際企業は、物理的にも精神的にも一般の韓国人からかけ離れた存在となっている。国際学校を韓国の公教育制度に組み入れることによって、韓国人と韓国における国際的なコミュニティの両者は、多文化への認識を相互に育むことができるだろう。今日のように国際学校を韓国の公教育制度から排除することは、韓国を国際社会から孤立させることともなる。さらに、韓国の学校と国際学校との間での教育の交流は、韓国の教育を再構築するための契機ともなるだろう。

　歴史をさかのぼってみると、「軍事的な征服となんら変わらないほどの圧倒的な圧力」とも言われる市場経済の原理こそが、文化の変容を生み出す最大の要因となってきたと言えよう[18]。グローバル化が、その下にあるすべての人々に文化変容をもたらすことは明白である。こうした事実を認めるならば、市場経済に参加する一方で、学校教育を通してナショナルな韓国文化を伝達し維持しようとする新保守主義者たちの目標は、一種の矛盾を抱えているかのようにも思われる。同様に、新自由主義者たちによって提案された国際学校の門戸開放は、すでに大きく揺らいでいる韓国の社会階層の間に、より大きな不平等と越えることができないほどの深い溝を生み出すことが懸念される。

　韓国は、これまでに経済の奇跡を達成し、「新たに工業化された国(Newly Industrialized Countries：NICs)」の仲間入りを果たした。2002年の国内総生産(Gross Domestic Product：GDP)は、アメリカ、日本、ドイツ、イギリス、フランス、中国、イタリア、カナダ、スペイン、メキシコに次いで世界11位である[19]。だが、残念なことに、今日のような歴史の重要な分岐点において、韓国政府は、国際学校をめぐる政策で安易な妥協を選択し

たと言えよう。私たちは過去の歴史を振り返ることによって、社会の進化はさまざまな視点から評価されるべきことや、富める者と貧しい者との間のギャップを拡大し特権階級の人々を優遇するような政策には危険が潜んでいることにも、思いを馳せるべきである。国際学校の門戸開放ともからんで、国際市場での活躍を掲げる韓国の国家戦略は今一度、慎重に見直されるべきではないだろうか。

[注]

(1) Kim, S. Samuel (2000) 'Korea and Globalization (*Segyehwa*): A Framework for Analysis', in Samuel S. Kim (ed.) *Korea's Globalization,* Cambridge: Cambridge University Press, pp.1-28.
(2) Kim, S. Samuel (2000) 'Korea's *Segyehwa* Drive: Promise versus Performance', in Samuel S. Kim (ed.) *Ibid.,* pp.242-281.
(3) Kang, In Duk (1999) 'South Korea's Strategy toward North Korea in Connection with Its "Segyehwa" Drive', *East Asian Review,* Vol.7, No.1, pp.55-70.
(4) Kim, S. Samuel (2000), *op. cit.,* p.258.
(5) Soe, Min Won (2000) *Structural Improvement of Foreign Schools: Public Hearing [eikukyin hakkyo gedogaeson bangan gongchonghai.]*（韓国語）, Seoul: Ministry of Education.
(6) 第2次世界大戦の終結直後、アメリカ軍はヨーロッパと太平洋地域に駐在する軍人や軍属の子弟のために学校を設立した。一方、アメリカ国内の米軍基地には、こうした子どもたちのためにすでに施設や設備の整った学校がいくつも作られていた。その後、海外の米軍基地内にある学校は国防省付属海外学校局 (Department of Defense Dependents Schools overseas：DoDDS) が、国内の米軍基地内にある学校は国防省付属初等中等学校局 (Department of Defense Domestic Dependent Elementary and Secondary Schools：DDESS) が、それぞれ管轄していたが、1994年、この二つの組織が統合され、国防省教育事業 (Department of Defense Education Activity：DoDEA) となった。

2003年現在、DoDEAはアメリカ以外の13の国、並びに国内の7州、グァム、プエルトリコにおける米軍基地内に、222校の学校を設立し運営している。これらはアメリカの国防省付属の学校であることから、アメリカの国立学校

と考えることができる。また、いずれの学校もアメリカの地域認定協会からアクレディテーションを得ている。

　DoDEAの組織は、ヨーロッパ、太平洋、米国内という三つの地域を担当する部局に分かれており、太平洋地域には韓国、日本、沖縄が含まれている。韓国の米軍基地内には、CT Joy ES, Humphreys ES, Osan ES, Osan HS, Pusan ES/HS, Seoul ES, Seoul HS, Seoul MS, Taegu ES/HSの初等学校並びに中等学校が合わせて9校ある。(以上、訳者註。詳しくは、DoDEAのウェブサイトを参照のこと。Department of Defense Education Activity, *DoDEA*, 29 October 2004, http://www.odedodea.edu/, 5 November 2004.)

(7)　Soe Min Won (2000), *op.cit.*

(8)　Lee, Seong (2003) 'America Excursion Birth: International Embarrassment [Meekook wonjong choolsan: Kookche deamangshin] (韓国語)', http://kr.daily news.yahoo.com/headlines/wl/20030920/pressian/pr2003092, 5 November 2004.

(9)　香港の国際学校に関しては、第4章を参照のこと。さらに詳しくは、Yamato, Yoko (2003) *Education in the Market Place: Hong Kong's International Schools and their Mode of Operation*, Hong Kong: Comparative Education Research Centre, The University of Hong Kong, を参照のこと。

(10)　Soe, Min Won (2000), *op.cit.*

(11)　Apple, W. Michael (2000) 'Between Neoliberalism and Neoconservatism: Education and Conservatism in a Global Context', in Nicholas C. Burbules & Carlos A. Torres (eds.) *Globalization and Education: Critical Perspectives*, New York, London: Routledge, p.60.

(12)　Na Soonkyu (2003) 'The Tide of Elementary School Children's Study Abroad [Chodungsaeng joki youhakyui moolkyul] (韓国語)', *Korean Journal*, Vol.8, No.8, p.100.

(13)　*Maeil Kyungche (Daily Economy)* (2000) 'Korean Corporation Opened First International School [Hunkuk kiup chot oikukin hakkyo sollip] (韓国語)', 24 April.

(14)　アメリカのアクレディテーションに関しては、第1章を参照のこと。

(15)　KISは、韓国人生徒を定員の25％まで認めるとしているが、実際の入学資格としては、①外国人、②外国籍をもつ韓国人、③5年以上海外滞在の経験をもつ韓国人、④父親あるいは母親のどちらかが外国人である韓国人、という規定を設けており、すべての韓国人の子どもに門戸が開かれているわけで

はない。(以上、訳者註。詳しくは、KIS のウェブサイトを参照のこと。Korea International School, *KIS*, http://www.kis.or.kr/, 5 November 2004.)
(16)　Morrow, A. Raymond & Torres, A. Carlos (2000) 'The State, Globalization, and Educational Policy', in Nicholas C. Burbules & Carlos A. Torres (eds.) *Globalization and Education: Critical Perspectives,* New York, London: Routledge.
(17)　Apple, W. Michael (2000), *op. cit.*, p.73.
(18)　Curtin, D. Philip (1984) *Cross-cultural Trade in World History,* Cambridge: Cambridge University Press, p.1.
(19)　IMF (2004) *International Financial Statistics,* Washington D.C.：IMF.

(2) 公教育制度から排除されているケース

第8章　日本における外国の大学
——アメリカ大学日本校に注目して——

鳥井　康照

はじめに

　世界貿易機関(World Trade Organization：WTO)の資料によれば、教育サービスの世界市場は高等教育が中心であり、輸出収入は300億ドル(1999年)と推計されている[1]。主な輸出国は、アメリカ、イギリス、オーストラリア、ニュージーランドである。ここでいう輸出とは、留学、教員招聘、海外分校、e－ラーニングなど教育サービス貿易のさまざまな形態を含む。これらの国々の中で、アメリカは主要な学問の中心地として、世界各国から留学生を集めている。一方、ヨーロッパ連合(European Union：EU)諸国はヨーロッパ統合の流れを受けて、学生や大学教員の国際交流を政策として推進している。例えば、1980年代後半からのエラスムス計画などにより、ヨーロッパ全体として学生と大学教員の移動や交流が増加し、留学経験をもつ学生や教員はいたるところで目にするようになった。イギリスの大学は、政府資金の削減のなかで、海外進出や留学生の受け入れを重要な資金源とみなすようにもなった。また、アジア諸国の中には、高等教育需要が拡大し、自国による供給が追いつかないことから、外国大学の進出を歓迎している国もある。

　こうした国境を越えた高等教育サービスの流れは日本にも及び、現在では、アメリカ、カナダ、オーストラリアなど多数の外国大学が、大学院プログラムを中心に教育サービスを提供している。

高等教育サービスの先行事例として、1980年代後半に急増したアメリカ大学日本校が挙げられる。最大で30校とも40校とも言われたアメリカ大学日本校は、ブームが終焉した現在では数校が残るのみとなり、もはや、その間の経緯を知る人も少なくなったほどである。本章では、多くのアメリカの大学が日本に進出し、その大半が撤退していった経緯、並びにかろうじて現在も活動を続けているいくつかの大学の実態に注目する。そして、こうした外国大学の日本への進出という出来事の背景を整理することによって、日本における大学レベルの外国人学校ともいえる外国大学が日本社会にとってどのような意味をもつのかを考察する。

第1節　アメリカ大学日本校の展開

(1) アメリカ大学日本校とは

まず、いわゆるアメリカ大学日本校をめぐる問題の実態を整理したい。アメリカ大学日本校は、日本の学校教育法で定める正規の学校ではなく、設置形態、設置目的、実施プログラムの内容も多様である。先に、学校数を「30校とも40校とも」と曖昧に表現したのは、当初に設立されたものの中には英会話学校や留学斡旋機関とでもみなすべきものがあり、どの範囲までをアメリカ大学の日本校とみなすべきか議論の余地があることによる。

このような多様な機関を体系的に把握することは困難であるが、本章では、アメリカ大学日本校の設立がピークに達した1991年に、これらの教育機関を対象とする広範な実態調査を行った鋤柄光明[2]の分析に基づき、アメリカ大学日本校を定義したい。それによると、アメリカ大学日本校とは、「専ら日本人学生を対象に本校の教育カリキュラムの一部、もしくは本校への単位移籍が可能な教育課程、または本校への進学準備教育課程を提供している機関」のことである。

さらに、その教育内容を詳しく見ていくと、「英語研修課程」、「留学準備課程」、「学位課程」の三つに分類される。第一の「英語研修課程」とは、本校あるいは日本校で行われる英語での正規の授業についていけるだけの英語能力の習得をめざすコースである。第二の「留学準備課程」とは、本校または他のアメリカの大学に留学して学習を継続することをめざすコースである。第三の「学位課程」とは、本校での学位取得に必要とされるすべての科目を提供するコースである。ちなみに、この三つのコースの設置状況は、「英語研修課程」のみを提供する日本校が8校、「留学準備課程」のみを提供する日本校が12校、「学位課程」のみを提供する日本校が2校、「留学準備課程」と「学位課程」を併設する日本校が14校となっている。

この36校の所在地、設置主体、設立年、学生数、閉校年をまとめたのが**表8-1**である。36校のアメリカ大学日本校のうち、国内に別キャンパスをもつものも5校含まれているので、実際の学校数は41校である。それらについては、東京圏(東京都16校、千葉県1校、神奈川県1校)に18校、大阪圏(京都府2校、大阪府5校、兵庫県5校)に12校が集中しており、残る11校は北海道、秋田県、福島県、栃木県、宮城県、新潟県、富山県、岡山県、広島県、福岡県の1道9県に立地している。それぞれの学校の開校時期は、1987年以前が5校、1988年6校、1989年7校、1990年18校となっている。

ところで、この鋤柄の実態調査以後、アメリカ大学日本校に関する詳細な実態調査は行われていない。加えて、外国大学日本校に関する研究論文そのものも、1990年代のなかば以降は発表されていない。筆者の調べたところでは、この鋤柄の調査以降に新設されたアメリカ大学日本校はなく、また、1991年の時点で36校あったアメリカ大学日本校のうち、2004年8月現在でも存続が確認できたのは、テンプル大学ジャパン(Temple University Japan: TUJ)、レイクランド大学日本校、サザン・イリノイ・ユニバーシティ新潟校、ボストン大学経営学部大学院サンヨー校の4校のみである。

表8-1 アメリカ大学日本校の所在地・設置主体・設立年・学生数(1990年度)・閉校年

	学校名	所在地	設置主体	設立年	日本人学生数(人)	外国人学生数(人)	閉校年
1	シティ大学日本校	北海道	株式会社	1990	31	0	1993
2	米国大学五大学教養部札幌校	北海道	学校法人	1988	103	0	—
3	ミネソタ州立大学機構秋田校	秋田県	学校法人	1990	254	54	2003
4	テキサスA&Mユニバーシティ郡山校	福島県	学校法人	1990	69	0	1994
5	グリーンバリーカレッジ日本校	栃木県	学校法人	1990	59	0	—
6	ルーズベルト大学 ジャパンセンター	千葉県	株式会社	1990	10	0	—
7	アリゾナ州立大学ALCP日本校	東京都	株式会社	1990	40	0	1992
8	アメリカン・クリスチャン・カレッジ	東京都	有限会社	1990	12	0	—
9	カリフォルニア州立大学ノースリッジ校大学進学準備プログラム・イン・ジャパン	東京都	株式会社	1990	—	0	—
10	コロンビア大学ティーチャーズ・カレッジ英語教授法MAプログラム	東京都	株式会社	1987	100	30	—
11	コンコーディア大学日本校	東京都	株式会社	1990	70	0	1995
12	TIC・ユーリカ大学	東京都	株式会社	1989	—	0	1991
13	テンプル大学ジャパン	東京都 大阪府	株式会社	1982	3500	60	存続
14	東京アメリカン・コミュニティー・カレッジ	東京都	学校法人	1988	100	15	1993
15	東京パシフィック・カレッジ	東京都	学校法人	1990	54	0	—
16	ニューヨーク大学教育大学院・トイフルアカデミー	東京都	学校法人	1989	9	0	—
17	ネバダ州立大学インターナショナル・ディビジョン・イン・ジャパン	東京都	株式会社	1988	—	0	1994
18	ピッツバーグ大学E.L.I.日本校	東京都	株式会社	1985	75	0	—
19	マッケンドリー大学日本校	東京都	株式会社	1989	60	0	1994
20	ライオグランデ大学日本校	東京都 宮城県	株式会社	1990	1250	0	1996
21	ラドーインターナショナル・カレッジ日本校	東京都	株式会社	1989	1850	10	—
22	レイクランド大学日本校	東京都	株式会社	1990	—	—	存続
23	アメリカ大学連盟日本校	神奈川県	株式会社	1987	520	0	1993
24	サザン・イリノイ・ユニバーシティ新潟校	新潟県	学校法人	1988	586	28	存続
25	浦山学園富山経済専門学校提携・ニューヨーク州立大学	富山県	学校法人	1989	147	0	1997
26	オクラホマ・ステート・ユニバーシティ京都校	京都府	株式会社	1990	154	0	1995
27	フィリップス大学日本校	大阪府 京都府	財団法人	1989	1606	0	—
28	米国国際大学日本校	大阪府	任意団体	1987	320	0	1991
29	シアトル国際短期大学	兵庫県 大阪府	財団法人	1988	235	5	1993
30	米国ニューポート大学西日本校	兵庫県	財団法人	1990	—	—	—
31	フロリダ州立ウエスト・フロリダ大学神戸校	兵庫県 大阪府	株式会社	1990	233	0	1993
32	ボストン大学経営学部大学院サンヨー校	兵庫県	株式会社	1988	28	20	存続
33	ワシントン州立エドモンズ大学日本校	兵庫県	株式会社	1990	450	50	1997
34	オレゴン州立マウントフッド大学日本校	岡山県	株式会社	1990	154	0	1993
35	ニューヨーク市立大学広島校	広島県	株式会社	1990	343	17	1994
36	ウエストチェスター大学日本校	福岡県	株式会社	1989	—	0	—

出典）鋤柄光明「大学の国際進出—外国大学の日本進出と日本の大学の海外進出—」『研究報告』第35号、1991年、放送教育開発センター、67-69頁、から抜粋した。なお、閉校年は筆者の調査で判明したものを掲載した。

アメリカ大学日本校のブームが去った1990年代後半からは、今度は新たに大学院課程が進出してくる。例えば、1995年にはシカゴ大学大学院ヒューマニティ・プログラム（修士課程）が、東京の四谷にある日米会話学院を会場に社会人をターゲットにして夜間に開校されたが、レベルが高く、学費も高い上に1セミスターをシカゴ大学本校で過ごすことが条件だったことから、学生が集まらずに2002年にプログラムが打ち切られた。現在は、上智大学を会場に開校されているカナダのマギル大学大学院など、いくつかの大学院が開校されており、通信教育でプログラムを提供している大学院もある。日本に進出を図る外国大学の狙いは、学部課程から大学院課程に移ってきていると言えよう。

(2) アメリカ大学の日本への進出

1982年、テンプル大学ジャパンが、ペンシルベニア州フィラデルフィアにある州立テンプル大学の海外分校の一つとして東京に開校した。当時は、集中英語課程のみ、学生数260人のスタートであった[3]。その後、日本人学生に質の高い高等教育を提供すると同時に、アメリカ人学生の留学先としても実績をあげ、両国の教育に大きな貢献をしているとの評価を得ている。日本におけるテンプル大学ジャパンの成功は、日本への進出を企てている他のアメリカ大学にとって模範例ともされた[4]。では、なぜ、1980年代後半には、アメリカ大学の日本への進出が大きなブームとなったのだろうか。その経緯を明らかにしたい。

アメリカの大学が日本に分校を展開した理由として、アメリカ国内の18歳人口が減少してきたため、アメリカ以外の国から学生を集めることが急務となり、アメリカ大学の国際的な売り込みが始められたとの憶測がなされた[5]。当時、日本経済は好況で、アメリカの大学にとって日本の高等教育マーケットは魅力があり、また、さまざまな分野で国際的な実力が評価されていた日本について、興味や関心が高かったという意見もある[6]。

だが、こうした参入者の自発性を強調する考え方に対して、日本側の受け取り方は違っていた。国土庁大都市圏整備局[7]は、「現在相次いで開設されている海外大学日本校は決して外国側からの自発的進出ではなく、むしろ日本側からの要請、誘致の結果やってきたのであって、あくまでも主体は日本側にあるという認識を明確にしておく必要がある」と分析している。さらに、「米国の大学が大学進学指向の高い日本をマーケットとして狙っている、あるいは、米国の大学が倒産の危機にあるので日本進出を企てているといった考え方は、米国高等教育事情を無視したものといえる」とも述べ、日本側のプル要因を強調している。

　1986年には、国会議員を中心とする日米貿易拡大促進委員会が、さらに、この委員会を民間サイドから支援・推進するために貿易拡大促進協議会が相次いで設立された。この二つの組織が、日本にアメリカ大学を誘致する計画を推進していくこととなった。日米貿易拡大促進委員会の事務局が、アメリカ大学を地方の自治体に誘致することに積極的であったことから、サザン・イリノイ・ユニバーシティ新潟校、テキサスA＆Mユニバーシティ郡山校、ミネソタ州立大学機構秋田校など、日本の大都市圏以外の地域にアメリカの大学の日本校を誘致する計画が進められた。また、日米貿易拡大促進委員会や貿易拡大促進協議会による斡旋や支援を受けずに、自治体が独自に相手校を見つけたケースもある。大阪府岸和田市が米国国際大学日本校を、京都府亀岡市がオクラホマ・ステート・ユニバーシティ京都校を誘致した2例である。

　地方自治体がアメリカ大学日本校を誘致する動機は、地域経済の活性化、国際的な人材の育成、地方からの教育と文化の発信、人口の流出防止、若者の地域への定着などをめざしていたからである。しかし、実際には、自治体が誘致した日本校はそれほど多くはなく、大半のアメリカ大学は日本の学校法人や民間企業・グループとの共同事業として展開された[8]。

　開校したアメリカ大学日本校のシステムとしては、①日本ですべての

コースを受講して学位を取得する、②一般教養課程の一部または全課程を修了し本校に編入する、③日本校で約1年間の集中英語課程のみを行い本校や他の海外の大学に編入する、④大学院課程を提供するもの、に大別される。こうしたシステムをわかりやすく説明したのが**図8-1**である。

　日本人学生がアメリカ大学日本校で学ぶメリットには、経済的にも精神的にも留学への準備が十分にできていない者が、日本にいながらにして、アメリカにおけるのと同等の大学教育を受ける機会を得られるということが挙げられる[9]。また、アメリカ大学日本校は、日本の大学への進学を希望しない学生に新たな機会を提供する場になっている。例えば、

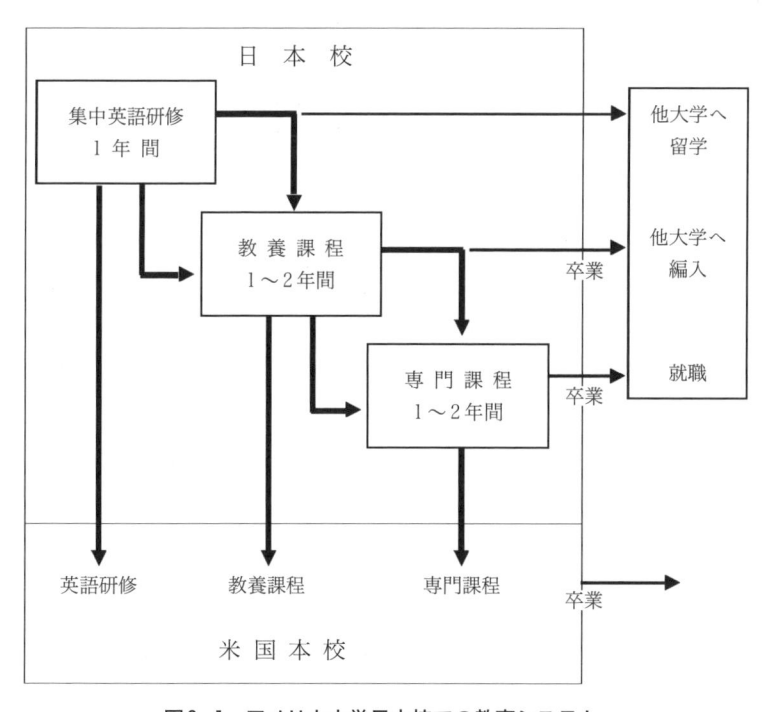

図8-1　アメリカ大学日本校での教育システム

出典）鋤柄光明「大学の国際進出―外国大学の日本進出と日本の大学の海外進出―」『研究報告』第35号、1991年、放送教育開発センター、65頁。

帰国子女の多くは日本での生活を好む一方で、伝統的な日本の高等教育制度におさまるのを嫌う傾向がある。あるいは、高校が進学校でなかったため、日本の大学に進学できなかった学生の中にも、アメリカの大学への進学を希望する者は結構いる。

　一方、アメリカ大学日本校は、アメリカから日本に来るアメリカ人留学生の受け入れ先ともなっている。彼らにとって、アメリカ大学日本校には言葉の障壁がなく、充実した居住施設をもつ日本校もあるため、数ある留学先の中でも快適な場所と認識されている。こうした留学生の受け入れを通して、アメリカ人の日本に対する理解が深まることも期待されている。

第2節　アメリカ大学日本校の問題点

　ところが、アメリカ大学日本校の多くは、極めて短期間に閉校した。日本校は学校教育法上の正規の大学ではないため、アメリカ大学日本校を卒業しても、日本の大学の卒業資格は得られない。日本社会で評価が定着していないこうしたアメリカ大学日本校へ進学することに対して、高校の進路指導に当たる教員や親たちは慎重な態度を取った。ミネソタ州立大学機構秋田校、テキサスＡ＆Ｍユニバーシティ郡山校、サザン・イリノイ・ユニバーシティ新潟校の場合、日本の正規の4年制大学として認可されることをめざしたが、基準を満たすことがあまりに困難であったため、専修学校として設置認可を得た[10]。一方、テンプル大学ジャパンも日本の正規の大学ではないが、こちらは、最初から日本の設置認可を取るとアメリカの大学の良さが失われてしまうと判断し、設置認可を取らなかったという[11]。

　アメリカにおける大学の管理や運営の実績を過信し、日本での開校を焦った学校も何校かあった[12]。それらの大学は、日本の学生が求めてい

る質の高い教育、並びにそれに必要な経費を準備できずに、開校を急いだ。とりわけ、日本の株式会社がからむ場合、経営面での利益が優先される結果、こうした性急な傾向は顕著であった。一方、自治体が誘致する場合には、地元の経済的、社会的な繁栄に寄与することが最大の関心事とされた。

　ところで、多くのアメリカ大学日本校はなぜ、閉校に追い込まれたのだろうか。その原因を探ってみたい。

　まず、日本とアメリカにおける授業のあり方の違いが挙げられる[13]。アメリカの大学では、授業において学生の積極的な参加を前提とし、また、それを奨励する。学生は積極的に議論に参加し、教員に自分の意見を述べることが期待されている。しかしながら、日本の学生の多くはこうした授業への積極的なかかわり方が苦手だった。

　第二に、日本人スタッフとアメリカ人スタッフが学生に求める能力や資質が異なっていた[14]。例えば、アメリカの教職員が学生に積極性を求めるのに対し、日本人の教職員は画一性や協調性をしばしば尊重した。入学方針にも違いがみられた。アメリカ側は英語で行われる授業についていける学生を募集したいとしたが、日本側はそうした基準にかかわらず応募してきた学生をすべて受け入れようとしたため、両者はしばしば衝突した。また、アメリカ側は成績不振者を進級させるのは不適切であると考えたが、日本側は一生懸命にがんばっている学生にやり直しの機会を与えず落第させるやり方に反発した。

　第三に、教育に携わった経験のない日本の経営者がカリキュラムや教育方法に干渉することもあった。また、日本の大学関係者がテキストや教育方法を独自に決めようとした例もいくつかある。極端な例としては、日本語で授業を行う日本校もあったという[15]。この点については、アメリカ大学の中にも見解の相違が見られる。アメリカ大学の優れた点は学生の要望に応えるために最大限の努力をすることであるから、日本人学生の望むように日本語で教育を行うべきであるという意見もある。一方、

日本人学生は日本の大学とは異なる教育を求めてアメリカの大学に来ているのだから、日本語の教育を行うべきではないとする立場もある。それは、ほとんどのアメリカ大学日本校の学生が最終的にはアメリカの本校で学位を取得する以上、分校の教育や校風は本校のそれにできる限り類似したものにするべきだという主張に通じるものでもあった。

　第四に、アメリカ大学の日本での提携先が、自治体や不動産業者などさまざまであったことも指摘できる。1989年に東京都に開校し1991年には閉校してしまったTIC・ユーリカ大学日本校の場合、日本の専門学校とアメリカの大学との提携であった。同校の運営について、元副学長のブラッドレイ・スミス(Bradley Smith)氏は、「ミッションの異なる二つの機関が共同事業を行うことは、もともと無理な話しであった」とも述べている[16]。アメリカ側の下調べ不足もあった。フィリップス大学日本校誘致のコンサルティング業務を行ったサムエル・シェパード(Samuel Shepherd)氏は、そのあたりの事情を次のように指摘する[17]。「日本側にもアメリカ側にも専門家がいなかった。とりわけ、日本のことをよく知っている教育の専門家であるアメリカ人がいなかった。多くのアメリカ人は、日本のことをよく知らないで来日した。日本側のパートナーが日本のことを説明し、すべてにわたって、彼らが判断を下した。」

　第五に、教育内容が大学というよりむしろ英会話学校に近く、アメリカの本校が認定委員会の認可を得ていない大学もあるため、他のアメリカの大学への編入ができない例も見られた[18]。例えば、大阪府において1989年に開校し1991年には閉校した米国国際大学日本校とそれを誘致した大阪府岸和田市は、大学のカリキュラムが不適切であり、その実態は大学というよりむしろ英語塾であるとして、学生から告訴された。告訴状によれば、岸和田市はカリフォルニア州サンディエゴ市にある国際大学の日本分校を誘致した際、その公報において、日本分校は最終的には八つの学部と1,000人の学生数を有する大学になると報じた。日本人学生は、スペイン語を勉強するためにカリフォルニア州サンディエゴ市に

ある本校に留学することもできると言われていた。だが、実際は、本校からの教員は誰一人として日本に来なかったばかりか、本校ではスペイン語も教えられていないことがわかった。

こうした日本の学生や日本の受け入れ態勢に原因があって閉校に追い込まれた学校が多かったのに対して、アメリカ側が日本校の閉校を決定したケースもあった[19]。1989年に福岡県に開校されたペンシルベニア州立ウエストチェスター大学日本校は、アメリカの景気後退の影響で、州から支出されていた大学本校への補助金が大幅に削減されたため、日本人留学生を含む州外からの学生の受け入れ枠が確保でなくなったことを理由に、提携を解除された。本校の学長からは、「州からの補助金削減などで外国人学生は全学生の10％に制限された。英語の能力が高い学生しか受け入れられないので、日本校との提携の意義が薄れた」という一片の通達が届いただけであった。

第3節　テンプル大学ジャパンの場合

(1) テンプル大学ジャパンの成功の背景

日本で閉校に追い込まれるアメリカ大学日本校が後を絶たないなか、順調な経営を続けているのが、テンプル大学ジャパンである。そもそも、この学校は、テンプル大学日本株式会社(Temple Nippon, Inc.)という名の日本の株式会社によって経営されていた。しかし、1996年からは経営の本体も本校に移行し、東京の八王子にあったキャンパスも現在の南麻布に移転した。設立当初は文部省からの行政指導で大学という名称を使うことができなかったので、テンプルユニバーシティ日本校と名のっていたが、現在ではテンプル大学ジャパンの名称を使用している。同校の学生に与えられる卒業証書は、フィラデルフィアにあるテンプル大学の本校の課程を修了した学生に与えられる卒業証書と同一のものであり、本校

テンプル大学ジャパン　　　（2004年8月　筆者撮影）

から直接発行される。

　TUJの要望書[20]によると、この学校の主な使命として、日本の将来における国際的指導者を育成すること、日本とアメリカとの関係を強化す

ること、日本に対する外国の理解を深めること、日本の教育制度の発展に寄与すること、などが挙げられている。

また、教育課程としては、2年制の準学士課程と4年制の学士課程から成る学部課程、及び大学院課程をもっている。前者の学部課程の専攻学科としては経済学、アジア研究学、アメリカ研究学、コミュニケーション学、政治学、国際関係学などが、後者の大学院課程には英語教育の専門家を育成するTESOL(Teaching English to Speakers of Other Languages)プログラム、企業のエグゼクティブのためのMBA(Master of Business Administration)プログラム、ロースクール・プログラムが設置されている。また、生涯教育プログラム、企業内教育プログラムなどと共に大学附属の英語研修課程も開かれている。

2002年度、各プログラムの在籍者数は、学部課程420名、大学院修士課程310名、博士課程70名、生涯教育プログラム500名、大学附属英語研修課程180名、企業内教育プログラム220名で、合計1,700名であった。TUJの学部課程では、62単位を修了すると準学士号、123単位を修了すると学士号を取得できる。学部課程に入学する学生は、大学附属英語研修課程卒業生(29.9%)、海外の大学・短大からの編入生(19.2%)、アメリカ本校からの編入生(12.0%)、海外の高校卒業生(8.6%)と、すでに海外の生活経験を積んできた学生が半数以上を占めている。また、日本の大学・短大からの編入生(9.8%)、インターナショナル・スクール卒業生(8.7%)、日本の高校卒業後直ちに入学した者(11.0%)、その他(0.8%)となっている。国籍は、日本人70.2%、アメリカ人14.8%、その他15.0%である。卒業生の多くは、金融、ハイテク、旅行、航空、マスコミなどの業界を中心に外資系企業に就職しているという。

アメリカのテンプル大学本校は、医療関連学部、薬学部、工学部、経営学部など12学部を擁する総合大学である。このうち、教養学部、コミュニケーション・シアター学部、芸術学部の3学部については、TUJのみですべての単位が取得可能である。留学の時期、期間などは学生が自由に

決めることができる。例えば、TUJで必要な単位を取ってからアメリカの本校に留学して本校で学位を取る場合、TUJに在籍後に本校で必要な単位を取得しさらにTUJに再度戻り学位を取る場合、TUJで取得した単位をもってアメリカの別の大学に編入する場合など、選択肢は多様である。毎年、アメリカの本校から約60人の学生がTUJに来て、ここで1学期間あるいは1年間、勉強する。

　こうしたテンプル大学ジャパンの教育システムからは、この学校が20年以上にわたって日本で存在し続けることができた理由が垣間見える。

　それは、まず、社会人を取り込める大学院をもち、社会のニーズに即したコースを提供することができたからである。第二に、ロースクールをのぞいて、履修期間を通じて全く日本を離れることなく、アメリカの本校と同じプログラムを履修することができ、学位を取得できることである。第三には、授業内容、単位、学位などがアメリカの本校と同一であり、授業は英語で行われるため、日本人以外の学生も受講が可能であり、常時30カ国を超える国籍をもつ学生が在籍し、外国大学の特質でもある国際性が顕著であることである。

　ただし、後で述べるように、TUJは文化活動ビザといって6カ月または1年の滞在で1回のみ更新可能なビザを本校からの留学生に適応することしかできないので、現在、在籍する学生の多くは親や配偶者が大使館や企業で働いている外国人、あるいはもともと日本に在住している外国人である。第四に、アメリカの本校が、1966年にローマ校を、1969年にはロンドン校を開校しており、海外で事業を展開する経験を積んできたことが大きい。第五に、アメリカ本校の規模が大きく、安定した財政支援を受けられると共に、本校がTUJを重要な海外拠点として位置づけていることが挙げられる。そして、最後に、地方自治体が誘致した他のアメリカ大学日本校とくらべ立地条件がよかったことである。

　こうした六つほどの要因が、TUJの成功に寄与したと推測される。

(2) テンプル大学ジャパンの法的地位

　では、TUJ は、自らの日本における法的地位に関して、どのような要望をもっているのだろうか。以下、2003年7月にテンプル大学ジャパンから出された要望書にそって見ていきたい[21]。

　TUJ は日本の正規の大学ではないことから、正規の大学やあるいは正規の大学に通う者に保障されている、さまざまな権利や優遇措置が認められないでいる。具体的には、JR や地下鉄などの通学定期に関して学生割引を受ける資格がないため、学生にとって大きな経済的負担になっている。また、アメリカ本校から直接あるいは本校経由で TUJ に1年以内の短期留学をするアメリカ人学生をのぞいて、TUJ は学生ビザのスポンサーになれない。したがって、ヨーロッパ、カナダ、オーストラリア、アジア、中南米などからの入学希望者を受け入れることができないでいる。これは単に TUJ やそこに通う学生にとって損失となるばかりでなく、日本における留学生の数を増加させようと躍起になっている、文部科学省の思惑にも反することであろう。

　また、TUJ で取得できる単位及び学位はアメリカ本校のそれと同一であるにもかかわらず、文部科学省は異なるものと位置づけている。例えば、日本の国立大学においてアメリカ本校の準学士号は認められ編入学が可能だが、TUJ の準学士号は認められず編入学できない。さらに、国民年金は20歳からの加入が義務づけられているが、20歳以上の学生は申請に基づき保険料の支払いが猶予され、10年以内に保険料を収めればよいようになっている。しかしながら、それぞれの市役所や区役所からは、テンプル大学ジャパンは学校法人ではないので、テンプル大学ジャパンの学生は正規な学生とは言えないという理由から、学生は支払い猶予の適用を受けられないでいる。

　あるいは、日本の正規の学校に通う者に対して地方自治体から付与されるはずの奨学金が、TUJ に通う学生には付与されなかったという事例も報告されている。そればかりか、文部科学省から認可されていないた

め、TUJ の授業料には消費税がかかる。消費税が導入された当初、TUJ では消費税を学生に負担させる代わりに学校が負担していたため、今でもそのつけが残っている。

　テンプル大学ジャパンが各種学校として位置づけられていることは、高等学校の進路指導の際にも不利に働いている。というのも、高等学校は、各都道府県の教育委員会に生徒の卒業後の進路を報告する義務があるが、TUJ に卒業生が進学した場合、その生徒の進学先は「大学」ではなく「各種学校」となってしまう。卒業生の大学進学率は、高等学校にとってその評価やランクづけに直接、結びつくものであるため、こうした区分が続けられる限り、TUJ の被る損害は計り知れない。

　要望書を出すにあたって、カーク・パタソン(Kirk Patterson)学長は、次のように説明している[22]。「本学は、日本の大学として文部科学省の認可取得を希望しているのではない。アメリカの大学の分校として、アメリカ式のカリキュラムを採用し、かつアメリカ本校と同一の方針と内容で授業を行う能力と自由を保持することが、本学にとって重要である。しかし、文部科学省の認可がないため、TUJ とその学生は、さまざまな形の差別待遇を受けている。例えば、高校生を対象とする大学進学ブックに大学として掲載されないことや、大学フェアで不利に取り扱われることなどである。TUJ は21年間にわたりこの問題を克服すべく、努めてきたが、未解決のままだ。」

　こうした日本における法的地位の改善を求める動きの一貫として、TUJ は、構造改革特区の国際高等教育推進特区に応募してきた。第3次提案(2003年6月締切り)、第4次提案(2003年11月締切り)では、外国の認定機関の認定を受けた日本校に、日本の大学に準じた法的地位の付与を可能にすることの他、大学設置基準について、修業年限の弾力化(3年未満)、学部・学科設置認可の届出、収容定員増減の届出、大学の設置認可に関する申請日の延期など、更なる緩和を求めてきた。これらが解決されることで、日本の大学とより近い立場で学校を運営することが可能となり、

学生募集力の強化、カリキュラム・施設の拡充などが実現するとTUJは考えていた。しかし、第3次提案、第4次提案で文部科学省が出した回答は、「特区として対応不可」、「現行の規定により対応可能」、「特区の特例により対応可能」のいずれかであった。そこで、2004年6月に締切られた第5次提案では、実現可能性を高めるため、提案内容を具体化した。その結果、全10項目にわたる項目の回答はすべて、「平成16年度中に実施する」であり、これまでの経過をながめると、大きな進展が見られる（**表8-2**参照）。

ところで、外国大学日本校の教育制度上の法的地位については、「国際的な大学の質保証に関する調査研究協力者会議」（文部科学省高等教育局裁定）においても審議され、2004年3月29日に「審議のまとめ」が提出された。そこでは、外国大学日本校のうち、教育の提供主体が真に外国の大学であること、わが国において提供される教育の課程が当該外国の大学の課程であることなど、一定の要件を満たすことが確認できる場合には、外国の大学に留学する場合と同様に、大学院入学資格の認定や単位互換な

表8-2　テンプル大学ジャパン第5次特区提案項目一覧

項　目
1. 外国大学設置認可の特例要求とそれに伴う外国人に対する留学在留資格の特例
2. 外国大学設置認可の特例要求とそれに伴う通学定期の学生割引適用に関する告知
3. 外国大学の日本分校の認定とそれに伴う学費などに課税される消費税免除の特例
4. 外国大学の日本分校の認定とそれに伴う法人税、不動産取得税、都市計画税、住民税、事業所税などの特例
5. 外国大学の日本分校の認定とそれに伴う指定寄付金制度の特例
6. 外国大学の日本分校の認定とそれに伴う租税条約に基づく教授など受け入れに関する免税の特例
7. 外国大学の日本分校の認定とそれに伴う大学・大学院への入学資格や編入学の制度化の特例
8. 外国大学の日本分校の認定とそれに伴う地方自治体から付与される奨学金の獲得資格の特例
9. 外国大学の日本分校の認定とそれに伴う20歳以上の学生に対する国民年金支払い猶予の適用に関する特例
10. 外国大学の日本分校の認定とそれに伴う勤労学生の所得税控除における特例

出典）首相官邸　構造改革特区推進本部、「構造改革特区の第5次提案及び地域再生（非予算）の第2次提案に関する再々検討要請等に対する各府省庁からの回答について」http://www.kantei.go.jp/jp/singi/kouzou2/kouhyou/040910/040910kaitou.html、2004年11月8日。

どによりわが国の教育制度と接続するための措置を講ずるよう検討すべきであると提言されている。このように、外国大学日本校の法的地位を明らかにする動きが高まっている。

おわりに

　1990年前後にブームを迎えたアメリカ大学日本校の多くは、やがて閉校に追いやられ、日本から撤退していった。その撤退の理由のおおもとには、アメリカ大学日本校が文部省(現在は文部科学省)から設置認可を受けることができなかったことがある。当初の思惑通りに日本人学生を募集できなかったことや、一部の学校をのぞいて公費援助を受けることができなかったことは、アメリカ大学日本校の経営を直撃した。さらには、アメリカ経済の悪化という予期せぬ出来事から、アメリカの本校が日本校への財政支援を削減したというケースもある。

　こうした日本の法制度あるいは日米両国の経済事情にかかわる障害の他にも、日本とアメリカにおける大学文化の違いや学生気質にからむ問題もあった。日本人学生の問題として、アメリカ側が期待するほどの英語力が身につかず、学業を継続できずに大学を中退した者も多い。アメリカ大学日本校に対する日本側とアメリカ側の期待の違いも大きかった。また、在学年数、費用、教育の質などの点で、既存の留学事業者や日本の高等教育機関と競合できなかったというケースもある。地域振興を狙って、学生の募集による経済効果や町の活性化を期待していた自治体からは、学生募集がうまくいかず、経済的な波及効果も見られなかったという不満が出されている。

　だが、今後、WTO交渉が進展し、各国の大学の法的地位やその学位などの通用性についての国際的な情報ネットワークが構築されるならば、日本における外国大学の抱える問題にも新しい地平が開けるかもしれな

い。高等教育のグローバル化はすでに現実のものとなりつつあり、国境を越えて提供される高等教育の質の保障が、日本を含む各国で共通に議論されている。外国大学日本校が今後、日本の社会でどう受け入れられていくのかという問題は、21世紀において日本の大学がどのようにして生き残れるのかという問いとも密接にからんでいる。

[注]
(1) Kurt Larsen and Stéphan Vincent-Lancrin「学習産業 教育の国際的取引は機能するか?」『OECD Observer』日本経済調査協議会、第235号、2002年12月、18-20頁、http://www.oecdtokyo2.org/pdf/obser ver_pdf/no235.pdf、2004年11月8日。
(2) 鋤柄光明「大学の国際進出—外国大学の日本進出と日本の大学の海外進出—」『研究報告』第35号、1991年、放送教育開発センター、55-87頁。
(3) 田中義郎「アメリカ大学日本校のいま テンプル大学JAPAN」『カレッジマネジメント』第56号、1991年、52-57頁。
(4) ローラシアン協会『在日米国高等教育機関』ローラシアン協会出版部、1992年。
(5) 鋤柄光明、前掲書。
(6) 鋤柄光明『国際教育交流実務講座 第7巻 アメリカ大学日本校』アルク、1993年。
(7) 国土庁大都市圏整備局「海外大学日本校の実態に関する調査」『人と国土』1991年1月号、国土計画協会、68-71頁。
(8) 加澤恒雄「アメリカの大学の日本進出と日本の大学教育」『社会構造と教育—アメリカと日本の比較研究—』渓水社、1991年、276-289頁。
(9) ローラシアン協会、前掲書。
(10) 「経営苦しい米国大学の日本校、生き残りへ自助努力を」『朝日新聞』1993年10月28日。
(11) 筆者が行ったテンプル大学ジャパン広報部長加藤智恵氏へのインタビューより、2002年11月18日。
(12) 「民間校は"一夜"大学が大方?—基準つくり"防戦"の自治体校—米国大学日本校に未来はあるか(下)」『内外教育』、1990年3月23日。
(13) 米川英樹「大学の海外分校設置の背景と目的—米国の大学の日本校設置を

⑭　めぐって─」『アメリカ教育学会紀要』第1号、1989年、26-32頁。
⑭　「学生募集に苦慮する自治体誘致校　米国大学日本校に未来はあるか(上)」『内外教育』1990年3月13日。
⑮　G・チェンバース、W・カミングス(阿部美哉監修)『アメリカ大学日本校』1990年、アルク。
⑯　筆者が行ったTIC・ユーリカ大学日本校元副学長ブラッドレイ・スミス(Bradley Smith)氏へのインタビューより、2003年2月5日。
⑰　筆者が行ったサムエル・M・シェパード(Samuel M Shepherd)氏へのインタビューより、2003年3月5日。
⑱　「財源難で足踏みする自治体も　米国大学日本校誘致の現状」『内外教育』、1990年1月23日。
⑲　「米大学、日本校(福岡)との提携解除／本校への留学困難に／州補助金カットで」『読売新聞』、1991年11月21日。
⑳　テンプル大学ジャパン『テンプル大学ジャパン要望書』、2003年7月17日。
㉑　同上書。
㉒　筆者が行ったテンプル大学ジャパン学長カーク・パタソン(Kirk Patterson)氏へのインタビューより、2003年6月15日。

(3) 組み入れと排除が併存しているケース

第9章　ドイツの外国人学校と国際学校
——国際的な学校の多様性に注目して——

中山　あおい

はじめに

　ベルリンやフランクフルトなどの大都市を歩くと、さまざまな肌の色、髪の色の人々とすれ違い、ドイツ語以外の言語を耳にする。ドイツ連邦共和国(以下、ドイツと記す)は、「移民国ではない」という政府の見解とは裏腹に、第2次世界大戦後の外国人労働者の流入並びに難民や亡命申請者の増加によって外国人数が増加している。さらに、ヨーロッパ連合(European Union : EU)の誕生は、ドイツ社会の多言語・多文化状況にさらに拍車をかけることになった。外国人と一口に言っても、仕事で一時的にドイツに滞在している場合もあれば、トルコ人に代表されるように、もともと外国人労働者としてドイツに来たまま定住し、すでに二世、三世になっている場合もある。

　トルコ人のようにドイツに定住している外国人の多くは公立学校で学んでいる。州によっては出身国の言語や文化や歴史を学ぶために、通常の授業の他に母語補完授業も行われている[1]。また、ドイツでは公立学校で宗教教育が行われているため、イスラム教をどのように教授するのかという教育問題も生じている。加えて、ドイツにはドイツ国籍をもちながら、ドイツ語を母語としない国内少数民族であるデンマーク人やソルブ人、東欧やロシアからの帰国移住者も存在している。

　連邦統計局によると、ドイツの普通教育の学校には2003年現在約96万

人の外国籍の子どもがおり、全体の9.8％に達している[2]。その3人に2人までは、ドイツで生まれた二世や三世である。外国人の子どもに関しては、1964年の常設文部大臣会議の決議「外国人の子どものための授業」において、外国人の子どももドイツ人の子どもと同様に就学義務があることが定められている[3]。つまり、外国人の子どももドイツ人の子どもといっしょにドイツの公立学校で学ぶことが原則となっている。

しかしながら、ドイツに定住する外国人の子どもたちとは異なり、一時的にドイツに滞在する外国人の子どもたちは、帰国を前提とした母語の保障や帰国後の社会的チャンスの保障を必要とすることから、外国人学校や国際学校に通うことも認められている。そうした理由に基づいた外国人学校としては、日本人学校、フランス人学校、イギリス人学校、ギリシャ人学校などがある。また、外国人生徒が母語で授業を受けることができる公立のバイリンガル学校や国際学校も存在し、外国人の子どもはさまざまな教育機関で学んでいる。

そこで、本章では、ドイツにおける外国人の子どもたちの教育が、どのような形で行われているのを明らかにする。つまり、外国人学校や国際学校がドイツ社会でどのような役割を果たしているのかを検討すると共に、公立学校における外国人の子どもの教育についても目を向けていく。宗教に限らず、出身国の言語と文化をいかに教育するのか、あるいは受け入れ国のドイツの学校でどこまでそれを保障するのかという問題は、ドイツに居住するあらゆる外国人の子どもの教育において重要な課題となっているからである。具体的には、第1節から第3節においていわゆる私立の外国人学校と国際学校を、第4節と第5節において公立の国際的な学校を取り上げる。なお、連邦制をとるドイツの教育制度はもともと日本とかなりの違いがあるが、なかでもドイツの私立学校のあり方は日本のそれと大きく異なる。しかも、このことがドイツの外国人学校や国際学校の法的地位と深くからんでいるため、まず、ドイツにおける私立学校の問題から見ていきたい。

第1節　ドイツの私立学校

　ドイツでは外国人学校や国際学校は、外国の総領事館付属施設のものもあるが、ほとんどが私立学校の法的地位にある。また、ベルリンには州立の国際学校や州立ヨーロッパ学校もある。何をもって外国人学校や国際学校と定義するかは議論を要するが、本章では、設置者を問わず、外国のカリキュラムに従い、主にその外国出身の生徒を対象にして、当該国の修了資格を付与する学校を外国人学校とし、国際バカロレア(International Baccalaureate：IB)など国際的な修了資格を付与する学校を国際学校とする。公立の国際学校については後述することにし、私立の外国人学校と国際学校から検討していく。

　連邦統計局によると、2001年現在、ドイツには普通教育の学校と職業教育の学校を合わせて4,076校の私立学校がある[4]。私立学校に通う生徒は年々増えているものの、普通教育において私立学校に通う生徒は約5％にすぎず、公立学校に通う生徒が圧倒的に多い。これらの私立学校の多くはキリスト教の教会によって設立されており、自由ヴァルドルフ学校(シュタイナー学校)のように特色ある教育を実践している私立学校もある。さらに、シュレスビッヒ・ホルシュタイン州のデンマーク人のような国内少数民族のための学校や、外国人のための私立学校もある。このように多様な私立学校のあり方は日本と事情が異なるため、まず、私立学校の種類と法的地位について言及したい。

　ドイツの私立学校の法的根拠となっているのは、ドイツの憲法に当たる基本法である。その第7条第4項には私立学校を設立する権利が保障されている。そこでは、公立学校に代替する私立学校の認可に当たっては、教育目標、施設、教員養成において公立学校と同じ水準を保つこと、及び親の資産状況によって生徒を差別しないことなどが条件とされている。しかも、教師の経済的並びに法律的地位が十分に確保されることも

求められている。加えて、ドイツの私立学校に関して興味深いことは、代替学校(Ersatzschule)と補完学校(Ergänzungsschule)という二つの種類に区分されることである。

常設文部大臣会議の勧告「私立学校に関する取り決め」(1951)によれば[5]、代替学校は、「教育目標において公立学校に対応し、公立学校を代替するものである。ただし教育方法と教材における相違は認められる」という。また、代替学校は州の認可を受ける義務があり、州の監督下にある。代替学校としての認可を受けるということは、その学校に通うことで子どもの就学義務を果たせるということを意味している。

一方、公立学校を代替しない私立学校は補完学校に区分されている。「私立学校に関する取り決め」の中では、すべての私立学校は国家の監督下にあり、補完学校もその例外ではないと述べられている。補完学校の設置者は学校の設置に当たって学校監督官庁に届け出る義務がある。また、公共の安寧のために「補完学校の設置者や校長、教員、学校施設は通常の法律や警察の要請に応じなければならない」とある。

それでは、外国人学校や国際学校は代替学校と補完学校のどちらに位置づけられているのだろうか。また、代替学校か補完学校かという法的地位の違いが、外国人学校や国際学校のあり方にどのような影響を与えているのだろうか。連邦制をとるドイツでは各州に文部省があり、私立学校に関する詳細はほとんどの州において私立学校法によって規定されている。そのため、外国人学校や国際学校の法的地位は州によって異なる。そこで、日本人学校を含むいくつかの事例に即して、具体的に検討していきたい。

第2節　外国人学校の法的地位

ドイツには、日本人学校がデュセルドルフ、フランクフルト、ハンブ

ルク、ベルリン、ミュンヘンの地に全部で5校あり、その他にも12校の補習授業校がある。これらの日本人学校の法的地位に関しては、ミュンヘンのみが代替学校で、それ以外の4校は補完学校である。そこで、補完学校の例としてデュセルドルフとハンブルクの日本人学校を、代替学校の例としてミュンヘンの日本人学校を順に取り上げていく。さらに、ドイツ国内に住む少数民族であるデンマーク人の子どものための学校であるデンマーク人学校にも目を向け、一時的滞在者と居住者に対する処遇の違いを見ていきたい。

(1) 補完学校としての日本人学校

ノルトライン・ヴェストファーレン州にあるデュセルドルフの日本人学校は、補完学校に分類されている。ドイツにある5校の日本人学校の中で最も古く1971年に設立され、生徒数も最も多い。この学校の法的地位について検討してみよう。私立学校のあり方は同州の学校法 (Schulordnugs-gesetz) の「私立学校に関する規定」[6]において、また、外国人学校については「外国人学校に通うための例外許可」[7]によって定められている。「外国人学校に通うための例外許可」では、外国人生徒にもドイツ人生徒と同様に就学義務があることが述べられており、その義務はドイツの学校に通うことによって果たされるという。しかしながら、以下のような四つの学校に通うことも例外措置として認められている。

①在外公館に所属している職員の子どものための学校
②駐屯軍に所属している者の子どものための学校
③その他の外国人学校(これらの学校は学校法第44条及び第45条における補完学校として位置づけられ、届出の義務がある。また、これらの学校の組織と授業は、それぞれの国の規則に従うものでなければならない。このことは、それぞれの国の教育官庁ないしは大使館によって証明されなければならない。)
④外国にある学校(ドイツに隣接する国の学校もしくは寄宿舎のある学校)

こうした規定から、日本人学校は、「その他の外国人学校」に相当する補完学校であり、ノルトライン・ヴェストファーレン州において外国人生徒のために例外的に許可されている学校であることがわかる。また、これらの外国人学校に通うことができるのは次のような子どもである。
　①在外公館もしくは駐屯軍に所属している者の子ども
　②ドイツ連邦に一時的に滞在していることが明白な外国人の子ども
　③ドイツ連邦に長期間滞在する外国人の場合、すべての者に例外措置が適用されるわけではない。個々の場合に応じて、彼らがどの程度母国の言語や文化との絆を保持しようとしているのか、あるいはそうした母国への絆が彼らのドイツ社会への統合という動きに相反し、障害にならないかが問われる。初等教育段階では、子どもの将来にわたる生活の基盤が外国にあると思われる場合のみ、こうした例外が認められる。
　つまり、日本人学校などの外国人学校や国際学校へ通うという例外措置が認められているのは、在外公館の職員や軍人、その他の目的による短期の駐在者、並びにいずれ帰国することを前提としている外国人の子どもに限られている。また、ドイツ人の子どもの場合、外国で育った子どもや外交官の子どもなどで、一時的にドイツに滞在している場合も例外許可が適応される。
　このように、外国人学校は例外的に認められている学校であり、ドイツ人の通う通常の私立学校とは区別されている。このことは通常の私立の学校が公立学校を代替する代替学校として位置づけられているのに対し、外国人学校は補完学校として位置づけられていることからもわかる。それでは、この法的地位の相違は、学校に対してどのような違いをもたらすのであろうか。ここで、ハンブルクにあるもう一つの日本人学校を例に検討したい。
　ハンブルク日本人学校は、1981年にハンブルク市内に公益法人ハンブルク日本人学校として設立され、翌年には在外教育施設としての指定を

受けている。1994年にハンブルク郊外(シュレスビッヒ・ホルシュタイン州)に移転し、現在に至っている。ハンブルク日本人学校の学校要覧には、「日本政府の認める在外教育施設であると共に、シュレスビッヒ・ホルシュタイン州政府公認の私立学校としての性格をもっている」とある[8]。ここでいう私立学校とは、補完学校のことである。ハンブルク日本人学校の校長の話では[9]、学校設立に際して州文部省への届出が必要であったが、教育内容に関して州文部省からは何の指示もなく、経済的な援助もないとのことである。

シュレスビッヒ・ホルシュタイン州の文部省がハンブルク日本人学校の設置を許可した通達には、同州に滞在する日本人の子どもはハンブルク日本人学校に通学することによって就学義務を果たすことができると記されている[10]。一方、補完学校であるハンブルク日本人学校は、同州に住む日本人以外の子どもの就学義務を満たすためには不十分であり、ハンブルク日本人学校で日本人以外の子どもを受け入れることはできないという。

この補完学校としての日本人学校の法的地位は、代替学校としての法的地位にあるミュンヘン日本人国際学校と比較することでその特徴がさらに明確になる。

(2) 代替学校としての日本人学校

ミュンヘン日本人国際学校のあるバイエルン州では、第1学年から第9学年に相当する期間、国際学校や日本人学校は代替学校の法的地位にある。代替学校には州による公費援助も行われているため[11]、ミュンヘン日本人国際学校に対しても、土地や建物への資金援助や、現地採用の教職員の給与などに州政府から財政的な援助が行われている。また、代替学校であるため、日本人以外の子どもが通うことも可能である。実際、同校の学校概要には、「ミュンヘン市及びその周辺に在住する日本及びその他のあらゆる国籍の子女の為に小学校及び中学校と同等の内容の教

育を行うことを目的とする」とある[12]。

しかしながら、実際に日本人とドイツ人の国際結婚の子どもが若干いるものの、日本人以外の子どもがこの学校に通うことはない[13]。というのも、ミュンヘン日本人国際学校では、日本の学習指導要領に即した日本語による授業が行われているからである。つまり、同校では、日本の文部科学省から在外教育施設の認定を受けていることから学習指導要領に準拠しなければならない一方で、バイエルン州の代替学校であることから年間授業計画はバイエルン州の基準に従わなければならないという、二重の制約を受けている。例えば、バイエルン州は、日本人学校に対してドイツ人教師による週6時間のドイツ語教育を課すというカリキュラムへの介入を行っている。また、授業時間数や授業科目などについて毎年、報告書の提出を課し、州文部省は視察も実施している。

このように、同じドイツ国内にある日本人学校でも、ミュンヘンの日本人学校とデュッセルドルフやハンブルクなどその他の地域の日本人学校では、その法的地位の違いによってカリキュラム編成や財政面においても違いが生じている。もっとも、バイエルン州では、第9学年を過ぎると国際学校の法的地位は代替学校から補完学校に切り替わるため、これらの措置は特別なものと考えられる。

(3) 代替学校としてのデンマーク人学校

以上、日本人学校を例に、外国人学校における代替学校と補完学校の法的地位の相違について見てきたが、ドイツには外国人学校の他にも、ドイツ語を母語としない子どものための多様な学校が存在する。例えば、シュレスビッヒ・ホルシュタイン州にあるデンマーク人学校は、ドイツ国内に住む少数民族であるデンマーク人の子どものための学校である。ここで、少数民族の学校と外国人学校の相違について若干、言及してみたい。

シュレスビッヒ・ホルシュタイン州には、国内少数民族であるデン

マーク人のための代替学校としての私立学校がある。同州ではそのために特別に「デンマーク人マイノリティの学校制度(Schulwesen der dänischen Minderheiten)」[14]が定められている。それによると、デンマークと国境を接する同州の北部では、デンマーク人の子どものために、デンマーク語を教授言語とする私立学校を設立することができるという。この学校は、自らをデンマーク人と認識しているドイツ国籍者もしくはデンマーク国籍をもつデンマーク人の子どもに開かれている。また、デンマークの言語と文化を教授する場合に限って特別な扱いも認められるが、教育目標、施設、教員養成において公立学校と同じ水準を保つことや、生徒たちに十分なドイツ語能力を養うことなどが認可の条件となっている。さらに、教師には、ドイツまたはデンマークの教員免許が必要とされる。この学校は、通常の私立学校と同様に国家の監督下にあり、授業の視察も行われる。

　同じシュレスビッヒ・ホルシュタイン州にあってドイツ語以外の言語を母語とする子どもの学校でも、国内少数民族であるデンマーク人のための学校と前述したハンブルク日本人学校とでは大きな違いあることがわかる。ドイツ国籍をもつマイノリティであるデンマーク人に対しては、母語による教育が行われる私立学校を公立学校に準ずる学校として認めているが、認可に当たっては教師の資格を規定したり、ドイツ語教授を義務づけたりし、州の強い監督下に置いている。一方、日本人学校に対してはカリキュラムや教育内容を干渉しない代わりに、公費援助も行っていない。このような代替学校としてのデンマーク人学校と補完学校としての日本人学校との違いの背景には、前者の学校に通うデンマーク人の多くがドイツ国内の居住者であるのに対して、後者の学校に通う日本人が一時的滞在者であることが考えられる。つまり、ドイツに定住する者はドイツの公立学校もしくはそれに準ずる私立学校において教育を受けることが原則であり、一時的な滞在者のみにそれ以外の教育を認めているととらえることができよう。

第3節　外国人学校・国際学校と大学入学資格

　ところで、中等教育の修了資格との関連に注目して補完学校という法的地位を見てみると、さらに多くのことが明らかになる。州により代替学校として認可された私立学校では公立学校と同等の修了資格を得ることができるが、補完学校として位置づけられた外国人学校や国際学校の場合は大学入学資格となるアビトゥーア(Abitur)を取得できない。例えば、前述したノルトライン・ヴェストファーレン州の学校法の中にある「外国人学校に通うための例外許可」によると、外国人学校は子どもの入学を希望する親に対して、「外国人学校ではドイツの学校制度によって付与される修了資格を取得することができない」旨を通知しなければならないことになっている。このことからも、外国人学校の修了資格がいわゆるドイツの学校の修了資格とは同等でないことがわかる。

　ただし、ドイツでは国際学校で取得されるIBは大学入学資格として承認されている。ドイツには、ドイツ国際学校協会 (The Association of German International Schools：AG)があり、2003年現在、15の国際学校が加入している。また、この15校を含め、ドイツではヨーロッパ国際学校協会(European Council of International Schools：ECIS)の名簿に20の加盟校が正規に登録されており[15](この中には後述する公立学校も含まれている)、そのうち13の学校でIBが取得できる。これらの学校の多くは、アメリカの大学進学に必要な進学適性試験(Scholastic Aptitude Test：SAT)や国際中等教育修了資格(International General Certificate of Secondary Education：IGCSE)など、複数の修了資格が取得可能なカリキュラムを用意している。

　私立学校に限れば、ほとんどが補完学校としての法的地位にあるが、ミュンヘンにある国際学校のように代替学校としての法的地位にある学校もある。その他にも、1997年に設立されたベルリン国際学校(Berlin International School：BIS)は代替学校として位置づけられるが、これはもと

もとドイツの私立学校(代替学校)であるカント学校(Kant-Schule)が母体となっており、IBとIGCSEの他にドイツの一般大学入学資格となるアビトゥーアも取得できる点が大きな特色となっている(16)。同様に、ベルリン州立国際学校(State International School Berlin：SISB)でもIBの他にアビトゥーアの取得が可能である。この二つの国際学校はそれぞれ私立と公立であるが、どちらもベルリン州の授業計画に即したドイツの学校であり、一般の国際学校とは区別して考える必要があるだろう。

　大学入学資格において留意すべきは、2002年2月まで、IBは外国人もしくはドイツ国外で取得したドイツ人にのみ大学入学資格として認定され、ドイツ国内でIBを取得したドイツ人の場合には認定されなかった点である。これは、国際学校が基本的には外国人のための学校と考えられていたためであるが、ドイツ国内の国際学校に子どもを通わせているドイツ人の親の間では、IBを大学入学資格として認定して欲しいという声があがっていた。ドイツ国際学校協会を中心とした交渉のすえ、2002年2月の常設文部大臣会議の決議で、一定の条件下でIBが取得者の国籍にかかわらず大学入学資格として認定されるようになった(17)。このことによって、今後はドイツの国際学校に通うドイツ人生徒数が増えることも予想される。

第4節　公立のバイリンガル学校

　これまでは、外国人の子どもの教育機関としての外国人学校や国際学校を見てきたが、ドイツには外国人の子どもを積極的に受け入れている公立学校もある。こうした公立学校では、一般のドイツ人の子どもと外国人の子どもとが共に学び、多言語・多文化への新たな取り組みが試みられている。そうした例をいくつか紹介したい。

　特定の国の子どもを受け入れてバイリンガル教育を行っている公立学

校の代表として、ベルリンにあるジョン・F．ケネディ学校(John-F.-Kennedy-Schule)が挙げられる。この学校はもともと1960年に、アメリカとベルリンの友好関係の象徴としてドイツ・アメリカ・コミュニティースクールという名の下に設立され、1963年にジョン・F．ケネディ学校と名称を変えた。アメリカとドイツの教育基準に従いつつも独自の教育実践をめざしているこの学校を支援するための法律が、1964年に制定されている。ECISにも加入しているジョン・F．ケネディ学校では、ドイツ人生徒もアメリカ人生徒も第12学年でアメリカン・ハイスクール・ディプロマ(American High School Diploma)を取得することができる。また、ドイツ人生徒のおよそ90％の者が第13学年に進学してアビトゥーアを取得している。教師の57％はドイツ人、43％がアメリカ人であり、生徒の60％がドイツ人、30％がアメリカ人、その他10％は多国籍という構成になっている[18]。

ベルリンにある公立のフランス・ギムナジウム(Französisches Gymnasium)においても、生徒はフランス・バカロレアとアビトゥーアを取得することが可能である。この学校のパンフレットによると、この学校の起源は、ドイツに移住したユグノーのために1689年に設立された学校(Collège Français)や、第2次世界大戦後ベルリンに駐屯したフランス軍によって設立された学校にさかのぼることができ、1953年からはドイツ人とフランス人の教員組織によってバイリンガル教育が行われている。生徒は、ドイツ人とフランス人が半数ずつを占めている[19]。

また、フランスとの国境に近いザールブリュッケンとフライブルクには、1963年に結ばれたドイツとフランスの協定[20]に基づいて設立されたドイツ・フランス・ギムナジウム(Deutsch-Französisches Gymnasium)があり、ドイツ、フランス及びスイスの大学入学資格として承認されているドイツ・フランス・アビトゥーア(Deutsch-Französisches Abitur)を取得することができる。この学校の生徒はドイツ語とフランス語の母語別にグループが編成され、それぞれがパートナーグループの言語を学んでいる。

第5学年では美術、音楽、体育の科目でいっしょの授業を受け、第8学年ではフランス語による地理、第9学年からドイツ語による歴史の授業をいっしょに受けるようになる。このように学年が進むにつれ、ドイツ語を母語とするグループとフランス語を母語とするグループがいっしょに学ぶ授業が増えていく[21]。

　ジョン・F.ケネディ学校にしろ、フランス・ギムナジウムやドイツ・フランス・ギムナジウムにしろ、これらの学校はドイツとアメリカ、ドイツとフランスとの歴史に基づき、国家間の友好関係を深めるために設立された学校としてとらえられる。一方、2000年に創立されたベルリン州立国際学校(SISB)は、世界各国から教員を採用し世界各国からの子どもを受け入れている点で、公立の新しい国際学校として注目されよう。

　この学校はECISに加入する公立の国際学校であり、ドイツ語と英語に

ベルリン州立国際学校　　　　（2004年9月　筆者撮影）

よるバイリンガル教育を行っている。生徒の半数がドイツ語を母語とし、半数が英語を母語としている。ドイツ語と英語の授業は母語別に行われているが、ドイツ・フランス・ギムナジウムとは異なり、その他の科目はドイツ語を母語とする生徒と英語を母語とする生徒がいつもいっしょに授業を受けている。開校されたばかりであるが、将来はアビトゥーアと共に、IB とアメリカン・ハイスクール・ディプロマを取得することが可能になるという[22]。この学校は人気が高く、ドイツ人生徒は抽選によって選ばれ、英語を母語とする生徒が入学する際には英語能力試験が課せられている。

第5節　公立のヨーロッパ学校

ドイツにはこうした公立のバイリンガル学校の他にも、いわゆる国際的な公立学校として、主にヨーロッパ連合の職員の子どもが通うヨーロッパ学校がミュンヘンとカールスルーエ、フランクフルトにある。幼稚園、初等学校(5年制)、中等学校(7年制)からなり、EU加盟国の政府によって共同で運営されている公的な教育機関である。EUの公用語である九つの言語(デンマーク語、オランダ語、英語、フランス語、ドイツ語、ギリシャ語、イタリア語、ポルトガル語、スペイン語)に対応したコースとカリキュラムがあり、生徒は母語に応じたコースとカリキュラムを選択する[23]。中等学校修了時にヨーロッパ・バカロレア試験に合格することでヨーロッパ・バカロレア(European Baccalaureate)が付与されるが、これはEUのすべての国から、それぞれの国の中等教育修了資格と同等のものとみなされている。また、近年の新しい動向として、ベルリン州立のヨーロッパ学校も作られているので、以下この学校について詳しく検討したい。

ベルリン州立ヨーロッパ学校では、1992年からドイツ語を母語とする生徒と他の言語を母語とする生徒に、バイリンガル教育を行っている。

当初はドイツ語と英語、ドイツ語とフランス語、ドイツ語とロシア語のバイリンガル教育を実施する学校が2校ずつ設けられたが、その後ドイツ語とスペイン語、ドイツ語とイタリア語、ドイツ語とギリシャ語、ドイツ語とトルコ語、ドイツ語とポルトガル語、ドイツ語とポーランド語のバイリンガル教育を実施する学校もできた。2004-2005年度現在、ベルリン州立のヨーロッパ学校は、基礎学校18校(就学前教育段階を含む)と中等学校13校をもつ。

そもそも、ベルリン州立ヨーロッパ学校は、常設文部大臣会議の勧告「授業におけるヨーロッパ」(1990)に基づき[24]、1992年にベルリンにおいてモデル校として始められた。「授業におけるヨーロッパ」には、ヨーロッパ学校とは「ヨーロッパ諸国民や諸国家がお互いに近づき合い、新しい秩序を形成する」ための学校であり、教育活動の目標として、若者に「ヨーロッパ的アイデンティティを目覚めさせ」、彼らが「ヨーロッパ共同体の市民としての課題を遂行できるよう準備する」ことが挙げられている。これは、ヨーロッパの統合という大きな課題を踏まえた常設文部大臣会議の対応ととらえられる。また、外国人生徒の存在に注目し、彼らの存在は、「ヨーロッパの共通性と多様性あるいは地理的な近さについて身をもって教えてくれる」と積極的に評価し、「若い外国人と共に学ぶことが、ヨーロッパ人の間に連帯や平和的な共生への思いを促進するであろう」とも述べている。そして、今後は、「外国語の習得」や「バイリンガル教育」などを充実させることが目標とされている。ベルリン州立ヨーロッパ学校はまさに、ドイツ人生徒とドイツ在住の外国人生徒とが共に学ぶという利点を生かしたバイリンガル教育を実践している学校である。

それでは、ベルリン州立ヨーロッパ学校において、実際の授業はどのように行われているのだろうか。一つの例として、ドイツ語とトルコ語のバイリンガル教育が実施されている学校を取り上げたい。ベルリン州立ヨーロッパ学校の「授業プラン2002/2003　第1学年から第6学年」によ

ベルリン州立ヨーロッパ学校(独・トルコ)(2004年9月　筆者撮影)

ると[25]、学級はほぼ同数のドイツ語を母語とする生徒とトルコ語を母語とする生徒から構成され、教師もドイツ語を母語とする者とトルコ語を母語とする者が任用されている。ドイツ語が母語である生徒もトルコ語が母語の生徒も、それぞれの母語を学ぶと同時にお互いの言語をパートナー言語として学んでいる。また、それ以外の授業時間の半分がドイツ語、他の半分がトルコ語によって教授される。

　時間割(表9-1)を見ると、第一言語とパートナー言語の授業は、母語別に分かれて授業を受けるが、それ以外の授業はいっしょに受けていることがわかる。例えば、クロイツベルクにあるドイツ語とトルコ語のベルリン州立ヨーロッパ学校では、音楽と事実教授(Sachkunde：社会、理科、交通安全、性教育などを含む総合科目)がトルコ語で教授され、算数やその他の教科はドイツ語で教授されている[26]。第5学年から第6学年では、

第9章 ドイツの外国人学校と国際学校 243

表9-1 ベルリン州立ヨーロッパ学校(基礎学校)の授業時間

学習領域	1	2	学年 3	4	5	6	教科
第一言語	7	7	6	6	5	5	*
パートナー言語	3	4	6	6	5	5	
算数			5	5	5	5	5	算数
図工・音楽			3	3	3	3	3	図工・音楽
事実教授***	10**		2	3	5	2	1	生物
(Sachkunde)						1	2	地理
						2	2	歴史・社会
						5	5	外国語
体育	2	2	2	2	2	2	体育
総授業時間数								
1-4学年	22	23	23	27			
5-6学年					30	30	
補習授業****	2	2	2	2	2	2	

出 典) Senatsverwaltung für Schule, Jungend und Sport Berlin, Staatliche Europa-Schule Berlin, vorläufiger Unterrichtsplan für die Klassen 1 bis 6, 2002. に基づき筆者作成。
* 母語別クラス編成。
** 二つの言語で教授される授業が同じ時間だけ振り分けられる。
*** Sachkunde という科目で、社会、理科、交通安全、性教育などを含む総合科目。第5学年から生物、地理、歴史・社会の専門科目に分化する。
**** 主に母語が不十分な場合に母語の補習をする。

　事実教授に代わって生物、地理、歴史・社会の専門科目がトルコ語で教授され、その他の科目がドイツ語で教授される。どのベルリン州立ヨーロッパ学校でも授業時間の半分をドイツ語、半分を他の言語で教授することは原則となっており、中等教育においても同様である。
　教師はドイツ語とパートナー言語を母語とする2人が一組となり一つの学級を受けもっており、例えばドイツ語と英語のバイリンガル教育を行っているチャールズ・ディケンズ基礎学校(Charles Dickens Grundschule)では、事実教授は英語が母語である教師によって教授され、そこで学習された英語の単語は、ドイツ語の授業でも学習させるなど、2人の教師が協力し合いながら授業を進めている。また、プロジェクト・デイや年に一度実施されるプロジェクト・ウィークでは、さまざまな生徒の出身国について学ぶ共同の活動が行われているという[27]。
　ベルリン州立ヨーロッパ学校で特筆すべき点は、パートナー言語が英

語やフランス語といったEU諸国の言語に限らず、トルコ語やロシア語といったEU以外の国の言語にも及んでいることである。これらの言語はEU近隣諸国の言語であると共に、ドイツ国内に数多く在住している移民の言語でもある。これらの国々のEUへの加盟が認められるか否かは今後の動向にかかっているが、このように、EU以外の国々からドイツ国内にもたらされる多様性に応じてヨーロッパ学校を拡大していくベルリン州の姿勢からは、国内の多文化に積極的に向き合う教育の可能性を見て取ることができる。

　また、ベルリン州立ヨーロッパ学校は決してエリート学校ではなく、ドイツ語とパートナー言語を母語とするあらゆる子どもに開かれていることにも注目すべきであろう。ベルリン州文部省のダグマー・フォン・ロー(Dagmar von Loh)女史は、どの言語の学校も人気が高く、入学者の選抜は抽選で行われると述べていた[28]。

おわりに

　以上見てきたように、ドイツには実にさまざまな外国人学校や国際学校があり、公立の国際的な学校の存在がさらにその多様性を増している。首都ベルリンを見てみれば、私立のイギリス人学校(Berlin British School)や日本人学校(ミュンヘン日本人国際学校)などの外国人学校があり、私立の国際学校(ベルリン国際学校)と公立の国際学校(ベルリン州立国際学校)がある。さらにアメリカやフランスの修了資格も取得できるバイリンガル学校(ジョン・F・ケネディ学校、フランス・ギムナジウム)や、九つの言語をパートナー言語とするベルリン州立ヨーロッパ学校もある。

　これらの学校を区分すると、①IBやIGCSEなど国際的な修了資格を取得できる国際学校、②外国のカリキュラムに従った外国人学校、③ドイツのカリキュラムに従いながらバイリンガル教育を行っている学校に大

別されよう。しかしながら、これらの要素の二つをもち合わせている学校も少なくない。例えば、国際学校の中には、ドイツのカリキュラムに従った公立や私立の国際学校がある。またジョン・F・ケネディ学校のように外国のカリキュラムとドイツのカリキュラムの両方に即しながら、二つの国の修了資格が取得できる公立のバイリンガル学校もある。このように多様なドイツの外国人学校と国際学校をわかりやすく図解したのが、図9-1である。

前述したように、ドイツでは外国人学校や国際学校は通常は私立学校に位置づけられ、たいていは補完学校であることから、一般の私立学校

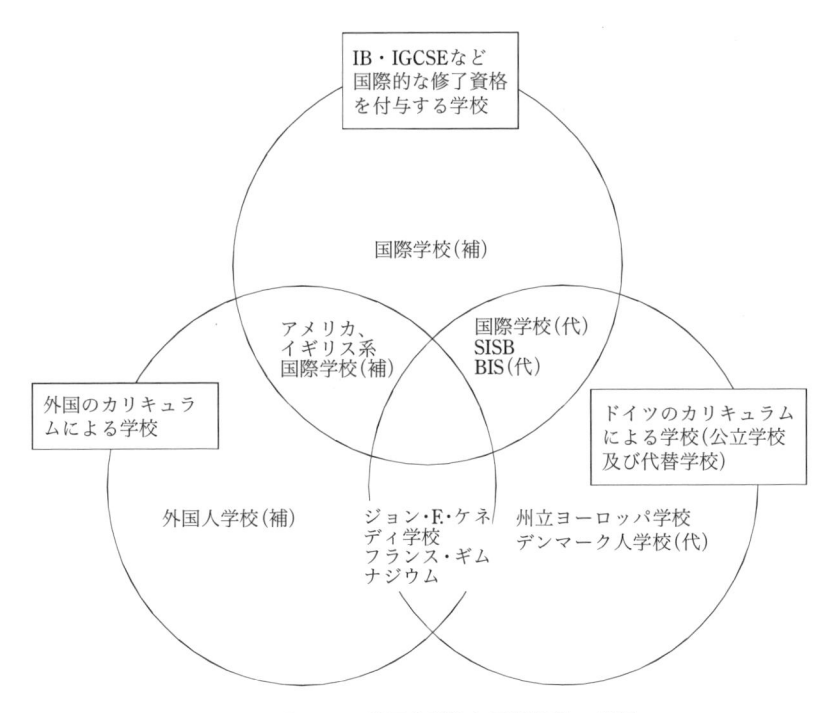

図9-1 ドイツの外国人学校と国際学校の分類

(補)：補完学校
(代)：代替学校
　　SISB：State International School Berlin（ベルリン州立国際学校）
　　BIS：Berlin International School（ベルリン国際学校）

とは一線を画しているが、ベルリンにある州立国際学校やバイリンガル学校の存在は、公立と私立、代替学校と補完学校というような従来の学校の種別に関する区分を揺るがしていると言えるだろう。補完学校は、カリキュラムや教育内容に大幅な自由が認められている代わりに、公費援助がなく、IB以外の修了資格は大学入学資格としては認められていないことを考えると、本書の公教育制度の定義(序章参照)に当てはまらない学校ということになる。それに対して、代替学校として認可されている国際学校や公立の国際的な学校は、ドイツのカリキュラムに従いながらIBや外国のカリキュラムを取り入れることで、公教育制度の枠を広げ、言語的・文化的多様性により開かれたものになっていると言えよう。

これらの学校を例外としてとらえることもできるが、ベルリン以外の州でもベルリン州立ヨーロッパ学校のような試みが始められている。例えば、ハンブルクにはドイツ語とイタリア語、ポルトガル語、スペイン語、トルコ語の公立のバイリンガル・クラスがあり、その他にもヘッセン州やバーデン・ヴュルテンベルク州、ニーダーザクセン州、ノルトライン・ヴェストファーレン州などで同様の試みが行われている[29]。このような学校が増えていくことによって、ドイツ人生徒と外国人生徒の学校選択の幅が広がるだけではなく、国際的な学校の多様性も広がっていくと考えられる。

また、こうした国際的な公立学校の多くが90年代になってから設立されたことにも注目しなければならない。その背景として、グローバル化の進展やEUの誕生により、社会の多言語・多文化状況に対応した教育が求められるようになったことが挙げられよう。1996年に常設文部大臣会議によって出された勧告「授業における異文化間教育」[30]は、生徒が言語的にも文化的にも多様であることを前提にしている点で、従来の教育政策とは大きく異なっている。外国人の子どもに出身国の言語を教授するのは、もはや生徒が本国に戻った後の社会的適応能力を保持するためではなく、バイリンガルあるいは多言語能力を価値ある資源としてと

らえたためと考えられている(31)。公立の国際学校やヨーロッパ学校の設立は、こうした多言語教育の流れのなかに位置づけることができよう。

さらに、ドイツ人がドイツ国内で取得したIBが正規の資格として認定されるようになったことも、教育政策の大きな変化と考えられる。このことにより、ドイツにおける国際学校の役割は今後ますます拡大していくだろう。

ところで、私立の外国人学校や国際学校が基本的にはドイツに一時的に滞在する外国人を対象としているのに対して、トルコ人などの定住者は通常の公立学校で教育を受けていることにも留意する必要がある。ドイツの公立学校は、外国人の定住化が始まった1970年代から外国人生徒を受け入れるための対応に迫られており、第二言語としてのドイツ語教授はもとより、外国人の子どもが一定数いれば、出身国の言語や文化を学ぶ機会を母語補完授業という形で設けている。

ただし、ドイツでは宗教科目が課されており、通常はカトリックとプロテスタントもしくは倫理が教授されているものの、イスラム教の授業は認められていない。その理由の一つには、ドイツには複数のイスラム教団体があり、いずれの団体がイスラム教の教育を担うか争われていることが指摘されている。宗教の授業を受けたくない者は受けなくてもよいとされているが、このような状況はイスラム教の授業を望む親にとっては深刻な問題となっている。そこで、少なからぬ親たちは、イスラム教を教えることを目的としたコーラン学校というイスラム教団体の施設に、放課後、子どもたちを通わせている(32)。ノルトライン・ヴェストファーレン州のように、トルコ語の母語補完授業においてイスラム教を教授している場合もあるが、公立学校におけるイスラム教教授の導入をめぐっては議論が絶えない。

このように、宗教教育をめぐっては公立学校では対応しきれないのが現状であり、母語補完授業でどれほど出身国の言語や文化を維持できるかも別途に論じる必要がある。しかしながら、外国人にも就学義務を課

し、公立学校において外国人を受け入れることを前提としていることが、日本と大きく異なる点であろう。

　さらに、ベルリン州立ヨーロッパ学校のように外国人の子どもとドイツ人の子どもが双方の言語を学び合う国際的な公立学校は、ドイツ人にはもちろん、定住外国人にも一時滞在の外国人の子どもに対しても開かれた新たな教育の可能性として期待できる。今後、公立学校や私立の代替学校が、多様な外国人の教育に対するさまざまな要求にどこまで応えることができるか、気になるところである。あるいは、外国人学校に通う生徒の中にもドイツ定住を希望する者が増加すれば、現在のような補完学校という法的地位が進路保障の面で障害となることも予想される。いずれにせよ、外国人生徒の母語を豊かな言語資源とみなし、多言語教育を推進しようとする政策の進展いかんによっては、外国人学校や国際学校が公立の国際的な学校と競合する可能性やあるいはそれを補完する可能性もあり、今後の動向が注目される。

[注]
(1)　母語補完授業は、出身国の言語や歴史、文化を学ぶために、通常の授業の他に行われている。その実施形態は州によって異なり、州の学校監督当局が管轄する場合と、領事館に管轄される場合がある。詳しくは、拙稿、「ドイツにおける異文化間教育と言語教育政策—外国人生徒の出身言語を教授する意義について—」『異文化間教育』第13号、1999年、104-119頁。
(2)　Statistisches Bundesamt Deutschland, *Ausländische Schüler und Schülerinnen nach Staatsangehörigkeit,* http://www.destatis.de, 15 Januar 2004.
(3)　Unterricht für Kinder von Ausländern (Beschluß der Kultusministerkonferenz vom 14./15.05.1964). 連邦制をとるドイツでは各州に文部省があるため、各州間の調整を図る常設文部大臣会議が機能している。なお、外国人生徒の教育について定めた常設文部大臣会議の勧告については、天野正治「ドイツにおける異質との共存を目ざす教育」天野正浩編著『ドイツの異文化間教育』玉川大学出版部、1997年、15-29頁。
(4)　Statistisches Bundesamt Deutschland, *Jede 13. Schule in Deutschland ist eine*

Privatschule, http://www.destatis.de, 9 September 2004.
(5) Vereinbarung über das Privatschulwesen (Beschluß der Kultusministerkonferenz vom 10./11.8. 1951).
(6) Schulordnungsgesetz vom Land Nordrhein-Westfalen.
(7) Ausnahmegenehmigungen zum Besuch ausländischer Schulen, Runderlass vom 29. August 1975− geändert durch Runderlass vom 4. Juli 1994 (GABI. NW.S.154).
(8) ハンブルク日本人学校『学校要覧　2003(平成15)年度』、2003年、2頁。
(9) ハンブルク日本人学校高橋正恭校長に対して行った聞き取り調査、2003年6月。
(10) これは、ハンブルク日本人学校がハンブルク郊外に移転する際に、シュレスビッヒ・ホルシュタイン州の文部省から1993年11月10日付けで送付された文書であり、ハンブルク日本人学校の高橋校長の聞き取り調査において入手したものである。
(11) Private Unterrichtseinrichtungen, in Dr. Paul Seipp (hrsg.) *Schulrecht Ergänzbare Sammlung für Schule und Schulverwaltung in Landesausgaben, Ausgabe für das Land Bayern,* Hermann Luchterhand Verlag.
(12) ミュンヘン日本人国際学校「学校の概要」、http://www.jismuenchen.doitsu.de.newspage34.htm、2003年7月16日。
(13) ミュンヘン日本人国際学校の佐藤秀明校長に対して行った聞き取り調査、2004年9月。
(14) Schulwesen der dänischen Minderheiten, in: Grundriß des Schulrechts der Schulverwaltung in Schleswig-Holstein.
(15) European Council of International Schools, 'ECIS/CIS Directory Search', http://www.cois.org/directory, 25 September 2003.
(16) Berlin International School, *Berlin International School,* http://www.private-kant-schule.de, 25 September 2004.
(17) 詳しくは、鬼頭尚子「ドイツ」国際カリキュラム研究会(代表：相良憲昭)『諸外国における国際バカロレア機構及び国際バカロレア・プログラム(カリキュラム)の位置付けに関する調査研究』2000年、35-41頁。
(18) John F. Kennedy School, *Welcome to JFK School,* http://www.jfks.de/main.html, 25 September 2004.
(19) Französisches Gymnasium, *Französisches Gymnasium Berlin,* http://www.fg-

berlin.de/Informationen/Info-Brochure/info-brochure.htm1, 28 September 2004.
⑳　この協定については第10章に詳しい。
㉑　Deutsch-Französisches Gymnasium, Deutsch-Französisches Gymnasium, http://www.dfg.tr.schule-bw.de, 16 September 2004.
㉒　State International School Berlin, *State International School Berlin,* http://www.sisberlin.de/eng_home.html, 25 September 2004.
㉓　天野正治「ドイツの国際学校・外国人学校」天野正治編著、前掲書、316-324頁。
㉔　Europa im Unterricht (Beschluß der Kultusministerkonferenz vom 8.6.188 i.d.F. vom 7. 12. 1990).
㉕　Senatsverwaltung für Schule, Jugend und Sport Berlin (2002), *Staatliche Europa-Schule Berlin, vorläufiger Unterrichtsplan für die Klassen 1 bis 6, 2002,* Berlin.
㉖　Deutsch-Türkische Europa-Schule oder Aziz-Nesin Grundschule Berlin, *Aziz-Nesin Grundschule,* http://www.aziz-nesin-grundschule-online.de, 16 May 2003.
㉗　チャールズ・ディケンズ基礎学校教頭に対して行った聞き取り調査、2004年9月。
㉘　ベルリン州文部省(Senatsverwaltung für Bildung, Jugend und Sport)の州立ヨーロッパ学校担当のDagmar von Loh女史に対して行った聞き取り調査、2003年6月。
㉙　Bund-Länder Kommission für Bildungsplanung und Forschungsförderung (BLK)(2003), *Förderung von Kindern und Jugendlichen mit Migrationshintergrund,* Bonn, S.91.
㉚　Interekulturelle Bildung und Erziehung in der Schule (Beschluß der Kultusministerkonferenz vom 25.10.1996).
㉛　BLK, *op.cit.,* S.68.
㉜　コーラン学校については、木戸裕「ドイツ」外国人学校研究会『諸外国における外国人学校についての重点的研究』、1997年、115-116頁。また、イスラム教教授の導入については、内藤正典『アッラーのヨーロッパ 移民とイスラム復興』東京大学出版会、1996年、262-265頁、及び、拙稿「ドイツの公教育におけるイスラム教教授の導入」筑波大学比較・国際教育学研究室『比較・国際教育』第7号、1999年、133-142頁。

(3) 組み入れと排除が併存しているケース

第10章　フランスの外国人学校と国際学校
——共和国の理念と国際化——

中村　則子

はじめに

　2004年2月10日、フランスの国民議会で、公立小学校、コレージュ(前期中等教育)、リセ(後期中等教育)内で宗教的所属を公然と示す標章をつけることを禁ずる法案が賛成494、反対36、棄権31で可決された[1]。同年3月3日には、元老院でも賛成276、反対20で可決されて[2]、同法は成立し、新学期が始まった9月からすでに施行されている。これは事実上、イスラム教徒の女生徒の学校でのスカーフ着用を禁止する法律であり、1989年以来頻発してきた「スカーフ事件」に対する政府、議会の回答である。近隣のヨーロッパ諸国からは「不可解である」との声も出されており[3]、フランスの公教育理念の特異性が浮き彫りにされている。

　「スカーフ事件」とは、1989年にパリ郊外のコレージュでイスラム教徒の女生徒がスカーフを着用して登校し、授業中もこれをはずさなかったことに対し、校長が注意をしても応じなかったため、学校側から登校を拒否されたという事件である。その後も同様の事件が相次ぎ[4]、共和国の理念である「世俗性(laïcité)」と、マイノリティの人々の「相違への権利(droit à la différence)」をめぐる論争は、フランスの国内世論を二分するほどのものとなっていった。

　一方、2003年9月には、アラブ系住民が多く住むリール市に、フランス本土で初めてのイスラム教系の私立高校アベロエス校(Le lycée Averroès)

が開校された。入学式には女性校長をはじめ、出席した女生徒4名全員がスカーフを被って登校し、女生徒たちは「スカーフを被る自由を得るためにこの学校に入学した」と述べたという[5]。

フランスにおいて、公的な場所における「世俗性」は、他のヨーロッパ諸国では例を見ないほど厳しく遵守されてきた。一方、選択の自由を保障する意味でその存在を認められている私立学校のほとんどは、カトリックとユダヤ教系で、フランス第二の宗教であるイスラム教系の私立学校は今までフランス国内に存在しなかった。そのため、「世俗性」が徹底される公立学校には行きたくないと考えるイスラム教徒の女生徒たちは、これまで苦肉の策としてカトリックやユダヤ教系の私立学校に通っていた。そこでは、スカーフの着用も含めて、宗教的自由が尊重されていたからである。こうした子どもの宗教と学校のねじれを解消すべく設立されたのが、このアベロエス校である。

フランスにおけるマイノリティや移民の統合をめぐる問題は、常に共和国の理念と緊張関係を保ってきた。そもそも、フランス国内には、ブルトン語、バスク語、カタルーニャ語、オクシタン語、コルシカ語、アルザス語、ロレーヌ語、フラマン語という八つの少数言語を母語とする人々が自らの言語の復権運動を続けてきた歴史がある[6]。また、1960年代以降の経済成長期には、外国人労働者としてチュニジア、アルジェリア、モロッコの旧植民地から、いわゆるマグレブ移民を大量に受け入れた経緯もある。国籍に関し出生地主義をとるフランスは、国内で生まれた移民二世にフランス国籍を与え統合を図ってきた。だが、ここで言う統合とは、共和国の理念を遵守し共有する「個」を単位とするものであり、特定の民族や宗教で固まってコミュニティーを形成し、その共同体に強い帰属意識をもつことは、フランス社会をモザイク化するものとして警戒されてきた。この点は、多様な民族が集団として自らのエスニシティを主張する自由が保障されているオランダや、国籍に関し血統主義をとり、国家と教会とを明確に切り離さないワイマール共和国憲法の理念を

引き継ぐドイツとも状況が異なる。

　フランスにとって「スカーフ事件」とは、「『個』を単位としてフランス社会への統合を図ってきたはずの移民たち」が、「イスラムの聖俗不可分の原則を前面に押し出して、彼らのエスニシティを主張した」[7]と受け止められたのである。こうした文脈のなかで、「義務、無償、世俗性」といういわゆる近代公教育の三つの原則を体現してきた「共和国の学校」において、その「世俗性」が今、改めて強調されているのである。

　ところで、フランスにおいてもヨーロッパ連合(European Union : EU)の誕生を契機に、市場原理や競争原理を公教育制度に導入しようとする動きが活発である。カリキュラムにおいては、伝統的にフランス語を読み書き話すための教育が重視されてきたが、教育の国際化の流れを受け、外国語の早期教育の実施が検討され、1995年以降、小学校第2学年以降のすべての生徒に外国語の入門初歩が課されるようにもなった。取り入れられている言語は英語が圧倒的だが、ドイツ語やスペイン語の場合もある。

　本章は、共和国の理念の遵守と国際化への対応に揺れるフランスにおける外国人学校や国際学校の現状を、その法的地位や教育内容に注目して明らかにする。具体的には、第1節で外国人の子どもが通うことができる教育機関を紹介し、第2節から第4節ではそれぞれの学校を詳しく見ていく。さらに、第5節では、フランスの大学入学資格について外国人とフランス人への対応の相違に目を向けて整理する。なお、本章では、外国人として短期滞在型の外国人のみを対象とし、長期滞在型の外国人である移民については扱わないこととする。

第1節　外国人の子どもが通う教育機関

　小林も指摘するように[8]、フランスにおける外国人学校や国際学校の

分類は困難を極める。それは、いくつかの例外はあるものの、フランスの外国人学校や国際学校の多くが公教育制度から排除されていることによる。ところで、フランスに住む6歳から16歳までのすべての子どもは、その国籍を問わず教育を受けることが義務づけられているので、外国人の子どもは、公教育制度としての国公立学校や私立学校、あるいは公教育制度から切り離されている無認可の教育機関のいずれかを選択する。

　第一の国公立学校というのは、国民教育省の下に設置されたいわゆる「共和国の学校」である。ここでは学費は無償であり、世俗的な教育が実施される。一部の国公立学校には、国際学級(section internationale)と呼ばれるクラスが設置されており、外国人生徒とフランス人生徒とが共に学ぶ場となっている。

　第二は私立学校であり、その多くはカトリック、プロテスタント、ユダヤ教などの宗教団体によって設立された学校である。私立学校に通う生徒の数は、初等教育でおよそ15％、中等教育で20％である。私立学校の学費は無償ではないが、私立学校に通う子どもの90％以上は国、地方自治体から人件費、補助金をもらっている私立学校(国と契約を結んだ私立学校)に通っており[9]、その場合、学費はそれ程高くない。国と契約を結ぶことによって、私立学校はその独立性は尊重されながらも、国家の統制を受けることになる。こうした私立学校の中には、多国籍の子どもを受け入れている国際学校もある。ちなみに、前述のフランス国内初のイスラム教系私立高校は、現在、国と契約を結ぶための観察期間中であり、5年間の観察を経て、契約を結ぶことができると見られている。現在は、まだ政府、地方自治体からの公費援助を受けられないため、イスラム教団体からの援助を受けている[10]。

　第三は、公教育制度から排除された教育機関で、多くの外国人学校や国際学校がこの範疇に分類される。これらの無認可学校は、1901年アソシアシオン法(Loi relative au contrat d'association)[11]に基づく非営利団体であり、「学校」としての法的地位はない。このような教育機関はもちろん、

フランス政府からは全く援助を受けていないが、本国から援助を受けている場合もある。

これらの3種類の教育機関について、以下で詳しく見ていきたい。

第2節　国公立の国際学校と国際学級

(1) 国立リセ・アンテルナショナル・ドゥ・サンジェルマン・アン・レイ

　リセ・アンテルナショナル・ドゥ・サンジェルマン・アン・レイ(Lycée international de Saint-Germain- en-Laye)は、1952年に北大西洋条約機構(North Atlantic Treaty Organization：NATO)に働く各国の軍関係者の子弟のための学校として創設された。1966年にフランスがNATOの軍事機構から脱退し、NATO本部がフランスからベルギーへ移った後は、外国人及びフランス人帰国子女、外国語学習に興味をもつ地域のフランス人を対象とする、国立の国際学校として独自の道を歩んできた。この学校は、いくつもの国際学級から構成された特殊な形態の国際学校で、幼稚園からリセまでの徹底したバイリンガル・バイカルチュラル教育を大きな特徴としている。2003-04年度に設置されている国際学級の数は11で、それぞれのセクションの生徒数は以下の通りである[12]。イギリス(814人)、アメリカ(658人)、ドイツ(612人)、スペイン(405人)、オランダ(256人)、ポルトガル(379人)、イタリア(309人)、日本(169人)、スウェーデン(145人)、ノルウェー・デンマーク(110人)、ポーランド(6人)。

　入学時には、セクションの言語の能力(日本セクションなら日本語の能力)やそれまでの学校の成績が問われたりあるいは入学試験が行われたりして、とりわけバイリンガル教育についていけるだけの能力をもっているかどうかが厳しく審査される。フランス語の能力が十分でない生徒に対しては、最長1年間のフランス語特別クラスが用意されている。リセでは、フランスの中等教育修了資格であるバカロレア(Baccalauréat)あ

るいは国際学級出身者のために新たに作られたバカロレアであるバカロレア国際コース(Option Internationale du Baccalauréat：OIB)の受験準備を行う。例えば、日本セクションでは、OIBの日本セクションを受験するために、2002年10月18日の国民教育省令[13]で指示されたカリキュラム要領に従った授業が行われる。バカロレアの合格率は、例年ほぼ100％である。

1993年に設置された日本セクションには、現在、幼稚園からリセの最終学年までの169名の生徒と、7名の教師がいる。母語レベルの日本語能力の維持や習得と並んで日本の社会や文化についての理解を深めることを教育目標にし、小学校で週6時間の国語、コレージュで4時間の国語と2時間の日本地理・歴史、リセでは週6時間の国語と2時間の日本地理・歴史が教えられる。これらの教科は、文部科学省の学習指導要領に基づいており、日本の教員免許をもった日本人教師によって教えられる。この日本セクションの運営は、1901年法に基づく非営利団体「リセ・アンテルナショナル日本セクション保護者会」が行っている。

各セクションには、セクション言語の年齢相応の能力をもつ子どもたちが通っている。ちなみに、アメリカ・セクションに通う生徒の6割はアメリカ人の子どもで、その多くは米仏両国の国籍をもっている。4割はアメリカに在住していたフランス人の子どもである。またポルトガル・セクションの場合もポルトガル人が6割を占めるが、その半数は60年代以降にフランスに移り住んだ移民家庭の子どもであり、ポルトガルで生まれたポルトガル人はポルトガル人全体の5分の1以下である。フランス人は2割であり、それ以外はブラジル、モザンビークなど旧ポルトガル植民地の子どもたちである。両親の職業は外交官、公務員、企業経営者、企業管理職、一般事務職、工場労働者などさまざまである。

(2) リセ・フランコ・アルマン・ドゥ・ビュック

リセ・フランコ・アルマン(Le lycée franco-allemand)とは、仏独の関係強化を目的に、バイリンガル・バイカルチュラル教育を実施するために創

設された公立学校である。そもそもは1963年のドゴール、アデナウアー両大統領によるエリゼ条約(Traité de l'Elysée)[14]に端を発し、1972年2月10日の協定(Convention)[15]によって本格的に動き始めたプロジェクトである。最初の学校は、ドイツのフランスとの国境の町ザールブルック(Sarrebruck)に作られ、その後、フランス国内とドイツ国内に1校ずつ設立され、現在は両国あわせて3校となっている。そのフランス国内の1校がパリ近郊のリセ・フランコ・アルマン・ドゥ・ビュック(Le lycée franco-allemand de Buc)である。

リセ・フランコ・アルマン・ドゥ・ビュックの学校案内によると[16]、800名の生徒のうち3分の1はドイツ人、オーストリア人、スイス人などのドイツ語の母語話者であり、残りの3分の2がフランス語の母語話者で、両親のどちらかがドイツ系の家庭の子弟も含まれている。教師も、3分の1がドイツから派遣されたりあるいは現地で採用されたドイツ人であり、残りの3分の2はフランス国民教育省から任命されたフランス人の教師である。また、どちらの教師にもドイツ語とフランス語のバイリンガルの能力が要求されている。

クラスは、ドイツ語を母語とする生徒のセクション(小学校準備クラスからリセ最終学年まで)とフランス語を母語とする生徒のセクション(小学校最終学年からリセ最終学年まで)に分かれている。ドイツ・セクションはドイツ語を母語とする生徒のためのクラスで、ドイツのカリキュラムに則った授業が行われている。生徒がいつドイツに帰国することがあっても、問題なくドイツの学校に編入学できるように配慮されている。授業の3分の2はドイツ語で行われるが、3分の1はフランス人教師によってフランス語で行われる。一方、小学校最終学年から始まるフランス・セクションでは、最初の1年間はドイツ語を週5時間学習するが、それ以外はフランスの通常カリキュラムに基づく授業を受ける。

ところで、フランス・セクションとドイツ・セクションのクラスの生徒たちは、コレージュからは英語、音楽、絵画などの科目を、リセからは

数学、歴史、地理などの科目を共に学ぶようになる。ドイツ人生徒とフランス人生徒が一つの教室で同じ科目を学ぶのである。また、リセに進級すると、生徒たちはフランス・ドイツ・バカロレア(baccalauréat franco-allemand)の取得をめざして、人文科学系、自然科学系、社会科学系の三つのコースに分かれる。このフランス・ドイツ・バカロレアはリセ・フランコ・アルマンでのみ取得できる特別なバカロレアであり、この資格を取得するとフランス、ドイツ両国の大学に進学することが可能となる。

　この学校の取り組みは、仏独の2国間の協議を踏まえ、共通の理念に基づいた公立学校を両国内で同時に運営していくという画期的なものである。過去に相争った経験ももつ両国の次世代を担っていく子どもたちが、お互いの言語を学びあうばかりでなく地理や歴史も共に学ぶことによって、まさにバイリンガル・バイカルチュラルの人材に育っていくことは、両国の新たな絆を育む上で大きな意味があると思われる。

(3) 新しいタイプの国際学級

　次に、ヨーロッパ統合に向けた流れのなかで誕生した、新しいタイプの国際学級を紹介したい。それは、「小学校、コレージュ、リセのそれぞれにおいて、1つの学級がフランス人50％以上、外国人25％以上で構成される場合、学校長は国際学級を設けるよう国民教育省に申請することができる」という、1981年5月11日の政令[17]に基づいて作られた。

　フランスの公教育制度では、通常、初等教育は6歳から11歳までの5年制の小学校が、前期中等教育は4年制のコレージュが担っていく。後期中等教育はリセと職業リセに大きく分かれ、前者が3年制の課程で主に通常バカロレア(baccalauréat général)や技術バカロレア(baccalauréat téchnologique)を取得するコースであるのに対して、後者は原則として2年制の課程で主に職業バカロレア(baccalauréat professionnel)を取得するコースとなっている。初等教育段階から中等教育段階のあらゆる公立学校に設置されることが可能となった国際学級は、「国際的な環境によって、生徒は自立心、

開かれた精神、批判的に物事をとらえる目、外国語能力、学際性などの多様な能力を養うことができる。このような能力をもった新しいタイプの市民によって、彼らの未来が作られるのである」[18]というフランス国民教育省の理念を実現するためのものであった。

　国民教育省によると[19]、この学級の目的は、「外国人生徒(クラスの25〜50％)を受け入れ、彼らをフランスの教育システムに容易に統合すると同時に、彼らが自国の教育に容易に戻れることをめざすもの」とされる。これは、短期滞在型の外国人子弟のニーズに応えるものであると共に、フランス人生徒にとっては、「外国人生徒及び外国人教師の存在によって、レベルの高い生きた外国語教育や文化理解が可能になる」ことでもある。

　では、この国際学級は、どのような生徒を対象としているのであろうか。1981年5月11日の国民教育省令[20]には、外国人のコレージュあるいはリセ入学者について、「①国際学級の小学校あるいはコレージュの卒業生であるか、②両親のどちらかがその国の人である、またはその国に滞在していた帰国子女であることなどにより、セクションの言語能力が高いことが証明された者」となっている。また、セクションの言語能力と共に、ある程度のフランス語能力を有する者とされている。なお、こうした国際学級は、1986年以降、ミュンヘン、ストックホルム、チュニス、ニューヨークなどにおける海外フランス人学校にも開設されている。

　国際学級では、フランス人教師と外国人教師が協力して生徒を指導していく。外国人教師の多くは本国政府から派遣されており、歴史、地理、言語、文学の授業をセクションの言語で教える。初等教育ではセクション言語が週に3〜6時間、外国語の授業として教えられる。中等教育では週4時間、セクション国の歴史と地理の授業が行われ、しかも、そのうち2時間はセクションの言語を使った授業となっている。さらに、週4時間、セクション言語とその文学の授業もある。それ以外の授業は共通授業と呼ばれ、フランスのカリキュラムに則った授業がフランス人教師

表10-1 国際学級に登録した生徒数(2001-02年度)

セクション	小学校	コレージュ	リセ	合計
ドイツ(10)	379	534	629	1,542
アメリカ(8)	83	470	698	1,251
イギリス(16)	863	1,131	1,662	3,656
デンマーク／ノルウェー(2)	26	19	8	53
スペイン(12)	240	497	756	1,493
イタリア(9)	191	328	293	812
オランダ(1)	50	69	50	169
ポルトガル(4)	62	143	116	321
スウェーデン	41	37	28	106
合　計	1,935	3,228	4,240	9,403

出典) Centre international d'études pédagogiques, 'Elèves inscrits en sections internationales conduisant à l'OIB en 2001-2002', Ciep, http://www.ciep.fr/echanges/doc/eleves2002.doc, 11 novembre 2003, 及びMinistère de la jeunesse de l'éducation nationale et de la recherche, 'Europe et international', education. gouv. fr, http://www.education.gouv.fr/int/fiches/secinter.htm, 23 décembre 2003, に基づき筆者作成。
（　）内は小学校、コレージュ、リセを合わせた学校数である。また、これらの資料にはポーランドと日本のセクションに関する情報は掲載されていなかった。

によってフランス語で行われる。そして、大学入学資格として、通常バカロレアあるいはバカロレア国際コースを取得することができる。授業料は、フランスのカリキュラムに相当する部分に関しては、フランス政府及び自治体が必要経費をすべて負担するが、各セクションに相当する部分に関しては、一部父兄負担となっている。日本セクションの場合、日本政府からの公費援助はない。

2001-02年に国際学級に登録した生徒数は、**表10-1**の通りである。

従来、外国人の子どもの教育を公教育制度から排除してきたフランスにおいて、フランス人と外国人の子どもが共に学ぶこの公立学校に付設された国際学級は、まさにフランスの公教育制度の中に取り込まれた新しいタイプの学級である。国際化の流れを背景に、外国人学校や国際学校と公教育制度の新たな連携を模索する動きととらえることができよう。

第3節　私立の国際学校

(1) 私立学校の概要

フランスの私立学校は、国と契約を結んだもの(sous contrat)と契約を結ばないもの(hors contrat)に分けられ、前者は更に単純契約(contrat simple)と提携契約(contrat d'association)に分類される。提携契約をした私立学校は公立学校と同じ規定を守ることが義務づけられる一方で、教員の給与はすべて国によって負担される。私立の初等教育機関のうち6割、中等教育機関のうち9割以上がこれに該当する。契約を結ばない私立学校も国民教育省に届け出ることが義務づけられているが、こうした学校に通う生徒は私立学校に通う生徒の3%にも満たない[21]。

　フランス政府と提携契約を結んでいる私立学校の中には、バイリンガル学校がある。こうした学校はフランス国民教育省のカリキュラムに従いつつ、多様な国籍の生徒を受け入れ、お互いの文化を理解するためにさまざまな言語を教えていることから、本章では、このような学校を国際学校として扱うこととする。ヨーロッパ国際学校協会(European Council of International Schools：ECIS)によると[22]、今日、フランスには私立のバイリンガル学校が3校存在する。こうした提携契約の私立学校に分類されるバイリンガル学校の具体的な例として、パリ市の中心部にあるエコール・アクティブ・ビラング・ジャニヌ・マニュエル(Ecole Active Bilingue Jeannine Manuel)を取り上げたい。

(2) エコール・アクティブ・ビラング・ジャニヌ・マニュエル

　1954年に創設されたこの学校は、1957年にユネスコの協同学校(associated school)にも認定された国際学校で、幼稚園からリセまで徹底したバイリンガル教育を実施している。協同学校とは、ユネスコにより1954年から開始された国際理解教育のための実験的なプロジェクトで、「国連の研究」、「他国の理解」、「人権の研究」という三つの主題の中からどれか一つのテーマを選び、各学校で独自の取り組みを展開するというものである。当初、15カ国から33校が参加して始められたこのプロジェクトには、日本からも6校が参加しており、国際理解教育の先駆的な試

みとしてよく知られている。

　一方、フランスでは、1989-90年度から小学校への外国語教育の導入を実験的に開始し、小学校2年から外国語(主に英語)を教えるようになったが、この学校は長年にわたって幼稚園から外国語の早期教育を行ってきた。2002-03年度には、60カ国の生徒2,300名が学んでいるが、生徒の85～90％はフランス人であり、英語が必修とされている[23]。コレージュからは、自然科学、歴史、地理は英語かフランス語のどちらかで教えられる。小学校高学年からリセまで、各学年に1クラスずつ国際バカロレア(International Baccalaureate：IB)[24]を採択しているクラスを設けており、外国人の生徒や海外生活の長かったフランス人の生徒が学んでいる。

　この学校は、IBとフランスのバカロレアがどちらも取得できる、極めてめずらしい学校でもある。というのも、フランス語母語話者を対象としたフランス人クラスではバカロレアとOIBが、IBクラスではIB並びに進学適性試験(Scholastic Aptitude Test: SAT)、アチーブメント・テスト(Achievement Test: A Test)、進学適性予備試験(Preliminary Scholastic Aptitude Test: PSAT)が取得できるからである。資格を取得するためのクラスは別であるが、どちらのクラスでもフランス国民教育省のカリキュラムに則った授業を行っている。先に紹介した国際学級との違いは、IBが取れることと並んで、クラス編成においてフランス人クラスと外国人クラスに分けられていることである。なお、フランスにある3校の私立のバイリンガル学校すべてでIBが取得できる。

　エコール・アクティブ・ビラング・ジャニヌ・マニュエルは、国公立の国際学校や国際学級と同様に、フランス人と外国人の子どもが共に学ぶことができる学校で、フランスの公教育制度の中に取り込まれた国際学校と考えられる。だが、筆者が2003年10月に卒業生2名にインタビューしたところ、興味深い話を聞くことができた。国が1998年にIBプログラムへの公費援助をうち切ったため、授業料があがったというのである。また、それまでフランス人クラスとIBクラス両方を教えていた国

から給与を支給されている教師が、IBクラスを教えることができなくなったという。こうしたIBプログラムへの対応は、第5節(4)で取り上げるフランス政府によるIBの認知の問題ともからんでいる。

第4節　無認可の外国人学校と国際学校

次に、公教育制度から排除されている無認可の教育機関を紹介したい。日本人学校も含めて多くの外国人学校がこのグループに属する。1901年アソシアシオン法に基づく非営利団体という法的地位にあることから、メンバー間の利益配分及び一切の商業活動を禁止されているが、税金面では法人税及び付加価値税(la taxe sur la valeur ajoutée：TVA)を免除されている。本国政府からの援助は学校によってそれぞれ事情が異なる。イギリス人学校[25]は本国政府から公費援助を受けていないが、ドイツ人学校[26]と日本人学校[27]は本国政府の公費援助を受けている。パリ・インターナショナル・スクール(International School of Paris)はどこからも援助を受けていないという。

こうした無認可学校の中から、国際学校としてのパリ・インターナショナル・スクールと外国人学校としてのアルザス成城学園(Institut Seijo d'Alsace)を見ていく。

(1) パリ・インターナショナル・スクール

この学校は1964年に創設された初等・中等教育機関で、学校の運営は父兄の代表などからなる理事会に委ねられている。2002-03年度、生徒数は460名、その国籍は54カ国にわたる[28]。教授言語は英語であるが、もちろんフランス語も教えている。カリキュラムは世界各地のインターナショナル・スクールをモデルにし、中等教育の最初の5年間は国際中等教育修了資格(International General Certificate of Secondary Education：IGCSE)をめ

ざすプログラムが、最後の2年間はIB及びSATをめざすプログラムが準備されている。IBに関しては、初等教育プログラム (Primary Years Programme : PYP) と中等教育プログラム (Middle Years Programme : MYP) の要件を満たしている。

筆者が、2003年10月にこの学校の日本人卒業生7名にインタビューしたところ、リセにおける日本人生徒の割合が高く、1999-2000年度には、卒業生50名のうち15名が日本人、7人がアメリカ人、あとはフランス人、インド人、スウェーデン人、韓国人、イギリス人が3人ずつ、その他さまざまな国籍の生徒がいたという。日本人がこの学校を選択する理由は、日本において大学入学資格として認められているIBを取得できるからである。コレージュ段階までは日本人学校に通っていても、コレージュ卒業後にリセを選択しなければならない。その際、日本人の場合は、フランス語系のリセよりアメリカ人学校、イギリス人学校、インターナショナル・スクールのような英語系のリセを選ぶことが多い。つまり、IBを取得できることが選択の大きな理由となっている。

生徒の国籍別で日本人が一番多いというのは例年の傾向のようで、インタビューした卒業生の間では、「日本人がかたまりすぎているのではないかということをいつも心配していた」、あるいは「日本人同士の人間関係に悩んでいた」という声も聞かれた。

(2) アルザス成城学園

この学校は、日本の文部科学省が認定する私立の在外教育施設である。私立の在外教育施設とは、「国内の学校法人等が母体となり海外に設置した全日制の教育施設で、主に日本人の子どもを対象として、国内の学校教育と同等の教育を行うもの」をさす。「文部科学大臣から国内の小学校、中学校、若しくは高校の課程と同等の教育課程を有する旨の認定あるいは指定を受けて」おり、「一般に国内の学校と連携を図りつつ、寄宿舎を併設して教育を行っている」ものである[29]。2004年4月現在、世界

アルザス成城学園

に13校の私立在外教育施設が存在するが、フランスにおいてはアルザス成城学園とトゥレーヌ甲南の2校がある。ここでは、アルザス成城学園を通して、フランスにおける日本の私立在外教育施設の実態を見ていくこととする。

アルザス成城学園の学校案内によると[30]、この学校はドイツとの国境近くのアルザス州オーラン県に位置する。1980年代初め、アルザス州は日本との経済交流に力を入れようと、1984年にはアルザス開発公社 (Agence de Développement de l'Alsace：ADA) の日本事務所を東京に開設し、企業誘致を図ると共に日本企業の駐在員子弟のための学校もあわせて誘致しようとした。成城学園がこの話に賛同し、2年後の1986年には全寮制の男女共学の中・高一貫学校を開校した。

日本政府からの公費援助には、当初より条件が付けられていた。つまり、両親が海外に滞在する子弟が50％以上であれば、教員の旅費と給料の一部を支給するというものである。開校当初の1986年には両親が海外

にいる子弟は68％であり、その後6年間はその条件を満たしていたのであるが、93年以降は日本から留学する生徒が増えたため、その割合は50％を下回り、この公費援助は受けられなくなった。ちなみに、2002-03年度において、両親が海外にいる生徒は全体の24％である。

　アルザス成城学園のカリキュラムは、東京の成城学園のカリキュラムに沿ったものである。外国語では英語教育を重視しているが、高校ではフランス語かドイツ語を第二外国語として週3時間、中学ではフランス語を必修として週3時間教えている。フランス語の教師はフランス人であるが、その授業に関して、筆者が2003年10月に卒業生の父兄に対して行ったインタビューでは、フランス語のみで行われる授業であるため、質問の意味もわからず非常に苦しい思いをしたという話を聞いた。この点はその後、改善されたようで、数年前から文法についてはこの学校の卒業生である日本人教師が担当するようになったという。

　卒業に際し、一定の基準に達した者には成城大学への推薦入学が認められており、実際、8割以上の卒業生が成城大学へ進学している。また、ストラスブール大学の申し出により、学校長推薦を受けた者は、フランス語の試験のみで同大学への推薦入学が認められている。しかし、フランス語習得の壁は厚く、この制度はあまり利用されていないという。

　また、地元のオーラン県はアルザス成城学園に協力的であり、関係は良好である。この学校の法的地位は学校ではなく非営利団体であるが、県側は学校として扱い、地元のスポーツ大会への参加も認めている。地元の中学校2校と姉妹校にもなっており、定期的に相互訪問をしてサッカーの試合、日舞やモダンダンスの発表会を行ったりしている。年2回行われるマラソン大会には、地元の人達と共に必ず参加している。このように地域交流を積極的に行ってきたが、言葉の問題は常につきまとっていた。アルザス地方の人々は英語を話したがらず、学校の中でフランス語ができる教師の数は限られているため、その教師に過重な負担がかかってしまうことにもなった。

生徒数の推移を見てみると、開校時には中学1年から高校2年までの132人でスタートし、1989-90年度には最大の175人となったが、その後、減少傾向が続き、2000-01年度には110人となっている。こうした生徒数の減少から、アルザス成城学園は2004-05年度末をもって閉校されることとなった。バブル崩壊後、ヨーロッパに滞在する駐在員の数が減ったばかりでなく、日本からの留学生も減ったことによる。

　アルザスに進出している日本企業は、アルザス成城学園が開校された1986年以前はゼロであったが、現在は20社近くにのぼる。ADA総裁は、日本企業の進出により4,000～5,000人の雇用が確保されたと述べている。経済の要請に応える形で登場したアルザス成城学園であったが、アルザスと日本の経済的及び文化的な交流の橋渡しの役を一定程度果たした後、経済の荒波にもまれてアルザスから退場することとなったのである。

第5節　大学入学資格をめぐる問題

　国際化に伴って、フランスの国家資格のシンボルとされる大学入学資格バカロレアにも、新しい流れがでてきた。また、国際的な大学入学資格であるIBやアメリカ、イギリスの資格も、徐々にではあるがフランス国内で認知されるようになってきた。フランス人と外国人の双方にとっての大学入学資格のあり方を整理したい。

(1) バカロレア

　バカロレアとは、フランスにおける中等教育の修了を証明するものであると同時に、大学などの高等教育機関への入学を許可するための国家試験のことでもある。日本では、このような資格は存在しない。このバカロレアも、大きく分けると、通常バカロレア、技術バカロレア、職業バカロレアの3種類があり、通常バカロレアはさらに人文科学系、社会科

学系、自然科学系の三つに分かれる。また、フランスの教育における国際化の流れのなかから、新しいタイプのバカロレアも生まれている。それが、バカロレア国際コースやフランス・ドイツ・バカロレアである。

(2) バカロレア国際コース

　国際学級が設置されたのに伴い、1981年からバカロレア国際コースが新たに実施されることとなった[31]。OIBの試験内容は通常バカロレアの一部を変更したものであり、セクションに関する問題以外は通常バカロレアと同じである。通常バカロレアとの大きな違いは以下の2点である[32]。まず、通常バカロレアの第一外国語の代わりに、セクション言語の筆記・口頭試験を受けることである。次に、通常バカロレアの地理・歴史の代わりに、セクション国の地理・歴史の内容を加味した問題で筆記・口頭試験を受けることである。なお、この2科目の問題の作成と採点は当該国の教育省との協力の下に行われる。

　日本語セクションを例に見ていくと、まず問題作成及び採点は、日本の文部科学省がフランスの国民教育省と共に行う。これは、2002年5月に取り決めがなされ、2003年6月に初めて実施された。試験問題は、フランス側が提出してきた案に日本側が意見を述べるという形で作成された。OIBの日本語セクションにおける日本語の問題と、通常バカロレアの第一外国語の日本語における問題とをくらべてみると、言語の筆記試験の時間が、通常バカロレアでは3時間であるのに対してOIBでは4時間であり、言語についての得点調整係数(coefficient)[33]もOIBの方が高い。また、試験内容そのものもOIBの方が難しく、OIBにおいてはより高い日本語能力が求められると言えよう。

　OIB日本語セクションの問題については、2002年10月18日の国民教育省令により、日本語の試験に向けてのカリキュラム要領、試験要領が発表された[34]。各国語セクションについての国民教育省令が順次出されており、現在OIBの態勢が次第に整いつつあるという状況である。

表10-2 セクション毎のOIB受験者数と合格者数(2003年)

セクション	ドイツ	アメリカ	アラブ	イギリス	デンマーク	スペイン	イタリア	日本	オランダ	ポーランド	ポルトガル	スウェーデン	合計
受験者数	85	201	3	288	2	204	78	3	18	9	17	11	919
合格者数	83	199	3	281	2	197	78	3	18	8	17	11	900

出典) Centre international d'études pédagogiques, 'Quelques chiffres', *CIEP*, http://www.ciep.fr/oib/chiffres.htm, 7 novembre 2004, の中の Résultats OIB-session 2003, に基づき筆者作成。

2003年のセクション毎の受験者数及び合格者数は**表10-2**の通りである。この表を見ると、その合格率の高さに驚かされる。というのも、通常バカロレアの合格率は80％前後であるのに対して[35]、OIBの合格率は全体で98％ほどとなっているからである。

以上、フランスの国家試験バカロレア及びバカロレア国際コースについて見てきたが、これらの試験は、フランスの教育機関に通っていなくても受けることは可能である。しかし、フランスの国民教育省の定めたカリキュラムに沿った授業を受けていなければ、合格するのは極めて難しいとも言われている。そのため、イギリス人学校やアメリカ人学校並びにパリ・インターナショナル・スクールでは、バカロレアやOIBを受ける人はほとんどいない。

(3) フランス・ドイツ・バカロレア

これは、フランス国内に1校、ドイツ国内に2校あるリセ・フランコ・アルマンでしか授与されることがない特別なバカロレアであり、フランス、ドイツ両国で大学受験資格として扱われる。フランス・ドイツ・バカロレアには、人文科学系と自然科学系の二つしかなかったが、2002年7月30日の協定[36]により、社会科学系バカロレアも取得できるようになった。リセの2学年から3学年までの平常点(通常時の主要7科目の小テスト)がバカロレアの成績の3分の1を占める。フランス語の試験は特に行われずに、最終学年時に母語での小論文及びパートナー言語での小論文(面接も含む)が課せられる。さらに、人文科学系、自然科学系、社会科学系それぞれの筆記試験が行われる。

(4) 国際バカロレア

"Handbook of IB Recognition (1983)"によると[37]、一般に、IBはフランス・バカロレアと同等とみなされるが、フランス人がフランス国内で取得したIBはフランス・バカロレアと同等とはみなされない[38]。しかし、1981年5月11日の国民教育省令[39]により、フランス国民教育省と国際バカロレア協会(International Baccalaureate Organization：IBO)双方の合意に基づくカリキュラムを実施している学校に就学した者に限り、フランス・バカロレアと同等とみなされることとなっている。だが、その後の状況は流動的であり、IBOのウェブサイトにおいて、フランスにおけるIBの法的地位は以下のように解釈されている[40]。

まず、2003年11月の時点においては、1985年8月23日の政令[41]に基づき、フランス人の場合、どこで取得されたIBであってもフランス・バカロレアと同等とみなされていた。外国人の場合も、フランス国内で取得されたIBは、フランス・バカロレアと同等とみなされていた。また、1981年12月31日の政令[42]により、外国人は、原則として、海外で取得したIBであっても、フランス語能力の証明なしにフランスの大学に入学できた。さらに、国民教育省大臣の見解として、1981年12月31日の政令により、IBは外国の資格として認知されたこと、また、1985年8月23日の政令により、有効性に疑問がある資格をもつ受験者は、国籍並びに資格を取得した場所を問わず、大学側がその資格の有効性を判断できるようになったことが紹介されている。

ところが、2004年6月の時点においては、フランス人が取得したIB及び外国人が海外で取得したIBについては、2003年とまったく同じであるが、外国人がフランス国内で取得したIBについての記述がなくなった。代わりに、1984年2月20日の政令17条[43]により、IBはフランス・ドイツ・バカロレアと同様のものであり、国の法規によってフランス・バカロレアが免除される資格であると書かれている。さらに、注釈として、

毎年1月に国民教育省から出される「最高学府に入学するための条件一覧」というリストにもIBが記載されていることが付記されている。

　2003年の段階では、IBを「有効性に疑問がある資格」と位置づけていたのだが、2004年6月の解釈では、フランス・ドイツ・バカロレアと同等のものとしているのは、いくらかの前進であろう。なぜならば、フランス・ドイツ・バカロレアはドイツとの関係強化のため、フランス政府が力を入れて取り組んでいるプログラムで授与されるバカロレアであり、そのテコ入れのための修正法案が2004年5月に元老院で採択されたばかり[44]だからである。しかし、今のところは、IBをフランスのバカロレアと同等のものとして明確に認めているわけではなく、今後の展開が注目される。

　2004年11月現在、フランスにおいて、中等教育の最後の2年間に対応するIBのディプロマ・プログラム（Diploma Programme）を設けているリセは10校である。一方、IBを大学入学資格として認めている大学は2004年6月には16校あったが、11月には7校に減っている[45]。IBコースをもつリセの担当者からは、「IBに対するフランス政府の対応は無関心とも無視とも言えるものである」との声も聞かれる[46]。

おわりに

　以上見てきた通り、フランスにおける外国人学校や国際学校は実に多彩であり、しかもEU誕生とその拡大など国際社会の動きに伴い、刻々と変化している。

　まず、公教育制度の中に位置づけられた外国人学校や国際学校がある。国公立の国際学校や国際学級並びに私立のバイリンガル学校は、フランス人と外国人の子どもが共に学ぶフランスの正規の学校である。教授言語は主にフランス語で、カリキュラムの基本はフランス国民教育省の定

めたものに従い、その上でバイリンガル・バイカルチュラル教育に力を入れている。修了資格としては、バカロレアあるいはOIBを取得できる学校が多いが、国から補助金をもらっている私立学校の中には、IBやSATなどが取得できる学校もある。こうしたフランスの公教育制度内に設置された国際学級やバイリンガル学校は、まさに「ひとつのヨーロッパ」が現実のものとなりつつある時代に求められる、新しいタイプの市民を育成することをめざしている。

一方、公教育制度から排除された無認可の外国人学校や国際学校には、もっぱら外国人の子どもが通っている。教授言語が英語の国際学校やアメリカ人学校あるいはイギリス人学校は、多国籍の子どもを受け入れている。カリキュラムとして、IBやアメリカあるいはイギリスのものを採用していることから、修了資格としては、フランスのバカロレアは取得できず、IBまたはSATやIGCSEが取得できる。

同じ無認可の学校でも、こうした英語系の国際学校とは異なり、ドイツ人学校や日本人学校のような外国人学校は、単一の国籍の子どもたちを対象としている。教授言語も当然、自分たちの母語が使用されており、カリキュラムも本国のものに則っている。もっとも、ドイツ人学校ではバカロレアとアビトゥーア(Abitur)の両方を取得できるような新しい制度も見られるが[47]、日本人学校の場合は、日本国内の学校と同等の修了資格が取得できるのみである。学校の中は、日本国内にいるのとほとんど変わらないとも言われている。

2000年にフランスの公共放送局France 3 Alsaceが制作した"Seijo"というドキュメンタリー番組の中で、あるフランス人が語っていた言葉が印象的であった。「あの中は日本なんだ。外はアルザスなんだけれど。」つまり、生徒たちがもし中に閉じこもって、外界との相互交渉をもたないならば、生徒たちにとって、そこは日本にいるのと変わりがないことになってしまう。一方、フランス人の目には、そこが興味深い場所と映っているのである。

エルネスト・ルナン (Ernest Renan) は1882年のソルボンヌ講演「国民とは何か」の中で、国民とは、種族、言語、宗教、共通の利害、地理的条件によって規定されるものではなく、記憶の遺産と未来に向けての理念を共有し共に生きようとする人々の意志であると定義した[48]。「共和国の学校」はその共通の過去と理念を学ばせるための国家的な装置であるゆえ、フランスの教育制度は極めて中央集権的であり、国家資格であるバカロレアがリセまでの教育内容を統制するほどの影響力をもっている。また、同じ理由で、公教育制度の外にいる人、あるいはフランスの国家理念や記憶の遺産を共有する意志のない人に対して無関心であるのも当然と言えよう。

しかし、さまざまな事情から多くの人々が国境を越えて移動する現代において、「異なるもの」を排除あるいは無視し続けることは不可能なのではないだろうか。とりわけ、子どもたちから教育を受ける権利を奪うことは大きな問題である。公立学校における宗教的標章の着用を禁止する法律の実施状況を伝えるニュースは、外国人学校や国際学校を認可せず、公教育制度から切り離してきたフランスの従来の立場とも重なって聞こえてくる。

その国の過去を知りたければ博物館へ、未来を知りたければ学校へ行けという言葉がある。新しい時代の共和国の市民を育てるための学校は、外国人学校や国際学校とどのように共存し、また、どのように折り合いをつけていくことができるのだろうか。ここからフランスの将来像が浮かび上がってくるはずである。

[注]

(1) *Le Monde* (2004) 'L'UMP et le PS ont voté la loi sur la laïcité', 10 février.
(2) *Le Monde* (2004) 'La loi sur le voile à l'école définitivement adoptée', 3 mars.
(3) ドミニク・ヴィダル、ル・モンド・ディプロマティーク編集部　阿部幸訳「イスラムのスカーフに対するヨーロッパ諸国の姿勢」『ル・モンド・ディプロマティーク日本語・電子版』、2004年2月号、http://www.diplo.jp/articles04/

0402.html、2004年11月7日。
(4) 「スカーフ事件」に関しては、池田賢市『フランスの移民と学校教育』明石書店、2001年、などに詳しい。
(5) The Associated Press (2003) 'France's First Muslim High School Opens', 3 September.
(6) フランスの少数言語に関しては、原聖「フランスの地域言語」三浦信孝編『多言語主義とは何か』藤原書店、1997年、080-095頁、などに詳しい。
(7) 内藤正典『アッラーのヨーロッパ』東京大学出版会、1996年、142頁。
(8) 小林亜子「フランス」外国人学校研究会編『諸外国における外国人学校の位置づけに関する研究』、1996年、303-317頁。なお、本章は、外国人の子どもが通う教育機関の分類に関して小林の先行研究を踏まえつつ、新たな学校の分析を行うと共に、とりわけ大学入学資格に目を向けた。
(9) Ministère de l'éducation nationale de l'enseignement supérieur et de la recherche, 'Repères et références statistiques sur les enseignements, la formation et la recherche-édition 2003', *education.gouv.fr*, http://www.education.gouv.fr/stateval/rers/repere2003.htm#1, 7 novembre 2004.
(10) Lycée Averroès, 'Quel financement?', *Averroès*, http://www.lycee-averroes.org/lycee.htm, 5 juillet 2004.
(11) Loi du 1er juillet 1901, Loi relative au contrat d'association.
(12) Lycée international de St. Germain en Laye, *Lycée international de St. Germain en Laye*, http://www.lycee-international.com/, 7 novembre 2004.
(13) Arrêté du 18-10-2002, *Bulletin officiel de l'Education nationale*（以下 B.O.）, No.43, 21 novembre 2002.
(14) Traité du 22-01-1963, *Journal Officiel de la République Française*（以下 J.O.）, No.60, 3 septembre 1963.
(15) Convention du 10-02-1972, *J.O.*, No.48, 31 août 1972.
(16) Le Lycée Franco-Allemand de Buc, *Le Lycée Franco-Allemand de Buc*, http://www.ac-versailles.fr/etabliss/lfa/f/index.htm, 7 novembre 2004.
(17) Décret 81-594, *B.O.*, No.22, 4 juin 1981.
(18) Centre international d'études pédagogiques, 'Des dispositifs structurels', *Ciep*, http://www.ciep.fr/echanger/enseigner_fr.php3?id_cat=138, 14 décembre 2003.
(19) Ministère de la jeunesse de l'éducation nationale et de la recherche,

第10章　フランスの外国人学校と国際学校　275

'Sections internationales', *education. gouv. fr*, http://www.education.gouv.fr/int/fiches/secinter.htm, 7 novembre 2004.
⑳　Arrêté du 11-5-1981, *B.O.*, No. 22, 4 juin 1981.
㉑　Ministère de l'éducation nationale de l'enseignement supérieur et de la recherche, 'Repères et références statistiques sur les enseignements, la formation et la recherche-édition 2003', *education.gouv.fr*, http://www.education.gouv.fr/stateval/rers/repere2003.htm#1, 7 novembre 2004.
㉒　European Council of International Schools, 'Directories', *ECIS*, http://www.cois.org/directory/Select_School.asp, 7 November 2004.
他の2校はEcole Active Bilingue, Ecole Active Bilingue Jeannine Manuel-Ecole internationale de Lille Métropole.
㉓　European Council of International Schools, 'Directories', *ECIS*, http://www.cois.org/directory/Directory_Page.asp?School_ID=EABJM, 7 November 2004.
㉔　フランスにおいては、国際バカロレアはBaccalauréat international (BI) と呼ばれるが、本章では他の章と同様にIBと呼ぶこととする。
㉕　The British School of Paris, *Welcome to the British School of Paris*, http://www.ecis.org/bsp/, 7 November 2004.
㉖　Deutche Schule Paris, *Deutche Schule Paris*, http://www.deutscheschuleparis.com/fr/index.html, 7 November 2004.
㉗　日仏文化学院パリ日本人学校、『パリ日本人学校』、http://www.parinichi.com/、2004年11月7日。
㉘　European Council of International Schools, 'Directories', *ECIS*, http://www.cois.org/directory/Directory_Page.asp?School_ID=ISPARI, 7 November 2004.
㉙　文部科学省「在外教育施設の概要」『CLARINETへようこそ』、http://www.mext.go.jp/a_menu/shotou/clarinet/f_sijo22.html、2004年11月7日。
㉚　アルザス成城学園『アルザス成城学園中等部・高等部学校案内』2001年。
㉛　Décret 81-594, *B.O.*, No.22, 4 juin 1981, et Arrêté du 11-5-1981, *B.O.*, No. 22, 4 juin 1981.
㉜　Note de service No.2002-005 du 3-1-2002, *B.O.*, No.2, 10 janvier 2002.
㉝　試験の配点指数のことで、これが高ければ高いほどその科目の成績が総合点の中で占める割合が高くなる。
㉞　この指導要領には、高校1年、2年、3年で学ぶべき目安が細かく示されている。例えば、学習すべき漢字数、読むべき小説（森鴎外『高瀬舟』、村上春樹

『辺境・近境』など)、論文(鈴木孝夫『相手依存の自己規定』)、古典(『枕草子』序文、『平家物語』序文)などが指定されており、受験生はテストに向けた授業を受けることになる。Arrêté du 18-10-2002, *J.O.*, 6 novembre 2002.

㉟　Ministère de l'éducation nationale de l'enseignement supérieur et de la recherche, 'Repères et références statistiques sur les enseignements, la formation et la recherche-édition 2003', *education.gouv.fr,* http://www.education.gouv.fr/stateval/rers/repere2003.htm#1, 7 novembre 2004.

㊱　Convention du 30-07-2002, correction d'erreurs du 30-09-2002.

㊲　IBO (1983) *Handbook of IB Recognition.*

㊳　Arrêté du 18-2-1976, *J.O.*, 4 mars 1976.

㊴　Arrêté du 11-5-1981, *J.O.*, 19 mai 1981.

㊵　IBO, 'Universities & governments', *International Baccalaureate Organization,* http://www.ibo.org/ibo/index.cfm?page=/ibo/services/universities&language=EN, 28 November 2003, 30 June 2004.

㊶　Décret 85-906 du 23-08-1985, *J.O.*, 29 août 1985.

㊷　Décret 81-1221 du 31-12-1981, *J.O.*, 3 janvier 1982.

㊸　Arrêté interministériel du 20-02-1984, *J.O.*, 2 mars 1984.

㊹　Sénat, 'Projet de loi Baccalauréat et lycées franco-allemands', *Bienvenue au Sénat,* http://www.senat.fr/rap/l03-288/l03-2880.html, 7 novembre 2004.

㊺　IBO, 'Universities & governments', *International Baccalaureate Organization,* http://www.ibo.org/ibo/index.cfm?page=/ibo/services/universities&language=EN, 7 November 2004.

㊻　IBコースをもつフランスの教育機関3校に問い合わせたところ、そのうちの2校がこのような回答を寄せた。

㊼　1994年5月31日の仏独2国間協定に基づき、通常のバカロレア試験に加えて、ドイツ語の試験及びドイツ語での地理・歴史の試験に受かれば、フランスのバカロレアとドイツのアビトゥーアを同時に授与されるアビバック(Abibac)と呼ばれる制度が作られた。

㊽　エルネスト・ルナン　鵜飼哲訳「国民とは何か」『国民とは何か』河出書房新社、2000年。

第2部　外国人学校の歴史

第11章　フランス植民地支配とフランス語教育——ヴェトナムに焦点を当てて——

古沢　常雄

はじめに

　ここで扱うヴェトナムは、19世紀中葉以後のフランス植民地支配下のヴェトナムである。このヴェトナムを見る場合、植民地化の過程に即して、北部のトンキン(東京)地方、中部のアンナン(安南)地方、南部のコーチシナ(交趾支那)地方の3地域、そしてこの3地域とカンボジア・ラオスを併合して支配下に置いた仏領インドシナを区別してとらえなければならない。したがって、植民地化の過程を押さえた上で、宗主国フランスの取り組んだ、ヴェトナムにおけるフランス語教育についてたどることにする。

　東南アジア研究者アンダーソン(Benedict Anderson)は、インドシナにおいて植民地支配者が追究した教育政策の二つの基本的目的について、その一つは、「植民地住民とインドシナのすぐ外にある世界との既存の政治的、文化的紐帯を破壊することであった」という。すぐ外にある世界とは、「カンボジアとラオスについて言えば、……シャムで……、インドシナ東部(トンキン、アンナン、コーチシナの地域)では、……中国と中華文明にあった」。これを具体的に言えば、前の2地域については、宗主国であったシャム(タイ)の諸影響力から切り離すことであり、インドシナ東部(=ヴェトナム)については、科挙制度を廃止して、中国との政治的・思想的・文化的繋がりを断ち切り、さらに、ヴェトナム語のローマ字音標

表記である「クォックグー(quôc ngu、国語の意、後述する)」を奨励し、この文字で育った若者たちが王朝の記録や古典を読めないようにし、彼らを過去のヴェトナムから切り離すことであった。一方、「第二の目的は、フランス語を話し書くインドシナ人を、注意深く計測して必要十分な量だけ生産し、これら政治的に信頼でき、感謝の念に満ちた、フランス化した原住民のエリートを、植民地の官僚機構、大商事会社の下僚として使うということであった」と指摘している[1]。

この教育政策は、ヴェトナム人に対するフランス語教育に、どのようにかかわるのであろうか。

第1節　フランス領インドシナの成立

1802年より1945年まで続いたヴェトナム最後の王朝は、フエ(Hue)[2]に都を置くグエン(阮)朝と称した。

ヴェトナムは、17世紀以来、中南部と北部に別れ三つの勢力に分裂していたが、南部出身の王族グエン・フック・アイン(阮福暎、1762-1820)が、1778年以来シャム(現在のタイ、1939年まではシャムと呼ばれた)とフランスの援助を得て領土を広げ、1802年全土を支配するに至る。同年、帝位につき、ザロン(嘉隆)帝(在位、1802-20)と称し、1804年中国の封冊を得て国号をヴェトナム(越南)とした。彼は、各地に孔子廟(文廟)を設けるなど、積極的に中国の統治・文化制度を採用した。ザロンの中国を模した専制的統治支配は、次代ミンマン(明命)帝(1791-1841、在位1820-41)の時代にも引き継がれた。

グエン朝成立に力を貸した勢力の一つフランスとは、具体的にはピニョー・ドゥ・ベーヌ(Pierre Pigneau de Béhaine、1744-99)らフランス人宣教師やフランス海軍士官らを含む志願兵の援軍であった。ザロンの統治時代は、フランス人によるキリスト教宣教活動には好意的であったが、第

2代皇帝ミンマン、第3代皇帝ティエウチ(紹治、在位1841-47)の代に至って、ヴェトナム人カトリック教徒が増加するに従い、グエン朝は対欧鎖国政策をとるに至る。ミンマンは、1832年に宣教師の追放を開始し、1847年、ティエウチ帝の第二子、トゥドック(嗣徳、1830-1883)が第4代皇帝に即位(在位、1847-83)すると、彼は、フランス人宣教師やヴェトナム人キリスト教徒を迫害(追放・禁教・逮捕・処刑)するに至り、フランスとの関係は悪化し、フランスが軍事介入し、植民地化を進めた。

　フランスでは、1848年、二月革命が起こり第2共和政となるが、1852年には、ナポレオン三世による、資本家と労働者との対立と両者の力の均衡の上に立つ独裁体制(ボナパルティズム)が成立し、国民の支持を得るため、対外戦争・植民地拡大政策を遂行した。フランスは、イギリスが清国とのアヘン戦争(1840-42)での勝利によって南京条約を結び、香港を割譲させたばかりでなく莫大な賠償金を獲得したのを目の当たりにして、対ヴェトナム政策で強引な武力制圧にかかった。トゥドックの治世は、このフランスの対外政策に翻弄されることになる。

　1858年に始まる第1次仏越戦争(1858年にはフランス・スペイン軍がトゥーラン〔Tourane、現ダナン〕を、1859年にはサイゴン〔西貢〕を占領)の終結を見た1862年の第1次サイゴン条約では、コーチシナ3省(ザディン、ビエンホア、ディンツォン)と3市(サイゴン、ビエンホア、ミト)が奪われ、1867年にはコーチシナ全部が失われた。仏領コーチシナ(植民地省直轄)の成立である。さらに、1873年に始まる第2次仏越戦争(1873年のガルニエ事件〔海軍大尉ガルニエによるハノイ城占拠〕、1882年のリビエール事件〔コーチシナ総督ル・ミル・ドゥ・ヴィレ配下の軍人ドゥ・ラ・リヴィエールによるハノイ城占拠〕)の終結を見た第2次サイゴン条約による、北部ヴェトナムの都市トンキンの領有、さらに、1882年の清仏戦争を経た1884年の第2次フエ条約による、北部トンキン(首府はハノイ〔河内〕)の保護領化(外務省直轄)と中部アンナン(首府はフエ)の保護国化(外務省直轄)など、その治世の大部分はフランスとの交戦と屈服に終始した。圧倒的な軍事力によるヴェトナム植

民地化のプロセスは、「軍艦外交(gunboat diplomacy)」と称されている。

　1887年10月、フランスは、植民地省直轄のコーチシナ、外務省直轄のアンナン、トンキンと、すでに1863年来フランスの植民地(保護領)となっていたカンボジアとを一括して植民地省に移管して、総督府をハノイに置くフランス領インドシナ連邦(Union de l'Indochine française)を成立させた。1899年には、これに、すでに1893年からフランスの保護国にされていたラオスを編入した。

第2節　植民地支配以前のヴェトナム語と教育

　漢字を用いてヴェトナム語を表記するヴェトナムの文字をチュノムという。この造られた文字は14世紀頃から使用されていた。漢字で書かれる漢語との区別を図るために、チュノムは漢字よりも画数が多く、複雑な文字であった。したがって、この文字の学習に時間を費やすことのできない民衆の間には普及せず、いわゆる文字階級(文紳階級＝支配者層)の間でのみ使用されていた。今日伝わる著名な文学作品の多くは、18〜19世紀のものである。この文字の使用領域は、19世紀中期以降のフランスによる植民地化の過程を通じて狭められていく。その理由は二つある。一つは、ヴェトナムに根付いている中国文化・儒教思想の強い影響を断ち切り、また、文字を習得していることによって獲得されたヴェトナムの支配階級の優越的エリート意識を消し去るために、宗主国フランスによって軽視・無視されたことによる。もう一つは、民衆の間に複雑なチュノムに変わる文字が普及したことである。20世紀に入ると、ヴェトナム人の間でチュノム文字は次第に使われなくなり、今日では使用されていない。

　それでは、チュノムに代わってどのような文字が使用されているのだろうか。フランス植民地化の過程で普及していった文字が、クォック

グーというアルファベット(ローマ字)表記法である。これは、1624年、キリスト教布教の使命をもってヴェトナムの地に渡ったイエズス会士アレクサンドル・ドゥ・ロード(Alexandre de Rhodes、1591-1660)が、耳で聞いたヴェトナム語の音(オン)をフランス語(アルファベット)で記録するために考案した表記法に端を発する。彼は、ヴェトナム語に習熟し、「ヴェトナム語(アンナン語)＝ラテン語＝ポルトガル語」辞典や、ラテン語＝ヴェトナム語対訳の教義問答書などを出版している。これらを用いて、ロードはヴェトナム人の間にカトリックの宣教活動をしていった。こうして、17世紀以後19世紀に至るまで、キリスト教普及と並行して、クォックグーがヴェトナム人クリスチャンの間で普及していった。

　第1次仏越戦争(1858-62)が第1次サイゴン条約の締結(1862)をもって終結した結果、敗れたヴェトナムは、フランス側の要求を受け入れ、サイゴンなどをフランスに割譲し、さらに、キリスト教信仰の自由を認めた。フランス人並びにヴェトナム人の宣教師たちは、「特に教育制度によってカトリック教徒の立場を強化する」ことに取り組んだ。彼らは、「最良のヴェトナム人信徒の家庭から選ばれた、最も頭が良くて最も才能のある子供の中から選択された何人かの子供を手許に置いて養育した」。この子供たちは、「10歳か12歳頃から神父に仕え、漢字と初歩のラテン語を学び始める。16歳から18歳頃に進路選択が行われ、能力と品行に応じ、神学校に入学する者、伝道師養成学校に進学する者、また神父の下で奉仕を続ける者に選別される」。選抜された生徒には、キリスト教教義が漢字ではなくクォックグーで教えられた。「学校設立は、植民地化と布教活動の双方の最良の手段なのである」。ある司教は、「特に二つのことが一つの民族を変容させる最良の道具なのである。それは宗教と言語である。フランス政府がその真の国益を理解し、福音宣教とフランス語教育を助成しようとするならば、20年もたたない内に、誰にも無理強いすることなく、この国〔ヴェトナム〕はキリスト教国になりフランスのものになると私は断言できる」と言う[3]。

後に触れるように、ヴェトナムにおけるクォックグーの普及の下準備は、ここにすでになされていたのである。

第3節　科挙制度の重さ

ヴェトナムでは、中国の文化的影響の下で、漢字は「賢者の文字(lettres des sages)」とみなされていた。というのも、グエン朝成立以前からヴェトナムの諸王朝は、官吏登用制度として中国にならい、科挙制度[4]を採用し、漢学や儒学の素養・教養、ヴェトナムに関する知識よりも中国に関する知識を重用し、その道具がチュノムであり、漢字であったからである。

伝統的に、ヴェトナムでは、学校に通うことは自慢の種、誇らしいことであった。というのも、「ヴェトナム人は、学校に、科挙試験の合格によって社会的上昇が期待でき、知識階級の仲間入りできる可能性を見取っていた」[5]。すなわち、教育による立身出世に期待を寄せていたからである。伝統的な漢学(漢文)教育は、儒教的社会道徳の上に据えられ、学問への嗜好心を育成し、優れた官吏、戦略家、経世済民論者(écnomistes)、外交官を養成した。この儒学教育(enseignement confucéen)は、漢字、社会的義務、立法、行政、歴史、文学の授業から構成されていた。また、科挙受験のための学習内容は、四書五経であった。

教育組織は、民衆教育とエリート養成向けの古典教育の二つに分かれ、3段階に分割されていた。第1段階の民衆教育は私立で、教師は、退職した官吏、文人(文紳)、また学生自身であった。生徒は、午前中のみ学校に行き、午後は自習したり宿題をしたりするなど、家で学習を進めた。「教育方法について言えば、それは極めて初歩的で、教師はなんら教授上の訓練を受けていなかったし、学校はなんらの統制も受けなかった」[6]。こうした教師は、タイ・ドー(thây dô、漢字を教える教師 vieux lettrés)と呼ば

れていた。第2段階の教育はエリート養成目的で、県庁所在地であるフー(府)に開設された専門学校で行われ、その教師は、官僚、教授(professeurs、資格内容は不詳)である。第3段階の教育を担う学校は、州の中心都市に開設され、科挙の合格者(docteurs)が教師となった。

　グエン朝では、3年ごとに郷試・会試・殿試の3種類の段階的な科挙試験が行われた。郷試はヴェトナムの地方都市で行われた試験で、優秀な合格者は「挙人」、それに次ぐものは「秀才」と称され、「挙人」は次の段階の試験である会試の受験資格を有した。会試の合格者は「進士(博士)」と呼ばれ、合格はしなかったものの優秀なものは「副榜(副博士)」と呼ばれ、彼らが次の殿試の受験資格を得た。会試は、フエで高級官僚によって行われたのに対し、殿試は、宮廷で皇帝によって直接行われる科挙試験であった。科挙合格者は、中央官庁の高級官僚となることが約束されていた。科挙制度は、「社会的昇進の唯一の真の原動力であり、若者が社会的地位と名誉を一度に手に入れることを可能にする唯一の道であった。……人々は猛勉強をする。しかしそれは決して単に自己の教養を高めるためではなく、ましてや、哲学的命題を掘り下げるためでもなく、試験に合格するのが目的である。従って、猛勉強することは、全く利己的な動機に基づいていた」[7]。

　グエン朝の科挙合格者は、**表11-1**のようになっている。科挙試験の合格者数は、極端に少なく押さえられているが、受験者は多い。例えば、1807年6月に郷試法が制定され、同年10月に6カ所の試験場で郷試が実施され、その合格者は62名であったという[8]。チン・ヴァン・タオ(Trinh Van Thao)の著書によれば、時代は下がるが、Ha-Nam(漢字を当てると、河南となるが、どこであろうか。)試験場1カ所で、1889年に8,000人の受験者、1891年に10,000人、1894年に11,000人の受験者がいたという[9]。すなわち、科挙を受験するヴェトナム人の間に中国についての教養、つまり儒教思想・儒教道徳が根付いており、その裾野の広いことをここに知ることができよう。科挙試験に失敗した不合格者たちも、それぞれの出身地

表11-1　グエン朝における科挙合格者数

皇帝名(在位)	(1)地方における郷試試験			(2)殿試	
	試験会場の都市数	試験回数	合格者数	試験回数	合格者数
初　代　ザロン(嘉隆1802-1820)	6	3	255		
第2代　ミンマン(明命1820-1841)	6	8	719	6	75
第3代　ティエウチ(紹治1841-1847)	5	5	610	5	80
第4代　トゥドゥック(嗣徳1847-1883)	6	17	1863	15	206
第7代　キエンフック(建福1883-84)	5	1	139	1	7
第9代　ドンカイン(同慶1885-89)	3	3	236	0	0
第10代　タインタイ(成泰1889-1907)	5	6	959	7	121
第11代　ズイタン(維新1907-1916)	5	3	376	2	33
第12代　カイディン(啓定1916-1925)	4	1	69	2	36
計		47	5226	38	558

出典)Trinh Van Thao (1995) *L'école française en Indochine*, Paris: Karthala, p.26.

の学堂(学校)で、ヴェトナムの子どもたちの教育に当たり、この旧思想・道徳の伝播の役割を担っていたし、また、フランス植民地化に保守的立場から反対運動や抵抗運動を展開することになる。

　科挙試験は、コーチシナでは19世紀末に廃止され、トンキンでは1915年、アンナンでは1918年12月に廃止された。ここに科挙が最終的に廃止され、若者が(立身出世を夢見て)12年間もの時間をかけて学んだ中国語の漢文教養、チュノムの効力が無力化することになった。それに取って代わったのが、フランス語であった。

第4節　植民地支配下のヴェトナム語教育とフランス語教育

(1) 植民地下初期の学校教育とフランス語

　前述の通り、1862年の第1次サイゴン条約でコーチシナ3省がフランスの直轄地となり、1867年にはヴェトナム南部のコーチシナ全域がフランスの手に落ちた。初代コーチシナ総督ボナール(Louis Adolphe Bonard、1805-67)は1861年11月末に着任し、1863年5月にはドゥ・ラ・グランディ

エール(Pierre de La Grandière、1807-76)が総督として着任する。彼らは、植民地支配の原理としてフランスで自覚されていたフランスによる「文明化使命」の理念を以て植民地統治に乗り出したが、実態は混乱していた。「文明化」のためにまず取り組まなければならないことは、ヴェトナムを中国の影響から分断し、明晰な言語であるフランス語を普及させることであるが、それは直ちには実行不可能であった。そこから、二つの方策が生まれてくる。一つは、ヴェトナム語の発音をアルファベット化して表記するクォックグーの普及に務めたことである。そのため、サイゴンにクォックグーを使用する印刷所を設置した。もう一つは、それでも、フランス語の普及を図ったことである。

　植民地支配を貫徹するには、現地の言語を用いてヴェトナム人を統治する官僚・良吏がいなければならない。当初、短期的には、フランス語に堪能なヴェトナム人を官僚として登用すればよいが、長期的展望においては、ヴェトナム人の使用する言語のフランス語化を考えなければならない。こうして、コーチシナにおけるフランス語教育は、通訳速成養成の形から開始された。1864年7月16日のドゥ・ラ・グランディエールの発した条例によって、この速成養成のクラスが初等学校の中で正規の学級となった。1869年、フランス語を習得させるため、コーチシナ人学生を初めてフランスに留学させた(具体的内容は不明)。1871年7月、提督デュプレ(Marie-Jules Dupré、1813-81)はサイゴンに植民地師範学校(Ecole normale coloniale)を設立している(詳細不明)。これは、その後、サイゴン師範学校(後のシャスルー゠ロバ・コレージュ Collège Chasseloup-Laubat)となる(1874年)。

　ヴェトナムでフランスが植民地政策としてフランス語教育を開始してからほぼ20年後の1883年、コーチシナの21の地方・都市には、合わせて531のフランス語学級が設置され、そこに18,056人の生徒が学んでいた[10]。

　ヴェトナム北部のトンキンと中部のアンナンでは、1885年3月12日のブリエール・ドゥ・リール(Brière de l'Isle)による、フランス人－原住民学

校(école franco-indigéne、エコール・フランコ＝アンディジェーヌ)[11]に関する条例の公布後、フランス語教育が実施された。最初のヴェトナム人生徒を対象としたフランス語学級は、地方の学校でバイリンガルによる教育ができる教員の養成を目的とするもので、生徒は旧来の漢文学校の卒業生のみに限られていた。フランス語教育は、行政・商業・軍事・工業などの実務で用いられる常用語に限定され、通信・経理・基礎知識の教育には商業用語が教えられた。当初、北部と中部の学校におけるフランス語教育は、南部のコーチシナとは異なり、漢字教育・クォックグー教育と並行して行われた。これは、フランスがグエン朝の権威に配慮してのことであると同時に、この地域の住民のフランスへの反感や抵抗を懐柔するためでもあった。この教育方法によって、この限定された生徒たちは、徐々にフランス語を習得していき、都市部や町で学校教育を受けている他の多くの生徒のフランス語学習熱を刺激した。

　コーチシナでは、漢字教育・クォックグー教育は行われず、フランス語教育のみが学校で実施されていた。これは、フランスの直轄支配が行われていたからである。

　フランス領インドシナ連邦成立(1887年)から17年を経た1904年、総督ボー(Paul Beau)の下でカリキュラムの改定がなされ、フランス語が学校の教育の中で支配的な位置を獲得した。上級第1段階では、学習修了試験は9科目が課された。そのうち、三つがフランス語であった。すなわち、書き取り、作文、ヴェトナム語からフランス語への翻訳及びフランス語からヴェトナム語への翻訳(thème et version)である。口頭試験は7科目で、そのうち3科目、読み方、会話、ヴェトナム語からフランス語への翻訳及びフランス語からヴェトナム語への翻訳が、フランス語であった。つまり、ヴェトナム語は、筆記試験の科目にも口頭試験の科目にもその姿を現わさなかった。

　1910年、4年制の初等学校では、フランス語学習は27時間中の13時間を占め、ヴェトナム語の学習は僅か3時間のみである。1918年からは、5

年制のフランス人－原住民学校は2段階制となり、上級(最終)初等学校の2学年では、ヴェトナム語の授業が3時間であるのに対し、フランス語の授業はその3倍の9時間が割り当てられた。フランス語が中心的な教授言語となり、生徒がフランス語を理解していようが、いまいと、フランス語の授業はもちろん、他の教科の授業もフランス語で行われた。

(2) サロー総督の教育政策

　フランス植民地政策は、一般的に同化主義(assimilation)とみなされてきた、力尽くでフランス化を強制・強要する統治方式である。しかし、これは、確立した統治機構と歴史をもち、「文明」の行き渡ったヴェトナムでは通用しなかった。ヴェトナム側の抵抗があったからである。フランスは長い間、同化主義と協同主義(association)の間を逡巡していた。

　教育政策上の協同主義をとったのがベール(Paul Bert、1833-86、ハノイで没)であった。彼は、フェリーらと共に第3共和政の教育政策を担い、ガンベッタ内閣時の文部大臣(在任1881-82)をも務めた、医師で生理学者でもあった。1885年以降の反仏抵抗運動や地方の知識人・官僚(文紳)たちの蜂起で武力によるインドシナ統治政策が行き詰まり、文官的協同主義を標榜する第3次フレシネ(Freycinet)内閣が登場する(1886年1月)と、彼はアンナン・トンキン理事長官に任命され(1886年1月)、同年4月、ハノイに着任した。ベールは、行政官に占める武官と文官の比率において後者を高めると共に、政治機構に現地人を積極的に利用するようにし、中央に現地人有力者評議会を、地方にトンキン諮問会議を設置し、またフエの宮廷(阮朝)の権力を認めた。

　ベールは「協同主義的近代的植民地政策の推進者」と言われ、その政策は、フレシネ内閣により任命された第3代フランス領インドシナ総督のラヌサン(Jean Marie Antoine de Lanessan、1843-1919、在職1891-94)に引き継がれたが、その後、同化政策と協同政策との間の往復運動が繰り返された。1911年にサロー(Albert Sarraut、1872-1962、1920-24年及び1932-33年に植民地

大臣、1926-28年に内相、1933・36年に首相を務める)が総督となり、協同政策を推進し、逆行しえない体制を固めた。彼は、熱病のため1914年に帰国を余儀なくされたが、1916年に再度、総督に任じられる。そして、1917年12月に編集・公布したのが、「インドシナ教育憲章」の名をもつ、7編600条からなる浩瀚な「公教育全般的規則」であった。その内容は、a)初等教育におけるフランス語の位置づけ(第1編)、b)教育内容と時間割(第2・3編)、c)試験制度(第5編)と奨学金制度(第6編)、d)インドシナの奨学生が入学できる本国フランスの上級学校の一覧表(第6編)、e)高等教育(第2編)、f)教員の身分規定(第1・2・3・4編)、g)公教育行政の組織図(第1・3編)、h)初等師範学校の任務、である[12]。

　彼は、いかなる意図と構想の下に子どもの教育規則を作成したのであろうか。私たちは、今の日本で、この教育法令の資料(オリジナル版も復刻版も)を手にしていないので、それを分析することはできないが、断片的な状況証拠で、彼の教育意図を探ってみよう。

　①「現地人を教育することは、確実に我々の義務である。……そして、この我々の義務は、我々にとって最も重要な植民地における経済的・行政的・軍事的・政治的利益に合致する。事実、教育は、多くの現地人労働者の知性(intelligence)の質と能力(capacité)を高め、植民地の生産物の価値を増大させる結果をもたらす。さらに、教育は、勤労大衆の中に、技術者・現場監督・監視人・サラリーマン・事務職員のようなヨーロッパ人の数の不足を補い、植民地の農業・工業・商業に対してますます強まってくるフランスの要求を満足させるために役立つ現地人のエリートを見つけ出し、訓練することを可能にするはずである」という、サローの言葉[13]。

　②「(ヴェトナム人に対する教育の目的は)フランスの行政、工場経営者、商業経営者そして植民者にとって従順な官吏、教師、通訳そして店員となる土民を訓練することである」という、トンキン公教育長官ベラールが1912年4月18日に総督サローに宛てた報告[14]。

③サローは、エリート以外のインドシナ住民については、「ごく簡単な教育、要点だけに絞って、子どもが農民、職人としてつつましく生きる上で、その自然的、社会的生存条件を改良するのに知っておくと役に立つことを教える教育」を提唱した[15]。

④1907年9月に最初の「インドシナ大学」が開設され、1907-08年度、学生数は約200人にのぼったものの、この年度中に閉校されたが、サローの下で再開された。しかし、この大学での教育は、「教育、公共土木工事、法律、行政、医学のような専門訓練教育に限られていた」[16]。

詰まるところ、植民地原住民であるヴェトナム人を宗主国フランスの統治に奉仕させる教育であった。同化主義であっても、協同主義であっても、植民地支配には変わりはないのである。意識的なヴェトナム人にとっては、屈辱的な教育に過ぎなかった。

サローによる1918年の新学期の学校教育制度は、13年制になっていた[17]。クォックグーで教えられる3年間の基礎学校(elementary school)、フランス語で教えられる3年間の初等教育(primary education)、フランス語による4年間の(職業指向の)上級初等教育(vocationally-oriented primary superior education)、インドシナ・バカロレア受験資格の取得に向けフランス語で3年間教授される中等教育(French-language secondary education)という、3・3・4・3の4段階の教育制度であった。このうち、はじめの3段階は初等教育機関であった。就学年齢層の約10%が就学しており、そのうちの90%がこの初等教育機関に通っていた。残りの10%、すなわち就学年齢層の僅か1%の子どものみが、大学進学コースの中等学校に在学した。

サローの教育改革における主要な関心は、ヴェトナム語の学習を通しての「教育」ではなく、「フランス語の習得」に重点が置かれていた。基礎学校では、27時間の授業数のうち9〜15時間がクォックグー教育に当てられた。クォックグー教育はフランス語教育への入門指導であった。初等学校では、週25時間の授業数のうち7時間ほどがフランス語の授業であった。中等学校では、週15〜18時間がフランス語とフランス文学の教

育に当てられた。その他の授業科目は、週3時間の「衛生と実用理科」、週2/3時間の数学、週1/2時間の道徳教育、週2・1/4時間の中国語、体育が2・1/2時間で、歴史は1/2時間、地理は1時間に限定されていた。フランス語の授業では、ベルギーの新教育の理論家でもあり実践家でもあるドゥクロリーが提唱した「興味の中心」の理論が採用され、教材はフランスよりもヴェトナムの生活が選ばれた。しかし、教材となったヴェトナムは、フランス人の目でとらえられ、フランス人によって書かれたヴェトナムの姿であった。

ちなみに、サローの教育改革前と改革後とを図示すると、図11-1、11-2のようになる。また、1922年のフランス人−原住民学校の初等学校の週の教科別配当授業時間は、表11-2のようになっていた。

協同主義政策によって、伝統的な漢文とヴェトナム語を教授する学校は私立学校として認められたものの、公教育局は、私立学校が公的教育内容から逸脱しないよう厳しく取り締まった。その結果、1924年には、

17 16 15 14	Université	
13 12 11	Enseignement secondaire	Ecole professionnelles et artistiques
10 9 8 7	Enseignement primaire supérieur	
6 5 4	Enseignement primaire	
3 2 1	Enseignement élémentaire	

図11-1　教育改革前の学校制度

17 16 15 14	Université
13 12 11	Lycée
10 9 8 7	Collège
6 5 4	Enseignement primaire franco-indigène
3 2 1	Enseignement élémentaire en langue locale

図11-2　教育改革後の学校制度

出典）Bezançon, Pascale (2002) *Une colonisation éducatrice? — L'expérience indochinoise (1860-1945)*, Paris: L'Harmattan, pp.136-139, による。ただし、原図を一部修正した。

表11-2　フランス人－原住民学校(初等学校)の教科別配当授業時間

教　科	配当時間
ヴェトナム語(クォックグー)またはクメール語・ラオ語	4・1/4時間
フランス語	7時間
道徳教育	1・1/2時間
算　数	4・3/4時間
科学・保健衛生	1時間
地　理	1/2時間
歴　史	1/2時間
デッサン	1/2時間
体育・レクリエイション〔休憩時間〕	5時間
中国語(選択)	
計	25時間

出典）Bezançon, Pascale (2002) *Une colonisation éducatrice? — L'expérience indochinoise* (1860-1945), Paris: L'Harmattan, p.134.

中国語－ヴェトナム語の教師を採用し、伝統的カリキュラムで教えた廉(かど)で、1,800の私立学校を閉鎖した[18]。また、1930年、ヴェトナム人教師が経営するハノイの私立学校が、フランス語の授業で生徒に植民地下の農民の困窮した生活についての作文を課した廉(かど)で、閉鎖に追い込まれた。

各教育段階のカリキュラムは何回もの改定が行われ、フランス語教育の内容も改定されたものの、カリキュラムの中でフランス語は常に絶対的優先的地位を占めていた。

(3) ヴェトナム人のフランス語教育への批判・反感

20世紀初頭に反仏独立運動に取り組んだファン・ボイ・チャウ(潘佩珠、1867-1940)が、いかに植民地教育を反感をもって見ていたか、著作の一節をのぞいてみよう。彼は、ヴェトナム独立のために「ヴェトナム維新会」を組織し(1904)、フランスの圧制下でのヴェトナムの惨状を訴える『ヴェトナム亡国史』を著し(1906)、また、日露戦争での日本の戦勝に刺激を受け、フランスの支配からの脱却を志す人材を養成するために日本留学を奨励、援助する「ドンズー(東遊)運動」を起こした。だが、日本政府は、フランス政府の圧力によって日本に滞在するインドシナ留学生を弾

圧し、この運動は挫折させられた。彼は、中国の辛亥革命(1911-12)に励まされ、「ヴェトナム光復会」を組織し(1912)、武力によるヴェトナム解放を図ったが、逮捕、投獄され、獄中で『獄中記』(1914)などを執筆し、心ある人々の心を打った。そして1923年に、フランスによる、キリスト教を使った植民地主義、並びに教育政策を通した人心支配の構造を告発した、『天か帝か』(原文『天呼！ 帝呼！』)を発表した[19]。

この書において、彼は、植民地宗主国フランスのヴェトナムでの政治が「ひそかに〔ヴェトナム人〕人種を滅せんとする」ものと糾弾し、植民地教育は「人種を陰滅する教育」であると、以下のように弾劾する。

「亡国以前には良教育はなかったが、未だ奴隷牛馬たるの教育はなかった。亡国以後、良好の教育はもとよりフランス人の増加するところではないのみならず、日々に奴隷牛馬にする教育を強要したのである。」「フランス政府は……50余年来、科挙を奨励してヴェトナム人を愚にし、かつ弱からしめた。」「〔1918年の科挙廃止以後に進められた〕教育なるもの、われらをして全く失望せしめた。何となればいわゆる新教育は、すなわちヴェトナム人民を駆って、一種のきわめて従順なる牛馬とし、盲目聾唖の奴隷とせんとするにあるのみ。」「教科書の内容もまた、ただフランス人の功徳を頌し、フランス人の武威をひけらかす以外、一つも良好の文字なく、ヴェトナム祖先の如何、ヴェトナム建国の仁人志士が如何に国に尽くせるかなどに至っては、禁じて講ずることを許さない。6歳の児童一度学校に入り、一度教科書を読めば、すでにヴェトナム人たることを忘れしめんとする。」「教員の資質のごときに至っては、痛哭死に至らしめる状にある。一半は放蕩無頼のフランス人で、一半は卑屈無気力のヴェトナム人である。学生の試験昇級に当たって、校長の受くる賄賂各人10元以上、……」「ヴェトナム人児童が小学校卒業後、その学校に得たるところは、一、二浅薄なるフランス語以外、ただ驕傲怠惰なる卑賤の習慣を作るにすぎ」ない[20]。

第11章 フランス植民地支配とフランス語教育

　ヴェトナムの独立と再統一を果たした1945年9月、ヴェトナム民主共和国臨時政府は独立後の教育政策策定に取り組んだ。そこには、植民地時代のフランスによる教育に対する見解が記されている。

　「1945年8月、日本はやっと降伏した。……ホー・チ・ミン(胡志明)は、早くも9月3日、同等に重要性をもつ三つの主要な任務を示した。すなわち、外国の抑圧、飢餓、無知に対する闘争である。……植民地体制は人口の95％を非識字(illiterate)のままに残していった。植民地体制が少数の特権者に配分した僅かな教育は、彼らに、〔ヴェトナムの〕国民文化に対する軽蔑心を教え込み、"母国〔フランス〕"からやってくるすべてを盲目的に崇拝(adoration)することを目的としたものであった。非識字と教育の反国民的性格という、植民地化のこの二つの〔囚人に押す〕焼き印は、可能な限り早急に消し去られるべきものである。ヴェトナム民主共和国成立のまさに最初の1週間に、政府は"人民(民衆)教育省(department of popular education)"を設立する法令を公布した。その主要な任務は非識字と戦うことであった。」[21]

　この文の中に、植民地期にフランスがとった教育政策の問題点が正確に指摘されている。それは三つある。
　①植民地体制がインドシナで実施した教育制度は、少数の人々の所有物であったこと。
　②教育機会に与った特権的少数者が受けた教育は、ヴェトナムの(国民)文化・歴史に対する軽蔑心を教え込んだこと。
　③フランスからやってくる全文物を無批判的に崇拝することを教え込んだこと。
　最後の指摘は、第2次世界大戦後から1960年の「アフリカの年」に至る間、フランス領西アフリカの教育行政長官を2度務めたカペル(J. Capelle、

1909-83、数学者・教育行政官・大学学長)がその著で指摘したことと軌を同じくする。彼は、フランス植民地下の教育目的が、アフリカ現地人に対して「フランス語を確実に使用できるようにし、文明のモデルとしてみなされているフランスに対する純真で、真摯な崇拝心を頭にたたき込むこと」にあったと記述している[22]。

おわりに

　植民地ヴェトナムにおけるフランス語教育は、フランスに仕えるヴェトナム人、フランスの支配に従属し、それを支え、あるいは迎合するヴェトナム人の養成を目的とするばかりでなく、ヴェトナムの文化を見下すヴェトナム人を生み出すこととなった。また、植民地体制においては、フランス語は立身出世の道具でもあった。だが、フランス語は、ルソーの社会契約論、フランス革命期の人権宣言、社会主義運動の諸文書を読み学ぶ道具でもあった[23]。ごく少数ではあったが、フランス留学の機会を得たヴェトナムの若者たちは、フランス本国で「自由と平等」を学び、民族独立運動に加わった。ホー・チ・ミンもその中にいた。事実、1945年9月の「独立宣言」は、その冒頭に、1776年のアメリカ独立宣言と共にフランスの人権宣言を引用している。その意味で、副次的ではあるが、フランス語は、植民地の桎梏からの解放に一役買うことにもなった。
　フランス語(の教育・学習)は植民地支配の道具でも、植民地解放の道具でもあった。いわば両刃の剣である。それにもかかわらず、フランス語は、ヴェトナムにおける支配の用語であったことに変わりはない。

[注]
(1)　ベネディクト・アンダーソン(白石さや・白石隆訳)『想像の共同体―ナショナリズムの起源と流行―』NTT出版、1997年、201-202頁。なお、原著の

第11章　フランス植民地支配とフランス語教育　297

　　出版は1983年。
(2)　フランス植民地支配下でフランス語流にユエと発音されてきた。1975年サイゴン(西貢)が陥落し、翌76年の統一選挙による南北両国家の再統一＝ヴェトナム社会主義共和国の誕生以後、現地の発音に戻り、フエと呼ばれている。漢字で順化と書く。
(3)　坪井善明『近代ヴェトナム政治社会史―阮朝嗣徳帝統治下のヴェトナム1847-1883』東京大学出版会、1991年、42-43頁。
(4)　ヴェトナムの科挙制度の歴史については、竹田龍兒「ベトナムの科挙制度と学校」多賀秋五郎編著『近世東アジア教育史研究』啓学出版、1970年。この書には、1075年がヴェトナムにおける科挙の起源とする説を紹介している。Bezançon, Pascale (2002) *Une colonisation éducatrice?*, Paris: L'Harmattan, p.29, も同一の説をとっている。
(5)　Bezançon, Pascale, *op.cit.*, p.29.
(6)　*Ibid.*
(7)　坪井、前掲書、161頁。なお、科挙制度の概略は、同書166頁以降でわかりやすく説明している。
(8)　竹田、前掲書、165頁。
(9)　Trinh Van Thao (1995) *L'école française en Indochine,* Paris: Karthala, p.26.
(10)　同年、フランスでは、パリに本部を置くアリアンス・フランセーズが海外＝植民地におけるフランス語普及を目的に設立されている。この機関については、西山教行「『植民地党』としてのアリアンス・フランセーズ：植民地主義における言語普及」『新潟大学経済学年報』第24号、2000年、163-184頁。同「アリアンス・フランセーズの植民地主義的起源について：保護領チュニジアとの関連から」『ことばと社会』3号、三元社、2000年、168-186頁、が参考になる。フランス新教育史に取り上げられる『新教育―ロッシュの学校』(原聡介訳、明治図書、1978年)の著者エドモンド・ドモランもこの枠内にいる。
(11)　école franco-indigène, école franco-vietnamienneなどを仏越学校と訳すことがあるが、ここでは直訳する。フランス語のindigèneには差別的ニュアンスを含んでいる。日本語の「原住民」も同様であろう。
(12)　Trinh Van Thao, *op.cit.*, p.51.
(13)　Suret-Canale, Jean (1964) *Afrique noire occidentale et centrale*, Paris: Editions Sociales, tome 2, p.475.
(14)　広木克行「ベトナム教育運動史」梅根悟監修『世界教育史体系6　東南アジ

ア教育史』講談社、1976年、325-356頁。
(15) ベネディクト・アンダーソン、前掲書、225頁。
(16) Kelly, Gail Paradise (2000) *French colonial education: Essays on Vietnam and West Africa,* New York: AMS Press, p.80.
(17) *Ibid.*, pp.9-10, p.111.
(18) *Ibid.*, p.111.
(19) なお、邦訳は、ファン・ボイ・チャウ『ヴェトナム亡国史他』〈東洋文庫73〉平凡社、1966年。
(20) 同上書、178-182頁。
(21) V.S. (1965) 'Education and revolution', *Vietnamese Studies*, No.5, pp.5-6.なお、V.S.は、ハノイ教育科学研究所(Hanoi Institute of Pedagogical Science)に所属するNguen Si Ty, Luon Ngoc, Hoan Trong Hanhの3人による共同執筆である(本論文の後書きによる)。
(22) Capelle, J. (1990) *L'Education en Afrique noire à la veille des Indépendances,* Paris: Karthala, p.21.
(23) 平野千果子『フランス植民地主義の歴史』人文書院、2002年、252-253頁。

《参考文献》
〔戦前〕
1. 文部省教育調査部「フランス領印度支那に於ける教育」『教育制度の調査』(第11輯)1940年、175-206頁。
2. 文部省教育調査部「フランス領印度支那に於ける教育」『教育制度の調査』(第12輯)1941年、87-236頁。
3. 文部省教育調査部「仏印」『南方圏の教育』(教育調査資料第8輯)1942年、123-231頁。
4. 船越康寿「仏領印度支那における植民教育」『南方文化圏と植民地教育』第一出版協会、1943年、85-181頁。
5. ベッケル『列国の植民地教育政策』第一出版協会、1943年、592+49 p. 特に第5章「フランスの植民地教育」289-367頁。

〔戦後～現在〕
1. 佐藤英一郎「植民地教育政策の性格—とくにインドシナを中心として—」海後勝雄・広岡亮三編『近代教育史Ⅲ』誠文堂新光社、1956年、46-49頁。
2. 佐藤英一郎「植民地教育政策の展開—インドシナを中心として—」梅根悟監

修『世界教育史体系10 フランス教育史Ⅱ』講談社、1975年、192-198頁。
3. Nhu Duc Duong (1984) *Education in Vietnam under the French domination, 1862-1945,* University Microfilms International, p.271. Thesis (Ph.D.) (1978): Southern Illinois University.(上智大学図書館蔵)
4. Bezançon, Pascale (1997) *Un Enseignement colonial: l'expérience française en Indochine (1860-1945),* 2 vol.(770 p.), Villeneuve d'Ascq: Presses universitaires du Septentrion.
5. 岩月純一「『ベトナム語意識』における『漢字／漢文』の位置について」『ことばと社会』1号、三元社、1999年、154-165頁。
6. 岩月純一「ベトナムにおける『近代的』漢文教育についての一考察」木村汎ほか編『日本・ベトナム関係を学ぶ人のために』世界思想社、2000年、40-59頁。
7. 下司睦子「仏領インドシナ、ベトナムにおける植民地言語教育とその政策」『日本植民地教育史研究年報4』皓星社、2002年、180-127頁。

第12章 アメリカにおける日系移民の学校

田中　圭治郎

はじめに

　アメリカはヨーロッパ移民にとっては新天地、新世界であり、自分たちの夢をかなえてくれる土地である。彼らは本国での迫害をのがれ、自由を求めて続々とアメリカへ渡っていく。アメリカはすべての移民を快く受け入れ、差別と偏見から解放された自由と平等の地となるべきはずであった。

　だがアメリカ建国当時、イギリス系移民が圧倒的に多く、彼らがアメリカ文化の精神的支柱となっていた。その後の移民たちはアメリカ人になる必須の条件として、自己の文化を棄て、ワスプ(White Anglo Saxon Protestant イギリス系プロテスタント)の文化を受け入れざるをえなくなる。これがアメリカへの同化であり、アメリカ化なのである。

　このような同化は、ドイツ系、北欧系といった容姿・文化が類似している移民が多い時期にはあまり問題はなかった。ところが南・東欧系や非ヨーロッパ系の移民の増大と共に状況は変化してくる。例えばポーランド人、イタリア人は、カトリック教徒であるがために上流階級に入りこめず、下層階級に甘んじざるをえなかった。それらのヨーロッパ人たちは白人であり、またキリスト教を背景とする文化をもっているため、彼らへの差別はある程度限られたものであった。だが黒人・アジア人、インディアン(ネイティブ・アメリカン)にとってはアメリカ化は自己の存

在を否定するほど深刻なものである。

　このような状況の下でも非イギリス系移民たちの多くは自己の文化をすすんで棄て去り、アメリカ人になろうと努力する。日系移民(一世)や子どもたち(二世)である日系人にとっても同様であった。アジア人であるために白人から迫害を受けたにもかかわらず、自力で差別をはね返そうと努力する。その努力とは自己の価値観を完全にワスプのそれに変えること、それがすべてであった。子どもを学校に行かせるよりは働かせて金もうけをさせることによって、より上の階層へ上昇させようとしたイタリア人とはちがい、日系人は明治維新以降日本人の間で支配的であった、教育によってすべての願望が可能になるという学校信仰をアメリカにもち込んだ。彼らは学校教育の中で自分たちの子どもにワスプの価値観を身につけることを求めると共に、学歴により階層上昇を図ろうとした。

　「カリフォルニアにおいて、日系人社会が存在している地域での共通の光景は、午後の4時半または5時に、通りをゆっくりと歩いて帰宅している小柄な日系人の子どもたちの集団を見ることである。それらを見る人々は当惑するのである。というのは公立小学校は2時かそれより少し後くらいで終わりであるからである。調査してみた結果、彼らが学校終了後、日本語学校へ通っているということがわかった」[1]と、ベルが指摘しているように、第2次世界大戦以前のカリフォルニア州の日本人社会では、子どもたちが公立学校終了後、日本語学校に通学するのが通例となっていた。アメリカの公立学校を重視する日系移民の子どもたちがなぜ、日本語学校へ通うのか、及びどのような理由でそれらが設立されていったかを、アメリカ本土、ハワイ州を中心に述べていく。

第1節　戦前における日本語学校──黎明期──

1885(明治18)年からの官約移民開始以後、1924(大正13)年の全面的移民禁止までハワイには15万人以上の人々が移民した。これら移住者の中にかなりの数の子どもも含まれていたし、また現地でもかなりの数の子どもが出生している。1885〜1894年の間にハワイで出生した子どもは1,305名にも達した[2]。1896年から1910年のハワイの二世人口は**表12-1**のようである。

表12-1 ハワイの二世人口

1896	2,078名
1900	4,877名
1910	19,889名

出典) ハワイ日本人連合協会編『ハワイ日系人移民史』ホノルル、1977年、231頁。

表12-2はハワイの公立学校に通う日系人児童数とハワイ全体の公立学校児童数を示している。表12-1、12-2を見ると多くの子ども達が、公立学校へ行かないで、家庭や近隣で遊んでいたことと想像される。

これら移民の大部分はサトウキビ畑の労働者であるため夫婦共働きで、子どもの半数以上は家に放置されたままであり、彼らがかわす会話は「ミー、ママ、ハナハナよう来ん」といったいろいろな民族の言葉が混ざったものであった。ミー(私)のママ(母)は、ハナハナ(仕事、カナカ語)でよう来ん(来ることができない)といった意味のことである[3]。

表12-2 ハワイの公立学校における日系人児童数

学年度	公立学校へ通う日本人児童数	ハワイの公立学校児童数
1888	54	8,770
1890	39	10,006
1892	60	10,712
1894	113	11,307
1895	261	12,616
1896	397	14,023
1897	560	14,522
1898	737	14,997
1899	1,141	15,490
1900	1,552	15,537
1901	1,993	17,509
1902	2,341	18,382
1903	2,521	18,415

出典) 小沢義浄編『ハワイ日本語学校教育史』ホノルル：ハワイ教育会、1972年、14頁。

またアメリカ大陸では、鉄道建設のために大量の労働者を必要としており、そのためハワイの製糖業に失望した人々が、1900年ハワイがアメリカに併合された後、続々とアメリカへと渡っていった。カナダ、メキシコを経由したり、また直接にアメリカへ渡った人々も多く、彼らは人里離れた山の中や農場での労働に忙しく、子どもの教育に関心をもつ余裕がなく、状況はハワイとほぼ同様である。

これらの状況を見て、キリスト教の牧師、後には仏教の僧侶が中心となって、子どもたちに日本語、日本の習俗・伝統を教えようという動きが出てきた。この動きの結実したものが、日本語学校の設立である。日本語学校は1893(明治26)年ハワイ島コハラで神田重英牧師が公立学校の校舎を借り、桑原秀雄を教師として生徒30数名の学校としてスタートしたのが最初である。次に1895年にはマウイ島クラ地方で五味環牧師が、1896年にはホノルルで奥村多喜衛牧師がそれぞれ日本語学校を設立する。

アメリカ本土では、1902年ワシントン州シャトルにできたシャトル国語学校が最初である。さらに1903年サンフランシスコで佐野佳三によって日本小学校、同年本派本願寺によってサンフランシスコに明治小学校、サクラメントに桜学園が設立された。

日本語学校の黎明期の始まりは、ハワイでは1893年から、大陸では1902年からであるが、終わりは1908年にハワイ・アメリカへの移民が全面禁止された年までとしたい。この時期はハワイ・アメリカ各地で寺子屋形式の日本人学校が続々と生まれ、アメリカ化の流れのなかで日本語学校へと変化する過程である。

次にどのような学校が存在したかについて述べてみよう。カリフォルニア州ではアルビゾ日本語学園(1904年、アルビゾ)、王府仏教学園(1904年、オークランド)、その他にロサンゼルスのベツレヘム教会内の日本語学校(1907年)と数えるほどしかないのに対し、ハワイでは1901年に2校、1902年9校、1903年11校、1904年16校、1905年8校、1900年4校、1907年15校、1907年12校と数多くの学校が生まれた。

これを見てもわかるように、移民全面禁止の時点でハワイではすでに数多くの日本語学校が設立されていたのに対し、アメリカ本土では、少数の学校しか存在しなかった。教育方針、教育内容については、黎明期とそれ以後とでははっきり分かれてくる。黎明期の教育は次に述べる奥村多喜衛が設立した日本人小学校の規則を見ることによって概観できるであろう。

第一　（名称）本校は日本人小学校と称す。
第二　（目的）本校は在布 日本人子弟に日本的教育を施す。
第三　（教員）小学校本科教員の免状を有し、若しくは相当の資格あるものを聘用す。
第四　（生徒）男女六歳以上のものを就学せしめ分って本科と副科とす。
第五　（学科）読書・習字及作文の三種とし、傍ら修身体操科を授く。
　　　但教科書は我文部省検定済読本を用ふ。
第六　満二か年をもって卒業期とし、分って四学期とす。
第七　副科は午後二時より一時間、本科は午後三時より二時間授業す。
第八　（試験）毎年四月及十月を以て学期試験を行ふ。
第九　（維持）本校は生徒父兄及有志者の寄付金を以て維持す、但生徒は授業料を要せず[4]。

この規則を読むと日本的なものがかなりのウエイトを占めていることがわかる。まず、日本人小学校というこの学校の名称である。後にアメリカナショナリズムの台頭と共に1920年、学校の名称が日本語学校ないし日本語学園へ変更せざるをえないようになったという事情を考慮してみると、この学校の名称がいかに日本的かがわかる。また生徒の対象はあくまで「日本人子弟」であり、彼らに「日本的教育」を与えると規定されている。また、教員は日本の小学校の教員の免許状をもっていること、修身が教科の中に含まれること、並びに「我文部省検定済読本」を用いるということである。この「我」とあるのは教師も生徒もすべて日本人であり、日本人のための教育ということを鮮明にうち出している。

だが、ここでよく注意して読まねばならないのは、この小学校が公立学校終了後、1日1時間ないし2時間の授業で、僅か2カ年の教育しか与えないことである。この規則の意味するものは、公立学校へ通学しない子どもを1日中教育するのではなくて、公立学校へ通う子どもに日本人として最小限必要な教育を与えることである。

　この執筆者奥村は1920年代のアメリカ化の波の中でアメリカへの同化を強力に主張したのだが[5]、この奥村さえも日清戦争(1895年)と日露戦争(1905年)の間にはさまれた、日本人移民が日本的なものを強く意識した時期に、このように日本的な規則を作らざるを得なかったのは、この頃の日本語学校が日本語だけでなく、日本人としての生活習慣、儒教倫理を教えねばならなかったからであろう[6]。

　以下の日本の外務省が配布した「出稼人心得書」を見れば、当時の日本人移民の考え方がよくわかる。

　「言語は該国の言葉もあり英国の言葉もあれど出稼人は日本の言葉のみにても少しも差支える事なし。学校の管理は頗る能く行届き居れば英国の語を以て、子弟を教育するには少しも差支えなし」[7]とあるように、移住者にハワイへの同化を求めるものでは決してなかったが、子どもの教育は現地の教育機関にまかせてもよいという態度であり、自分たちの子どもの教育をどうするという特別の意見をもっていないことがうかがわれる。父母の教育要求もそれにかなりの影響を与えたのは言うまでもない。「相当の蓄財が出来たら、子女を引連れて懐しい故国へ帰り度いといふ考を有っている者が多い。そこで、日本人学校に対する父兄の希望は、日本式の教育を施すことに傾くのであった」[8]。

　表12-2を見てもわかるように、この時期のハワイの日系人児童数そのものの絶対数がたいそう少なかった。アメリカ大陸においても同様なことが言える。これは単身渡航が多いのが大きな原因であろう。単身者が多いため彼らの働くキャンプ・鉄道・農場は精神的にかなり荒廃しており、とても教育をするという雰囲気ではなかった。生徒数の少なさと、

教育への関心の低さという二つの理由により、日本語学校の経営はたいそう難しく、佐野佳三などは宝石商に勤めて生計をたて、その傍らに日本語学校を経営していたくらいであった[9]。

また日系人の中には「日本語学校の開設は、既に公立学校に於て東洋人児童の排斥気運ある時、それに益々拍車をかけしむるものである」[10]という意見もかなり根強く残っており、自分たちの子どもに日本語を教えることが共通の理解とはなかなかなりにくかった。

このような状況は、日系人が明治時代の立身出世主義をアメリカにもち込み、教育熱心であり、日本人の倫理観を維持することによって成功を成し遂げたこととは全く無縁のように思える。彼らに経済的なゆとりができ、真に日本語学校を自分たちで維持していこうという雰囲気になるのは次の時期を待たねばならなかった。黎明期における教育は、日本式の教育がよいのかアメリカ式の教育がよいのかの議論をたたかわす以前のものであり、自分たちの子どもに教育を与えることが十分になされていないという段階に止まっており、牧師・僧侶をはじめとする当時の有識者たちが、すさんだ日本人の心を豊かにするための宗教活動さらに彼らの子どもの教育に、献身的・自己犠牲的に打ちこんでいたというのが実態であった。この時期において父母から出される教育的要求は、自分たちがあまり手をかけてやれない子どもを何とか世話をしてほしいということだった。日本へ帰ったら一人前の日本人として通用するよう子どもを教育してもらえれば、さらによかったのであり、自分たちの子どもをアメリカに同化させようなどとは夢にも考えていなかった。日本語学校が日系アメリカ人としてアメリカに定住し、その前提の上で日本語を教育する学校となるにはもう少し時間を要するのである。

第2節　戦前における日本語学校――確立期――

　日本語学校の確立期は、1908年高平・ルート紳士協定により、日本からの移民が禁止された翌年(1909年)から、ハワイ日本語学校の試訴裁判闘争の結果、ハワイのみならずカリフォルニア州の日本語学校の存在が認知された1927年までの期間をいう。この期間は、日本人たちがアメリカ定住を決意し、彼らの子どもたちを日本文化をもったアメリカ人としようとした時期であったが、その反面、アメリカ人が日本人を同化不能な民族として差別し、特に日本語学校を同化を阻害する教育機関として否定した時期でもあった。これに対し、ハワイを中心とする日本語学校関係者により学校の存在をかけた抵抗運動が起こり、この運動の結果、1927年、アメリカにおいて日本語学校が存在することが可能になり、ここにその基礎が確立された。

(1)　サンフランシスコ学童隔離事件

　1893年サンフランシスコ市教育委員会は、以下の決議をした。

　「日本人は学校税を払わない。その理由は5歳から17歳以下の児童には、毎年政府から1人につき9ドルの補助金が出るが、日本人学生は学齢以上(当時、日本人児童・生徒の多くは、言語上のハンディキャップから18歳以上の者であった――筆者注)であるから、この補助金を受けることができず、その結果学校税を納めないのと同一の結果になる(18歳以上の成人は学校税を払わなくてはならなかったのに、児童・生徒であるため、免除されていた――筆者注)。また、日本人は学齢以上であるから、学校で女性と一緒になると種々の弊害が生じるおそれがある」[11]。

　この決議は、表面上は経済的な理由であるが、「種々の弊害」という言葉からうかがわれるような人種的偏見・差別がその根底に存在している

のは疑いえない。これは、1906年に入ると実施に移され、同年10月15日以降、日系人児童すべてを市公立小学校から排除し、中国人児童だけが通っている、郊外の立地条件の悪い東洋人学校に通わせるような措置がとられた。これがサンフランシスコ学童隔離事件である。

　この対象となった日系人児童は93名(男65名、女28名)であったが、これらの措置に対して、日系人の両親たちは、子どもを東洋人学校に通学させるのを拒否し、自分たちで資金を出し合い、日本語学校である日本学院の校舎を使用し、白人教師3名を採用し、公立学校のカリキュラムで子どもたちを教育した。

　この問題は人種的偏見から来るものであったため、その解決は容易ではなく、事態を重視したルーズベルト大統領は、「ハワイ転航禁止令」を出し、ハワイからの日本人移民流入を止めることにより排日の嵐を少しでも静めようとした。協定締結後、直ちにサンフランシスコ市教育局は日本人児童が元の小学校へ戻れる措置をとり、事件もわずか半年で解決をみた。

　この事件により再認識されたことは、一つに、日系人自身がアメリカ公立小学校の教育を重視していたことである。つまり、その期間中日本語学校の校舎を使用しているが、日本式の教育を行わず、アメリカ人の教師を採用してアメリカ公教育のカリキュラムで教育を行ったことである。二つには、アメリカ人の日系人への偏見・差別意識の深さである。従来のように日系人成人に対する偏見・差別に止まらず、日系人の小学校通学児童を隔離するほど強力なものであったこと、である。

(2) 外圧に対する抵抗──日本語学校存続問題──

　20世紀に入ると日本語学校は日本語を教えるだけでなく、日本文化ひいては皇国精神をたたき込むところとしてアメリカ人の非難の的となっていた。さらに1901〜1908年の間にカリフォルニア州で創設された日本語学校76校のうち33校は宗教立であり、そのうちキリスト教立の学校1

校をのぞいてすべて仏教立であった[12]。この欧米の文化と異質な文化の学校に対して、民族的偏見・差別もあり、全面的否定の動きが出てくる。

1) 日本語学校撲滅の動き

カリフォルニア州では、1923年「外国語学校取締法案」がインマン議員によって州議会に提出された。「1923年9月1日より向う4カ年間は公立学校4年級を終了せざるものは私立外国語学校に入学することを得ず。而して1930年以後は絶対に外国語学校を禁止すべし」[13]という条文が含まれ、この法案が法律化された場合、日本語学校の存続は不可能となるのは火を見るより明らかであった。またハワイにおいても、1922年7月準州教育局長から外国語学校修業年限短縮の規則が出された。

第1条　外国語学校小学程度の修業年限を6カ年とする。

第2条　幼稚科及び第1、2学年はこれを廃止する。

第3条　1923年9月より使用される外国語学校教科書中には外国語及び其の慣用語句に適応する英語を挿入すべく、英語を常用語とする児童に外国語を教授する方針をもってこれを編纂すべし[14]。

この規則の中で幼稚園児、小学校1、2学年の児童の通学を禁止することは、日本語の基礎教育を否定することであり、日本語学校関係者にとっては容認しがたいことであった。

2) 日本語学校側の対応

カリフォルニア州ではすでに1920年、州日本人教育会第9回総会において、日本人教育会を日本語学園協会に、日本人学校を日本語学校または日本語学園にそれぞれ、名称を変更して排日に対応していたが、インマン法案に対しては何らなすすべがなかった。サンフランシスコ学童隔離事件の際に明らかになったように、公立小学校を重視するあまり日本語教育を軽視し、日本語学校での教育をあまり歓迎しない人びともかなり存在した[15]。

これに対してハワイでは若干事情を異にしていた。学校の名称が1916年前後より日本語学校または日本語学園に徐々に改称されていったのは米本土とほぼ同様であるが、日本語学校関係者たちが準州の教育方針に必ずしも従順ではなかった。1922年9月この規則に対して法律適用差止令を準州の裁判所ではなく、地方裁判所(カリフォルニア州)に申請して、その判断を裁判所に委ねた[16]。

　この裁判は、1927年最高裁での判決の結果、ハワイの日本語学校側の勝訴に終わり、カリフォルニア州の日本語学校も同様にその存在が認められるようになった。

(3) 内からの同化——教科書編纂について——

　日本語・日本文化を教える私立学校としての日本語学校の地位は確保されたが、その教育内容は従来通りの日本式のものではもはや通用しなくなっている。前述のハワイ準州教育局の規則でも「外国語学校教科書中に……英語を常用語とする児童に外国語を教授する方針をもってこれを編纂すべし」とあるように、アメリカ人として日系人児童に適した教科書が求められてきた。

1) カリフォルニア州での教科書編纂

　前述の1920年の第9回総会で、アメリカに合った新しい教科書編纂が決議され、1921年には次のような編纂趣旨方針を決定、編纂を開始した。

①本教科書は加州外国語学校取締法に順応した在米日本児童に正確なる日本語を教授する目的を以て編纂するものとす。

②③④省略

⑤本教科書の実質的方面

　(イ)本教科書は児童心理発達の情況に鑑み材料を選択す。

　(ロ)教材は児童の社交状態(social aspect)より採用し、上級に進むに従ひ選択の範囲を拡張す。

　(ハ)広く材料を蒐む。

［1. 米国公立学校各教科書、2. 日本現行各教科書、3. 米国並に日本に於て外国人にそれぞれその国語を教授する目的を以て編纂せられたる教科書、4. 逸話、地理、歴史、5. 童話、6. 一般的知識。］(17)

この方針を見ると、アメリカで生活する日系人の子どもの教育をうかがい知ることができる。この方針の下で作成されたのが加州教育局検定教科書『日本語読本』である。

2) ハワイ準州での教科書編纂

ハワイでは1927年、ハワイ教育会再編第1回会議において次の事項が決議された。

(第5条)本会の事業は次の如し
　1. 教科書編纂、
　2. 教育上緊要なる事項の調査研究、
　3. 会報発行、
　4. 講習会及び教員養成、
　5. その他本会の目的を達するための必要なる事業(18)。

1927年が勝訴の年にもかかわらず、事業の一番目に教科書の問題が取りあげられていることは注目に値するだろう。また同年に開かれた教科書編纂会議における日本語読本編纂趣意書(小学部用)には「日本語読本の主眼とする処はハワイにおける児童に普通の日本語を授け併せて米国思想に則り日系市民としての完全なる人格養成を資するにある」(19)と記されている。

この時期における日本語学校は黎明期のような完全な日本式の、日本国民のための教育機関から、アメリカ市民に日本語を教える一外国語学校への変化の過程と言うことができる。この典型的な例は教科書である。従来日本の文部省検定教科書だけで教授していたが、カリフォルニア州教育局検定教科書、ハワイ教育会編纂の教科書が使用されるようになり、アメリカ人としての基礎教育がなければ学習できないようになってくる。

この時期の特徴は、日本語学校がさまざまな非難、弾圧の中で崩壊寸前になりながらも、生き残ることができたということである。さまざまな外国語学校取締法の出現にもかかわらず、日本人たちは自分たちの文化・伝統を守るために日本語学校維持に全力を傾けた。だがこのような努力も、ハワイでの裁判闘争のように、従来の日本的な対処の仕方ではなく、「争う」というアメリカ的な対処の仕方であり、それが勝訴に導き、以降第2次世界大戦勃発までの日本語学校隆盛の基礎を築いた。日本語学校関係者もアメリカ的対処の仕方が自己に有利になることを徐々に認識し始めたのである。

第3節　戦前における日本語学校──全盛期──

日本語学校の全盛期は、1927年日本語学校がアメリカにおける外国語学校として公認された翌年(1928年)から、太平洋戦争が始まり、すべての日本語学校が閉鎖され、かつ日本語学校の教員がすべて拘束され、事実上崩壊した年(1942年)までの期間をいう。この時期は日本語学校が制度的にも、内容的にもさらに充実した時期であった。

(1) アメリカ本土の日本語学校

表12-3はアメリカ本土の日本語学校の設立の時期を示している。学校総数では北・中カリフォルニア州が133校と一番多く、次に南カリフォ

表12-3　日本語学校設立の時期(1940年現在)

	黎明期	確立期	全盛期	不明	計
ワシントン州・オレゴン州	1校	22校	14校	0校	37校
北・中カリフォルニア州	9校	81校	41校	2校	133校
南カリフォルニア州	0校	60校	47校	19校	126校
山中部諸州(コロラド州・ユタ州)	0校	9校	7校	3校	19校

出典)加藤新一編『米国日系人百年史』ロサンゼルス：新日米新聞社、1961年、124-130頁。

ルニア州の126校と続いている。

　北・中カリフォルニア州には黎明期に設立された歴史の古い学校が9校、またワシントン・オレゴン両州に1校存在しているのに対し、南カリフォルニア州では皆無である。逆に全盛期の学校は、ワシントン・オレゴン両州では、14校しかなく、南カリフォルニア州では47校もある。日本語学校が太平洋西海岸北部から南部へ、さらに山中部へと普及しているのがわかる。日本語学校の歴史は、日系人の移住の歴史でもある。

　1校当たりの教員数は、教員数1〜2名の学校は、ワシントン・オレゴン両州で全学校数の73％、北・中カリフォルニア州で78％、南カリフォルニア州で48％、山中部諸州で84％であり、それに対し、5名以上の教員を抱えている日本語学校は、ワシントン・オレゴン両州では8％、北・中カリフォルニア州では6％、南カリフォルニア州では14％、山中部では0％となっている。南カリフォルニア州では他の諸州にくらべて多数の教員を抱えている日本語学校がかなり多い[20]。

　次に1校当たりの生徒数について述べる。生徒数50名以下の学校は、ワシントン・オレゴン両州では両州の全学校数の59％、北・中カリフォルニア州で52％、南カリフォルニア州で34％、山中部諸州では47％となっており、逆に生徒数100名以上の学校は、ワシントン・オレゴン両州では16％、北・中カリフォルニア州で18％、南カリフォルニア州で24％、山中部諸州で0％となっている。これらの数字から見ても、南カリフォルニア州に大規模校が多数存在している[21]。

(2) 日本語学校（アメリカ本土）のカリキュラム

　ワシントン・オレゴン両州の調査学校数31校（表12-4、12-5）のうち半数以上の16校では日本語だけしか教えられていない。次に多いのが、「日本語及び訓話ないし修身」の9校であり、日本語ないし日本精神の教授が主たる教育内容となっており、確立期の教育方針がそのまま継承されていることがうかがわれる。唱歌を教えている学校が3校、英文和訳、

表12-4 ワシントン州の日本語学校の教科目

教科名	校数
日本語のみ	9
日本語及び訓話	5
日本語及び修身、英文、和訳	1
日本語及び唱歌	1
日本語及び唱歌、遊戯	1
日本語及び修身、唱歌、日本地理歴史	1
調査学校数	18

出典）佐藤伝『米加に於ける第二世の教育』バンクーバー：自彊堂、1932年、62頁。

表12-5 オレゴン州の日本語学校の教科目

教科名	校数
日本語のみ	7
日本語及び修身	4
日本語及び翻訳	1
日本語及び日本歴史	1
調査学校数	13

出典）佐藤伝『米加に於ける第二世の教育』バンクーバー：自彊堂、1932年、62-63頁。

翻訳を教えている学校が2校、日本地理・歴史・日本歴史を教えている学校が2校となっており、日本的な要素が強く感じられる。ただ英文和訳、翻訳はアメリカの公立学校で教育を受けている英語を母国語とする日系人子弟にとって特に必要な教科であり、これが日本語学校のカリキュラムに入れられているのは興味深い。

(3) ハワイの日本語学校

ハワイの日本語学校は、アメリカ本土のそれと比較した場合、1校当たりの教員数、生徒数の多さが特徴的である。特にホノルル市内の日本語学校は1校当たりの教員数5名以上の学校が全学校数の70％（1934年）、75％（1940年）、生徒数400名以上の学校が全学校数の55％（1934年）、65％（1940年）、となっており、かなり大規模であった[22][23]。

1940年現在カリフォルニア州全体の教員数、生徒数がそれぞれ653名、16,873名であるのに対し、ハワイではそれぞれ647名、39,503名となっており、教員1人当たりの生徒数は後者が前者の倍以上になっている。

(4) 日本語学校（ハワイ州）のカリキュラム

次にパラマ日本語学校の1931年時点での1週間の時間割を示す。
表12-6を見ると幼稚園では遊戯、唱歌に力点が置かれているのに対し

表12-6 教授時間割(1週間)

(単位:時間)

学科＼等科	幼稚科	小学校 一	二	三	四	五	六	中女子部 一	二	三	四	高等科
遊戯・唱歌	2.5											
手工	1.5											
話方	0.5											
数方	0.5											
読方		2.5	2.5	2.5	2.5	6	6	3	3	3	3	2
書方		2	2	2	1.5	2	2	2	2	2	2	2
綴方			1	1	1	2	2	2	2	1	1	2
修身		1.5	0.5	0.5	1	1	1	1	1	1	1	1
地理								1	1	1	1	
歴史								1	1	1	1	
英語								1	1	2	2	2
図書						1	1	1	1	1	1	1
新聞												2
随意科 裁縫						女子 1.5	女子 1.5	女子 1.5	女子 1.5	女子 1.5	女子 1.5	女子 1.5
計	5	6	6	6	6 7.5	12 13.5	12 13.5	12 13.5	12 13.5	12 13.5	12 13.5	12 13.5

出典)パラマ日本語学校校友会『パラマ校友会誌第一号記念特集』、1930年、96頁。

て、小学部になると読方、書方、綴方だけでなく修身が必須になってくる。アメリカ本土の時間割と比較した場合、教授科目数がはるかに多く、女子には裁縫の授業も行われている。

　全盛期においては、1941年の太平洋戦争勃発まで、学校数、教員数、生徒数がたえず増加し続けている。その理由としてはアメリカ公教育を重視する日系人であるが、日系人への差別が日系人の親たちの日本語学校への情熱に火を注いでいたのである。アメリカ本土の場合、日系人の移住に従ってシャトル、サンフランシスコといった初期の移住地から、ロサンゼルスを中心とする南カリフォルニア州、山中部諸州へと日本語学校の勢力範囲が拡大していく。特にロサンゼルスを中心とした日本語学校数は1940年時点でサンフランシスコ周辺のそれを追い抜く勢いであった。一方ハワイの場合、日系人人口の準州全人口に占める比率がかなり

高いために、つまり準州すべての場所に日系人が居住しているために、1934年時点ですべての日系人の子弟に日本語教育を与えうるだけの日本語学校が存在していた。この全盛期の学校も1941年12月日本軍のパール・ハーバー攻撃後、直ちに閉鎖させられてしまう。特にアメリカ大陸ではすべての日系人が奥地へと強制移住させられ、日本語学校そのものが消滅してしまった。ハワイでは校舎は残ったが学校は閉鎖させられ、教師たちは収容所に入れられ、教育機能は完全に停止してしまう。戦後学校は再建されたが、もはや全盛期の勢いを取り戻すことはできなかった。

第4節　戦後の日本語学校──アメリカ本土における日本語学校──

　1941年、日本がアメリカとの戦いに突入するや否や、アメリカ西海岸居住の日系人はすべて奥地の不毛の土地に強制的に移住させられ、それに伴い1930年代に隆盛を極めた日本語学校も事実上終息をとげるに至った。僧侶、神官と並んで日本語学校教師は、日本への戦争協力の嫌疑をかけられ、特に厳しい取り調べを受ける。ハワイにおいては強制移住という事態は招来しなかったが、日本語学校に対する取り扱いはアメリカ本土と変わりはない。本土の強制収容所(転任キャンプ)内に若干の日本語学校があったことも事実であるが、建物も、教育内容も非常に劣悪な状態であり、大勢から見ると、ほとんど無きに等しい存在であった。
　1945年日本が無条件降伏をすると共に、日系人に対する拘束はなくなったが、二世部隊のヨーロッパ戦線での活躍にもかかわらず、日系人に対する差別・迫害は直ちに解消されはしなかった。そのため1950年代に入ると、アメリカ本土では、日系人がカリフォルニア州に徐々に戻り始めるに従い、ロサンゼルスを中心に日本語学校が再興されてくる。この当時の様子は次のように記述されている。「近年日本語学校が各地に

復興したといっても戦前に比べると恐らく十分の一にも足らぬ実情にあり、ただ日系人最大密集地である南加州に日本語学園協同システムの如き連合組織があり、また日本語研究団体も二団体に及んでいるが、他地方に未だそれを見ず、その実勢は戦前と比較にならぬものである」(24)。

この文章が書かれたのは1961年であるが、その後もこの状態に変化は見られず、南カリフォルニアでは日本語学園協同システムが大きな勢力をもち、北部・中部カリフォルニアではこれに匹敵する組織は存在しない。

ハワイでも同様の事が言えるであろう。ハワイの戦後の日本語教育について次のように述べられている。「太平洋戦争を通して、過ぎ去った八カ年、ハワイの日本語教育情勢は、戦前に比し、天地の隔たりがある。児童には全然日本語を知らない者が多数おり、父兄中、二世は多少日本語を語る者がいるけれども、三世になるとほとんど日本語の通じない父兄もある」(25)状態であり、ハワイにおいても日本語学校の運営は戦前とくらべるならば、非常に難しくなってきている。

本節と次節では、戦前の日本語学校の再開から現在までの過程を、アメリカ本土の日本語学園協同システム並びにハワイ教育会の動きを通して解明しようと思う。これら二つの組織体の実情を把握することにより、戦後の日本語学校の実態並びに問題点のかなりの部分が明確にされるだろう。

1947年、ロサンゼルスの下町に教員数1名(杉町八重充)、生徒数13名で再興された羅府第一学園が協同システムの核となった。最初の10年間にバレー学園、羅府中央学園、聖林(ハリウッド)学園、パサデナ学園を、さらに次の10年間にはビスタ学園、リバサイド学園、ロングビーチ学園を受け入れ、1960年代後半には教員数60名、生徒数1,300名の日本語学園協同システムが生まれる。

この日本語学園協同システムは、その後、サウス・イースト学園を受け入れ、中等部・高等部を合わせて9校(ビスタ学園、リバサイド学園は廃

校)の教員数70数名、生徒数1,200名の規模となっているが、教員数の増加にもかかわらず、生徒数は減少してきている。戦争直後の日本語学校は毎日、公立学校の放課後開講されていたのだが、生徒数の減少のため、毎土曜日だけに編成替えされた。このように生徒数が減少したのは、日系人児童の日本語学校への関心が年々低下していることを意味している。

なお、加州日本語学園協会には、協同システム加盟校以外に、南加支部ではガーデナ仏教会付属日本語学園、サンファナンド学園、東西学園、サンディゴ学園、ガーデナ平原日本文化会館日本学園、サンタ・マリア学園が、北加支部ではさくら学園、フローリン学園、プラザ学園が、桑湾支部では金門学園、オークランド学園、ウエスト・バレー学園、桑湾学園、モントレー市協日本語学園が加盟している。これ以外にも小規模な日本語学校がカリフォルニア州にはかなり存在すると推定されるが、経営規模、教育内容からいっても、協会加盟学園には及びもつかないであろう。この協会の中での協同システムの占める割合は大きく、そのことは、学校数だけでなく、教科書や教授法などからもうかがわれる。教科書を例にとれば、協同システム編『わたしたちの日本語』はシステム加盟校だけでなく、かなりの数の日本語学校で使用されている。

この協同システムは、戦前の小規模な日本語学校の乱立状況をなくし、統一された教科書、教授方法、教育方針の下に教育を行うという経営上の合理化の現われである。この方針はシステムの創始者杉町に負うところが大であろうが、彼自身の経営感覚だけでなく、戦後という状況の変化が大きく左右している。その理由として彼は、次の五つの項目を挙げている。

①太平洋沿岸に帰還した第一世は、戦争中に失った損害をこの好景気の間に取りもどそうとする事業熱の為に、戦前の様に、学園に対する時間と財力と心の余裕がないこと。
②米国に永住と決心した以上は日本語を必要としないという考え方。
③多数の教師が戦時中に他界したり、帰国したり、また転業したこと。

④第一世代の子どもが成長してしまい、第二世代はまだ日本語を教養として必要であると考えるような年齢に達していないこと。
⑤第2次世界大戦中、日本語学園が何か罪悪でもおかしていた様に考えられ、相当識見がある人々の間にも白眼視するという気持ちがまだ継続していること、などであった[26]。

　杉町の指摘はほぼ順当なものであると思われる。彼はさらに当時の状況について、「過去四十年間在米日本語学園の存在理由は多々あった。然しその主動原因は他日錦を着て故郷に帰る為であった。然し戦後在米同朋は、米国を第二の祖国として選んだ。第二世は立派な米国市民として、すくすくと成長し学園は三世時代となった。その為に既に述べた如くに戦後日本人社会には日本語学園不必要論が生まれ、学園を解散したもの、売却したもの閉鎖のままになっているもの、寄附してしまったもの等が生まれ、日本語習得熱は戦前の十分の一にも及ばぬ状態になった」[27]と述べ、日本語学校がすでに戦前の状況とは様変わりしていることを示唆している。

　協同システムについてもう少し説明してみる。『日本語学園協同システム規約』の条文に、「私達日本語学園協同システムに属する各学園の父兄及びその支持者は、人種宗教の差別なく、日本語を学び、日本文化の美点を修得しようとする人々のために本規定を制定し、之に従うことを約するものである」とあり、同じく目的に、「日本語学園協同システムは、日本語を教え、日本文化を修得させ、更に協同精神の原理を、教育面及び学園の運営に適用し、進んで人格の陶冶に努め、社会有為の人材を育成することを目的とする」[28]となっている。従来のような日本人のための語学学校ではなく、アメリカ社会の中での一私立外国語学校に衣替えしている。これは、『日本語学園協同システム入学のおすすめ』(1981年版)を見てもよくわかる。「日系人の子弟が日本語を修得することは当然です。ドイツ系の人がドイツ語を、フランス系の人がフランス語を、というように、アメリカを形づくっている各国系の子弟が、それぞれの系統

の外国語をマスターする事が米国の方針」であるとしている反面、「人種、国籍、宗教の如何を問わず、誰でも入学」できる、という一面ももっている[29]。

　学校制度は、小学部(毎週土曜日午前8時45分〜12時15分、1時限45分を4時限)、中学部(同上)、高等部(同上)に分かれており、毎年6月上旬に6〜8歳の児童を新入生として受け入れている。

　カリキュラムとしては、小学部では『わたしたちの日本語』(協同システム編集の教科書)をテキストに使用し、中学部では日本で作成された日本語学習用の教科書を中心に会話、文法、漢字、作文及び文化を学習し、午後には選択科として、生花、茶道、メキシコ人形などを学習することができる。高等部では、午前中は日本の中・高等学校の教科書を中心にして、地理、歴史、翻訳、小説、現代日本語などを学習し、午後には、中学部と同じ科目の選択科がある。

第5節　戦後の日本語学校——ハワイ教育会の成立過程——

　ハワイは、カリフォルニア州のように面積が広大ではないため、全諸島の日本語学校を以てハワイ教育会を構成することが可能であった。ハワイ教育会の戦後の軌跡をたどることにより、戦後のハワイにおける日本語学校の実態が把握できるのではないだろうか。1947年、西本願寺付属パラマ学園元校長大浜太、並びにマノア日本語学校元校長井口宇右衛門が、それぞれ個人的に日本語学校を開いたのが、戦後の日本語学校の嚆矢である。だが日本語学校再開には種々の問題点があった。

　①戦争中に、校舎が、政府ないし公共団体に半強制的に寄附させられてしまい、再開しようにも校舎がなかったこと。
　②戦時中、恐怖感から日本語の教科書並びに書籍類はほとんど焼却されてしまい、また所持していたとしても、生徒の実態にそぐわなく

なってしまったこと。
③戦前の教師は転職し、現在は安定した収入を得ているので、再び教師になる者が少ないこと。
④日系人社会が日本語を戦前ほど求めないこと[30]、であった。

　従来の私立外国語学校に関して、1943年の外国語学校取締法では、生徒の資格として、(1)公立学校第4学年を修了した者で、英語の標準試験において普通以上の成績を以て通過した者、(2)公立学校第8学年を修了した者、(3)年齢15歳以上の者、となっていたが[31]、特に(1)の条件を満たす生徒は極めて少数であり、(2)(3)の条件つまり第8学年修了後ないし15歳以上という年長者にならない限り日本語教育を受けることができなかった。また、教師の資格も英語の慣用語試験を通過して、準州教育局より許可された者、となっており、かなり厳しい条件が課せられていた。しかしながらこの取締法も、1949年には、次のように修正される。

①小学部第2学年を修了しない児童には、1週5時間以上外国語を教えてはならない。
②外国語学校はその開校日より30日以内に準州教育局へ届け出て、同時に教科書一部と教科課程を提出する。
③準州教育局の視学官または派遣員は何時にても随時に教育視察をすることができる[32]。

　この修正では、教師に対する資格規定はもはやなく、かつ生徒も小学校の第3学年から日本語を学べる道が開かれた。
　新しい外国語学校取締法により、自由に日本語学校が再開できるようになったのを契機に、戦前のハワイ教育会の関係者が集まり、1950年ハワイ教育会を再組織した。参加した日本語学校は、第1区(ホノルル市)では25校、第2区(ホノルル市以外のオアフ島)17校、第3区(カウアイ島)5校、第4区(マウイ島)6校と、第5区(ハワイ島)13校、計66校である[33]。
　戦前のハワイ教育会編の教科書『日本語読本』がハワイで再版されることになったが、この教科書にはいろいろ問題があった。つまり、戦後の

日系人児童の日本語力が非常に劣っているため、日本語学校の教科書としては不適切であり、新たに教科書が作成される必要があった。

そこでハワイ教育会が中心となって、1951年に、『にっぽんごのほん』が、1955年には、修身書『よい子ども』が作成され、ハワイ教育会加盟の各校で使用され始めた。『にっぽんごのほん』は1966-68年には、『にほんごのほん』(1ねん〜3ねん)、『日本語のべんきょう』(4年生)、『日本語の勉強』(5、6年生)、1975年には『日本語の本』(中等科1年〜3年)と装いを新たにし、今日に至っている。

「戦後の日本語学校生徒は全くの米国人で、日本語を話した事のない児童」[34]であるため、教授法も戦前のそれとは当然変えなくてはならない。戦前は、生徒たちがたえず家庭で日本語を耳にしていたので、日本語学校では読書力を養う教授法だけで十分であったが、戦後は日本語の学習を、聞くことから始めなければならなかったので、視聴覚教育が重視されるのは当然である。

1963年、ハワイ全島における日本語学校の数は第1区23校、生徒数7,006名、第2区18校、生徒数は3,715名、第3区7校、生徒数338名、第4区15校、1,038名、第5区24校、2,021名、計学校総数87校、生徒総数14,118名となっている。この学校数はハワイ教育会に加入していない学校を含むので、ほぼ当時のハワイの日本語学校の実態を示している。また、この学校数は前述の1950年のハワイ教育会参加の日本語学校数よりは21校増加しているが、この理由として、(1)時間的に13年が経過して参加校が増えてきたこと、(2)ハワイ教育会に参加していない日本語学校がかなり存在すること、の2点が挙げられよう。1963年調査の日本語学校87校のうち、戦前に設立された学校数50校、戦後に設立された学校数37校[35]となっており、戦前からの歴史のある学校が半数以上を占めている。

次に、ハワイ教育会に参加していない日本語学校の数について述べてみる。1960年、ハワイ教育会に参加している学校数が78校、生徒数12,995名であるという記録がある[36]。この記録と1963年の調査とは3年

の違いはあるが、ほぼ同じ時期であるとするならば、その差は学校数9校、生徒数1,123名であり、これらの学校がハワイ教育会に参加していないと推測することができる。以上のことをまとめていえば、一般的な流れとして、1950年代から1960年代にかけては、日本語学校数が増大し始め、それに伴って生徒数も増加している。

　日本語学校卒業生に対してその修得単位がハワイ州公立学校の単位として認定されるかどうか、という点について、1963年、州教育局は、以下のような規定を制定した。

①授業を受けたという証明があった場合、試験により単位を与えることが出来る。
②授業の内容及び教材は教育局の規定に沿わなければならない。
③単位認定を受ける資格は8学年修了及び高校卒業前である。
④英語学校で同じ課目をとることはできない。
⑤このようにして得た単位は卒業に必要な単位の四分の一を越えることができない[37]。

　この単位認定は、カリフォルニア州の場合と同様、各日本語学校が認定するのではなく、州の教育局が行う試験に合格すれば単位として認定される。このようにしてハワイにおける日本語学校も公的に認定されていったのである。

おわりに──日系移民の学校としての日本語学校の将来的展望──

　カリフォルニア州の協同システムとハワイ教育会を中心として、戦後アメリカの日本語学校の特徴についてまとめてみよう。ホノルルのマノア日本語学校の臨時教師だった牛島秀彦は次のように述べている。

「生徒たちは、三世から以下の世代で、五世とか六世の子もいた。義

務教育ではなく、皆正規のアメリカの学校が終わってから登校してくるのだからたいへんだ。日系人の子弟が、日本語学校へ通うことは、日系人社会の不文律のようなもので、なかには、日本語学校へ通学するのがいやでたまらない子どももいた。だが、日本語ができるということは日系人が多いハワイの社会では、なにかと便利だし、また将来の就職にも有利だということで、通学させている親が多いのも事実である」[38]。

　ハワイにおいては日系人人口が州人口の25％を占めるため、かつ第2次世界大戦中に強制移住(隔離)させられなかったため、日系人の日本語に対する関心が本土の日系人よりも高く、現在でも日本語学校は戦前と同様、公立学校終了後毎日開講されている。これに反し、米本土では、1960年代には土曜日だけの学校に変わってしまった。しかし、両者に共通して言えるのは、日系人としてのアイデンティティを維持するために、日本語が必要とされ、そのために日本語学校が必要とされているということである。
　このような日本語学校はどのような扱いを受けているのであろうか。両州の教育局が実施する試験に合格すれば単位として認定される、ということはすでに述べたが、その認定の方法が明確にされていなかった。1967年のハワイ教育会の第32回代議員会において、ハワイ教育会並びにハワイ大学関係者から次のことが明らかにされた。
　①ハイスクールの卒業資格の単位として考慮されない。
　②ハイスクールの学籍簿に記載する。
　③大学の入学資格には関係しないが、在学中の実力次第によって学校
　　側の考慮はある[39]。
　このように日本語学校卒業生に与えられる単位は、ハイスクールのカリキュラムの中で教えられる日本語と決して同等に扱わず、ハイスクールの通信簿に記載せずに、備考欄に記入されるに過ぎないのである。日

本語学校の生徒にとって、日本語学校は、公立学校以外の余分なもの、と映っている。「義務教育でない弱みか、それとも最早『日本人』という意識がないせいか、生徒たちの大部分の反応は、あまり活発ではなく退屈な授業の運び方をすればたちまち教室はダラケるか、逆に蜂の巣をつついたような大混乱になる。蜂の巣をつつく大混乱を起こす時や、授業の合い間の休憩時間に話している生徒たちの言葉は英語」[40]なのである。カリフォルニア州でも同様のことが言えるであろう。日本語としての単位が認定されたにもかかわらず、生徒数の減少、日本語への関心度の低下は、日本語の単位がハイスクールの正規の授業の一部として認められていないからであろう。

　次に日本語学校に通っている生徒に対して、学校側はどのようなものを求めているのか。カリフォルニアの協同システムでは、通信簿は、単に学業成績(読方、意味、書取、書方、話方、文法、地歴、作文)だけでなく、生活態度の記述が求められている。その中で注目すべきは学習態度であろう。そこには「従順、丁寧、即行」が求められているが、特に「従順」に注目したい。「家庭のしつけが行きとどいているせいか、出席率は非常によいのである。そういう点や、ほかのさまざまな場面から、私は、生徒たちが非常に『命令』に従順なことを発見した」[41]と牛島が述べているように、このような「従順さ」は、日本語学校の生徒に共通に求められている。

　現在、ハワイ州やカリフォルニア州では、バイリンガリズムの教育方針の下、自己の民族の言語をハイスクールのカリキュラムの中で履修することが認められ始めた。この傾向は日系人が多いハワイでは一般化している。ハワイのハイスクールの外国語の単位を日本語で履修する生徒は、全生徒の半数以上にも達しており、その結果、日系人生徒だけでなく、他の人種の生徒も日本語を履修している。

　「テストの成績に執拗にこだわる生徒も意外と多い」[42]ため、ハイスクールで日本語の単位を修得し、卒業単位として認定される方が、大学入試にも当然のことながら有利になる。カリフォルニア州では、まだハ

イスクールのカリキュラムに日本語が組み込まれる例が少ないが、将来的にはハワイ州のようになろう。

今後、両州での日本語教育は、日本語学校よりは、公立学校の方で行われるだろう[43]。これは、日系人の学校の成績重視、すなわち学校教育による階級間移動への願望とも合致するものと思われる。

[注]
(1) Bell, Reginald (1935) *Public School Education of Second-Generation Japanese in California,* CA: Stanford University Press, p.17.
(2) 小沢義浄編『ハワイ日本語学校教育史』ホノルル：ハワイ教育会、1972年、13頁。
(3) 布哇教育会編『布哇日本語教育史』ホノルル：布哇教育会出版部、1937年、1頁。
(4) 同上書、21頁。
(5) Petersen, William (1970) *Japanese Americans,* MD: University Press of America, p.59.
(6) *Ibid.*, p.60.
(7) 小沢義浄編、前掲書、13頁。
(8) 布哇教育会編、前掲書、6頁。
(9) 加藤新一編『米国日系人百年史』ロサンゼルス：新日米新聞社、1961年、116頁。
(10) 同上書、116頁。
(11) 永井松三編『日米文化交渉史―移住編―』（開国百年記念文化事業会編；第5巻）洋々社、1955年、112頁。
(12) 『羅府新報第一万号記念誌』、1934年、43-45頁。
(13) 在米日本人会事蹟保存部編『在米日本人史』サンフランシスコ：在米日本人会、1940年、473頁。
(14) 小沢義浄編、前掲書、126-127頁。
(15) ダニエル・オキモト、山岡清二訳『仮面のアメリカ人』サイマル出版会、1971年。
(16) 小沢義浄編、前掲書、131-132頁参照。
(17) 在米日本人会事蹟保存部編、前掲書、471-472頁。

(18)　小沢義浄編、前掲書、142頁。
(19)　同上書、148頁。
(20)　同上書、124-30頁。
(21)　同上書、124-130頁。
(22)　小沢義浄編、前掲書。なお、1934年の調査は220-224頁、1940年の調査は252-276頁、を参照のこと。
(23)　同上書。なお、1930年の調査は220-224頁、1940年の調査は252-276頁、を参照のこと。
(24)　加藤新一編、前掲書、115頁。
(25)　小沢義浄編、前掲書、298頁。
(26)　杉町八重充編『協同』ロサンゼルス、1952年、52頁。
(27)　同上書、53頁。
(28)　川口正司、小川清編『協同四号』1978年、14頁。
(29)　『日本語学園協同システム入学のおすすめ』1981年。
(30)　小沢義浄編、前掲書、289-290頁。
(31)　同上書、293-294頁。
(32)　同上書、293頁。
(33)　同上書、302頁。
(34)　同上書、309頁。
(35)　ハワイ日本人連合協会編、『ハワイ日系人移民史』ホノルル、1977年、553-560頁。
(36)　小沢義浄編、前掲書、324頁。
(37)　同上書、336頁。
(38)　牛島秀彦『ハワイの日系人』三省堂、昭和44年、154-155頁。
(39)　小沢義浄編、前掲書、360頁。
(40)　牛島秀彦、前掲書、155頁。
(41)　同上書、155頁。
(42)　同上書、156頁。
(43)　ハワイ報知社編集局長渡辺礼三氏談、1983年8月。

第13章　日本の近代教育制度の形成と外国人学校

北村　三子

はじめに

　本章の想を練っている頃、朝鮮学校に関する三つの話題に接した。朝鮮学校は日本国内で一番規模の大きい外国人学校である。話題の一つは、朝鮮学校が現在、児童・生徒数の減少に直面しているというものである。在日朝鮮人の日本永住志向が強まり朝鮮学校離れが加速され、朝鮮大学校への進学率も低下しているという。これに対して朝鮮学校では初級、中級学校レベルのカリキュラムを、民族科目以外は日本の学校とほぼ同じ内容に改めており、民族科目も民族としての帰属性を保つことを目的とすると共に、日本、韓国、朝鮮という三つの国家の共生をめざすものであるという[1]。

　もう一つは、文部科学省は2004年に行われた入試から、欧米系インターナショナル・スクール、中華学校、韓国学校など、外国人学校卒業生に無条件で大学受験資格を認め、教育課程の確認ができない朝鮮学校生については各大学が受験資格の認定をすることとしたが、2005年からは認定基準を明確化するよう大学に求めているというものである[2]。

　最後は、江東区枝川の東京朝鮮学園第二初級学校のグラウンドの明渡しと、無償貸与契約が終了した1990年以降の土地使用料約4億円の支払いを求めて、2003年12月、都が東京高裁に提訴したというものである。この問題は、枝川の都所有の住宅地(住民の4割が在日朝鮮人)の払い下げ

をめぐって出された住民監査請求に端を発しているが、監査請求人も、請求した6件のうち、朝鮮学校についてはその公共性を認めていたにもかかわらず、都はここだけを不法占拠として問題にしたというものである[3]。

これらの朝鮮学校をめぐる話題には国際化時代への教育界の対応の一端を垣間見ることができるが、ことに後の二つからは、教育の国際化への対応としての「開放」と「排除」という日本の教育行政の二つの方向性を読み取ることができるであろう。大学受験資格の授与においても朝鮮学校への対応は他の外国人学校にくらべて差別的であり、朝鮮学校は依然として「排除」される側にある。国交が無く教育内容が確認できないからだ、と文部科学省は説明するが、政治体制の違う国家への不信感は——その背景には、それを理性の欠如とみなす啓蒙的な視線がある——今日でもかなり強くある。

私たちはこうしたこの国の教育行政の反応をどう受け止めたらよいのであろうか。最近は、極右勢力が台頭するなどの国際化の進行に対する防衛的な反応は、どの国家にもある程度見られるようになった。また日本では、「拉致問題」が大きく取り上げられている。とはいえ、日本がこの二つの方向性をもって反応したのは決して新しいことではない。このパタンは、幕末に始まる西洋との衝撃的な出会いにおいて見られた反応と共通するのである。

今日のグローバリズムの進行に抗する上で地域主義がもつ意味は重要だが、日本がかつてとり、また今日もとりつつあるのは、そのような方向ではない。「麻疹」のように(福澤諭吉の表現)押し寄せてきた西洋文明に対し、当時の為政者は西洋諸国と同種の強力な「国家」を作る以外の対処法を思いつかなかったが、今日もその方向は踏襲されているように見える。この選択は、福澤の「脱亜論」に見られるように、日本人のアジアへの関係をも決定するものだった。植民地にされるかもしれないという恐れを感じながら西洋近代に主体化した日本は、西洋近代風にアジアを遇

していくという決断をしたのだ。アジア侵略はその具体的な現われだった。このようなアジアとの関係は、アジア諸国の経済成長のなかであまり目立たなくはなったが、枠組みとしては生き残っている。

　こうした歴史的視点は、現代の外国人学校に対する日本の対応をより深く理解させるだけではなく、今後の外国人学校との望ましいかかわり方を考えるヒントも与えるであろう。そもそも「外国人学校」というカテゴリーは「日本の教育」の成立なしにありえなかったが、後者は出発に当たって外国人教師に多くを依存せざるをえなかったのである。またそれは日本という「国家」の成立なしにはありえなかった。そしてここで何よりも押さえておきたいのは、「日本」と「外国」というその二つのカテゴリーは別々のものとしてではなく、相関するものだという点である。日本の教育制度形成の歩みは、ある意味では国際教育と国家との関係にかかわる「実験」だったと言えるのではないだろうか。

　外国人学校に対する日本の法的処遇の基本的な枠組みは、国家主義的教育制度の成立と深くかかわりながら明治中期に成立した。本章では、狭義の「外国人学校」に対象を限定するのではなく、外国人による教育が正規のものであった草創期の日本の中・高等教育の様子にふれることから始め、国家主義的教育制度の形成に伴ってそうした性格が排除されていく明治中期までの過程を祖述することになる。その際、「国家」の教育政策のレベルと札幌農学校の教育実践という個別具体的なレベルのそれぞれにおいて、西洋とのかかわりがどのようなものであったかに注意をはらっていきたい。二つのレベルの違いに注目することによってキリスト教が果たした役割を具体的にとらえることができるし、国家主義的な教育制度の確立に伴って何が排除されていったのかを理解することができると考えるからである。

第1節　草創期における外国人教師による教育

　1858(安政5)年の日米修好通商条約締結以後、各地の欧米人の居留地には外国人によって多くの学校が建てられた[4]。1872(明治5)年にフランスの修道会によって横浜に設立されたサン・モール・インターナショナル・スクールのようにカトリック系の学校もあったが、この時期の外国人学校の主流はプロテスタント系であった。横浜や築地の例を挙げれば、1863(文久3)年にはアメリカ長老教会宣教師で医師でもあるJ・Cヘボンの夫人が横浜で男女共学の英学塾を開いており、また1869(明治2)年に長老派のカロザース夫妻の女学校、翌年にはギッダーの女子教育所(フェリス和英学校の前身)が作られている。また、切支丹禁制の高札が撤去された1873(明治6)年には築地にB6番女学校(女子学院の前身)が、翌年には海岸女学校(青山女学院の前身)が開かれ、またアメリカのダッチ・リフォームド教会のS・R・ブラウンやJ・バラが横浜に神学塾(ブラウン塾)を開いた。これは1877(明治10)年に築地の一教神学校に合流し「築地大学校」と呼ばれ、明治学院となったものである。

　この他、日本人の意向を受けて外国人によって外国語で教授される学校が作られていった。1861(文久元)年、幕府の依頼を受けてヘボンがバラ、D・タムソンと開いた横浜英学校(横浜アカデミー)は、40名の生徒で5クラス編成の学校だった。語学教育や普通教育がなされ、ヘボンは地理を教えた[5]。また、この学校の生徒とヘボン夫人の塾生とを対象とする日曜学校も始まった。

　そしてこの時期に関して忘れてはならないのは、外国人教師による西洋型の教育を政府も推進しようとしたことである。西欧列強諸国が植民地統治の必要に応じて設けた学校は今日の外国人学校の先駆的形態であるが、草創期の日本の中・高等教育もそのような性格をもったものだったのである。

　明治新政府は富国強兵のためには学校教育によって欧米化を進めるこ

とが不可欠だと考え、明治に入ってまもなく旧幕府の開成所(開成学校)を復興し、1869(明治2)年にF・ブッセ(仏)、S・パリー(英)、フルベッキ(米)などを採用した。そして、外国人教師によって行われる外国語による教授を「正則」とし、邦人教員による「講読」を「変則」としたのである。開成所は、同年、同じく復興された昌平学校、医学所と共に「大学校」と呼ばれるようになり、ほどなく国漢両学を教授する「本校」(昌平学校)をのぞいた二つからなる「大学」として再編成され、「大学南校」となった。洋学を通じて人間を形成するという方向が確定したのである。

　大学南校では英仏独語教授を中心に、リベラルアーツの教育が行われ、衣食住も外国風で「外国にいると思えるような教育」がめざされた。教師は外国人で、邦人は通訳兼補助教員であった。外国人教師数は、1869(明治2)年末に7名、翌年には12名となっている。良質な教員を得るため、高額な俸給で海外から招聘されたのである。このような状況は医学教育を主眼とした大学東校でも、また外務省、工部省、司法省などの人材養成機関でも同様であった。

　しかし、こうしたやり方は近代化の初期段階における便宜的措置だと考えられていた。そのために、1872(明治5)年の「学制」では、日本人教師によって日本語で教授する小学・中学・大学と続く学校制度が構想され、大学南校は第一大学区第一番中学となった。そして1875(明治8)年には、その頂点に立つ「真の大学校」のための用地も用意された。

　ところが、「学制」原案ではこれとは別に外国語による学校系統も考えられていたのである。それは下・上等小学は日本語と外国語により、下等中学以上は外国語のみによる教育を行うというものであった。そういうこともあって、第一大学区第一番中学は「学制」とは別に公布された「外国教師ニテ教授スル中学教則」に準拠して運営された。さらに、翌年、第一大学区第一番中学は中学と専門学校との二つに改組されたが(開成学校。後に東京大学として統合された)、「専門学校」とは外国人教師が教授する高等教育機関を意味し、西洋の学術技芸を日本語で教授する教員の

養成をめざすものであった。

　こうした外国人教師による教育から日本人教師による教育への転換が始まるのは、明治10年代の半ばのことである。卒業生の誕生、海外に送り出した留学生の帰国、外国書籍の集積などによってそれが可能になったのである。1877(明治10)年に設立された当時唯一の大学であった東京大学も、この頃に外国人教師の数が日本人教師を下回るようになり、教授用語も英語から日本語へと切り替えられていった。また英語での卒論を課していた法学部では日本語論文が認められるようになった[6]。

　ところで、「日本語」でと述べたが、この頃までは現代の私たちが前提とするような「日本」という「国家」や「国語」としての「日本語」の概念が固まってはいなかった。それらもまた、西欧近代との関係のうちに形成されつつあったのである。当時の若者が外国語による教育にさほど抵抗がなかったのはそうしたことも一因であろう。もともと学問は「日本語」で学ぶものではなかったのであり、漢文に代わって西欧語が学問の記号となることもさほど不自然なことではなかったはずである。

　後に日本の「国家意識」の形成に力を尽くした森有礼も、明治初期には通商語としての英語の採用を説く一方、漢文ではなく、日本語による教育の必要を主張し、日本語のローマ字化まで提案している[7]。「国語」の理念が成立するのは明治20年代初め、「帝国」意識の成立を待ってからであるが、その時点においても、近代日本語の書き言葉は、坪内逍遥がロシア語を媒介にして漢文の磁場を脱したように、欧文の翻訳体抜きには存在し得ないものであった[8]。

　さて、明治初期においては、真正な「日本の教育」を実現するためにはそれに先立って西洋人による教育が必要だとされていたのだが、その前提として、学ぶのは西洋の技術だけだと考えられていた。「学制」制定時の文部卿大木喬任も知識以上の道理を学ぶ必要はないと考えていたし、1873(明治6)年の「専門学校規定」にも法律学、医学、天文学、数学、物理学、化学、工学などの技術を取り、神教・修身などの学科は取らない、と

はっきり述べられていた。そうしたスタンスは幕末に佐久間象山の主張した「東洋道徳西洋芸術」や、「和魂洋才」という発想と同じであったが、ことはそう単純ではなかった。それは、こうした二分法自体が西洋との出会いのなかで生じたものだったからだ。そのために、こうしたスタンス自体が西洋の発想をある程度受け入れたものであったのである。さらに、それが教育を語る文脈で使われると、「道徳」や「魂」さえも、教育という「技術」が充当される分野へ組み込まれていったのである。日本の為政者が意図したようにはすべては進まなかったのだ。札幌農学校はそのよい例である。

第2節　外国人学校としての札幌農学校

　1869(明治2)年、北海道の開拓のために開拓使が設立され、アメリカ合衆国農務長官H・ケプロンをはじめ総勢75人の外国人(中国人13名以外はアメリカを中心とした欧米人)が招聘された。次官であった黒田清隆は女子を含む留学生を海外に積極的に送り出すかたわら、ケプロンの提言もあって1872(明治5)年に芝増上寺内に開拓使仮学校を作った。仮学校は寄宿制で、入学年齢は14歳から20歳まで、普通科終了後、農学、鉱山学、工学など開拓に必要な科目の教授が予定されていた。ケプロンと共に来日した鉱山技師のアンチッセルが教頭を務め、化学、地質学、英語、数学などを外国人教師が教えた。しかしながら、学生の年齢の幅や語学力不足などから学内の秩序維持が困難で、翌年3月に一時閉鎖、翌月、入学年齢を16歳までに限り、諸規則を制定し、50名の学生で再出発した。

　1874(明治7)年、開拓使は札幌に移転、翌年仮学校も女学校と共に移転(「札幌学校」と呼ばれた。女学校はまもなく閉鎖)、札幌農学校として1876(明治9)年に再出発した。札幌学校生で試験に合格した14名と、新たに東京で採用になった10名の学生が入学したが、学力不足のため札幌学校出身

者のうち8名がまもなく退学させられ、実質的には総数16名が第1期生として、W・S・クラークの下で学窓生活を送ることになった[9]。

こうして始まった札幌農学校は、創設時から、日本人教師が中心となっていく1885(明治18)年あたりまでが、他校にまして外国人学校らしい内実をもった時期である。なかでも、第2期生が卒業する1881(明治14)年までの期間はもっとも外国人学校らしい時期であり、国際的な視野をもったユニークな人材を輩出した。

札幌農学校の創設者クラークは、マサチューセッツ州アマーストの州立マサチューセッツ農科大学長であったが、在職のまま、1886(明治9)年5月、ペンハロー、ホイーラー両教授を伴って来日、翌年4月に札幌を離れるまでの1年間、札幌農学校の教育に全力を傾けた。

札幌農学校はマサチューセッツ農科大学に範をとったものであるが、教育内容は、専門学校の教育にクラークの母校アマースト大学のようなリベラルアーツの教育を加えたものであった。例えば1年生の学科は第1学期「代数学、物理化学及無機化学、練兵、英文学、実習」、第2学期「幾何学及解析幾何、有機化学及実習、農学、英文学及弁舌法、自在画及幾何画法、練兵、実習」といった具合である[10]。

第1期生は、学生16名、教師4名という恵まれた学習環境であり、教師たちは、学生と共に伐木、開墾、掘開などの農作業に従事したばかりでなく、山野を跋渉し、地質調査や植物採集などもした。授業はほとんどすべて英語であり、札幌学校出身者はもちろん東京英語学校や開成学校出身者も、講義の筆記に苦労した。そして毎晩遅くまで辞書と首っ引きで不充分なノートの補塡に努めねばならなかった[11]。その甲斐あって、学生の英語能力は向上した。それどころか、第2期生の内村鑑三、新渡戸稲造などに見られるように、日本語よりも英語で書くほうが自然になったのである。

上記のカリキュラムにあったように、札幌農学校では、マサチューセッツ農科大学にならって、全学年各学期に週2時間の練兵(Military

Drill)が課された。クラーク自身も南北戦争時に義勇軍士官として学窓から出征したということもあるが、これは、将来ロシアとの間に紛争が生じた場合に正規軍が来るまでもちこたえられるよう、義勇軍の指揮官を養成するためであった。相談を受けた開拓史長官黒田は、教官として陸軍士官学校第1期卒業生加藤重任少尉を赴任させた。

　ところで、クラークは日本政府との契約において、札幌農学校へは「プレジデント(校長)」として赴くのであり日本人の校長の下に働くのではないということを明確にしていた。官制上校長は開拓使の高官であり、クラークの正式の職名は「教頭」となっていたが、彼は「プレジデント」と署名している。形式はともかく、事実上の校長としての権限を与えられていたのである。このことは札幌農学校の徳育に関して重大な意味をもった。

　開拓使の仮学校以来、黒田は学生の書生風な蛮行には頭を悩ませてきた。東京で新たに採用した学生を伴って札幌へと向かう玄武丸の中でも一騒動もち上がり、彼はクラークに、学生たちを薫陶して北海道の拓殖に役立つ有為な人材、進んでは国家を導く立派な紳士とするため徳育に重点を置いて欲しいと頼んだ。とはいえ、この時の黒田の選択肢にはキリスト教的な徳育は含まれていなかった。というより、ただ彼は、人格高潔なクラークの感化力に期待していたのだ。ところがこれに対し、クラークはアメリカから持参していた聖書を学生たちに与え、正規の授業の前にそれを講義し始めたのである。

　二人の間にはこれをめぐって対立が生じたが、「クリスチャンには聖書を教える以外徳育を授ける道はないのでそうできなければ、自分は任に耐えない」というクラークの主張を黒田が認め、校内で礼拝しなければ聖書を倫理書として用いることは差し支えないとして、「黙認」することになった。この対立を乗り越えて両者の信頼関係は強まった。後に学校視察において生徒の勉強ぶりに感心した黒田は、クラークの教育が、宗教の如何にかかわらず、国家に有益な働きをする人物を育成するとい

う自分の希望にかなったものであると認め、その教育に全幅の信頼を寄せるようになった。

　クラークは入校式後まもなく学校の校規、職制、諸規則を制定したが、学生に対しては札幌学校以来の細則を廃止し、「紳士であること(Be gentleman.)」だけを求めた。自分の良心に従って行動することを鉄則としたのである。その拠り所とされたのが聖書に他ならない。また、禁酒禁煙の契約書を起草し、教師には署名を求め、生徒にも勧めた。同意するかどうかは自由意志に任されたが、1期生全員が署名した。帰国が迫ったときクラークは「イエスを信じる者の契約」を起草し、署名を勧めたが、これにも全員が署名した。

　「イエスを信じる者の契約」は、キリスト教信仰の最大公約数的な事柄を認め、適当な機会が来たら受洗して教会に参加することを約束する、というものであった。それは、クラークが来日の前年に参加した「キリスト教努力教会(The Church of Christian Endeavor)」の信仰スタイルであった。教師作家として知られたE・エルグストンが設立したこの組織は、アメリカのフロンティアに相応しい、信条抜きの会衆主義と契約主義を特徴としていた[12]。

　そもそもクラークは鉱物学、化学、植物生理学などを専門とする自然科学者であり、牧師ではなかった。毎日の聖書の講義も、日曜日にする礼拝まがいの集会も、宣教師たちのものとは全く違っていた。1期生の大島正健によれば、「まず最初に祈祷を捧げ、バイブルを読むことは型の如くであったが、続いて何をなされるかは私どもには想像もつかなかった。或る時は黙って考え込み、次で真赤な顔をして力強い祈りを捧げて終りにするかと思えば、次の時には何か思いつかれたものを読んで聞かせる。また或る時は一つの問題をとらえて立派な説話を試みる。その調子は親が子を愛するという具合で、定まった形式というものは少しもなく、自然のままに宗教教育を施すというありさまで、クリスマスのような形式的な行事はあまり好まれなかった」。賛美歌も、「椅子にドッカと

第13章　日本の近代教育制度の形成と外国人学校　339

腰をおろして眼をつむり、荘重な調子でその章句をリサイト」するだけだった。彼が愛吟したのは、迷える子羊としての自分が救われることと、福音が全世界に広がることを願う主旨のものである[13]。

　キリスト教の教義の中でも、全宇宙は唯一全能の創造主によって創られたという信条は、学生にとっては学びつつある近代科学的世界観を補強するものであったが、罪からの救済を願う福音信仰からは彼らはまだ大分距離があった。とはいえ、クラークのこの形式にとらわれない信仰形態は、後に、既成のすべての教会から独立した「札幌独立教会」として結実していくことになった。また、クラークの実践躬行主義は、その科学的態度とあいまって、聖書に対しても一種プラグマティックな対応を彼らにもたらし、内村の聖書研究会のような活動形態がそこから生まれていったのである。

　ところで、クラークは道徳性の形成を目的に聖書を講じた。その点では聖書は「教育」という技術のための道具である。一方、生徒達はその技術の直接的効果によって「教育された」わけではない。1期生はクラークという存在自体に共感したのだ。例えば黒岩四方進は、雪の手稲山登山のおり、珍しい地衣類を目にしたクラークが自分の上に土足で上がって取るように命じたことに感銘し、クラークの命ずることなら何を置いても従おうと決心し、「イエスを信ずる者の契約」にも率先して署名した[14]。この他にもクラークの愛情あるいたわりに感動したという話は少なくない。そうしたことが彼らをキリスト教に近づけたのである。また、2期生が短期間に「イエスを信ずる者の契約」に署名したのも、1期生の熱烈な誘導のため、そして仲間意識の高揚のためであり、「信仰告白」といった性格のものではなかった。

　先の徳育をめぐる黒田とクラークのずれと同様、ここにも、西洋的な「教育」の観念と、もともと日本にあった人間形成の様式とのずれが見られる。後者は、人間同士の共感や類似性の感知によって開始されるいわばオートポイエティックな生成の様式であり、普遍的な「技法」の領域を

すり抜けていく。草創期の教育におけるこの「ずれ」は、札幌農学校卒業生の場合には、かえって実り多い結果を生んでいったのである。

第3節　近代教育制度の成立と異質性の排除

　クラークがもたらしたマサチューセッツ農科大学の精神風土は、早くも第3期生では大きく後退した。2期生が卒業した1881(明治14)年は、札幌農学校ばかりでなく、日本のその後の方向性が確定していく年だったのである。偶然にも開拓使はその推進力の一つになった。いわゆる「開拓使払い下げ事件」である。

　その年限りで開拓使は廃止されることになったが、開拓使は薩摩の豪商五代友厚と結託して官有物一切を不当に安い値段で払い下げようとした。当時の大蔵卿大隈重信は、新聞を利用してその不当性を批判させ、早急に国会を開設し民意を反映させるよう主張した。国会開設運動の盛り上がりに転覆の危険を感じた政府は、官有物の払い下げを却下し、憲法制定と国会開設を約束する一方で、大隈を罷免する措置に出た。翌年、開拓使は廃止され、札幌農学校は農商務省の所管となった。その後同省の北海道管理局の管轄下に入り、1886(明治19)年には新設された北海道庁の所管下に入り、万事にわたってその長官の指揮命令を受けることになったのである。

　外国人学校的な様相を呈していた草創期の日本の高等教育は、こうして、教員の日本人化の進行ということに留まらず、「国家」というシステムや意識の形成とかかわって変化を迫られていくことになったのだが、札幌農学校はその典型とも言える道を歩んだのである。

　国家的で画一的な教育制度の形成は、国家意識の確立の上でことのほか重要であった。「学制」制定後、地方ごとの実情に合わせるため、1879(明治12)年の「教育令」によって地方分権的な教育制度が一旦はめざされ

たが、翌年には改正され、教育に関する国家統制が強められた。こうした方向を一層強化し、ドイツ型の立憲君主制国家をめざす伊藤博文と手を携えて、国家主義的教育制度を確立したのが森有礼だった。

　外交官であった森は、1882(明治15)年、憲法調査のために渡欧していた伊藤博文(当時参議)を訪れ意見を交換している。それ以来、両者は近代的統一国家の確立にとって、国家的な教育制度の確立は不可欠だという点で意見が一致していた。二人とも、教育は「治安」の技術であるとはっきり認識していたのである[15]。

　森は1884(明治17)年から参事院議官として文部省御用掛を兼務し、日本各地の学事を精力的に視察、演説して回った。そして、1年後、第1次伊藤内閣の文部大臣に就任するや、「帝国大学令」、「師範学校令」、「中学校令」、「小学校令」を公布し、戦前の学校制度の基礎を築いた。

　「帝国大学令」は、東京大学を改組、法・文・理・医・工の各分科大学からなる総合大学(ユニバーシティ)を創るというものであったが、そのために、総合大学としての形式の整わない築地大学校(カレッジ)(明治学院大学の前身)、立教大学校(カレッジ)などのキリスト教系の私学や邦語による私学は「大学」と名乗ることができなくなった。また、「学制」では大学は、「高尚ノ諸学ヲ教ル専門科ノ学校」であったが、「帝国大学令」では「国家ノ須要ニ応スル学術技芸ヲ教授シ及其蘊奥ヲ攻究スル」ものとされた。中学は尋常・高等の2種に分けられ、府県立尋常中学校は各府県1校、高等中学校は全国に5校とされた。また「小学校令」では義務教育制を初めて標榜し(それが実質化するのは明治33年の「第3次小学校令」を待たねばならなかった)、教科書も検定制になった。中学校の「和漢文科」を「国語及漢文科」とし、師範学校に「国語科」を置き、帝国大学の「和文学科」を「国文科」としたのも森であった。こうした国家のための教育制度の成立と共に、その条件に合わない私学や公立学校は一段低く格付けられていったのである。

　加えて森は国家意識の形成のため、規律訓練の技法を学校に導入し、

普及に努めた。1979(明治12)年、東京学士会院記事第一冊掲載の「身体の能力」において、森は、知識、徳義、身体の能力のうち最も欠けているのは身体の能力であると述べている。その原因を、日本の土壌、気候、食料、住居、衣服、文学、宗教から論じ、ことに畳に座る形式の住居は背腰湾曲、膝腰弓屈し、平直に伸ばすことができず、非活動的で、安逸懶惰になる、と批判し、また漢学や仏教が気力・身体へ及ぼす悪影響を指摘している。そして対策としては、スイスその他の国の兵学校を参考に、教育を直接身体上に行うことを提言している。この主張は「学政片言」(明治15年)でも繰り返され、1885(明治18)年には体操伝習所でそのための教員を養成することになった。

さらに森は「兵式体操に関する建言案」(明治20年)中で、軍人を教員としないため兵式体操の実効が上がっていないとし、中等学校以上では体操科は陸軍省に移管し、純然たる兵式体操の練習をさせようと提言している。厳粛な規律の励行、体育の発達、「武毅順良」の中に感化成長させ、忠君愛国の精神、困難に耐え得る気力を煥発するためであり、身体が健全になれば、知育徳育共に成果が上がり、成人後の兵力にもなりうるとした(森は学校外の青・壮年も対象にするつもりだった)。また翌年には「小学校ノ学科及其程度」第十条「体操」の部でも、「隊列運動」が「兵式体操」と改められ、また「教室外の活動」として、遠足、運動会という行事が誕生した。

札幌農学校での練兵は、具体的な目的があって、そのための身体訓練だった。この時期から始る兵式体操には、そのような具体的な目標はない。それは欧米諸国民の活動力に遠く及ばない国民を世界的な競争の場に送り出すための身体訓練であり、「国民」になるための身心の規律訓練だったのである。

埼玉県尋常師範学校における森の演説にはそれがよく表われている。森によれば、教師の使命は学科の伝授ばかりでなく、善良な人物を養成することであり、教師自ら善良でなければその務めは果たせない。善良

な人物を生み出すとは、従順、友情、威儀の3気質を開発することであるが、「従順」とは、見識を欠いた未熟な学生は県令の信任を受けた校長の指令に従うということである。また、校長の命を受けて勤務する教員も校長に従順でなければならないので、学校中皆が従順でなければならない。「威儀」は上の命令を奉じ、部下(あるいは生徒)に命令するために欠かせない態度であり、それゆえ師範教育の大目的は「威儀」の形成であるとされる。そして、この三つの気質の開発を助ける方法の一つとして「道具責ノ方法」、すなわち「兵式体操」が紹介されるのである。

それは、兵卒と同様に伍、隊という組織に属し、あるいは伍長や隊長となることを通じて軍人に不可欠な従順の習慣を養い、他を思いやる心(友情)や威儀を身につけさせるというものであった。学校での兵式体操は軍隊のように戦争を前提としたものではないとしてはいたが、商工業も、知識の獲得も、すべて「人間日々ノ事柄ハ皆戦争」であると説いていた[16]。

森はこのように、儒教的な修身ではなく、兵式体操という直接身体に働きかけ、習慣化させる規律訓練の技法を通じて近代的組織への主体化をもたらそうとした。その従順な身体の形成は、国家という新しい大きな組織への主体化、すなわち「国民」の形成へと通じるものでもあった。とはいえ、それが日本という国家への「愛国心」となるには、森によればまだ道具不足だった。森は、欧米人に愛国心が維持され、団結して困難に当たれるのはそのための「教化素」があるからだと見ていたのである。

若い頃、森は「スピリチュアリスト教会」(スウェーデンボルグ派だと言われている)の設立者であったハリスの共同体で暮らしたことがある。そして信仰が個人の内心の自由と深くかかわり、品性の陶冶に資する一方、共同体の強い絆となることを知った。同時に、キリスト教信者にも聖書の教えとは一致しない言動が非常に多くあること、それにもかかわらず、自己の宗教の卓越性を誇るという愚かしさにも気づいた。エマーソンとも交流があった森は、個別の宗派を越えた「信仰」自体の個人にとって

の意味を認める一方、既存の宗教は教育の手段としてのみ価値があるものとみなした。そこからまた、西洋起源の宗教でも機能的に最善のものであれば日本に導入してもよいということにもなるのである。

しかし、宗教の実態に触れていた森は、国家の独立のためには、宗教に頼るのではなく「国家」それ自体を仏や神のように大切なものとし、仕事をするにも学習をするにも「国家」をいつも念頭に置くよう鼓舞していくのが良策であるとしたのである[17]。「教化素」として森が注目したのは、「万世一王天地ト與ニ限極ナ」く、古来武力に優れ一度も外国の支配を受けたことが無く、護国の精神や「忠武恭順ノ風」が失われきってはいない、という日本の特徴である。森はそれが「一国ノ富強ノ基ヲ成ス為ニ無二ノ資本至大ノ宝源」であり、それを手段に「人民ノ品性ヲ進メ教育ノ準的ヲ達スル」ことができるとしたのである[18]。

森はこの頃、諸学校への天皇皇后の行幸を慣例化する内定を得ている[19]。帝国大学、高等師範学校、諸公立学校へ定期的に臨幸し、すべての生徒を集めて行われる体操に臨席するのである。そして、森自身も全国を熱心に巡視した。国家を代表する森の前で、各地の小・中学生や師範学校生が学業はもとより兵式体操やその他の身体訓練を集団で披露するのだ。それはたびたび大規模な運動会という形を取った[20]。また森は、憲法発布の式典を学校で行うよう内訓を出し、宗教的な三大節を国家祝日の学校儀式とするよう求めた。新年、紀元節、天長節である。これらを行うかどうかは学校の自主性にまかされ、法制化はされなかったが、森没後、1891(明治24)年には「小学校祝日大祭日儀式規程」によって指導が強化されるようになった。

このように、森は、国家という組織を人々の矯正された身体の上に立ち上げようとしたのである。そして、抽象的な国家をあたかも血の通ったものと感じさせる仕掛けとして天皇を活用した。森にとって「国家」は「国教」とも呼べるものだった。森はそれを、個人的な宗教とは別の次元のものとして区別していた。「信教自由論」(明治5年)においては、信教の

自由は人権の根幹であり国法に触れない限り保護されるべきだとしていた。「宗教」(明治7年)では、それに加えて、心の中の宗教は「自己の事務」であり「外顕ニ関ル事」だけが政府の事務だと述べているのである[21]。

　こうした考え方を棄てて森は国家を「信仰」させようとしたのではない。上に見たように、天皇(国家)の視線の下に行われる規律訓練は、それ自体は非宗教的行為と考えられていたのだ。内面ではなく、身体を習慣づけたのだから。しかしながら、西洋に範をとったこの規律訓練の技法は、その起源においてキリスト教と結びついたものだった。J・ベンサムによって考案されたパノプティコンは視線のコントロールを特徴としたが、収容者を絶えず一方的に見つめるその視線は、神の視線の遍在と繋がっていた。軍隊的規律訓練における国家の視線もまたそうした神の視線の代替物であったのである。そして、一神教であるキリスト教の機能に着目した森のやり方は、通常の宗教以上にその機能を発揮していったのである。一般の宗教とは別次元のものとして「国教」を位置づけることでそれが可能となったのだ。国体観念が擬似一神教的に働き、愛国心が感情を巻き込んでいくようになるまでにはさほど時間はかからなかった。

　個人と「国家」の位相の違いは、個別具体的なものと法に支配される普遍的抽象的なものとの違いであり、後者の位相に生きるためには前者、個々の具体的な身体は、矯正されなくてはならなかった。国家主義的教育制度は「国家」の位相を支えるもの、つまり「治安」の働きをするものであった。それが成立したところでは、黒田とクラークのような関係——それは札幌農学校の学生たちにも共有されていた——は、万一許されたとしても例外としてだけになる。それは本質的には国家レベルを侵犯するものであったからである。共感する身体は抑制される一方、「国家」として日本と欧米列強が同じ地平に立ち、それゆえに、境界がはっきりと引かれていく。

第4節　国体観念とキリスト教

　日本の教育からキリスト教の影響を極力排除しようとする動きは、日清戦争の勝利とそれによる国家意識の高揚のなかで強まっていった。1899(明治32)年には、「私立学校令」と「文部省訓令12号」によってキリスト教主義の学校の中等科に対する規制が強められた。

　明治10年代後半から明治30年代にかけて中等教育の量的拡大が見られるが、同年、文部省は「中学校令」、「実業学校令」、「高等女学校令」の公布によって戦前の日本の中等教育の基本線を固めた。同時に「訓令12号」によって教育における政教分離を規定したのは、主として、不平等条約の改正によって外国人の内地雑居が始まるとキリスト教の布教活動が一層盛んになるという恐れからであったと言われるが、明治初期以来女子教育へのキリスト教の影響は大きく、良妻賢母教育をめざす府県立の高等女学校の教育効果が殺がれるのではないかという懸念もあった。

　「私立学校令」は、私立学校教員は原則として国語に通じることとし、外国人経営の学校に対する監督を強化するものであった。1888(明治21)年以降布教活動を続けてきたマリア会の私立暁星学校は、文部省から、日本人生徒と外国人生徒を分離し、日本人生徒の外国語教育は1カ国語とし、一般生徒を宗教の授業及び儀式に参加させないよう求められた。厳しい監視の下にあった同校は、1901(明治34)年、外国人子弟のためのセント・ジョセフ・インターナショナル・カレッジを分離し、外国人教師を日本人教師と交代させた。この法令以降、ミッション・スクールは、日本人の教育にかかわる限りは日本の法令に従わざるをえなくなったのである[22]。

　また「訓令12号」は、官公立や法的に認められた「公認」学校においては課外であっても宗教上の儀式・教育を行ってはならないというものであり、違反した場合には徴兵猶予の特権や大学受験資格が剥奪された。それに対して、青山学院と明治学院は中学の資格を返上、立教中学は寄宿

舎でキリスト教教育を実施、同志社は普通学校の設立とさまざまな対応が生まれた。

　同じキリスト教主義の学校でも、女学校は「訓令12号」の直接的な打撃は少なかった。しかし、明治末に府県立高等女学校が発達し女子の専門学校が設置されるようになると、専門学校入学資格や教員検定試験の受験資格が認められないなどの不利益が生じ、認可を得るために高等女学校に準拠した学則に変更したり(立教高等女学校)、校長を日本人にしたり(京都平安女学校)せざるを得なかった。宗教教育を継続するため高等女学校としての認可を求めず、審査がゆるやかな専門学校入学資格の獲得だけをめざした学校は多かったが(尚絅女学院、金城女学院、静岡英和女学校、普連土英和女学校、女子学院など)、専門部を設置し、実質的には高等女学校レベルであることを示そうとしたところもあった(青山女学院、フェリス女学院、東洋英和女学院、神戸女学院など)。しかし、そうした学校は法的には各種学校として扱われた[23]。日本の外国人学校の法的地位の基本的な枠組みはこうして作られたのである。

　先にふれたように、日本人の教育からキリスト教を排除しようとする動きには、西洋諸国への恐怖が含まれていた。井上哲次郎は、ベルリン留学中に「内地雑居論」(明治22年)を書き、知識も金力も体格も劣る日本民族は内地雑居によって滅亡するかもしれないので、内地雑居を延期し、その間に教育によってすべての向上を図るべきだと主張していたが、「勅語衍義」(明治24年)の序文でも、日本は「叢爾タル一小国」で「四方皆敵」と思うべきである、一旦外国が日本の隙をうかがえば頼むものといったら日本人以外はない、したがって、国家のためには一命を「塵芥ノ如クニ」思い、棄てられるだけの「公義心」が必要だ、と述べている[24]。

　これまでも道徳における日本的なるものとして仁義、忠孝を説いた「教学聖旨」(明治12年)を始め、「幼学綱要」、「軍人勅諭」(共に明治15年)などが提示されてきたが、キリスト教への感情的な拒否反応やあからさまな排除は、1890(明治23)年に発布された「教育勅語」をめぐって決定的に

なった。

　「教育勅語」は井上によれば、「孝悌忠信」という儒教的私徳と「共同愛国」という近代的公徳との2要素から成っている。封建的儒教主義と近代的立憲主義という異質な要素が含まれているわけだが、その二つが結びつく必然性を説明するために、井上はドイツで学んだ社会有機体説を援用した。家族は国家の細胞であり、私徳は近代的な国家道徳の中に包摂されるというのである。だが、こうした学理的解釈は当時の保守的な日本人にはどうでもよいようなものだった。「勅語」は感情をもって断定すべきものである(陸羯南『日本』明治23年11月3日)とか、解釈如何にかかわらず服膺させることに務めるべきだ(「謹読勅語」『教育報知』同年11月8日)、と主張されていたのである。

　こうした状況下に起きたのが、「御真影」や「教育勅語」に対するキリスト教徒の批判的言動をめぐる事件であった。なかでも人々の耳目を引いたのが、1891(明治24)年に第一高等中学校勅語奉読式で起きたいわゆる「内村鑑三不敬事件」だった。内村(当時嘱託教員)自身によれば、当日礼拝を求められていたのは勅語だけで、予め校長に礼拝は「崇拝」ではないと確認した上で喜んでそうしたということだが、諸メディアは、「御真影」及び「勅語」を拝礼せず、そのため感情を害した校長によって放逐されたと書きたてた。

　井上は実は、そうした雰囲気を助長した一人でもあったのである。文部大臣からの依頼で「勅語衍義」を書き上げたあと井上は「宗教と教育に就いて」(『教育時論』明治24年11月)や「教育と宗教の衝突」(『教育時論』他20余紙、明治26年に刊行)によって、キリスト教が「出世間」の道徳であり、国家を尊重せず、無差別博愛を説くがゆえに忠君愛国の道徳に反するなどの理由を挙げ、日本の教育からキリスト教を排除すべきだと主張した。これに対しキリスト教側もさまざまなキリスト教系の雑誌を通じて、勅語それ自体を軽視はしないが天皇の神格化や偶像崇拝は認められない、キリスト教は政教分離の立場をとる、などと応戦した。しかし、キリスト

教と日本の国家及びその教育とが相容れないということは、こうした抽象的、原理的レベルの対立の中でむしろ明確になっていったのである。

ところで、不敬事件の当事者であった内村の反論は他とは視点を異にしていた。「文学博士井上哲次郎君に呈する公開状」(『教育時論』明治26年3月)で内村は、井上が依拠した仏教系の『令智会雑誌』の事実認識の誤りを正すことからはじめ、勅語を尊重するとは儀式でそれに敬礼することではなくそれを実行することではないのか、勅語に低頭しないのと実行しないのとどちらが不敬かと問い、また、勅語発布によって学生の「勤勉恭健」は進んだか、教員の「真率倹節」は、学生への愛情や自己犠牲の精神はどうかと問いかけた。そして、教育界の現状は、学生は教師に不平を言い、教師も不親切で反勅語的な状態である、と指摘したのである。

こうした具体的な事実の強調は札幌農学校教育の遺産なのだが、ここで注目したいのは、「勅語」や「御真影」が日本社会の中で、また教育の場で、実際にどのように機能するかを見る際の、内村の視点のユニークさである。

井上に対して内村は、「愛国心を己の専有物のようにみなし、余輩の行跡を摘発して愛国者の風を装わんとするが如きは、阿世媚俗の徒と同じ」と批難するのだ。「愛国心」はそれをもたないと認知された人間を告発、排除することによってしか確認できないという、その隠された論理を暴いているのである。また内村は、井上のような尊王愛国論者は、多くは政府の庇護を受けて成長しており、平民主義(民主主義)の何たるかを知らず、人権の重さ、独立の思想の発達の重要さを知らないと批判するが、「愛国心」を証明するには、現実には、権力に対して服従しなければならないということも見抜いていた。

このようなことが、「御真影」や「勅語」の現実的機能なのである。それゆえ、それはあの兵式体操、つまり規律訓練の枠組みの中で効果的に機能するものなのである。したがってまた、その内容の実現如何ではなくそれ自体への態度が、服従度すなわち主体化の度合いを計る道具となる

のだ。フェリス女学院が専門部の設置申請時に、生徒に勅語の書き取りをさせたり、暗唱させたりしたのもそのためであるが、また、戦前を通じて、教師が日本の教育に忠実であるか否かが、生徒の勅語の暗記の達成度によって評価されたりしたのである。

　このように、「御真影」・「勅語」が排除のメカニズムとして働くようになると、天皇制は一神教的な性格を帯びてくる。森の「国家」も、宗教に代わってすべての国民の拠り所となるものとして形作られようとしたのだが、キリスト教との対決を経るなかで、キリスト教と同様、絶対神化していったのである。そして、この擬似一神教は、前記のように、アジアに対しても、西欧諸国がアジアに対してしたように遇していくことになった。

　「対等」であること、それは「服従」と対立する概念である。内村は擬似一神教としての天皇制と結びつく「大和魂」と区別して、「日本魂(にっぽんこん)」という言葉で外国(人)と対等であろうとする心を語っている(25)。それはまた「独立心」でもあり、民主主義(平民主義)の基盤でもあると考えられていた。アメリカで困窮して職を求めて尋ねた先で申し出られた、慈善的援助を内村が拒否したのも、対等でありたいという矜持からであった。

　内村は、対等ということを日本人との関係においても尊重した。宗教にも左右されなかった。札幌農学校の同期生で住吉神社の宮司の息子岩崎行親は、熱烈な日本精神のもち主で、キリスト教徒にはならなかった。しかし、内村とは生涯にわたって深い友誼を結んだ。内村は、岩崎もまた「日本魂(にっぽんこん)」の塊であると評している。科学に対してと同様、宗教に対してもプラグマティックであり、そのために、信条のレベルを越えて、具体的な繋がりにおいてお互いを尊重できたのである。それは、おそらく、「国家」もキリスト教も教条的ではなかった時代の、札幌農学校の良質な遺産だったのであろう。

おわりに

　日本の草創期の外国人に依存する教育から、日本という「国家」と国家のための教育制度の確立期まで、不充分ながら一応たどってきた。それは、日本的なものと西洋的なものとの差異を鮮明化する過程であった。とはいえ、日本の教育が西洋型の教育を棄てなかったように、また日本の国家主義が一神教的であったように、意識された「日本」とその現実の様態との間には常にずれがあった。そして現実的なレベルでは、日本的とされたものもキリスト教などの西洋的なものとの抜き差しならない関係の内にあったのだ。例えば、国家のレベルでは、一方で日本的なものを強調しながら他方で西洋に対抗しようとして機能的にはより西洋的な方向が強められる、といった複雑な形で表われた。札幌農学校の教育実践は、そうした方向が固まる前の模索期だったからこそ成立したのである。日本という「国家」が未確立であることに加えて、クラークの信仰形態、アイデンティティへのこだわりを未だもたない若者たちだったことなどが相乗して、「内」も「外」も無い幸福な関係が生まれたのであり、現実的なレベルでは、「日本」か「外国」かは相対的なものでしかないということの、一つの例証となっている。

　生身の人間同士が関わる個別具体的なレベルでも「国家」という抽象的なレベルでも、他者との出会いの場は自己の再創出の場であり、その相関性は私たちが通常意識する以上に高い。それぞれのアイデンティティの維持がかかっているその過程は、時に大きな緊張をはらみ、緊張が大きい場合には過剰に「自己」を防衛しようとする。そして「真の自己」、「純粋な自己」なるものが、あたかも存在するような気になる。しかし、その「幻像」は、自己を圧迫していると意識されるその他者との関係から生み出されるのだ。

　戦前の「国体」とはそうしたものであったのだが、今日もまた、明治初期と同様の危機的状況にある。グローバリズム（アメリカニズムと言っても

よい)の波のなかで、日本という国家もその教育も変革を迫られている。高等教育でも国立大学が独立行政法人化されるなど、教育研究の両面にわたって大学間の競争が促進されつつある。少子化のなか、受験生の獲得に大学は知恵を絞っているが、外国の大学も日本人学生の獲得競争に参入してきている。受験生を集めるためのカリキュラム改革が恒常化し、高度に情報化された国際社会で活動できる人材を養成することをうたうコースも数を増してきている。また、高校でも「国際」を掲げるところもすでにいくつかあり、小学校から英語を教える試みも始まろうとしている。

　こうした動きの一方で、小学校から高校までの公立学校の儀式において日の丸・君が代が強制されている。それと教員評価の強化があいまって精神を病む教員を増やしている。東京都や広島県にことに顕著だが、東京都はアジアや南米系の不法滞在者の取り締まりも強化してきている。本章の初めにふれた枝川の朝鮮学校の問題は、こうした動きと切り離しては考えられないものである。アイデンティティの危機を感じるからこそ、「本来の日本」を強調することでそれに対抗しようとするのだ。日の丸・君が代の強制、「教育勅語」的道徳の称賛や愛国心教育の主張はそうしたものなのである(憲法や教育基本法が押し付けられたものだという意見も同様である)。

　以上の考察から今後の日本の外国人学校政策への具体的提案を直接引き出すことは困難だが、少なくとも、外国人住民の存在を前提としない方向に憲法や教育基本法が変わるのは望ましくない、と言える。また、「国家」というシステムを維持せざるをえないとしても、それが地球と人類の未来にとって必要とされる教育文化の多様性とその活発な交流と必ずしも調和しない、ということを意識すべきであろう。「国家」という抽象レベルと個別具体的なレベルを同時に生きざるをえない私たちは、その二つのレベルを状況に応じてうまく渡り歩くことが必要となる。教育的出会いはみな個別具体的であるから、それが抽象レベルの高い国家の

教育行政によって犠牲にされないようにしなくてはならないのだ。中央集権的なシステムを緩めていくこと、また、その他の面でも「国家」を相対化できるような視点を模索することが必要となろう。朝鮮学校が自国だけでなく日本や韓国との共存を視野に入れようとしているのも、そうした方向の表われではないだろうか。

[注]
(1) 金 徳龍「在日朝鮮学校のあゆみと未来への提案(上)(下)」『世界』2004年3月号、248-260頁、4月号、232-246頁。
(2) 「朝鮮学校の受験資格 国立大の大半容認 残る審査の負担」『朝日新聞』2004年7月11日。筆者の勤務する駒澤大学でも、文科省の指導を受けて認定基準を制定した。
(3) この地域は在日朝鮮人の集住地区だが、それは、1940年に予定されていた東京オリンピック関連施設の建設用地、浜園・塩崎に住んでいた朝鮮人約1000人を都がこの地に簡易住宅を作り強制移住させたのが始まりである。当該の朝鮮学校は、都が放置していたかつての皇民化政策の拠点だった施設を利用し、民族の歴史や言語を教えるための国語講習所として1946年に始まった。当地では住民は、「日本人も朝鮮人もない」関係を結んできており、払い下げ交渉中だったグラウンドも住民達の力によって整備されたものであった。そしてそれは、地域的な日朝交流の場として利用されてきたのである。その後朝鮮学校は60年代半ばに各種学校として認可され、都は僅かではあったが助成金を出してきた。立ち退きを視野に入れた今回の措置は、都の教育政策における排外主義の強まりを示す一例であろう(亀井洋志「東京のビル街にひっそりたたずむ コリアンタウン枝川の歴史―唐突な民族学校グラウンド明け渡し要求」『週刊金曜日』2004年4月30日)。
(4) 西村俊一によれば、これに加えて、居留地で貿易、料理、裁縫、理髪などのサービスに従事する華僑社会が明治30年代には独自の学校をもつようになった。また、今日まで続いている欧米系の学校としては、サン・モール・インターナショナル・スクールのほか、セント・ジョセフ・インターナショナル・カレッジが有名である。サンモール修道会の学校は、はじめ日本人子弟を対象とする学校であったが、生徒が集まらないため欧米人子弟のための学校になった。また私立暁星学校は日本人および外国人子弟の教育機関とし

て出発し、1899(明治32)年の「私立学校令」によって外国人のためのセント・ジョセフ・インターナショナル・カレッジを独立させた(西村俊一「3 日本と世界の国際学校」石附実・鈴木正幸編『現代日本の教育と国際化』福村出版、1988年、72-97頁。西村俊一「序章 外国人学校問題の歴史的構造」西村俊一・岡田昭人編著『諸外国の外国人学校政策』全国共同利用施設 東京学芸大学国際教育センター、2004年、1-29頁)。

(5)　J・C・ヘボン、W・ラウリー博士宛書簡(1865年6月13日)。キリスト教系の学校に関するその他の細かい動きについては「近代日本キリスト教教育史年表」参照のこと(武田清子編『日本プロテスタント人間形成論』明治図書、1963年)。

(6)　天野郁夫『旧制専門学校論』玉川大学出版部、1993年、33頁。

(7)　森有礼「ホイットニー宛書簡」明治5年5月21日(大久保利謙編『森有禮全集』第一巻、宣文堂、昭和47年、304-310頁)。

(8)　イ・ヨンスク『「国語」という思想 近代日本の言語認識』岩波書店、1996年、86-94頁。

(9)　大島正健(大島正満補訂)『クラーク先生とその弟子達』国書刊行会、昭和48年、92-93頁。

(10)　蝦名賢造『札幌農学校―日本近代精神の源流』新評論、1991年、53頁。

(11)　大島、前掲書、99頁。

(12)　亀井俊介『内村鑑三　明治精神の道標』中公新書、昭和52年、27頁。

(13)　大島、前掲書、105-106頁。

(14)　大島、前掲書、103-105頁。

(15)　森「伊藤博文より森宛書翰(明治15年9月)」『森有禮全集』第一巻、338頁。

(16)　森「埼玉県尋常師範学校における演説」(明治18年12月19日)同上、481-487頁。

(17)　海門山人「森有禮」『森有禮全集』第三巻、81-82頁。

(18)　森「閣議案」『森有禮全集』第一巻、344-346頁。

(19)　森「諸学校臨幸に関する御内定」同上、343頁。

(20)　吉見俊哉・白幡洋三郎・平田宗史・木村吉次・入江克己・紙透雅子『運動会と日本近代』青弓社、1999年、26-27頁。

(21)　森「宗教」『森有禮全集』第一巻、236-240頁、「信仰自由論」同、285-314頁。

(22)　石附実・鈴木正幸編、前掲書、85頁。

(23)　国立教育研究所編『日本近代教育百年史4 学校教育(2)』1974年、1102-1111

頁。
(24)　堀松武一『日本近代教育史』理想社、昭和34年、181頁。
(25)　大島正健、前掲書、143頁。

終章　戦後日本における外国人の子どもの教育と外国人学校問題

福田　誠治

はじめに

　第2次世界大戦後の日本では、外国人学校の大半は在日韓国・朝鮮人の学校であり、それらは民族学校とも呼ばれてきた。そして、不幸なことに日本政府は、この民族学校に長期にわたって対立もしくは敵対してきた。その原因は、日本に存在した旧来の差別感のみならず、戦後に現われた冷戦構造の結果でもある。すなわち、日本政府がアメリカ側につき、さらに朝鮮半島が東西冷戦のせめぎ合いの場となった結果、「朝鮮人」が西側にとって否定的にとらえられる立場に立ったためでもある。1955年の朝鮮総連結成以来、在日韓国・朝鮮人の子どもたちが在籍する学校は、日本の学校(日本人を対象とした学校、いわゆる1条校)、朝鮮人学校、韓国人学校(韓国学園)の三つに分かれた。在籍する小・中学生の数は、それぞれおよそ75,000人、25,000人、1,000人あたりで推移してきた[1]が、今日では少子化の影響を受けて減少している。

　2002年末現在における外国人登録者数は1,851,758人で、日本の総人口127,435,350人に占める割合は1.45％である。そのうち韓国・朝鮮人は625,422人で全体の33.8％を占め、以下、中国、ブラジル、フィリピン、ペルー、アメリカ合衆国と続く。いわゆるニューカマーと呼ばれる人たちが急激に増加している。2002年時点で日本に定住する日系ブラジル人は25万人、日系ペルー人は5万人である。ブラジル系住民は、ブラジル

政府の認可を受けたポルトガル語で教える私立学校を全国に31校運営している。高校段階までのものは、ブラジル人学校で13校あり、朝鮮高級学校よりも多い。同様に、ペルー政府の認可するペルー人学校は2校ある[2]。出稼ぎ目的で日本にやってきたのに、私立学校の費用を捻出するのは家族にとってはつらい。しかし、いずれ帰国するとか、あるいは日本の学校になじめない場合には、このような外国人学校が利用される。だが、これらの学校に対する本国政府の認可といっても、カリキュラムが本国と必ずしも同じというわけでなく、本国の学校と同等の卒業認定がなされないケースもあるようだ。

日本に定住する外国人の子どもの教育は、もっぱら外国人学校で行われてきたかというとそうではない。外国人の子どもたちのほとんどが日本の学校で教育を受けているのである[3]。ところが、日本の学校は、外国人の子どもたちにその民族の言語や文化を保持し発達させる教育を行ってこなかった。まず、「国語」という名の日本語で授業を行っている。文部科学省(旧文部省)が認めている「日本人と同じに扱う」という立場は、日本語と日本文化に適応させるという「同化教育」にすぎなかった。そこで、日本の学校から逃れて外国人学校を必要とするのにもそれなりの理由があると言わなくてはならない。日本の学校の負の側面を外国人学校が顕在化させているとも言えるだろう。

アメリカン・スクールとか大使館付属の学校というような先進国が設置する学校とは異なって、差別的扱いを受けてきた外国人学校、あるいは外国人の子どもの教育に目を向けてみよう。そうすれば、日本の教育観の特徴ある部分が見えてくる。

なお、今日では韓国学校、朝鮮学校が通称となっているが、本章では歴史的経緯を述べているので旧名称の韓国人学校、朝鮮人学校を用いる。

第1節　戦後日本における韓国・朝鮮人学校の困難性

在日の朝鮮人及び韓国人の独自の教育は、終戦直後にすでに始まっていた。1945年9月に東京の戸塚をはじめ各地に国語講習所が設置されて民族教育が開始された。あるいは、1946年11月に在日本朝鮮人居留民団(現在の「大日本大韓民国民団」)が発足し、韓国人学校がスタートしたとも指摘されている。旧植民地であった朝鮮半島出身の人々が外国人として扱われ、しかも大韓民国と朝鮮民主主義人民共和国とに分けられる政治状況になるまでは「朝鮮人学校」が一般的な呼び名である。さて、この当時、朝鮮人の自主学校が600ほど建設されており、本国よりも先だって朝鮮語の教科書が作られ、学校制度は年々充実される方向にあった。1948年度には、学校数606校、児童生徒数56,300人と最高数を記録する。

　1947年3月31日に『教育基本法』と『学校教育法』が公布・施行されている。『教育基本法』ではその対象が「国民」と表現されているのだが、この表現は、『日本国憲法』で人権の主体が国民と表わされているのに一致している。『学校教育法』では、その1条に、「学校とは、小学校、中学校、高等学校、大学、盲学校、聾学校、養護学校及び幼稚園とする」と「学校」なるものが定義されている。その後、「高等専門学校」(1961年)と「中等教育学校」(1998年)が追加されているが、行政側は在日韓国・朝鮮籍の子どもが通う外国人学校、いわゆる民族学校は「学校」には当たらないと解釈しており、ここに「1条校」問題が起きることになった。ちなみに、『学校教

表終-1　第2次世界大戦直後の在日韓国・朝鮮人の学校・生徒・教員数

		学校数	生徒数	教員数
1946年	初等学校	525	42,182	1,022
	中等学校	4	1,180	52
	青年学校	12	750	54
1947年	初等学校	541	46,961	1,250
	中等学校	7	2,761	95
	青年学校	22	1,764	101
	高等学院	8	358	59

出典) 朴慶植『解放後在日朝鮮人運動史』三一書房、1989年、138、143頁、及び、小沢有作編『民衆の記録10・在日朝鮮人』新人物往来社、1978年、369頁。

育法』2条は、「学校は、国、地方公共団体及び私立学校法第3条に規定する学校法人のみが、これを設置することができる」とあり、大学と高等専門学校以外の私立学校は都道府県の所轄となっていて、法的には知事が外国人学校を私立学校と認可することは可能である。

　日本政府と朝鮮人学校との最初の、悲惨な衝突は1948年に起きた。文部省(当時)は1月24日に、都道府県知事に宛てて学校教育局長通達『朝鮮人設立学校の取扱いについて』を発して、GHQの指令を口実に朝鮮人学校を閉鎖しようとした。すなわち、総司令部は「日本に在留する朝鮮人は日本の法令に服さなければならない」としているので、「朝鮮人子弟であっても、学齢に該当する者は、日本人同様、市町村立又は私立の小学校又は中学校に就学させなければならない」とみなすとした。すなわち、戦後日本の学校教育は、教育内容においても教育方法においても外国人の独自性を一切認めないという、いわゆる「属地主義」から出発しているのである。さらにまた、「私立の小学校又は中学校の設置は、学校教育法の定めるところによって、都道府県監督庁(知事)の認可を受けなければならない」のだが「学齢児童又は生徒の教育については、各種学校の設置は認められない」という。すなわち、文部省は、都道府県知事に向かって、朝鮮人の子どもたちを対象とした小中学校は各種学校としても認めるなと釘を刺したわけである。

　すでに、学校教育を開始していた在日韓国・朝鮮人は、この閉鎖方針に抵抗した。次のような4点を朝鮮人側(朝連：在日朝鮮人連盟、後の在日本朝鮮人連合会)が提起した。すなわち、教育用語(いわゆる教授言語)を朝鮮語とする、教科書は朝鮮人側の委員会が編集したものを使用する、学校管理組合が学校を経営管理する、日本語を教科として採用する、といったものであった[4]。

　この年の4月15日には、神戸にて、兵庫県知事と在日代表とが交渉する予定であったが、県側に突然拒否される。そこで、在日側が抗議の座り込みをしていたところ、代表者たち全員が逮捕されることになってし

まった。4月23日には、全国的に朝鮮人学校の閉鎖が強制執行されるに至る。この日、大阪府庁前では、抗議集会が開かれていた。翌24日には、兵庫県庁前で、学校閉鎖令撤回を求める集会が開催され、こちらは兵庫県知事と交渉した結果、学校閉鎖の撤回など5項目が合意される。ところが、いったん知事が認めた方針に対して、その深夜、神戸軍政司令部が非常事態を宣言し、合意文書そのものを無効とするとした。25日の明け方には、連合軍の憲兵隊(MP)が在日の人々の逮捕を開始し、3日間で逮捕者は2,000人近くにのぼった。これに対して、26日に、大阪府庁前では、在日の人々3万人が抗議集会を開き、在日代表と府知事とが二度の交渉をもった。だが、交渉会場の外では警官隊が集会参加者に放水を始め、ついには発砲まであって、16歳の金太一君が死亡するという大事件に発展した。この一連の出来事は「阪神教育事件」とも呼ばれている。

　このような事態のため、日本政府側は強硬姿勢を中止して、5月3日には朝鮮人教育対策委員会との交渉に入る。この結果、5月5日に、文部省は一定の条件の下で朝鮮人学校の存続を認めることとし、森戸文部大臣が朝鮮人側と覚書を調印した(5)。6月4日には、在日代表と大阪府知事は、大阪府が朝鮮人学校を私立学校として認可すること、また公立の朝鮮人学校を認めること、公立学校において課外で朝鮮語・歴史などの教育を認めることなどを合意する覚書を交わした。

　しかし、中華人民共和国の成立から朝鮮戦争の勃発までの流れのなかで、日本政府は1949年秋には再び強硬な政策を実行した。同年9月には、日本政府は『団体等規制令』を適用して朝連を解散させている。10月19日には、日本政府は『朝鮮人学校閉鎖令』の閣議決定を行い、全国一斉に武装警官を動員して朝鮮人学校の強制閉鎖を敢行した。当時350校ほどあった朝鮮人学校は、44校が自主学校、35校が日本の公立学校に移管され、残りが閉鎖されてしまった。日本の公立学校には77の民族学級が設けられたが、朝鮮人の子どもたちの8割が民族教育を受けられなくなったのである(6)。この結果、在日韓国・朝鮮人の教育形態は、①自主学校

として継続されるもの、②公立学校としての朝鮮人学校、③日本の学校における民族学級、④民族教育を受けない日本の学校となった。このように、ほとんどの多くの学校が壊滅させられたのは、東西冷戦の視点からすると東側の産物とみなされ、日本政府から敵視されていたからだと判断される。

　当時、在日韓国・朝鮮人の12万人が小・中学生相当の年齢にあったので、現実的にはすべての朝鮮人学校を閉鎖するわけにはいかず、日本の公立学校もしくはその分校に編入されたものもあった。そこにおいて、一定の民族教育が引き続き行われたのである。例えば、東京都教育委員会の『朝鮮人学校取扱要項』では、朝鮮語、朝鮮歴史などは課外授業とし、課外授業以外の「教育用語」は原則として日本語とするが、中学校・高等学校において朝鮮語を外国語として選択できるというものであった。こうして、当時の外国人の子どもたちは日本の学校に入っていき、日本語で授業を受けるのが当然とされ、日本政府はそれを問題にもしなかった。

　大阪の西今里中学校は、このような激動の時代に、正式の公立学校となった数少ない例である。大阪朝鮮中学校を母体とするこの中学校は、1950年4月1日に大阪市立の中学校として創設され、7月1日にスタートした。しかし、大阪市は正式の独立校として扱ったが、大阪府は隣接する中学校の分校とした。校長と教諭は日本人とされ、朝鮮人教師の定員は制限されていた。また、民族課目は課外として授業することが建前とされ、時間数も制限されていた。1959年度には、日本人の校長の他に、日

表終-2　在日韓国・朝鮮人の学校・生徒・教員数の推移

	小　学　校			中　学　校			高　等　学　校		
	校数	児童数	教員数	校数	生徒数	教員数	校数	生徒数	教員数
1947年10月	541	46,961	1,250	7	2,761	95			
1948年4月	561	56,210	1,196	7	2,330	115			
1949年5月	288	32,368	955	16	4,555	165	3	364	50
1952年4月	154	14,144	327	17	2,914	110	3	570	54

出典）朴慶植『解放後在日朝鮮人運動史』三一書房、1989年、322頁より。

本人教師が19名、朝鮮人教師が32名、事務職員は日本人、朝鮮人それぞれ1名がいて、生徒数は1,163名にのぼった。朝鮮語は、さまざまな教科でも意識的に使用された。また、朝鮮の歴史も授業として教えられた。このような一定の民族教育の歴史を残しながら、西今里中学校は1961年9月に廃止され、中大阪朝鮮中級学校として自主校に移管された。

　日本の公立学校に入学した在日の子どもたちに対して、さらに追い打ちがかかった。1949年11月には文部省事務次官通達が発せられ、小学校においては朝鮮語・朝鮮の歴史を教えることはできないと指示されたからである。それでも、在日の人々は、1950年代にはいると、既存の学校に民族学級を設置したり、自主学校を建設するのだが、文部省は1条校にも、各種学校にも当たらないとして朝鮮人学校を否定し続けた。

　1952年4月28日、サンフランシスコ平和条約が発効すると、日本は独立国として認知されるのだが、日本政府はこの日を境に在日韓国・朝鮮人は日本国籍を喪失したという通達を発する。その結果、それまで日本人と扱われてきた植民地の人々、例えば一つの県に匹敵するほどの規模の在日の人々は、法的には外国人として扱われることになった。諸外国には二重国籍という例もあり、またアイルランド国民のようにイギリスの市民権を付与された例もあるのだが、日本政府はそのような立場はとらなかった。日本政府は国民主義をとっていて、異民族の人々を国家の正規な構成員としてはみなそうとしなかったのである。したがって、外国人の独自な教育は国家の保護外として扱われた。

　日本政府の態度とは異なって、在日の人々は、民族学校再建運動を展

表終-3　1959年5月時点の在日韓国・朝鮮人の児童・生徒・学生・教員数

	児童・生徒・学生				朝　鮮　人　教　員		
	国立	公立	私立	総数	国立	私立	合計
小学校	8	90,818	568	91,394	71	20	91
中学校	14	34,973	946	35,934*	10	12	22
高等学校	3	4,941	3,652	8,596		23	23

出典）文部省『学校基本調査報告書』。森田芳夫『数字が語る在日韓国・朝鮮人の歴史』明石書店、1996年、52頁より重引。中学校の数の元データが異なっていると指摘してある。

開していき、1953年5月には「京都朝鮮学園」が朝鮮人学校では初めて学校法人として認可されている。1955年4月から学校法人「東京朝鮮学園」が作られ、1956年には朝鮮大学校も創立された。

1957年時点の文部省学校基本調査によると、外国籍在学者は、小中学校で134,813人いて、そのうち127,243人、全体の94.4％が「朝鮮人」であった。

1965年の『日韓基本条約』においても、在日の人々の民族教育については言及されていない。日本政府は、在日韓国・朝鮮人の独自の教育を認めず、外国人である彼らを日本の公立学校へ恩恵的に就学させていると説明した。ところが、この協定は、1945年8月15日以前から日本に居住する「大韓民国の国籍を有するもの」に「日本国で永住することを許可する」としていた。これまでの朝鮮人のうち韓国人は別扱いされると、日本政府は分断、分離を促していた。

『日韓基本条約』を受けて、文部次官通達として『日韓法的地位協定における教育関係事項の実施について』[7](1965年12月18日)と『朝鮮人のみを収容する教育施設の取扱について』(1965年12月28日)が発せられ、従来の方針に変更無きことが確認された。すなわち、「朝鮮人」のみを収容する教育施設は私立学校としても各種学校としても認可すべきではないというのである。これに従えば、朝鮮人学校や韓国人学校は自主的学校として運営していく他はなかった。事実、日本の公立学校の分校としてあった16校の朝鮮人学校(神奈川5、愛知3、兵庫8)は、自主学校に転換してしまった。

むしろ、日本政府は『外国人学校制度法案』を作成し、1966年から1968年にかけてそれを三度国会に提出した。各種学校から外国人学校を分離し、公的な保護外に置こうとしたのである。ところが、現実は、日本政府・文部省の意図とは別の方向に動いた。

朝鮮人学校の建設には、韓国・朝鮮人のねばり強い運動と共に、日本の政治の変化が寄与するところもあった。革新の美濃部都知事は、1968

年4月に朝鮮大学校を各種学校として認可するに至った。さらに、1970年12月からは、東京都が朝鮮人学校にも「私立学校教職員研修費」の支給を開始し、これ以降、全国自治体ではさまざまな名目で、決して十分な額ではないが、民族学校への教育助成金が公的に支給されることになった。

　こうした動きのなかで、在日韓国・朝鮮人の学校は各種学校としての認可を取得していく。現在認可を取得している学校のうち約8割は1966年から1971年の間に集中し、1975年までにすべての学校が各種学校の認可を得た。今日、ニューカマーの外国人学校が各種学校の認可を得ているのも、このような「反差別の歴史があってこそだ、という点は知っておくべきだろう」[8]。各種学校として認可されることで、交通機関の通学定期が購入できるほか、学校への寄付が免税扱いになり、地元市町村の他に民間企業や個人からも物的・財政的支援がいっそう期待できるからである。理想からほど遠いが、これだけでも有意義な措置であった。

第2節　日本の学校における外国人教育の進展

　1970年代は、かなりの学校において、放課後のクラブ活動という形態で朝鮮の民族文化が教えられるようになった。それは、日本に長く定住する在日の人々の努力の成果によるのであるが、国際情勢の影響も無視できない。日本政府は、外国人の子どもの教育を引き受けざるを得ない立場に立たされることになったからである。

　1972年に日中国交正常化が実現されると、韓国や中国からの引き揚げも再開され、肉親捜しや、孤児や親族の「帰国」が開始されることになった。ここで、日本における外国人の子どもの教育に対して新たな質がもたらされることになる。この時すでに戦後30年近くが経過していたのであるから、この人々は日本とは全く異なる言語・文化環境で発達を遂げ

た人々である。その彼らが、突然、日本に帰って来て定住することになった。日本の学校は、日本語や日本の文化をかなり身につけていた在日韓国・朝鮮人の子どもたちとは違って、まるで「外国人」を教育しなくてはならなくなった。このことは、否が応でも日本の学校が外国の文化や言語との関係を無視できなくなったという転機をもたらすことになったのである。

　1975年、ベトナム戦争が終結し、ベトナム、ラオス、カンボジアから難民が流出することになった。これらインドシナ3国では、政治体制が資本主義から社会主義に転換した。したがって、そこから逃れてくる難民は、東西冷戦体制で言えば東の体制を拒否した者とみなされ、その結果、西側では手厚く扱われることになった。日本も例外でなかった。政治亡命を認めていない日本政府が難民受け入れを拒否できなかったのは、国連機関が関与したことにも原因がある。脱出後のキャンプでは、国連難民問題高等弁務官事務所(United Nations High Commissioner for Refugees: UNHCR)が介在して難民たちの定住先を決めていたからである。

　1975年5月、日本に最初のボート・ピープルが上陸し、一時滞在を認められた。結局、1978年の閣議了解で、一時滞在中のベトナム難民の日本への定住を認めることになり、翌1979年には、アジア地域の難民キャンプに一時滞在中のインドシナ難民や政変以前に日本に住んでいた元留学生などの定住も認められ、さらに500人という定住枠が定められた。難民の場合には、いくつかの定住促進センターにおいて日本語教育や職業訓練を受けることが公的に保障された。

　1971年時点の文部省学校基本調査によると、小中学校における外国籍の子どもは、78,926人で、うち91％が韓国・朝鮮籍の子どもたちであった。この調査が国別表記のある最後の学校基本調査である。

　さて、外国人の子どもの教育に関しては、1980年代に先進的な地域で「外国人の教育指針」などが作成され、公立学校には民族学級や民族クラブが増設されていった。

1986年には、文部省が「中国引き揚げ子女」全国実態調査を実施し、「中国引き揚げ子女」指導の手引きを発行している。また、東京都が都立高校に「海外帰国生徒学級(引揚子女対象)」という特別枠を作っている。この時、特別枠には来日時小学校4年生以上が対象とされた。

その後、1994年には、『中国残留邦人等の円滑な帰国の促進及び永住帰国後の自立の支援に関する法律』が施行され、生活者の日本語教育への支援や子どもの教育の保障が次のように明記されている。

「国及び地方公共団体は、……日常生活又は社会生活を円滑に営むことができるようにするため、……日本語の習得を援助すること等必要な施策を講ずるものとする。」(8条)
「国及び地方公共団体は、……必要な教育を受けることができるようにするため、就学の円滑化、教育の充実等のために必要な施策を講ずるものとする。」(11条)

また、難民については、定住枠が徐々に拡大され、1994年12月には当時の1万人枠さえ外して、枠を設けることなく受け入れることとした。それでも、現在のインドシナ難民総数は世界に約144万人と言われるが、うち日本で定住許可されたインドシナ難民は約1万人しかいない。2002年8月の閣議では「難民対策について」が取りまとめられ、インドシナ難民以外の難民でも国際救援センターにおいて日本語教育や就職あっせんなどを提供することになった。

1980年代には、日本経済の発展によって、日本に在留する外国人が急速に増加する。しかし、日本政府は表向きには外国人労働者の就労を禁止しているので、外国人労働者たちは無権利状態に置かれることになった。その中には、少なからぬ数の子どもたちも含まれている。深刻な例として次のようなものがある。法務省入国管理局調査によると、国内の無国籍児童(4歳以下)は、1990年末で74人、92年末で138人、94年末で266

人、96年末で734人いた。親がオーバーステイの発覚を恐れて出生届を出していない場合もあり、実数はもっと多いはずである。ニューカマーと呼ばれる外国人など、一般に外国人の子どもの場合には、中国帰還者やインドシナ難民と違って、積極的な行政の支援はない。

　1990年は外国人登録者数が初めて100万人を突破し、日本で暮らす外国人をめぐる状況にも劇的な変化が訪れている。この年の6月には『出入国管理及び難民認定法の一部を改正する法律』が施行され、いわゆる入管法改正が起きたのである。それまで、日本政府は、外国人が専門技術を必要としない単純労働につくことを認めていなかった。ところが、この入管法改正によって、日系人に限って可能とされることになった。そこで、日系移民労働者が大挙して入国し、定住する傾向を生むことになった。しかも、ブラジルやペルーから、家族ぐるみで、子どもも含めて来日するケースが増えた。彼らは、「ニューカマー」と呼ばれている。

　実際に、1990年から1991年にかけて外国人登録者が激増している（**表終-4**参照)。その主要因は、南米からの日系人が急増したためである。日系ブラジル人の場合、現在では移民の5分の1が日本に逆流するまでに至っている。外国人の居住を地域別に大きく見ると、関西以西では、在日の韓国・朝鮮籍の占める割合が多い。中国籍の割合が高い地域は、東京、埼玉、千葉などである。ブラジル国籍の多いのは、静岡、愛知などとなっている。

　日本の義務教育課程に在籍する外国人児童生徒数も少子化の影響を受けて減少していたのであるが、新たな外国人の流入はその数をも増加に転じさせることになった。日本の学校に、いよいよ無視できない現象が出現したわけである。しかも、愛知県の豊田市や豊橋市、群馬県大泉町、東京都新宿区などの特定の地域では、かなりの割合で外国人が集中することになった。クラスの2割が外国人という小学校も珍しくなくなり、2004年時点で6割以上が外国人という公立小学校も東京には出現して、「日本人学校」が成り立つのかどうかという予期せぬ現象が起きつつある。

表終-4　日本在住外国人登録者数（年末の人数）

国　名	1970	1975	1980	1985	1990	1995	2000
総　数	708,458	751,842	782,910	850,612	1,075,317	1,362,371	1,686,444
韓国・朝鮮	614,202	647,156	664,536	683,313	687,940	666,376	635,269
中　国	51,481	48,728	52,896	74,924	150,339	222,991	335,575
フィリピン	932	3,035	5,547	12,261	49,092	74,297	144,871
イギリス	3,001	4,051	4,956	6,792	10,206	12,485	16,525
アメリカ	19,045	21,976	22,401	29,044	38,364	43,198	44,856
ブラジル			1,492	1,955	56,429	176,440	254,394
ペルー			348	480	10,279	36,269	46,171
ロシア(ソ連)	354	269	345	322	440	2,169	4,893

注)中国には台湾、香港、その他の中国を含む。
出典)法務省大臣官房司法法制調査部『出入国管理統計年報』。ただし、『朝日年鑑』『日本の統計』より作成。

　さて、入管法改正当時、文部省は外国人の子どもに対して特別の配慮が必要だとは考えていなかった。1991年1月に刊行された文部省教育助成局海外子女教育課『海外子女教育の現状』によると、中国帰還者の子どもたちの扱いは、「保護者の勤務に伴って海外に長期間在留した後に帰国した子どもと同じ扱い」いわゆる「帰国子女」と同様であるとしている。同年発行された文部省の白書『我が国の文教施策』(平成3年度)には、「日本語教育の推進」や「海外子女・帰国子女教育の充実」という節があって、「中国帰国孤児子女」の教育は「特段の配慮が必要」と言いつつも「帰国子女」の教育と同列に扱われていることに変わりはなかった。ましてや、日本の学校が外国人に独自の言語や文化を保持・発展させることなど論外のことであった。

　1991年1月の日韓外相会議は『在日韓国人の法的地位及び処遇に関する覚書』を交わした。そこで、日本政府は、「在日韓国人の有する歴史的経緯及び定住性」を考慮して、「これらの在日韓国人が日本国でより安定した生活を営むことができるようにすることが重要であるという認識」に立って問題に対処するという方針を表明した。教育問題については、

　「(1)日本社会において韓国語等の民族の伝統及び文化を保持したいと

の在日韓国人社会の希望を理解し、現在、地方自治体の判断により学校の課外で行われている韓国語や韓国文化等の学習が今後も支障なく行われるよう日本国政府として配慮する。
(2)日本人と同様の教育機会を確保するため、保護者に対し就学案内を発給することについて、全国的な指導を行うこととする。」

ことに合意した。また、教員については、以下のことが合意された。

「公立学校の教員への採用については、その途をひらき、日本人と同じ一般の教員採用試験の受験を認められるよう各都道府県を指導する。この場合において、公務員任用に関する国籍による合理的な差異をふまえた日本国政府の法的見解を前提としつつ、身分の安定や待遇についても配慮する。」

　日韓の外交の進展は、すでに地方で進められていた課外の民族教育の実施を中央政府も認める動きにつながった。
　一方、文部省は、3月22日に都道府県教育委員会などに通知を発し、公立校での外国人教師は「常勤講師」として採用するように伝えた。だが、この通知の意味するところは、教諭としての正規採用は認めないということであり、外国人を公務員として採用しないという従来の方針を堅持すると確認したにすぎなかった。
　しかし、この時点での日韓外交の進展は、外国人の教育に対して少なからぬ改善ももたらした。初等中等教育局長通知『就学案内』において、在日韓国人に、日本人と同様の教育機会を保障するために、就学案内を発給すべきことが文部省から全国の教育委員会に指導されたからである。この結果、各自治体は、在日韓国人に限らず広く外国人に対しても就学案内を送付するようになった。現在一般的に行われている手順は、次の通りである。市町村の教育委員会は、外国人登録に基づいて「就学案内」

を対象家庭に送付する。外国人は、「外国人登録済証明書(外国人登録記載事項証明書)」と「外国人児童生徒入学申請書」を市町村の教育委員会に提出する。これをもって就学の申し出があったとして、教育委員会は受け入れ校を選出して「外国人児童生徒入学許可通知書」を送る。だがそれでも、「外国人登録」関係書類が必要とされているので、オーバーステイの者は申し込みにくくなっていること、あるいは国内を転居して「外国人登録」で届けた住所に居住しない場合には連絡が届かないなどの問題が生じている。日本の学校にも外国人学校にも入学しない外国人の子どもたちが存在してもおかしくない法制度になっているのである。

　このような状況で、1990年には、神奈川県が「日本語指導等協力者派遣事業」を文部省に先立って開始した。1991年になって、文部省は日本語の指導を必要とする「外国人子女」全国実態調査を開始し、その結果は『日本語教育が必要な外国人児童・生徒の受け入れ状況等に関する調査』として発表されることになった。そして、1992年度から全国的に、日本語指導など特別な指導に対して外国人児童生徒などを受け入れている学校に対し、教員が加配されている。この年、ようやく、学校生活で必要とされる基本的な事柄を題材とした日本語指導教材『にほんごをまなぼう』が、また翌1992年には、小学校1年～4年の教科学習に必要とされる日本語を指導するための教材『日本語を学ぼう2』が文部省の手によって作成された。

　1992年には、『日本国との平和条約に基づき日本の国籍を離脱した者等の出入国管理法に関する特例法』が発効し、日本の旧植民地出身者とその子孫(在日韓国・朝鮮人、在日「台湾」人)は、原則として強制退去されないことになった。いわゆる永住権を保持することになったのである。だが、ここで外国人である在日の人々が日本人と同様に基本的人権を保障されるのならば、教育権の実現形態として外国語による外国文化の習得は認められないのかという重大な問題に直面する。

　この頃、大阪の長橋小学校における民族学級の制度的な保障を求める

運動は、1992年に結実し、大阪市は「民族クラブ技術指導者招聘事業(しょうへい)」に予算措置をとることに決めた。こうして民族教育が公的に保障される制度が整備された。現在では、在日韓国・朝鮮人の人たちが母語で教育を求めた場合、公教育外の「民族学校」扱いあるいは公教育における課外の「民族学級」扱いで実現できるようになってきている。2002年度で、大阪市内には92校に民族学級が開設され、2,000人の子どもたちが民族教育を受けている[9]。

1992年末に、外国人登録者数は1,281,644人となって、日本の人口の1％を突破した。

第3節　外国人学校の推移と変化

1975年には、すべての自治体で朝鮮人学校が各種学校として認可されている。1985年には、大阪の韓国人学校である金剛学園の中高校がいわゆる1条校として認可されることになった。1989年には、NHK全国学校音楽コンクールに神戸朝鮮高校の参加が認められ、この動きは後にスポーツの分野にも広がることになる。JRの通学定期券も、1994年の運輸省指示『割引範囲の暫定的拡大』にて朝鮮人学校にも適用されることになった。

このように外国人学校に対する日本社会の差別はゆっくりであるが少しずつ除去されてきた。その一方で、韓国人学校も朝鮮人学校も大きく変わりつつある。

1996年時点の韓国人学校の現状は、「東京韓国学校」(各種学校、韓国政府から私立学校として認可、小・中・高を付設)、「京都韓国学校」(各種学校、韓国政府から私立学校として認可、中・高を付設)、「白頭学院建国学校」(大阪、1条校、幼稚園から高校まで付設)、「金剛学園」(大阪、1条校、幼稚園から高校まで付設)となっていた。

ところが少子化が進んだため、「京都韓国学校」は財政難を理由に「1条校」申請をして、2004年度からは「京都国際中学校・高校」として再スタートしている。1条校になることは国の教育助成金を受けられるが、民族教育が大きく制約されるということを意味する。

国内の少子化を埋めるように、韓国経済の成長によって日本に駐在する商社員などの「駐日子女」の就学が増え、2003年度では、「東京韓国学校」初等部の68％が韓国出身者であり、2002年度の大学進学者のうち84％が韓国の大学となっている[10]。韓国人学校のうち唯一「韓国」の名を冠する学校がこのような状況であり、在日外国人の学校という性格を変えつつある。

朝鮮人学校も変化しつつある。在日韓国・朝鮮人の人口は、1991年12月の693,050名をピークに減少しつつある。その代わり、韓国からのニューカマーは増えつつあり、今日ではおよそ18万人が数えられる。在日朝鮮人の日本国籍取得者は1992年以降増加傾向にあり、2002年9月の日朝首脳会談以降は朝鮮籍から韓国籍への国籍変更が激増しているようだ。また、朝鮮民族同士の結婚も極めて少数になり日本人との結婚が9割近くになりつつある。このような在日韓国・朝鮮人世界の変化に応じ、とりわけ少子化と日本の学校への入学者の増加が、朝鮮人学校への入学者を減少させつつある。そのために朝鮮人学校の経営は経済的に極めて困難になりつつある。

教育内容の変化も見逃せないだろう。初期の朝鮮人学校は、北朝鮮（朝鮮民主主義人民共和国）への帰還に備える教育を目的としていた。日本への永住が確定的となった1970年代半ばからも、北朝鮮本国との一体化をめざした海外公民形成が目的となっていた。ところが、今や、朝鮮人学校への通学者のうち4分の1から3分の1は、韓国籍である。また、卒業生は、日本語を使って、日本の大学へ進学したり、日本で就職したり社会人となっていく現状にある。さらに、2002年9月の日朝首脳会談で拉致事件が明るみになって以降は、極端なイデオロギー教育が在日韓国・

朝鮮人から敬遠されるようにもなってきている。このため、教育内容や教育方法が見直されつつある。

他方で、故金日成主席が朝鮮総連代表団に、すでに1981年5月の時点で次のように語っていたという。

「日本にいる朝鮮人たちが祖国に帰ってくることは考えられません。……朝鮮学校を卒業して日本の他の大学に入ったり、また、日本のどの会社に就職しようが、日本語を使うことで困難を感じることなく無難にこなせるようにしなければなりません。」
「朝鮮学校で日本語を多く教えるからといって、同胞学生たちが日本人にはなりません。かえって、同胞子女が日本学校に入り、日本語だけを学ぶと日本化されるでしょう。」[11]

この発言は、一般には非公開とされたままだそうだが、朝鮮人学校が日本社会への適応を重視すべきことを説いている点で注目すべきであろう。民族文化や民族言語を保持しながら、日本市民、国際人の一員に育成していくことを在日外国人学校の目的とするという、現在模索されている朝鮮人学校の動きを予期させる発言である。

使用言語についても、朝鮮語学研究者の生越直樹の調査は、在日韓国系の学校の生徒とその保護者というデータに制約があるものの、在日韓国・朝鮮人の社会の大まかな傾向を知らせているだろう(**表終-5**)。日本生まれの韓国・朝鮮人は、母語ないし第一言語が日本語に取り替わりつつある。しかし、地域や家族との交流には韓国・朝鮮語を使用する。そのため、程度の差を伴いながら、バイリンガルの状態が生じている。

また、この調査では、日本生まれの子どものほとんどが20年後の居住地を日本と答えているのに対し、ニューカマーと呼ばれる韓国生まれの子どもは韓国と答える者が約4割で、日本という答はほとんど無かったという。そうなると、日本生まれの外国籍の子どもは日本語が主要言語

表終-5　在日韓国人の使用言語

(単位:％)

		祖国生まれの成人(57名)	祖国生まれの子ども(61名)	日本生まれの成人(113名)	日本生まれの子ども(141名)
日常使用言語は	韓国語だけ	5.3	6.6	0.0	0.0
	韓国語が多い	28.1	42.9	0.9	0.0
	半々である	24.6	24.6	1.8	5.7
	日本語が多い	42.1	16.4	38.9	48.2
	日本語だけ	0.01	3.3	57.5	45.4
韓国語を少しでも使用するか	数える・計算する	77.2	80.3	17.7	11.3
	夢の中で	70.2	62.3	6.2	5.7
	同胞とけんか	66.7	55.7	11.5	11.3
	同胞知人にあいさつ	75.4	73.8	55.8	62.4
	大勢の同胞の前で話す	78.9	59.0	30.1	27.7
	電車の中で親しい同胞と話す	73.7		23.0	
	学校の友達と話す		73.8		9.2
	夫婦だけで話す	63.2		21.2	

出典）生越直樹「使用者の属性から見る言語の使い分け－在日コリアンの場合」『言語』大修館書店、2003年6月号、31-34頁より。

となっており、外国生まれの一時的滞在者は母語が主要言語となっているのである。そのために、知的能力を発達させていくには、とりわけ学校の授業で使用する言語や文化的な背景は民族で一つとか、どの子にも一律というものではなく、子どもの状態に合わせてバランスをとらざるを得なくなっている。このことは、韓国・朝鮮人学校にとっても、同時にまた日本の学校にとっても言えることであろう。

第4節　外国人の教育は内政問題なのか人権問題なのか

　近代国家の原則では自立した権力を国家に与えており、内政に関しては他国は干渉してはならないものとされてきた。いわば地球は国家へと分割されてしまったわけであり、そこでは「一国家・一民族・一言語」が国民国家成立の基本原則とされ、いくつかの多民族国家を別として、近代国家は国内に異質者、いわゆる少数者(マイノリティ)は存在しないと

いう建前をとった。

　国家は同一民族という同質の国民で形成されるものとされたが、実は逆に国民そのものが歴史的に形成されたものであった。国民が集まって国家を造っているように見えても、国家が国民を造っていたとみるのが史実としてふさわしい。だから、国家の重要な維持装置として、国民教育制度が形成され、機能してきたのである。そのために、教育は最も重要な内政であった。

　制定された当時としては先進的と評価される『日本国憲法』(1946年)においても、権利主体は国民とされており、社会的な諸制度も日本国民が主体として論理構成されている。「日本国民たる(being a Japanese national)要件は、法律でこれを定める」(10条)、「すべて国民(All people)は、……その能力に応じて、ひとしく教育を受ける権利を有する(right to receive an equal education correspondent to their ability)」(26条)、「すべて国民は、……その保護する子女に普通教育を受けさせる義務を負う(receive ordinary education)」(同2項)という具合に、国民以外の者は想定されていない。この国民とは国籍によって規定される概念であるが、英文では「人民(people)」となっている。このずれ自体が、今日では大きな問題となってきているということだろう。

　さて、『日本国憲法』と同様に、『教育基本法』(1947年)も、国民形成論の立場で書かれている。「教育は、人格の完成をめざし、……心身ともに健康な国民の育成を期して行われなければならない」(1条)とか、「すべて国民は、ひとしく、その能力に応ずる教育を受ける機会を与えられなければならないものであって、人種、信条、性別、社会的身分、経済的地位又は門地によって、教育上差別されない」(3条)というのである。

　後で述べるように、今日のように国際化された社会では、政府は各種の国際条約によって国民以外の者の、つまり管轄地域内の外国人の人権も保障せざるを得なくなっている。このことからも、日本の教育制度が理論的に再構築される必要性が出てきている。

また、日本の行政では、教育を受ける権利が、義務教育への就学、いわゆる就学義務という狭い範囲でとらえられており、このことも再検討されなくてはならない。『日本国憲法』26条では、「ひとしく教育を受ける権利を有する」とあり、これをふまえて『教育基本法』では、「保護する子女に普通教育を受けさせる義務を負ふ。義務教育は、これを無償とする」と規定されている。『教育基本法』では、第2条で「教育の目的は、あらゆる機会に、あらゆる場所において実現されなければならない」とあり、4条では「保護する子女に、9年の普通教育を受けさせる義務を負う」となっている。また、「国又は地方公共団体の設置する学校における義務教育については、授業料は、これを徴収しない」(同2項)ともなっている。

　要するに、日本政府は、日本の教育制度を、義務教育期間を定めてその間の学校教育制度を整備すればよいとみなしてきた。そして、政府はそれ以上に論理を発展させることなく、既存の学校への就学義務という解釈に落ち着いている。しかも、その学校教育制度は、日本においては文部行政によって内容や方法の点で画一的にコントロールされていて、選択の余地は無いに等しいものであった。

　『日本国憲法』や『教育基本法』以後の国際条約は、後で指摘するように、「教育を受ける権利(right to receive education)」ではなく「教育への権利(right to education)」という表現で教育権を規定している。後者の場合、子どもたちの権利はより強まっていて、行政は一人一人の必要性に配慮せざるを得なくなっていると考えられる。そのように国際社会は動いてきている。

第5節　外国人学校問題の本質

　外国人学校が必要とされる主たる理由は、文化が異なることにある。とりわけ、言語の問題が最大の懸念となる。日本の学校では、保持する文化が異なることで「いじめ」を受けることが多い。いわば日本人社会は

同調性が強く、異質のものを排除する傾向にある。外国人の子どもたちが、孤立感や排除されたことを感じ、悩めば、アイデンティティの危機が起きる。さらに、異なる言語では学習に不利で、低学力に陥りやすい。これらの理由から、外国人学校の必要性が出てくるのである。

　日本では、国語という言葉を日常的に何気なく使う。この国語(国家語)とは、教育学的な意味で決められているわけではなく、政治的・法的な用語にすぎない。

　社会言語学者の田中克彦は、「国家語」は便宜的、道具的なもので、民族精神を強調する「国語」とは区別すべきだとしている。例えば、インドにおける英語は「国家語」であり、日本における日本語は「国語」だというのである[12]。もともと、「国語」はドイツ語の「国家語」(Staatssprache)を翻訳したものである。それが、日本独特の意味で用いられるものへと変質したようだ。

　まず、日本では、「国語」が学校教育の「教科」名に用いられてきた。例えばイギリスやアメリカでEnglishと呼んでいるように、固有の言語名を用いるのが普通である。ではなぜ、日本ではわざわざ「国語」というのだろうか。

　1886(明治19)年に、中学校教科に「国語及漢文」が置かれた。1900(明治33)年に、読書・作文・習字の3教科を統合して「国語科」が成立し、小学校でも国語が出現している。この年、国語成立に力のあった言語学者の上田万年は「一日も早く東京語を標準語とし、此言語を厳格なる意味にていふ国語とし」と主張している。このように、もともと、「国語」は定かではなかったのだ。

　翌1901年の中学校令施行規則では、「国語及漢文」教科の取り扱いを現代文(「国語」)にくらべて副次的なものとするように指示され、学校教育における国語の重視が一貫することになった。1903(明治36)年には、国定教科書制度が成立し、国語教科書は『尋常小学読本』などとなった[13]。

　日本の植民地では、「国語」は標準とされた日本語となった。例えば、

1910年に日本は韓国を併合している。その翌年の1911年には、第1次『朝鮮教育令』が発せられ、その第7条では、「国語ハ国民精神ノ宿ル所ニシテ……何レノ教科目ニ付テモ国語ノ使用ヲ正確ニシ其ノ応用ヲ自在ナラシメムコトヲ期スヘシ」と書かれていた。国民精神を形成するこの国語とは何語であったか。朝鮮総督府令『普通学校規則』では、「普通教育学校ノ教科ハ修身、国語、朝鮮語及漢文」とあるので、ここで言う国語とは日本語のことだとわかる。

要するに、近代国家の成立と共に日本の国語が形成されたわけであり、統一的な日本語が昔からあったわけではなかった。しかも、戦前において、教科「国語」においては、民族の心、メンタリティが強調され、国民の同質化が図られた。

上田万年は、著書『国語のため』の中で「日本語は即ち日本国民の間に流るゝ精神的血液にして、日本民族は此の精神的血液によりて統一せられ、此の最も鞏固にして且永遠的なる連鎖のために散乱せざるなり」と書いていた。この文章は、『高等小学読本』巻4(1927年)の「国語と愛国心」という単元に取り入れられた。この考えは、さらに平易に書き直され、国定第五期の『国語教科書』第8巻(1943年)に「国語の力」という単元で取り入れられた。

「我々は、国語によつて話したり、考えたり、物事を学んだりして、日本人になるのである。……わが国語には、祖先以来の感情・精神がとけ込んでおり、そうして、それがまた今日の我々を結びつけて、国民として一身一体のようにならしめてゐるのである。」[14]

戦後においても、言語力の育成の他に国語の規範力を重視する見解もある。ならばなおのこと、日本の学校が「国語」で運営されている限り、他民族は入り込みにくい教育施設になっているということである。

日本の言語問題のさらなる特徴は、日本では、学校教育が「国語」とい

う名の日本語で運営されることが当然のことだととらえられていることである。

　授業において教師と生徒が使用する言語を「教授言語」あるいは「授業言語」と翻訳している。人間の知的な能力が主として言語で支えられている以上、言語力が知的能力の発達に決定的であり、それゆえに教師が何語で教え、生徒が何語で考えて、何語で授業に参加するかということは、能力の発達を左右する重大な条件である。さらに、言語は、表現・コミュニケーションと思考の主要な手段となり、自己の行動を計画し、評価し、調整する、あるいは他者との共同行動を組織し、調整する主要な手段となる。

　多くの多民族国家では、多言語状態を想定して、母語で教育を受ける権利が明記されている。母語の違いによって発達が押し止められたり、不平等があってはならないという配慮からである。ところが日本では、国語は日本語であり、授業言語(いわゆる教授言語)も日本語であることを当然視してきた。国語や授業言語については、法律で何ら明記されているわけでもないのに、ほぼ一つに制限されてきた。もちろん、法律で決めれば問題が解決するわけではない。しかし、現在の日本では、国語を規定することに問題があるということさえ議論されていないことに目を向けるべきであろう。

　日本の学校が多文化状態、少なくとも多言語状態を全く想定していないので、外国人の子どもたちは可能ならば外国人学校に入学するという選択をしているようだ。誰でも理解できない言語空間にはなじめないものであるが、それが一生涯で極めて重要な人格の形成期に他言語・他文化接触を経験することは大きな可能性と共に深刻な問題も抱え込むのである。

　一般に、抽象概念の発達は、10歳あたりから急速に増加していくと言われている。発達心理学者のピアジェの研究では、形式操作期への移行は12歳あたりとされている。その準備期間とも言える、前段階の具体的

操作期、すなわち具体的なイメージを蓄積する時期も考えると、学齢期にも質的に異なるいろいろな段階があることがわかる。学齢期といえども個人の中に複数言語が共存する年齢や発達段階によって日本語指導並びに母語指導も変化させる必要があるだろう。

また、バイリンガルになる場合の言語理解の組み合わせは、通常、次のように分類される。

第一のケースは、母語が抽象概念を担えるだけに発達していて、そこに第二言語として日本語を積み上げる場合である。ここでは、バイリンガル、なかでも加算的バイリンガリズムが起きる。例えば、次のような例もある。中学3年生(16歳)の時に全く日本語ができずに中国から来日したが、1年間在籍しただけで高校の国際コースに進学した。英語が得意だったので、高校進学につまずかなかった。また、中国語でしっかりとした学力をつけていたので、日本でも学習はスムーズにいった、というものである[15]。言語の転換は、早ければよいというものではない。

第二のケースは、母語が抽象概念を担えるだけ十分に発達していないが、第二言語を十分な形で積み上げる場合である。すなわち、第二言語が抽象概念を担えるだけ発達する場合である。ここでは、いわゆる母語の転換が起きる。抽象概念が発達する以前、とりわけ年少のうちに来日し、家庭や学校、友人関係など教育条件が良好な場合に起きる。

この場合、言語の転換期には、一時的にバイリンガルとなるが、一方の言語を忘れてしまうので減算的バイリンガリズムとも指摘される。日本の学校では、日本語に早く慣れるように促す圧力が強く、母語への配慮は少ないので、減算的バイリンガリズムの見解に強く支配されているとみなせる。だが、この立場に立ったとしても、小学校中学年以降に来日する子どもたちに対しては、極めて手厚い配慮をしない限り第二言語である日本語は十分に発達しない。

第三のケースは、母語が抽象概念を担えるだけ十分に発達せず、そこに第二言語が積み上げられたが、どちらも不十分な発達しか遂げられな

い場合である。このケースが、実は最も深刻なのであり、進学をはじめ、その後の社会生活が大きく制限されることになる。それゆえ、バイリンガルを避けるため外国人学校の必要性が起きてくるのである。

　この第三のケースでは、バイリンガルは、いわゆるセミリンガルの状態(semilingualism)で、ハーフリンガリズム(half-lingualism)とも呼ばれる。第一言語も第二言語も十分に使えず、中途半端な言語能力しか育たないのである。両方の言語共に不十分であるから、社会生活に支障が出てくる恐れがある。このように表面的にはバイリンガルだが、言語能力の不足状態にある実体を、批判の意味を込めて、「二重半言語状態」(二重ハーフリンガル、double half-lingualism)とか「二重制限状態」(ダブルリミテッド、double limited bilingualism)と呼ぶこともある[16]。

　ニューカマーと呼ばれる外国人の子どもたちが抱える深刻で、決定的な問題はここにあって、高校進学にその結果が如実に表われている。日本人なら97％が高校に進学するのにくらべ、ニューカマーの外国人の子どもたちの高校進学は絶望的な状況にある。その主要な原因は「低学力」なのだが、これに対して、言語発達の困難さを理解して、長期的に問題を解決していこうとする姿勢は日本政府側に見られない。行政側は、高校教育(後期中等教育)以降に対しては、義務関係がなく、本人の選択するものとみなし、外国人の子どもたちに対して積極的に就学を促すはたらきかけをしていない。日本の高校で日本語教育を必要とするような生徒を受け入れる体勢をとっている例は極めて少ない。それならば、高い授業料を払ってでもブラジル人学校に通い、卒業後は親と別れて本国に帰国するということにならざるをえない。

第6節　外国人の子どもの教育をめぐる国際的な圧力

　日本が外国人の子どもの教育問題について国際標準への道を歩み出す

には、『国際人権規約(International Covenants on Human Rights)』の批准が重要な役割を果たした。いわゆる『国際人権規約』は、『経済的、社会的及び文化的権利に関する国際規約(International Covenant on Economic, Social, and Cultural Rights: CESCR)』(社会権規約いわゆるA規約)と『市民的及び政治的権利に関する国際規約(International Covenant on Civil and Political Rights: CCPR)』(自由権規約いわゆるB規約)でできている。この国際条約は、1966年12月16日国連総会で採択された条約であるが、その後の各種の国際条約の基盤となるほど基本的なものである。だが、日本は、1979年になってやっとそれを批准し、発効させた。

　外国人の子どもたちに対する学校教育のあり方は、日本の法律では規定されていない。外国人の子どもを日本の学校に受け入れる法律的な根拠は、『経済的、社会的及び文化的権利に関する国際規約』(社会権規約)13条にあると解釈されている[17]。それは、「教育へのすべての者の権利(right of everyone to education)を認める」(1項)と、教育の対象者を国民に限らないことを明記している。それを具体化するために、初等教育は「義務的なものとし、すべての者に対して無償」(2項a)とすること、中等教育は「無償教育の漸進的な導入により、一般的に利用可能であり、かつ、すべての者に対して機会が与えられる」(同b)ものとすること、また高等教育は「無償教育の漸進的な導入により、能力に応じ、すべての者に対して均等に機会が与えられる」(同c)ものとすると規定されている。さらに加えて、「初等教育を受けなかった者またはその全課程を修了しなかった者」のために「基礎教育」(fundamental education)さえ想定されている。この場合の基礎教育とは、用意すべき教育が学齢期の学校教育にとどまらないことを示唆している。

　さらに、『市民的及び政治的権利に関する国際規約』(自由権規約)27条では、「種族的、宗教的または言語的少数者が存在する国において、当該少数者に属する者は、その集団の他の構成員と共に地域において自己の文化を享有し、自己の宗教を信仰しかつ実践しまたは自己の言語を使用

する(use their own language)権利を否定されない」と、少数者が母語を使用することを権利として認めている。だが、日本政府をはじめ多くの政府は、在住外国人はこの少数者には該当しないと解釈した。そこで、政府見解にかかわらず実態として少数者を認定できるように、1994年には、国連人権委員会が再定義を提起することになるのである。

例えば、『国際人権規約』のうち『市民的及び政治的権利に関する国際規約』(自由権規約)の実施報告として、1980年10月の第1回政府報告書では、「自己の文化を享有し、自己の宗教を実践し又は自己の言語を使用する何人の権利もわが国法により保証されているが、本規約に規定する意味での少数民族はわが国に存在しない」と述べており、日本政府は国内に少数民族の存在を認めていなかった。

ところが、1991年の12月には、日本政府が、国内に少数民族が存在することを初めて認めることになった。日本政府は、『日本政府の市民的及び政治的権利に関する国際規約第40条1(b)に基づく第3回報告』という以下のような報告を行ったのである。

　「アイヌの人々は独自の宗教及び言語を有し、また文化の独自性を保持していることなどから、本条でいう少数民族であるとして差し支えない。……アイヌの人たちの生活水準は着実に向上しつつあるが、なお一般道民との格差は是正されたとはいえない状況にある。」[18]

これら二つの報告書を比較すれば、1991年時点でやっと日本政府の認識に大きな変化が起きたことが確認できる。

だが、国際的な動きは、日本政府の対応よりもさらに先を行き、1994年に国連は『人権教育のための国連10年』という決議を採択し、人権擁護の実現に向けた活動を開始した。同年4月6日には、国連人権委員会が『市民的及び政治的権利に関する国際規約』(自由権規約)27条に関して「総合的コメント」を発表し、その解釈を変更するように各国政府に勧告し

た[19]。従来の解釈では、27条の規定している権利は「当該少数者に属する者」に対してであり、その対象者は当該国家がその存在を認めた場合にのみ適用されていた。つまり、その国の政府によって少数者と認められていない集団は適用を除外されていたのである。ほとんどの場合、移民は当該少数者として認められず、権利の対象から除外されていた。新しい解釈によると、「少数者の存在は、国家の決定ではなく、客観的な基準で認定される」こと、「少数者すべての個人を保護しているので、移民や難民にも適用される」こと、さらにこの措置の実現に向かって「国家に積極的な義務を課している」ことになる。この新しい解釈は、「差別防止及び少数者保護に関する小委員会」が国連総会及び国連人権委員会と共に各国の政府報告を検討する際に判断基準とされ、実施が促されることになった。

第7節　外国人の子どもの教育に対する『子どもの権利条約』批准の意味

　日本における外国人の子どもの教育をめぐっては、『子どもの権利条約』[20]も大きな影響を及ぼす。『子どもの権利条約』(政府訳は『児童の権利に関する条約』)は、1989年11月20日に国連総会にて採択され、各国の批准を受けて1990年9月2日に発効した。しかし、日本政府が批准するのは1994年5月16日であり、また日本で発効されたのは同年5月22日のことである。日本は世界で158番目の批准国となったのだが、国際社会におけるこの批准順位こそ日本の教育意識の遅れを示しているだろう。

　『子どもの権利条約』は、極めて重大な原則で貫かれていた。「管轄内のどの子ども」も「民族……にかかわりなく、いかなる差別もなく」権利をもっていること(2条)、また教育の諸段階についても「すべての者」、「すべての子ども」が対象となっていること(28条)が明記されていたからで

ある。つまり、権利の主体はあくまで子ども個人であり、国民とか民族に制限されるものではないと考えられているのだ。

『子どもの権利条約』は、国際条約として国内法に優先するので、『日本国憲法』26条の「すべて国民は」、あるいはまた『教育基本法』3条の「すべて国民は」とある規定も、日本国内のすべての者と読み替える必要性が出てきている。もともと、憲法の英文では「国民」が all people となっているように、憲法にある「国民」とは日本人だけに限った表現ではなかった。そのことが、今、国際条約とのすりあわせで再確認される形になった。

さて、『子どもの権利条約』のいくつかの条項をつなげて抜き出してみよう。

「締約国は、その管轄内のどの子ども (each child within their jurisdiction) に対しても、……国民的、民族的もしくは社会的出身……にかかわりなく、いかなる差別もなしに、この条約に定められた権利を尊重し、かつ保障しなければならない。」(2条)

「締約国は、不法な干渉なしに、法によって認められた国籍、名前及び家族関係を含むそのアイデンティティを保全する子どもの権利を尊重する義務を負う。」(8条)

「1. 締約国は、……親または場合によっては後見人は、子どもの養育及び発達に対する第1次的責任を有する。……

2. 締約国は、……親及び後見人が子どもの養育責任を果たすに当たって適切な援助を与え、かつ、子どものケアのための機関、施設及びサービスの発展を確保しなければならない。」(18条)

「締約国は、子どもの教育への権利 (right to education) を認め、漸進的にかつ平等な機会に基づいてこの権利を達成するため、特に次のことを行わなければならない。

(a)初等教育を義務的なものとし、かつ、すべての者 (all) に対して無償とする。

(b)一般教育及び職業教育を含む種々の形態の中等教育の発展を奨励し、すべての子ども(every child)が利用かつアクセスできるものとし、……

(c)すべての者が、……能力に基づいて高等教育にアクセスできるものとすること。

(d)すべての子どもが、教育上及び職業上の情報に……アクセスできるものとすること。……」(28条)

「締約国は、子どもの教育が次の目標の下に行われなければならないことに同意する。

(a)子どもの人格、……できるかぎり最大限に発達させること。

(b)人権及び基本的自由並びに国際連合憲章に掲げられた諸原則を尊重する気持ちを育むこと。

(c)子どもの親、子ども自身の文化的アイデンティティ、言語及び価値、居住する国及び出身国の国民的価値並びに自己の文明と異なる文明を尊重する気持ちを育むこと。……」(29条)

「民族上、宗教上もしくは言語上の少数者または先住民が存在する国においては、少数者または先住民に属する子どもは、共同社会において自己の集団の他の構成員と共に、自己の文化を享有し(enjoy his or her own culture)、自己の宗教を信仰し、かつ実践し(profess and practise his or her own religion)、または自己の言語を使用する(use his or her own language)権利を否定されてはならない。」(30条)

　これらの条項は、それまでに蓄積されてきた国際条約を引き継いでいる。だが、いくつかの新しい考え方も見られる。例えば、1966年の『国際人権規約』と比較すれば、高等教育について無償教育の導入はのぞかれている。だが、個人のアイデンティティの保持が重要な概念として登場しており、『市民的及び政治的権利に関する国際規約』(自由権規約)27条の記述では民族という少数者集団が主体となっていた表記(their)が、『子

どもの権利条約』では個人を主体とする表現(his or her)に変わっている。

こうした国際条約によれば、日本政府は外国人の子どもの教育を積極的に進めなければならなくなったのである。条約の文言を最大限に解釈すれば、外国人学校といえども日本政府の保護の対象となりうるのである。

日本政府は、『子どもの権利条約』に関する実施状況を国連に報告するため、初回報告[21]を1996年に提出している。これに対して、1998年6月に、国連「子どもの権利委員会(Committee on the Rights of the Child)」が日本政府に対して所見を提示している[22]。1998年5月27日及び28日に開催された第465回ないし第467回会議で審査し、最終所見として採択したものである。その中には、在日韓国・朝鮮人やアイヌ人などを含む民族的マイノリティの子どもたちに対する差別的な取り扱いの是正を求める勧告も含まれている。(35項)

この年の11月19日には、国連規約人権委員会から日本政府に対して、もう一つの勧告[23]がなされた。その13項で、「朝鮮人学校の不認定を含む、日本国民ではない在日韓国・朝鮮人マイノリティに対する差別の事例に懸念を有する」と述べ、『国際人権規約』の自由権規約27条による保護は「国民」に限定されないと述べていることについて「注意を喚起する」とした。自由権規約27条の再定義については、すでに紹介した通りであるが、国連規約人権委員会は、外国人の子どもたちにも自己の文化を学び、母語を使用する権利を認めるように具体的に日本政府に勧告してきたわけである。

1999年6月に日本政府が国連に提出した『人種差別撤廃条約第1回・第2回定期報告』[24]の84項では、外国人の子どもに対する教育の現状が報告されている。そこでは、学校の課外において「当該国の言葉や文化を学習する機会を提供することは従来から差し支えない」とされており、禁止もしないが母語保持や民族文化の習得には何ら積極的な行動をとらないというのが日本政府の姿勢であることを改めて確認した。しかし、

「インターナショナル・スクールなどの外国人学校は、そのほとんどが各種学校として都道府県知事の認可を受けているところであり、その自主性は尊重されている」と述べられているように、権利保障を積極的に行おうとする姿勢は見られない。

この日本政府報告書に対して、国連の「人種差別の撤廃に関する委員会」は最終所見[25]の中で、外国人の子どもの教育に関して、次のように勧告している。

「委員会は、韓国・朝鮮人、主に児童、学生を対象とした暴力行為に係る報告及びこの点に関する当局の不十分な対応に対し懸念を有するものであり、政府に対し、当該行為を防止し、これに対処するためのより毅然たる措置をとることを勧告する。」(14項)

「在日の外国国籍の児童に関し、委員会は小学及び中学教育が義務的でないことに留意する。委員会は、さらに、『日本における初等教育の目的は、日本人をコミュニティのメンバーたるべく教育することにあるため、外国の児童に対し当該教育を受けることを強制することは不適切である』との締約国の立場に留意する。委員会は、強制することが、統合の目的を達成するために全く不適切であるとの主張に同意する。しかしながら、本条約3条及び5条(e)(v)との関連で、委員会は、本件に関し異なった取り扱いの基準が人種隔離並びに教育、訓練及び雇用についての権利の享受が不平等なものとなることに繋がり得るものであることを懸念する。締約国に対し、本条約5条(e)に定める諸権利が、人種、皮膚の色、民族的又は種族的出身について区別なく保障されることを確保するよう勧告する。」(15項)

「委員会は、韓国・朝鮮人マイノリティに対する差別に懸念を有する。韓国・朝鮮人学校を含む外国人学校のマイノリティの生徒が日本の大学へ入学するに際しての制度上の障害のいくつかを除去するための努力ははらわれているが、委員会は、特に、韓国・朝鮮語での学習が認

められていないこと及び在日韓国・朝鮮人学生が高等教育へのアクセスについて不平等な取り扱いを受けていることに懸念を有している。締約国に対し、韓国・朝鮮人を含むマイノリティに対する差別的取り扱いを撤廃するために適切な措置をとることを勧告する。また、日本の公立学校においてマイノリティの言語での教育へのアクセスを確保するよう勧告する。」(16項)

欧米系の外国人学校とは異なり、定住外国人、とりわけ朝鮮人学校については、外国人学校の差別的な規定がいまだに解消されていない。国立大学の受験資格に関して、2003年8月2日には、文部科学省が、中卒者や高校中退者など大学入学資格のない者についても、大学が独自に志願者の学習歴を個人ごとに審査して大学入学資格検定(大検)を免除できるように制度を改正する方針を固め公表した。これは、同年9月の省令改正で法制化された。この制度を利用すれば、朝鮮人学校などの外国人学校の卒業生が個人として大学入学資格(受験資格)を得られるというのである。この変更を受けて、いくつかの国立大学では外国人学校卒業生の受験が大検なしで認められる可能性が出てきた。だが、日本政府は、外国からの留学生を受験資格ありと認める一方で、国内の特定の外国人学校には高校卒の学力を認めようともしない政策をとり続けている。2004年1月の省令で、初等・中等教育期間が12年に満たないブラジル人学校の場合も1年程度の準備過程で補充すれば受験資格を認めることになった。この結果、朝鮮人学校だけが引き続き異なる扱いを受け続けている。

2004年1月の、国連「子どもの権利委員会」による第2回政府報告[26]に対する所見[27]でも、子どもの教育に対する民族などの差別の問題は、より拡大されて次のように繰り返されている。

「特に女子、障害のある子ども、アメラジアン、コリアン、部落、アイヌその他のマイノリティ、移住労働者の子ども並びに難民及び庇護希

望者の子どもに関して社会的差別と闘いかつ基本的サービスへのアクセスを確保するため、締約国が、とりわけ教育及び意識啓発キャンペーンを通じて、あらゆる必要な積極的措置をとるよう勧告するものである。」(25項)

日本においては、このような日本の少数者に対する差別の歴史が、外国人学校の法的地位に対してもまた大きな制限を与え続けてきたのである。他方で、海外で暮らす小・中学生相当の日本人は、2003年には、52,462人いる。この子どもたちが通う海外の日本人学校(全日制)は、2004年4月現在で、49カ国に82校あり、そのうち幼稚部を併設しているものが10校ある。補習校(土曜日開校)は56カ国に188校あり、そのうち幼稚部を設置している補習授業校は93校、高等部を設置している補習授業校は61校ある[28]。高校生相当では、私立学校が海外に13校ある。これらはすべて、日本の文部科学省が認定する在外教育施設である。そのような子どもたちの中には、アメリカ合衆国において「バイリンガル教育法」の恩恵を受けて、日本語で指導を受けられた者もたくさんいたのである。

おわりに──マイノリティの教育をめぐる国際的な動きとのかかわりから──

ところで、日本は、外国人の子どもの教育に関連するいくつもの国際条約をまだ批准していない。例えば、1960年にユネスコが採択した『教育における差別を禁止する条約』、いわゆる『教育差別禁止条約』は、国連機関が少数者や少数民族に属する人々の権利を認めた最初の国際条約であるが、日本はこれを批准していない。

また、1990年12月に国連総会で採択され、2003年7月1日に発効している『すべての移住労働者及びその家族構成員の権利保護に関する国際

条約』[29]も、日本は調印はしているものの未批准である。この条約の30条は、以下のようになっていて、いわゆる「不法労働者」であろうともその子どもの教育権は保障されるべきことが、次のように書かれている。

「移住労働者の子どもは、その国の国民と平等な処遇を基礎に教育を受ける基本的な権利を有する。その者の公立の幼稚園及び学校への入学の要求は、両親のいずれかの在留ないし就業が不正規であること又は就業国でのその子どもの在留が不正規であることを理由に拒否されてはならない。」

少数者の人々を近代的産業社会へ同化させるという従来の路線からの転換は、その前年、1989年6月の国際労働機関(International Labour Organization: ILO)勧告169号『独立国における先住する民族及び部族に関する条約』[31]ですでに確認されており、国際的な一つの流れとなりつつある。この条約は、1957年に国際労働機関にて採択された『先住する民族及び部族に関する条約』とそれ以来続いてきた国際機関の活動を同化主義であると批判し、否定しているのである。ちなみに、勧告169号は国際条約として1991年9月に発効しているが、これも日本は批准していない。

ヨーロッパでは、先住民など少数者言語を使用する子どもたちは、その国の公用語と自分の母語の両方を教育されるべきであると解釈される傾向にある。例えば、1990年6月に欧州安全保障協力会議(Conference on Security and Co-operation in Europe: CSCE)が採択した『コペンハーゲン文書』[30]では、「少数民族に属する人々は、その民族的、文化的、言語上あるいは宗教上のアイデンティティを自由に表明し、維持し、発達させることができ、そのすべての側面に関連する文化を、その意志に反するいかなる同化の試みからも自由に維持し発達させる権利を有する」(32条)と述べて、同化政策の否定にまで論は及んでいる。

さらに、同文書33条では、公的機関で母語を使用する権利が認められ、

諸国家は、「国内のマイノリティの民族的、文化的、言語的及び宗教的なアイデンティティをその地域内で」保護し、「このようなアイデンティティを促進する条件を作り出す」ことを義務とすることとなった。

教育については、「締約国は、少数民族に属するものが母語の学習あるいは母語で授業を受ける、同様にまた適切な立法に沿って公的機関に対して可能な時にはあるいは必要な時にはいつでも母語を使用する十分な機会を得られるように努力すること」(34条)となっている。

1992年6月に欧州評議会(Council of Europe)が採択した『地域言語あるいは少数者言語のためのヨーロッパ憲章』[32]は、国境線を変更することなしに少数者言語による教育を可能にするように社会制度を整えるよう加盟国に提起している。

また、1996年10月の欧州安全保障協力機構(Organization for Security and Co-operation in Europe: OSCE)少数民族問題高等弁務官による『少数民族の教育権に関するハーグ勧告』[33]は、ヨーロッパにおける最新の合意を示しているだろう。すなわち、バイリンガリズムは少数民族に属する人々の権利でもあり責任でもあると考えられ(1条)、初等・中等段階の学校教育すべてにおいて母語による教育が推奨され、教師もバイリンガルであるべき(11～13条)とされている。同時にまた、少数者言語を使用できる教師の養成は、国家の義務である(14条)とも指摘されている。

欧州連合(European Union: EU)の広がりと共に、少数者が域内にますます多く含み込まれるようになっている。その場合、域内に先住していた少数者は、少数者の教師によって子どもたちをバイリンガルに育てるというのがヨーロッパの標準になってきている。

さらに言えば、1988年5月24日に、欧州閣僚理事会(Council of the European Communities)は「ヨーロッパ市民性(European Citizenship)」[34]を提起している。欧州閣僚理事会決議にて、「ヨーロッパ市民性の教育におけるヨーロッパ領域(European Dimension)」が規定されたのである。これ以降、各国は、自国の学校教育カリキュラムにヨーロッパ領域の育成、つまり「ヨーロッ

パ人」をつくる教育を盛り込むことになる。

　この動きは、1992年に調印され1993年に発効した『欧州連合規約(Treaty on European Union)』(35)いわゆる『マーストリヒト条約(Maastricht Treaty)』でも確認できる。この条約では「ヨーロッパ市民権」という章が独自に設けられ、『欧州人権条約』にて保証された「基本的人権(fundamental rights)」を尊重することを確認し、「教育、職業訓練と青年」(126、127条)では、「教育におけるヨーロッパ領域の普及」「生徒と教師の移動」「青年の交流、社会指導者の交流」などが規定されている。国境と民族を越える試みもまた着々と進められているわけである。

　日本における外国人の教育をどうするかという問題は、国際化の時代にはもはや避けて通れないだろう。それは、外国人労働者家族がどのような形で日本に定住するかという問題ともつながっており、表裏一体の問題とも言える。現在、国際化と多文化共生の社会に見合うように日本の教育の質を大きく組み直す時代に来ているのであるが、教育界には「日の丸」「君が代」の強制など今まで以上に偏狭なナショナリズムで問題を解決しようとする時代錯誤的な動きもある。外国人学校の問題を一つの窓として、世界に向けて日本の社会の扉がいっそう大きく開かれることを望みたい。

[注]
(1)　小沢有作編『民衆の記録10・在日朝鮮人』新人物往来社、1978年、34頁。
(2)　大使館のウェブサイト。(http://www.brasemb.or.jp/porutogaru/index.html, 1 September 2004, など)
(3)　2001年(平成14年)9月現在、日本語指導が必要な外国人児童生徒は、公立の小・中・高等学校及び盲・聾・養護学校に18,734人が在籍し、学校数は5,130校にのぼっている。また、これらの児童生徒の母語はポルトガル語、中国語など65言語にわたっている。(文科省のウェブサイト「『日本語指導が必要な外国人児童生徒の受入れ状況等に関する調査(平成14年度)』の結果」http://www.mext.go.jp/b_menu/houdou/15/02/030220.htm, 1 September 2004.)

⑷　真相調査団「朝鮮人学校事件の真相」小沢有作編『民衆の記録10・在日朝鮮人』新人物往来社、1978年、373頁。
⑸　5月3日に仮調印、5月5日に正式調印となっている。(朴慶植『解放後在日朝鮮人運動史』三一書房、1989年、201頁)　覚書調印日はやや正確さを欠いてこれまで伝えられてきた。例えば、朴鐘鳴編『在日朝鮮人』(明石書店、155頁)では5月3日、高賛侑『国際化時代の民族教育』(東方出版、93頁)では5月5日と記述してある。
⑹　「『外国人学校振興法』立法化への提言」http://www.advance-k.net/min_sang.pdf, 1 September 2004.
⑺　正式には『日本国に居住する大韓民国国民の法的地位及び待遇に関する日本国と大韓民国との間の協定における教育関係事項の実施について』である(中山秀雄編『在日朝鮮人教育関係資料集』明石書店、1995年、59-62頁)。
⑻　広瀬義徳「在日コリアンが求める教育」『教育総研年報2003』国民文化総合研究所、2003年、160頁。
⑼　大阪市民族講師会編『共に創る―民族教育の充実をめざして―』冊子、2002年11月。
⑽　金徳龍「在日朝鮮人学校のあゆみと未来の提案(下)」『世界』2004年4月号、245頁。
⑾　金徳龍「在日朝鮮人学校のあゆみと未来の提案(上)」『世界』2004年3月号、260頁。
⑿　田中克彦「国語と国家語」『思想』1998年10月号、76-90頁。
⒀　イ・ヨンスク『「国語」という思想―近代日本の言語認識』岩波書店、1996年。
⒁　海後宗臣等編『日本教科書体系・近代編8』講談社、1964年。
⒂　中西晃・佐藤郡衛編著『外国人児童・生徒教育への取り組み』教育出版、1995年、31頁。
⒃　ハーフリンガルは、ロシア語圏で使われる味のあることばだ。ウクライナやベラルーシのバイリンガリズム研究者がスルジーク(**суржик**)と呼ぶもので、原語は、秋播き小麦と秋播きライ麦の混合播種をさす。ライ麦的性質を帯びた不純な小麦ということで、どちらも半端でよくないという意味である。(Губогло, *История СССР*, 1987, No.2, c.25-43.)

　　英語圏ではセミリンガル(semilingualism)として論じられているが、「ダブルリミテッド」(double limited bilingualism)という用語で論じているものもある。(佐藤郡衛『国際理解教育』明石書店、2001年、187頁)

(17) 教育法の解説でも、「国際人権規約(社会権規約)の批准により(昭和54年)、我が国に居住する外国人が希望する場合、公立小・中学校への就学の機会を保障することが義務づけられた」とある。(『解説・教育六法』三省堂、2003年、135頁)
(18) 英文、訳文とも、日弁連のウェブサイト「日本政府の市民的及び政治的権利に関する国際規約第40条1(b)に基づく第3回報告」、http://www.nichibenren.or.jp/jp/katsudo/jinkenlibraly/treaty/liberty/report-3rd/gov-report/index.html, 1 September 2004.
(19) UN Doc. CCPR/C/21/Rev.1/Add.5, 1994. 原文は Asborn Eide, Catarina Krause & Allan Rosas （eds.）, *Economic, Social and Cultural Rights: A Textbook. Dordrecht,* Boston & London: Martinus Nijhoff Publishers, 1995. に収録されている。
(20) 政府訳と並んで『子どもの権利条約』という訳も使用できると政府答弁があった。国連の人権に関する高等委員会のウェブサイト「Convention on the Rights of the Child」、http://www.unhchr.ch/html/menu2/6/crc/treaties/crc.htm, 1 September 2004、及び http://www.unhchr.ch/html/menu3/b/k2crc.htm, 1 September 2004、国連資料室 Human Rights Internet のウェブサイト「Convention on the Rights of the Child」、http://www.hri.ca/uninfo/treaties/26.shtml, 1 September 2004、など多数。訳文は、外務省のウェブサイト「「児童の権利に関する条約」、http://www.mofa.go.jp/mofaj/gaiko/jido/zenbun.html, 1 September 2004、及び訳文英文とも日弁連のウェブサイト「子どもの権利条約」、http://www.nichibenren.or.jp/jp/katsudo/jinkenlibraly/treaty/child/convention/index.html, 1 September 2004、など多数。
(21) *The Initial Report of JAPAN under Article 44, Paragraph 1 of the Convention on THE RIGHTS OF THE CHILD (May 30, 1996)*。外務省のウェブサイトでは、「THE INITIAL REPORT OF JAPAN UNDER ARTICLE 44, PARAGRAPH 1 OF THE CONVENTION ON THE RIGHTS OF THE CHILD (May 30, 1996)」が、http://www.mofa.go.jp/policy/human/child/initialreport/, 1 September 2004、にて英文が、また同ウェブサイト「日本政府第1回報告」、http://www.mofa.go.jp/mofaj/gaiko/jido/9605/index.html, 1 September 2004、で訳文が公開されている。日弁連のウェブサイト「日本政府第1回報告」からは、英文、訳文とも、http://www.nichibenren.or.jp/jp/katsudo/jinkenlibraly/treaty/child/report-1st/gov-report/index.html, 1 September 2004、にて閲覧できる。
(22) 『条約44条に基づいて提出された締約国報告の審査・子どもの権利に関す

終章　戦後日本における外国人の子どもの教育と外国人学校問題　397

る委員会の最終所見：日本』（CRC/15/Add.90）。民間の DCI のウェブサイト「条約第44条の下での締約国により提出された報告の審査児童の権利に関する委員会の最終見解：日本」http://www.yomogi.sakura.ne.jp/~dci-jp/INFO/kankoku.html, 1 September 2004、同様に反差別ネットワーク人権研究会のウェブサイト「『子どもの権利委員会』による日本政府への提案と勧告」、http://homepage2.nifty.com/jinkenken/kodomo.html, 1 September 2004、など。

(23)　国連規約人権委員会『規約第40条に基づき締約国から提出された報告の検討・規約人権委員会の最終見解』、いわゆる『国連規約人権委員会で出された日本政府に対する勧告』（CCPR/C/79/Add.102）。所見は、「27条に関する委員会の一般的な性格を有する意見23（1994年）の指摘するように」と述べて、解釈変更が必要要件になっている。

　　日弁連のウェブサイト「経済的、社会的及び文化的権利に関する国際規約」では、http://www.nichibenren.or.jp/jp/katsudo/jinkenlibraly/treaty/society/convention/index.html, 1 September 2004、にて英文、訳文とも、また反差別ネットワーク人権研究会のウェブサイト「国連規約人権委員会で出された日本政府に対する勧告」、http://homepage2.nifty.com/jinkenken/kiyaku.htm, 1 September 2004、などで閲覧できる。

(24)　外務省のウェブサイト「人種差別撤廃条約第1回・第2回定期報告（仮訳）」、http://www.mofa.go.jp/mofaj/gaiko/jinshu/99/, 1 September 2004、にて、また日弁連のウェブサイト「人種差別撤廃条約第1回・第2回定期報告（仮訳）」では英文、訳文とも、http://www.nichibenren.or.jp/jp/katsudo/jinkenlibraly/treaty/race/report-1st2nd/gov-report/index.html, 1 September 2004、にて閲覧できる。

　　また、日弁連のウェブサイト「人種差別撤廃条約に関する第1・2回日本政府報告書に対する日弁連レポート」http://www.nichibenren.or.jp/jp/katsudo/jinkenlibraly/treaty/race/report-1st2nd/jfba-report/contents.html, 1 September 2004、などの関連資料もある。

(25)　日弁連のウェブサイト「人種差別の撤廃に関する委員会 第58会期人種差別の撤廃に関する委員会の最終見解（仮訳）」では、http://www.nichibenren.or.jp/jp/katsudo/jinkenlibraly/treaty/race/report-1st2nd/gov-report/index.html, 1 September 2004、にて英文、訳文とも閲覧できる。

(26)　*The Second Report of JAPAN under Article 44, Paragraph 1 of the Convention on THE RIGHTS OF THE CHILD (November, 2001)*。外務省のウェブサイト

「THE SECOND REPORT OF JAPAN UNDER ARTICLE 44, PARAGRAPH 1 OF THE CONVENTION ON THE RIGHTS OF THE CHILD, November 2001」、http://www.mofa.go.jp/policy/human/child/report2/, 1 September 2004、では英文で、また同ウェブサイト「日本政府第2回報告（日本語仮訳）」、http://www.mofa.go.jp/policy/human/child/report2/index.html, 1 September 2004、また http://www.mofa.go.jp/mofaj/gaiko/jido/0111/, 1 September 2004、では訳文にて閲覧できる。国連のウェブサイト「The Second Report of Japan Under Article 44, Paragraph 1 of the Convention on THE RIGHTS OF THE CHILD (November, 2001)」は、http://www.unhchr.ch/html/menu2/6/crc/doc/report/srf-japan-2.pdf, 1 September 2004、でも閲覧できる。

(27) 国連のウェブサイト「Concluding observations of the Committee on the Rights of the Child : Japan. 26/02/2004. CRC/C/15/Add.231. (Concluding Observations/Comments)」、http://193.194.138.190/tbs/doc.nsf/(Symbol)/7cdfef2209298c9bc1256e5200509a0d? Opendocument, 1 September 2004、及び http://www.unhchr.ch/html/menu2/6/crc/doc/co/Japan CO2.pdf,1 September 2004、など。訳文は、外務省のウェブサイト「児童の権利委員会の最終見解：日本2004年2月26日」、http://www.mofa.go.jp/mofaj/gaiko/jido/0402/pdfs/0402_j.pdf, 1 September 2004、及びいくつかのNGOのウェブサイト「国連・子どもの権利委員会の総括所見：日本（第2回）」、http://homepage2.nifty.com/childrights/reports/crc/crc_co_jap2.htm, 1 September 2004、及び http://heiwww.unige.ch/humanrts/japanese/Jjapan2004.html, 1 September 2004、など。

(28) 海外子女教育・帰国児童生徒教育などのウェブサイト、http://www.mext.go.jp/a_menu/shotou/clarinet/main7_a2.htm, 1 September 2004、及び http://www.mext.go.jp/a_menu/shotou/clarinet/f_sijo22.html, 1 September 2004、http://www.mext.go.jp/a_menu/shotou/clarinet/sijo23.htm, 1 September 2004、など。

(29) International Convention on the Protection of the Rights of All Migrant Workers and Members of Their Families (MWC). 国連のウェブサイト、http://www.unhchr.ch/html/menu3/b/m_mwctoc.htm, 1 September 2004、及び国連資料室 Human Rights Internetのウェブサイト、http://www.hri.ca/uninfo/treaties/76.shtml, 1 September 2004、などで閲覧できる。また、訳文は、『平和・人権・環境　教育国際資料集』青木書店、1998年、323-351頁。

(30) *Document of the Copenhagen Meeting of the Conference on the Human Dimension of the CSCE.* いわゆる *Copenhagen Document* は、http://www.osce.org

終章　戦後日本における外国人の子どもの教育と外国人学校問題　399

/docs/english/1990-1999/hd/cope90e.htm, 1 September 2004、にて閲覧できる。
(31) International Labour Organisation Convention 169: *Convention concerning Indigenous and Tribal Peoples in Independent Countries,* http://www.unhchr.ch/html/menu3/b/62.htm, 1 September 2004; http://www.ciesin.org/docs/010-282/010-282.html, 1 September 2004;http://www1.umn.edu/humanrts/instree/r1citp.htm, 1 September 2004、など多数。
(32) *European Charter for Regional or Minority Languages.* http://conventions.coe.int/Treaty/EN/Treaties/Html/148.htm, 1 September 2004; http://www.scania.org/ssf/human/lang/charter.htm, 1 September 2004、など多数。
(33) *The Hague Recommendations regarding the Education Rights of National Minorities,* http://www.osce.org/hcnm/documents/recommendations/hague/index.php3, 1 September 2004; http://www.osce.org/documents/hcnm/1996/10/2700_en.pdf, 1 September 2004、など多数。
(34) Council of the European Communities, General Secretariat, *Resolution of the Council and the Ministers of Education Meeting within the Council on the European Dimension in Education, 24 May 1988, 88/c 177/02,* Brussels, European educational policy statements.
(35) *Treaty on European Union.* http://europa.eu.int/en/record/mt/top.html, 1 September 2004; http://www.worldwideschool.org/library/books/hst/european/TheTreatyoftheEuropeanUnion---TheMaastrichtTreaty/chap19.html, 1 September 2004、など。

あ と が き

　本書がどのような経緯でできあがったのかをお話ししたい。
　第1部の外国人学校の現状を執筆している10人は、もともと、2001年4月から2004年3月にかけて東京学芸大学国際教育センターで開催された「諸外国における外国人学校政策に関する比較研究」プロジェクト(代表：西村俊一)に参加していたメンバーである。研究会の報告書は、すでに同センターから2004年3月に『諸外国の外国人学校政策』として刊行されている。
　ところで、私たちが報告書の論文を執筆していた頃、すなわち2003年末から2004年初頭にかけては、日本や諸外国において外国人学校並びに移民や外国人の子どもたちの教育をめぐって大きな動きが見られた。例えば日本では、国立大学の入試において、外国人学校卒業生に対する受験資格が緩和された一方で、朝鮮学校の卒業生のみが別扱いにされた。またフランスでは、公立学校にこれ見よがしの宗教的標章をもち込んではならないとする法律、つまり、イスラム教の女性徒にスカーフの着用を禁止する法律が、議会で圧倒的な多数の支持を得て成立した。外国人学校に対する政策の転換や、移民や外国人の子どもたちの存在が公教育の質を問い直すという事態を目の当たりにし、先の研究会に参加していたメンバーの有志の者たちが、外国人学校研究をなんとか継続したいと思うに至った。日本をはじめ各国の外国人学校問題を研究していくことの重要性が一段と増してきたと考えたからである。
　こうした事情を、外国人学校や外国人の教育についてさまざまな形で

関心をもってこられた何人かの先輩方にご相談したところ、4人の先生方が力を貸してくださった。これらの方々から寄せられた外国人学校の歴史に関する論文が、本書の第2部と終章に収録されている。一方、有志の者たちは、先の報告書論文には盛り込むことができなかった新たな動きも視野に入れて、論文を大幅に加筆修正し、ようやく本書は出版にこぎつけることができた。

以上でご紹介したように、本書は、実に多くの方々のお力添えがあって生まれた。まず、私たちに外国人学校研究のきっかけを与えてくださり、3年間続いた研究会では長年にわたる外国人学校研究の成果の一端をご教示くださった、西村俊一先生にお礼を申し上げたい。次に、お忙しいなか、私たちの突然の申し出に快く応じてくださり、外国人学校の歴史を執筆してくださった、古沢常雄先生、田中圭治郎先生、福田誠治先生、北村三子先生にも感謝しなければならない。これらの先生方の論文が加わったことにより、本書では過去から現在そしてこれからの時代へという時間軸に沿って、外国人学校をながめることができるようになった。また、福田先生には編者として全体の構成にも目を通していただいた。最後に、このような立派な本に仕上げてくださった、東信堂の下田勝司社長にも、執筆者を代表して感謝の気持ちを伝えたい。

本書が、今日の外国人学校問題や多民族・多文化状況におけるさまざまな教育問題を考えていく上で、何らかの手がかりとなることを、執筆者一同、心より願っている。

2004年11月6日

末藤　美津子

索　引

〔ア行〕

アカデミー・セント・セシル・インターナショナル・スクール　88
アクレディテーション　33, 52, 59-64, 67, 84, 89, 93, 106, 201
アソシアシオン法　38, 254, 263
アドバンスト・プレイスメント(AP)　107, 182, 183, 185
アビトゥーア　38, 91, 236-238, 240, 272
アベロエス校　251, 252
アメラジアン・スクール・イン・オキナワ　29
アメリカ・モンテッソーリ協会　62
アメリカ人学校　8, 12, 13, 27, 28, 60, 61, 107, 196, 264, 269, 272
アメリカン・スクール　177, 181, 358
　——・イン・ジャパン　14, 28
アメリカン・ハイスクール・ディプロマ　238, 240
アルザス成城学園　38, 263, 265-267
アル・ハイジャ中等学校　110
アル・ファーカン初等学校　109, 116, 117
アルメニア人学校　86
イギリス系学校財団(ESF(学校群))　134, 135, 140, 141
イギリス人(英国人)学校　13, 126, 134, 140, 228, 244, 263, 264, 269, 272
イスラミア初等学校　102, 109, 112-119
1条校　4, 12, 37, 357, 359, 363, 372, 373

インドシナ・バカロレア　291
インド人学校　13
インドネシア人学校　13, 41
(内村鑑三)不敬事件　348, 349
エコール・アクティブ・ビラング・ジャニヌ・マニュエル　261, 262
エリス・カドーリ卿学校　131, 134, 145
エリゼ条約　257
オンタリオ州中等学校修了資格(OSSD)　81, 82, 86, 88-91, 93, 94
大阪インターナショナル・スクール　40
大阪国際文化中学校・高等学校　40
欧州安全保障協力会議　392
欧州安全保障協力機構　393
欧州閣僚理事会　394
欧州評議会　393
沖縄クリスチャン・スクール・インターナショナル　28

〔カ行〕

華僑　12, 24-26, 29, 36, 156, 180
華人　142, 157, 180, 181
海外華僑学校　26
海外子女　70, 196
　——教育　369
外僑学校　36, 171-177, 179-181, 183, 184, 187, 188
外交人員子女学校　150, 151
外国人学校制度法案　364
外国人教師　11, 141, 153, 176, 259, 331-335, 370

外国人生徒受け入れ資格　157-159
外国人登録　　194, 195, 370, 371
　――者数　　　　　357, 368, 372
外籍人員子女学校　　36, 150-153,
　　　156, 158, 160-163, 167
外部評価　　　　　　57, 60, 61, 63
学位　　　　213, 216, 220, 221, 224
学習指導要領　　7, 183, 234, 256
各種学校　　　　4, 6, 23, 195, 222,
　　　347, 360, 363-365, 372, 389
学校教育法　　　　　3, 4, 51, 183,
　　　　　　　208, 214, 359, 360
学校評価機関　　　　33, 41, 42,
　　　51-53, 59, 62-64, 72
韓国・朝鮮人学校　　　　375, 389
韓国国際学校　　　　　　40, 201
韓国(人)学校　　12, 41, 72, 131, 329,
　　　357-359, 364, 372, 373
帰国子女(帰国者子弟／帰国生／帰国
　留学生(の)子弟)　　37, 39, 40, 135,
　　　157, 163, 214, 255, 259, 369,
技術バカロレア　　　　　258, 267
北大西洋条約機構　　　　32, 255
教育委員会対アレン　　　　　58
教育基本法　　　　　183, 352, 359,
　　　　　　　　　376, 377, 386
教育権　　　　　　　72, 371, 377
教育水準　　　　　35, 57, 86, 104,
　　　　　　106, 118, 157, 202
(教育)勅語　19, 347, 348, 349, 350, 352
教育と宗教の衝突　　　　　348
教育の質　　7, 33, 42, 57, 63, 224, 394
教育への(すべての者の)権利　377,
　　　　　　　　　　383, 386
教育用語(教授言語／教授用語／授業
　言語)　　33, 35, 56, 66, 69, 72, 93,

　　　105, 131, 134, 137, 142-145, 156,
　　　157, 161, 195, 196, 201, 235, 263,
　　　271, 272, 289, 334, 360, 362, 380
教育を受ける権利　27, 29, 37, 55, 102,
　　　141, 174, 273, 376, 377
教員資格　　　　　　　　82, 91
教員(の)免許(状)　　　7, 58, 106,
　　　　　　　　　235, 256, 305
京都韓国学校(京都国際学園／京都国
　際中学校・高校)　　12, 372, 373
僑務委員会　　　　　　25, 29, 180
居留地　　　　17, 18, 21-24, 27, 332
キリシタン(切支丹)禁制　21, 22, 332
ギリシャ人学校　　　　　107, 228
クォックグー　280, 282, 283, 287, 291
軍人子弟教育　　　　　　　29
慶應義塾ニューヨーク学院　64, 68,
　　　　　　　　　　　69, 72
現地人子弟(現地人生徒)　5, 17, 27,
　　　　　　　　　　29, 33, 36
現地(の)学校　　35, 68, 70, 91, 125,
　　　126, 128, 131, 136-138,
　　　140, 141, 143-146, 157, 161
コーラン学校　　　　　　　247
黄栄村報告書　　　　　174-176, 180
交流学校　　　　　　　　　29
公用語　34, 77, 81, 93-95, 126, 240, 392
国語　　20, 334, 346, 358, 378, 379
　――講習所　　　　　　12, 359
国庫補助学校　　　　　112, 115-117
国際キリスト教系学校協会　　62
国際人権規約　　　　　383, 384, 387
　――(の)経済的、社会的及び文化的
　権利に関する国際規約(社会権規
　約／Ａ規約)　　　　　　383

索　引　405

──（の）市民的及び政治的権利に関する国際規約（自由権規約／B規約）　383, 384, 387, 388
国際中等教育修了資格（IGCSE）　107, 108, 236, 237, 244, 263, 272
国際バカロレア（IB）　9, 31, 33, 37, 39, 65, 67, 88-90, 107, 108, 125, 138, 162, 182, 183, 229, 236, 237, 240, 244, 246, 247, 262-264, 267, 270-272
──協会（IBO）　62, 63, 66, 67, 138, 270
──の初等教育プログラム　63, 90, 264
──の中等教育プログラム　63, 90, 108, 139
──（の）ディプロマ・プログラム　63, 88-90, 93, 95, 139, 271
国際連合（国連）　18, 31, 64, 261, 384, 388
国際連盟　15, 18, 30
国際労働機関　15, 30, 392
28
国防省付属学校（国防省系列の学校）　12, 28, 107, 196
国民待遇　159, 162
国務省系列の学校　28
国連規約人権委員会　388
国連国際学校（UNIS）　31, 64-67, 72
国連人権委員会　384, 385
国連（の）「子どもの権利委員会」　42, 388, 390
国連の「人種差別の撤廃に関する委員会」　389
子どもの権利条約　41, 385, 387
コペンハーゲン文書　392
金剛学園　12, 372

〔サ行〕

在外教育施設　30, 68, 70, 234, 264, 265, 391
在日韓国人の法的地位及び処遇に関する覚書　369
査察　82, 105, 106
札幌農学校　331, 335-337, 340, 342, 345, 350, 351
──教育　349
「差別の禁止」条項　58, 72
サンフランシスコ学童隔離事件　309, 310
サン・モール・インターナショナル・スクール　13, 21, 22, 24, 332
自己評価　57, 60, 61, 63
市場原理　40, 42, 66, 89, 140, 193, 194, 202, 253
シャピロ報告書　83
上海中学国際部　160-163
就学案内　370
就学義務　228, 230, 231, 233, 247, 377
出入国管理及び難民認定法　13
──の一部を改正する法律　368
ジュネーブ・インターナショナル・スクール　15, 30
渉外教育　156, 166, 167
──機関　152
上級国際教育資格　107
少数民族の教育権に関するハーグ勧告　393
常設文部大臣会議　237
──の勧告「私立学校に関する取り決め」　230
──の勧告「授業におけるヨーロッパ」　241

小中学校における外国人生徒の受け入れに関する管理暫定規則　157, 159
職業バカロレア　258, 267
植民地師範学校　287
私立学校協会　52, 59, 62-64, 67, 69, 84
私立学校令　23, 346
ジョン・F・ケネディ学校　39, 238, 239, 244, 245
進学適性試験(SAT)　56, 64, 67, 69, 236, 262, 264, 272
スワン報告書　109
正規(の)学校　4, 33, 41, 51, 57, 59, 62, 68, 71, 194, 208, 221, 271
正規の教育体系　183
正規の教育体制　174, 180
正規の大学　37, 40, 214, 221
政教分離　346, 348
　──の原則　7, 54
聖心インターナショナル・スクール　14, 24
西部地域認定協会　60, 61, 201
政府補助学校　127, 128, 134, 135, 140
世界貿易機関(WTO)　164-167, 207, 224
世俗性　54, 251, 252
世俗的な教育　14, 28, 254
設置認可　7, 23, 36, 52, 57, 59, 63, 64, 67-71, 153, 214, 224
常設文部大臣会議の決議「外国人の子どものための授業」　228
常設文部大臣会議によって出された勧告「授業における異文化間教育」　246
宣教師　14, 15, 17, 21, 22, 27, 177, 280, 281, 283, 332, 338
セント・ジョセフ・インターナショナル・カレッジ　13, 24, 346

全米私立学校協会(NAIS)　62, 63
千里国際学園　40
双語学校(バイリンガル学校／バイリンガル・スクール)　172, 186-188, 228, 240, 244, 246, 261, 262, 271, 272
双語教育(バイリンガル教育)　17, 34, 93-95, 139, 140, 151, 185, 237, 240, 243, 244, 261
双語部(バイリンガル・コース)　185, 186
双語部(班)(バイリンガル・コース(クラス))　183, 184, 246
ソウル外国人学校　195
ソウル国際学校　195
ソウル日本人学校　195

〔タ行〕

大学設置基準　222
大学(の)受験資格　41, 269, 329, 330, 346
大学(の)入学資格　29, 90, 91, 93, 107, 171, 183, 184, 199, 236-238, 246, 253, 260, 264, 267, 271, 325, 390
　──検定(大検)　390
　──のAレベル(GCEのAレベル)　107, 108
代替学校　38, 230-237, 246, 248
大同学校　12, 25
第一言語　242, 382
第二言語　37, 56, 66, 67, 77, 81, 134, 137, 142, 144, 247, 381, 382
　──教育　137
台北日本人学校　177, 183
多言語教育　247, 248
多文化教育　108, 114

単位互換　　　　　　　　　40, 223
地域言語あるいは少数者言語のため
　のヨーロッパ憲章　　　　　　393
地域認定協会　　　　　　52, 59-62
中外合作学校　　　　151, 154-156,
　　　　　　　　158, 161, 163-167
中華学校　　　　24, 26, 29, 41, 329
中国語能力試験　　　　　　　　162
中国人学校　　　　　　　　　　196
中等教育修了一般資格(GCSE)　107,
　　　　　　　　　　　　108, 113
中部諸州地域認定協会　　　　59-64
朝鮮(人)学校　12, 37, 41, 119, 329,
　　　　　　　　330, 352, 357, 358, 362,
　　　　　　　364, 365, 372-374, 388, 390
朝鮮人のみを収容する教育施設の取
　扱について　　　　　　　　　364
朝鮮大学校　　　　　　　　364, 365
チュノム　　　　　　　282, 284, 286
デュセルドルフの日本人学校　　231
テンプル大学ジャパン　　　36, 209,
　　　　　　　　　211, 214, 217-222
デンマーク人学校　　　　38, 231, 234
ドイツ人学校　　12, 92, 196, 263, 272
ドイツ・スイス人学校　　131, 135, 136
ドイツ・フランス・アビトゥーア　238
ドイツ・フランス・ギムナジウム
　　　　　　　　　　　　39, 238-240
東京韓国学校　　　　　　12, 372, 373
独立学校(インディペンデント・ス
　クール)　　　　　　　7, 33, 63, 83,
　　　　　　　　102-106, 110, 111
　――評議会(ISC)　　　　　104, 106
TOEFL　　　　　　　　88, 138, 162
都立国際高校　　　　　　　　　　40
トロント・ドイツ人学校　　　　　91

トロント・フランス人学校　　　34,
　　　　　　　　　　　　　　92-95
トロント補習授業校　　　　　　　91

〔ナ行〕

ナショナル・カリキュラム　　7, 34,
　　　　　　　　　　　　105, 106, 116
西町インターナショナル・スクール
　　　　　　　　　　　　　　15, 28
日韓基本条約　　　　　　　　　364
日韓法的地位協定における教育関係
　事項の実施について　　　　　364
(日本語学園)協同システム　318, 319,
　　　　　　　　　　　　320, 324, 326
日本語教育が必要な外国人児童・生
　徒の受け入れ状況等に関する調査
　　　　　　　　　　　　　　　371
日本国憲法　　　183, 359, 376, 377, 386
日本人学校　　　16, 20, 30, 70, 90, 92,
　　　　　　104-106, 131, 135, 136, 177,
　　　　　　183, 196, 228, 230-232, 235, 263,
　　　　　　264, 272, 304, 306, 310, 368, 391
日本人学校タイポ校　　　　　131, 136
ニューヨーク州私立学校協会
　(NYSAIS)　　　　59, 62-64, 67, 69
ニュー・ヨーク日本人学校　　64, 69,
　　　　　　　　　　　　　　71, 72
ノルウェー人学校　　　　　　　　13

〔ハ行〕

パートナー言語　　　　242, 243, 269
バイリンガル教育法　　　　　　391
バイリンガル・バイカルチュラル教
　育　　　　　　　33, 39, 255, 256, 272
バカロレア　　　　　　38, 238, 255, 256,
　　　　　　　　258, 260, 262, 267-273

──国際コース(OIB) 256, 260, 262, 268, 269, 272
白頭学院建国学校 12, 372
パリ・インターナショナル・スクール 263, 269
ハワイ教育会 312, 318, 321-325
阪神教育事件 361
ハンブルク日本人学校 232, 233, 235
ビザ学校 87, 89, 95
フィーヴァーシャム・カレッジ 110, 115, 117
フィリピン人学校 13
釜山共立学校 20
普通学校 19-21
ブラジル人学校 13, 41, 358, 382, 390
フランス・ギムナジウム 39, 238, 239, 244
フランス人学校 13, 29, 34, 92, 107, 131, 135, 196, 228, 259
フランス人-原住民学校 287, 289, 292
フランス・ドイツ・バカロレア 258, 268-271
(北京)中関村国際学校 160, 162, 163
ペルー人学校 358
ベルリン州立(の)国際学校 39, 229, 237, 239, 244, 246
ベルリン州立(の)ヨーロッパ学校 39, 229, 240-244, 246, 248
ホーム・スクール(ホーム・スクーリング) 53, 54, 79, 102, 103
補完学校 38, 230-236, 245, 246, 248
母語 17, 21, 26, 29, 34, 66, 67, 72, 77, 85, 93, 94, 108, 131, 137, 139, 142, 143, 161, 227, 228, 234, 235, 239, 240, 242, 244, 248, 252, 256, 257, 269, 272, 372, 374, 380, 381, 384, 388, 392, 393

──教育政策 35, 142
──補完授業 227, 247
補習(授業)校 30, 34, 72, 90, 91, 102, 105, 111, 231, 391
香港インターナショナル・スクール 136
香港高等教育準備試験 138
香港中等教育修了試験 129, 131
香港日本人学校 131

〔マ行〕

マーストリヒト条約 32, 394
ミッション・スクール 8, 13, 14, 17, 21, 23, 28, 149, 167, 346
ミュンヘン日本人国際学校 233, 234, 244
民族学級 361-363, 366, 371, 372
民族学校 18, 357, 359, 363, 365, 372
民族教育 17, 34, 72, 359, 361-364, 370, 372, 373
民族クラブ 366
──技術指導者招聘事業 372
民弁学校 155
無認可(の)学校 38, 195, 254, 263, 272
(文部省)訓令(第)12号 23, 346, 347

〔ヤ行〕

有志団体立補助学校 34, 109, 110, 112, 114-117
ユナイテッド・ワールド・カレッジ 138
──・アトランティック校 66
ユネスコの協同学校 261
ヨーロッパ学校 29, 31, 32, 240
ヨーロッパ共同体 32
ヨーロッパ国際学校協会(ECIS)

62, 63, 236, 238, 239, 261
ヨーロッパ石炭鉄鋼共同体　31
ヨーロッパ・バカロレア　31, 240
ヨーロッパ連合(欧州連合／EU)
18, 32, 101, 207, 227,
240, 244, 253, 271, 393
横浜インターナショナル・スクール
15
横浜中華学院　　　　　12, 24, 25

横浜山手中華学校　　　　　25

〔ラ行〕

リセ・アンテルナショナル・ドゥ・サ
ンジェルマン・アン・レイ　32, 255
リセ・フランコ・アルマン　29, 39,
256, 258, 269
────・ドゥ・ビュック　257
臨時教育審議会　　　　　8, 40

執筆者及び執筆分担一覧

末藤　美津子	明治学院大学非常勤講師	序　章、第 1 章
児玉　奈々	鹿児島純心女子大学 　　専任講師	第 2 章
佐藤　千津	大東文化大学専任講師	第 3 章
大和　洋子	香港大学比較教育研究 　　中心准研究員	第 4 章
汪　　輝	淅江大学教育学院高等 　　教育研究所研究員	第 5 章
山崎　直也	国際教養大学助手	第 6 章
シーナ・チョイ（Sheena Choi） （訳者末藤　美津子）	インディアナ大学助教授	第 7 章
鳥井　康照	日本女子大学非常勤助手	第 8 章
中山　あおい	大阪教育大学専任講師	第 9 章
中村　則子	慶應義塾大学非常勤講師	第10章
古沢　常雄	法政大学教授	第11章
田中　圭治郎	佛教大学教授	第12章
北村　三子	駒澤大学教授	第13章
福田　誠治	都留文科大学教授	終　章

編者紹介

福田誠治(ふくだ　せいじ)
1979年に東京大学大学院教育学研究科博士課程修了。
1979年より都留文科大学文学部初等教育学科に勤務し、現在は文学部比較文化学科教授。専攻は教育哲学、少数民族の言語権。

主要著書論文
『人間の能力と人格』(文化書房博文社、1985年)、『人間形成から見た比較文化―アメリカ・イギリス・旧ソ連・日本の教育と社会―』(北樹出版、1996年)、『子育ての比較文化』(久山社、2000年)。

末藤美津子(すえふじ　みつこ)
1986年に東京大学大学院教育学研究科博士課程修了。
東京学芸大学海外子女教育センター(現国際教育センター)教務補佐等を経て、現在は東京学芸大学、明治学院大学等で非常勤講師。博士(教育学)。専攻は比較教育、アメリカ教育、言語教育、外国人子女教育。

主要著書論文
『新学校の理想(世界新教育運動選書8)』(明治図書、1984年)、『日本のバイリンガル教育』(共著、明石書店、2000年)、『アメリカのバイリンガル教育―新しい社会の構築をめざして―』(東信堂、2002年)。

世界の外国人学校　　　　　　　　＊定価はカバーに表示してあります

2005年5月31日　初 版第1刷発行　　　〔検印省略〕

編者ⓒ福田誠治・末藤美津子／発行者 下田勝司　　印刷／製本 中央精版印刷

東京都文京区向丘1-20-6　郵便振替 00110-6-37828　　　　　発 行 所
〒113-0023　TEL(03)3818-5521　FAX(03)3818-5514　　株式会社 東信堂
Published by TOSHINDO PUBLISHING CO., LTD.
1-20-6, Mukougaoka, Bunkyo-ku, Tokyo, 113-0023, Japan
E-mail: tk203444@fsinet.or.jp　http://www.toshindo-pub.com/

ISBN4-88713-610-2　C3037　　　ⓒ Fukuda & Suefuji

東信堂

比較・国際教育学〔補正版〕	石附　実編	三五〇〇円
比較教育学の理論と方法	J・シュリーバー編著 馬越徹・今井重孝監訳	二八〇〇円
教育改革への提言集1～3	日本教育制度学会編	各二八〇〇円
世界の公教育と宗教	江原武一編著	五四三九円
世界の外国語教育政策——日本の外国語教育の再構築にむけて	大谷泰照他編著	六五七一円
アメリカの才能教育——多様な学習ニーズに応える特別支援	松村暢隆	二五〇〇円
アメリカの女性大学：危機の構造	坂本辰朗	二四〇〇円
アメリカ大学史とジェンダー	坂本辰朗	五四〇〇円
アメリカ教育史の中の女性たち——ジェンダー、高等教育、フェミニズム	坂本辰朗	三八〇〇円
教育は「国家」を救えるか〔現代アメリカ教育1巻〕	今村令子	三五〇〇円
永遠の「双子の目標」〔現代アメリカ教育2巻〕	今村令子	二八〇〇円
アメリカのバイリンガル教育——新しい社会の構築をめざして	末藤美津子	三三〇〇円
ボストン公共放送局と市民教育——マサチューセッツ州産業エリートと大学の連携	赤堀正宜	四七〇〇円
現代英国の宗教教育と人格教育（PSE）	柴沼晶子・新井浅浩編著	五二〇〇円
ドイツの教育	天野正治・結城忠・別府昭郎編著	四六〇〇円
21世紀を展望するフランス教育改革——一九八九年教育基本法の論理と展開	小林順子編	八六四〇円
フィリピンの公教育と宗教——成立と展開過程	小川佳万	四六〇〇円
21世紀にはばたくカナダの教育〔カナダの教育2〕	小林・関口・浪田他編著	二八〇〇円
社会主義中国における少数民族教育——「民族平等」理念の展開	市川誠	五六〇〇円
中国の職業教育拡大政策——背景・実現過程・帰結	劉文君	五〇四八円
東南アジア諸国の国民統合と教育——多民族社会における葛藤	村田翼夫編著	四四〇〇円
オーストラリア・ニュージーランドの教育	笹森健実編	二八〇〇円

〒113-0023　東京都文京区向丘1-20-6
☎03(3818)5521　FAX 03(3818)5514　振替 00110-6-37828
E-mail:tk203444@fsinet.or.jp

※定価：表示価格（本体）＋税

― 東信堂 ―

大学の自己変革とオートノミー ―点検から創造へ	寺﨑昌男	二五〇〇円
大学教育の創造 ―歴史・システム・カリキュラム	寺﨑昌男	二五〇〇円
大学教育の可能性 ―教養教育・評価・実践	寺﨑昌男	二五〇〇円
大学の授業	宇佐美寛	二五〇〇円
大学授業の病理 ―FD批判	宇佐美寛	二五〇〇円
作文の論理 ―〈わかる文章〉の仕組み	宇佐美寛編著	一九〇〇円
大学の指導法 ―学生の自己発見のために	児玉・別府・川島編	二八〇〇円
大学授業研究の構想 ―過去から未来へ	京都大学高等教育教授システム開発センター編	二四〇〇円
学生の学びを支援する大学教育	溝上慎一編	二四〇〇円
戦後オーストラリアの高等教育改革研究	杉本和弘	五八〇〇円
私立大学の財務と進学者	丸山文裕	三五〇〇円
私立大学の経営と教育	丸山文裕	三六〇〇円
公設民営大学設立事情	高橋寛人編著	二八〇〇円
校長の資格・養成と大学院の役割	小島弘道編著	六八〇〇円
短大ファーストステージ論	舘昭・高鳥正夫編著	二〇〇〇円
短大からコミュニティ・カレッジへ ―飛躍する世界の短期高等教育と日本の課題	舘昭編著	二五〇〇円
立教大学へ〈全カリ〉のすべて ―リベラル・アーツの再構築	全カリの記録編集委員会編	二一〇〇円
ICUへリベラル・アーツ〉のすべて	絹川正吉編著	二三八一円
〔講座「21世紀の大学・高等教育を考える」〕		
大学改革の現在（第1巻）	山本眞一編著	三三〇〇円
大学評価の展開（第2巻）	山野井敦德編著	三三〇〇円
学士課程教育の改革（第3巻）	清水一彦編著	三三〇〇円
大学院の改革（第4巻）	舘昭・絹川正吉編著 江原武一編著 馬越徹	三三〇〇円

〒113-0023　東京都文京区向丘1-20-6　☎03(3818)5521　FAX 03(3818)5514　振替 00110-6-37828
E-mail:tk203444@fsinet.or.jp

※定価：表示価格(本体)＋税

東信堂

グローバル化と知的様式 ―社会科学方法論についての七つのエッセー	J・ガルトゥング 矢澤修次郎・大重光太郎訳	二八〇〇円
現代資本制社会はマルクスを超えたか ―マルクスと現代の社会理論	A・スウィンジウッド 矢澤修次郎 井上孝夫訳	四〇七八円
階級・ジェンダー・再生産 ―現代資本主義社会の存続メカニズム	橋本健二	三二〇〇円
現代日本の階級構造 ―理論・方法・計量分析	橋本健二	四五〇〇円
「伝統的ジェンダー観」の神話を超えて ―アメリカ駐在員夫人の意識変容	山田礼子	三八〇〇円
現代社会と権威主義 ―フランクフルト学派権威論の再構成	保坂稔	三六〇〇円
共生社会とマイノリティへの支援 ―日本人ムスリマの社会的対応から	寺田貴美代	三六〇〇円
社会福祉とコミュニティ―共生・共同・ネットワーク	園田恭一編	三八〇〇円
現代環境問題論―理論と方法の再定置のために	井上孝夫	三二〇〇円
日本の環境保護運動	長谷敷夫	二五〇〇円
環境と国土の価値構造	桑子敏雄編	三五〇〇円
環境のための教育―批判的カリキュラム理論と環境教育	J・フィエン 石川聡子他訳	三二〇〇円
イギリスにおける住居管理 ―オクタヴィア・ヒルからサッチャーへ	中島明子	七四五三円
情報・メディア・教育の社会学 ―カルチュラル・スタディーズしてみませんか？	井口博充	三二〇〇円
BBCイギリス放送協会（第二版） ―パブリック・サービス放送の伝統	簑葉信弘	二五〇〇円
サウンド・バイト：思考と感性が止まるとき ―メディアの病理に教育は何ができるか	小田玲子	二五〇〇円
ホームレス ウーマン ―知ってますか、わたしたちのこと	E・リーボウ 吉川徹・轟里香訳	三二〇〇円
タリーズ コーナー ―黒人下層階級のエスノグラフィー	E・リーボウ 吉川徹監訳 松河美樹訳	三二〇〇円

〒113-0023 東京都文京区向丘1-20-6
☎03(3818)5521 FAX 03(3818)5514 振替 00110-6-37828
E-mail: tk203444@fsinet.or.jp

※定価：表示価格（本体）＋税

東信堂

責任という原理——科学技術文明のための倫理学の試み	H・ヨナス／加藤尚武監訳	四八〇〇円
主観性の復権——「心身問題」から「責任という原理」へ	H・ヨナス／宇佐美・滝口訳	二〇〇〇円
空間と身体——テクノシステム時代の人間の責任と良心	H・レンク／山本・盛永訳	三五〇〇円
環境と国土の価値構造——新しい哲学への出発	桑子敏雄	三五〇〇円
森と建築の空間史——近代日本	桑子敏雄編	三五〇〇円
感性哲学1〜4	日本感性工学会感性哲学部会編	各四三八一円
メルロ=ポンティとレヴィナス——他者への覚醒	屋良朝彦	二〇〇〇円
思想史のなかのエルンスト・マッハ——科学と哲学のあいだ	今井道夫	三八〇〇円
バイオエシックス入門【第三版】	今井道夫	二八〇〇円
堕天使の倫理——スピノザとサド	佐藤拓司	二三八一円
三島由紀夫の沈黙——その死と江藤淳・石原慎太郎	澤田愛子	二〇〇〇円
今問い直す脳死と臓器移植【第二版】	香川知晶編	二五〇〇円
洞察＝想像力——知の解放とポストモダンの教育	伊藤勝彦	三八〇〇円
ダンテ研究Ⅰ Vita Nuova 構造と引用	市村尚久監訳	七五七三円
ルネサンスの知の饗宴〈ルネサンス叢書1〉	D・スローン／浦 一章	四四六六円
ヒューマニスト・ペトラルカ〈ルネサンス叢書2〉——ヒューマニズムとプラトン主義	佐藤三夫編	四八〇〇円
東西ルネサンスの邂逅〈ルネサンス叢書3〉——南蛮と儒教家氏の歴史的世界を求めて	佐藤三夫	三六〇〇円
カンデライオ〈ジョルダーノ・ブルーノ著作集1巻〉	根占献一	三三〇〇円
原因・原理・一者について〈ジョルダーノ・ブルーノ著作集3巻〉	加藤守通訳	三三〇〇円
ロバのカバラ——ジョルダーノ・ブルーノにおける文学と哲学	加藤守通訳	三六〇〇円
食を料理する——哲学的考察	N・オルディネ／松永澄夫	二〇〇〇円
イタリア・ルネサンス事典	J・R・ヘイル編／中森義宗監訳	七八〇〇円

〒113-0023 東京都文京区向丘1-20-6　☎03(3818)5521　FAX 03(3818)5514　振替 00110-6-37828
E-mail:tk203444@fsinet.or.jp

※定価：表示価格(本体)＋税

― 東信堂 ―

東京裁判から戦後責任の思想へ〔第四版〕	大沼保昭	三二〇〇円
〔新版〕単一民族社会の神話を超えて	大沼保昭	三六九〇円
なぐられる女たち——世界女性人権白書	米国国務省 有澤・小寺・米田訳	二八〇〇円
国際人権法入門	T・バーゲンソル 鈴木・小寺・初世子訳	二八〇〇円
摩擦から協調へ——ウルグアイラウンド後の日米関係	中川淳司編	三八〇〇円
不完全性の政治学——イギリス保守主義思想の二つの伝統	A・クインｔｏｎ 岩下重政訳	二〇〇〇円
入門　比較政治学	H・J・ウィアルダ 大木啓介訳	二九〇〇円
国家・コーポラティズム・社会運動——民主化の世界的潮流を解読する比較政治学	桐谷仁	五四〇〇円
ポスト社会主義の中国政治——構造と変容	小林弘二	三八〇〇円
クリティーク国際関係学	関下・中川・永田・涼司編	三二〇〇円
軍縮問題入門〔第二版〕	黒沢満編著	二三〇〇円
時代を動かす政治のことば——尾崎行雄から小泉純一郎まで	読売新聞政治部編	一八〇〇円
明日の天気は変えられないが明日の政治は変えられる	岡野加穂留	二〇〇〇円
ハロー！衆議院	衆議院システム研究会編	一〇〇〇円
〔現代臨床政治学シリーズ〕		
リーダーシップの政治学	石井貫太郎	一八〇〇円
アジアと日本の未来秩序	伊藤重行	一六〇〇円
〔現代臨床政治学叢書・岡野加穂留監修〕		
村山政権とデモクラシーの危機	岡野加穂留・藤本一美編著	四二〇〇円
比較政治学とデモクラシーの限界	大六野耕作編著 岡野加穂留	四三〇〇円
政治思想とデモクラシーの検証	伊藤重行編著 岡野加穂留	三八〇〇円
〔シリーズ〈制度のメカニズム〉〕		
アメリカ連邦最高裁判所	大越康夫	一八〇〇円
衆議院——そのシステムとメカニズム	向大野新治	一八〇〇円
WTOとFTA——日本の制度上の問題点	高瀬保	一八〇〇円

〒113-0023　東京都文京区向丘1-20-6
☎03(3818)5521　FAX 03(3818)5514　振替 00110-6-37828
E-mail:tk203444@fsinet.or.jp
※定価：表示価格（本体）＋税

━━━ 東信堂 ━━━

【世界美術双書】

バルビゾン派	井出洋一郎	二〇〇〇円
キリスト教シンボル図典	中森義宗	二三〇〇円
パルテノンとギリシア陶器	関 隆志	二三〇〇円
中国の版画——唐代から清代まで	小林宏光	二三〇〇円
象徴主義——モダニズムへの警鐘	中村隆夫	二三〇〇円
中国の仏教美術——後漢代から元代まで	久野美樹	二三〇〇円
セザンヌとその時代	浅野春男	二三〇〇円
日本の南画	武田光一	二三〇〇円
画家とふるさと	小林 忠	二三〇〇円
ドイツの国民記念碑——一八一三年-一九一三年	大原まゆみ	二三〇〇円

【芸術学叢書】

芸術理論の現在——モダニズムから	藤枝晃雄編著	三八〇〇円
絵画論を超えて	谷川渥編著	四六〇〇円
幻影としての空間——図学からみた東西の絵画	尾崎信一郎	三七〇〇円
	小山清男	

イタリア・ルネサンス事典	J・R・ヘイル編 中森義宗監訳	七八〇〇円
美術史の辞典	中森義宗・清水忠訳 P・デューロ他	三六〇〇円
都市と文化財——アテネと大阪	関 隆志編	三八〇〇円
図像の世界——時・空を超えて	中森義宗	二五〇〇円
美学と現代美術の距離	金 悠美	三八〇〇円
アメリカ映画における子どものイメージ——アメリカにおけるその乖離と接近をめぐって——社会文化的分析	K・M・ジャクソン 牛渡淳訳	二六〇〇円
キリスト教美術・建築事典	P・マレー／L・マレー 中森義宗監訳	続刊
芸術／批評 0号・1号	責任編集 藤枝晃雄	各一九〇〇円

〒113-0023 東京都文京区向丘1-20-6
☎03(3818)5521　FAX 03(3818)5514　振替 00110-6-37828
E-mail:tk203444@fsinet.or.jp

※定価：表示価格（本体）＋税

東信堂

【横浜市立大学叢書（シーガル・ブックス）】

書名	副題	著者	価格
ことばから観た文化の歴史	―アングロ・サクソン到来からノルマンの征服まで	宮崎忠克	一五〇〇円
独仏対立の歴史的起源	―スダンへの道	松井道昭	一五〇〇円
ハイテク覇権の攻防	―日米技術紛争	黒川修司	一五〇〇円
ポーツマスから消された男	―朝河寛一の日露戦争論	矢吹晋著・編訳	一五〇〇円
グローバル・ガバナンスの世紀	―国際政治経済学からの接近	毛利勝彦	一五〇〇円
青の系譜	―古事記から宮澤賢治まで	今西浩子	一五〇〇円
アングロ・サクソン文学史：韻文編		唐澤一友	一五〇〇円

書名	副題	著者	価格
フランスから見た幕末維新	―「イリュストラシオン日本関係記事集」から	朝比奈美知子編訳 増子博調解説	四八〇〇円
森と建築の空間史	―南方熊楠と近代日本	千田智子	四三八一円
アメリカ映画における子どものイメージ	―社会文化的分析	K・M・ジャクソン 牛渡淳訳	二六〇〇円
アーロン・コープランドのアメリカ		G・レヴィン/J・ティック 奥田恵二訳	三三〇〇円
ルネサンスの知の饗宴	―ヒューマニズムとプラトン主義【ルネサンス叢書】	佐藤三夫編	四四六六円
ヒューマニスト・ペトラルカ		佐藤三夫	四八〇〇円
東西ルネサンスの邂逅	―南蛮と禰寝氏の歴史的世界を求めて	根占献一	三六〇〇円
イタリア・ルネサンス事典		J・R・ヘイル編 中森義宗監訳	七八〇〇円

〒113-0023 東京都文京区向丘1-20-6　☎03(3818)5521　FAX 03(3818)5514　振替 00110-6-37828
E-mail:tk203444@fsinet.or.jp

※定価：表示価格（本体）＋税